Stefan Erdmann

Alchemist & Templer

Das Leben eines Templer-Großmeisters

Enthüllungen aus geheimen Archiven über das Geheimnis des Templerordens, die Bundeslade, Atlantis sowie Jesus

AnuRa Verlag

Rechtlicher Hinweis

Bevor wir mit dem ersten Kapitel über Ewald Sauters Leben und seinen Weg zu der Naturmedizin und der Herstellung von Heiltinkturen kommen, hier schon vorab ein rechtlicher Hinweis, der auch auf allen Heiltinkturen vermerkt ist. Aus juristischen Gründen wird hier der Begriff Nahrungsergänzungsmittel verwendet:

„Nahrungsergänzungsmittel stellen keinen Ersatz für abwechslungsreiche Ernährung dar. Eine ausgewogene Ernährung und eine gesunde Lebensweise sind wichtig. Die angegebene Tagesdosis nicht überschreiten. Außerhalb der Reichweite von Kindern lagern.“

Es wird empfohlen alle Heiltinkturen nur nahrungsergänzend und unterstützend anzuwenden.

Aufgrund der rechtlichen Lage in Deutschland und Österreich dürfen zu Nahrungsmitteln keine „Heilversprechen“ gegeben werden. Laut rechtlicher Definition sind Heilversprechen z.B. Aussagen zur Wirkung eines Mittels. Das liegt einzig und allein daran, dass der Gesetzgeber nur der Pharmaindustrie – die z.B. durch eigene „Studien“ die Wirksamkeit ihrer Medikamente „beweist“ – das Zepter über die Gesundheit der Menschen überlässt.

Weder Ewald Sauter noch der Autor geben in diesem Buch in irgendeiner Form ein Heilversprechen ab.

zweite Auflage

AnuRa Verlag
Im Wiesengrund 6
31558 Hagenburg
www.erdmann-forschung.de

Druck:
CPI – Ebner & Spiegel, Ulm
Satz und Layout:
Stefan Erdmann
Umschlaggestaltung:
Amadeus Holey

ISBN 978-3-98562-005-0

INHALTSVERZEICHNIS

Dieses Buch widme ich meiner Familie und allen Kindern dieser Welt!

„Die beiden wichtigsten Tage in deinem Leben sind der Tag, an dem du geboren wirst, und der Tag, an dem du herausfindest, warum.“

(Mark Twain)

Einleitung

„Wir alle werden letztlich zu der Wahrheit geführt, für die wir bereit sind!“

„Von unserem Leben seht ihr nur die Schale, die außen ist, doch ihr seht nicht die mächtigen Gebote im Inneren.“

(Aus den Ordensregeln der Templer)

„Es ist sehr bemerkenswert, dass die Erleuchtung aus dem Norden gekommen zu sein scheint, entgegen dem gängigen Urteil, die Erde sei vom Süden her erleuchtet worden, so wie sie auch vom Süden her bevölkert wurde...“

(Jean-Sylvain Bailly, 1736-1793, Astronom und Mystiker)

Dieses Buch hat eine besondere Vorgeschichte. Sicherlich kann man das wohl über viele Bücher schreiben. Ich habe als Autor im Laufe der letzten 20 Jahre 9 Bücher als Autor und in Co-Autorenschaft mit Jan van Helsing zu verschiedenen Themen veröffentlicht, und jedes einzelne Buch hat eine besondere Geschichte, die dahintersteht.

Eines meiner ersten Bücher, *„Geheimakte Bundeslade“*, wurde im Jahre 2005 im Amadeus Verlag von Jan veröffentlicht. Es wäre nie geschrieben worden, hätte ich nicht durch besondere Umstände jenen außergewöhnlichen Menschen kennengelernt, um den es in diesem Buch unter anderem geht – Ewald Sauter aus Kärnten. Das Buch schildert seine Lebensgeschichte als Alchemist sowie als Großmeister des österreichischen Ordens der freien Templer.

Im Jahre 2004 fand unser erstes gemeinsames Treffen in Klagenfurt statt. Seinerzeit hatte ich mich viel mit der Geschichte des Templerordens beschäftigt. Nun mögen viele Menschen heute denken, dass es den Orden, der im Jahre 1307 gewaltsam durch den französischen König Philipp und Papst Clemens V. niedergeworfen wurde, nicht mehr gibt. Dem ist aber nicht so. Der Templerorden besteht bis heute weltweit fort, auch wenn das vielen Menschen gar nicht bekannt ist. Das ist aber nur die eine Seite des Lebensweges dieses außergewöhnlichen Mannes, von dem in diesem Buch selbstverständlich auch die Rede sein wird. Das Besondere ist, dass er sich mit seiner speziellen Art der Diagnose und Heilung nach jahrzehntelangem Studium in den Dienst der Menschheit stellt, und das mit einem sagenhaften Erfolg.

Dazu ist natürlich viel – sehr viel – Wissen notwendig. Nun gibt es drei Möglichkeiten, Wissen zu erlangen.

1. Jahrzehntelanges Wissensstudium durch Bücher
2. Zugang zu den „höheren Welten“
3. Zugang zu geheimen Bibliotheken

Im Falle von Ewald Sauter treffen alle drei Möglichkeiten zu. Er hatte jahrzehntelang ein intensives Wissensstudium hinter sich, und das insbesondere auch in den Kammern eines alten Klosters, bevor er mit seiner praktischen Arbeit begann. Aber er gehört sicherlich auch zu jenen besonderen Menschen, die einen besonderen Zugang zu den höheren Welten haben. Dazu später noch mehr.

Unsere Wege haben sich 2004 noch einmal gekreuzt

Beides hängt mit den Geheimnissen um die Bundeslade („*Geheimakte Bundeslade*“, *Amadeus Verlag*, 2004) zusammen, mit Helga Hoffmann-Schmidt, der ich dieses Buch gewidmet habe. Womit wir bei der besonderen Geschichte wären, die mich vor 18 Jahren mit Ewald und dann mit Helga Hoffmann-Schmidt zusammengeführt hat.

Dabei ging es um das Geheimnis der Templer und die Bergung der Bundeslade in Jerusalem durch die Tempelritter. Mit der Bundeslade ist nicht der Schrein als solches gemeint, sondern jahrtausendealte Schriften und Modelle, die in Jerusalem gefunden wurden und nach Südfrankreich gebracht wurden.

Das Buch „*Geheimakte Bundeslade*“ berichtet über diese Schriften – das Wissen und die Erkenntnisse, die vor 12.600 Jahren von den Atlantern beziehungsweise den „Hegolitern“ auf geistigem Wege übermittelt wurden, was letztlich auch ein wichtiger Schlüssel in Ewald Sauters Leben war und bis heute ist.

Diese Gruppe von Menschen, die sich selbst „Hegoliter" („Gottes Kinder in der Dualität") nannten, gehörte dem Volk an, das von uns heute als „Atlanter" bezeichnet wird. Da sich der Name „Atlanter" über Jahrtausende eingebürgert hat, soll im weiteren Verlauf des Buches ebenfalls der Name Atlanter verwendet werden. Die Bundeslade – nebst 19 Sarkophagen und 35 Truhen mit uralten Schriften und technischen Modellen – ist von den Templern gefunden worden.

Der Kreis schließt sich

Eine der Personen, mit denen Lothar Göring – der Unterlagen aus der Bundeslade wissenschaftlich erforschte – zusammenarbeitete, war eben jene Heilerin Helga Hoffmann-Schmidt aus Österreich, der ich mein Buch „*Geheimakte Bundeslade*" gewidmet habe. Weitere Personen waren Dr. Harry Lamers und auch Morpheus, von denen auch noch die Rede sein wird.

Nun schließt sich auch wieder der Kreis zu Ewald, denn durch ihn lernte ich Helga Hoffmann-Schmidt erst kennen, und auch Ewald und Helga arbeiteten zusammen. Für Helga war es kein Zufall, dass wir zusammentrafen. Sie war nach Lothar Görings Tod im Jahre 1998 eine Wissensträgerin. Helga verstarb 2004, und vor ihrem Tod trafen wir noch mehrmals zusammen. Sie übergab mir neben vielen mündlichen Informationen auch alle schriftlichen Unterlagen, die sie aus ihrer gemeinsamen Zeit mit Lothar Göring aufbewahrt hatte. So vertraute sie mir unter anderem auch die letzten Exemplare des Buches „*Das Vermächtnis von Atlantis – Das Legat der Hegoliter*" an, mit der Bitte, diese letzten Exemplare für sie weiterzugeben. Dieses Buch wurde leider nur ein paar hundertmal gedruckt und ist längst vergriffen. Helga hatte nach Lothars Tod einen Teil der ihr vorliegenden Unterlagen in diesem Buch zusammengefasst und auch in dieser Form Lothar Görings Wissen weitergegeben.

Helga bat mich, das Wissen der Hegoliter und andere Informationen in einem Buch zusammenzufassen und an die Menschen weiterzugeben – es sei meine Aufgabe.

Ich muss gestehen, dass es mich sehr ehrte, aber es überraschte mich auf der anderen Seite ganz und gar nicht. Schon bei unserer ersten Begegnung war uns beiden die Besonderheit unserer Zusammenkunft bewusst. Es gab aber noch eine andere Verbindung, die für Helga von Bedeutung war. Es war meine tiefe Verbundenheit mit den Templern, ihrer Geschichte, ihrer Mission und ihrem Schicksal. Es war bemerkenswert, dass Helga mir einiges über meine Vergangenheit und meinen spirituellen Weg sagen konnte, was mich emotional sehr bewegte, weil es zutraf. Helga war ein äußerst bemerkenswerter Mensch, ebenso wie es Lothar Göring war.

Ein anderer entscheidender Punkt aber, weshalb mir eine weiterführende Aufgabe zukam, so bestätigte mir Helga schließlich, war meine besondere Verbindung zur Großen Pyramide von Gizeh. Letztlich geht es bei dem Wissen aus der Bundeslade um ein oder *das* Geheimnis der Pyramiden.

Auch das war für mich, im Nachhinein betrachtet, keineswegs ungewöhnlich, denn neben meiner mittlerweise mehr als dreißigjährigen Forschungstätigkeit und Spurensuche, spielten das Gizeh-Plateau und die Große Pyramide eine überaus entscheidende Rolle in meinem Leben. Neben dem umfangreichen Wissensstudium, verschiedenen Forschungsaktivitäten in Ägypten und verschiedenen Exkursionen und Expeditionen, insbesondere in Afrika, habe ich mich auch in all den Jahren mit vielen verschiedenen experimentellen magischen und okkulten Praktiken innerhalb und außerhalb der Großen Pyramide befasst. Somit fällt es mir leicht, die experimentellen Ergebnisse Lothar Görings in jeder Hinsicht zu bestätigen, die für jeden – auch für jeden Skeptiker – nachprüfbar sind. Besonders interessant war für mich im Übrigen, dass auch Jan, während einer unserer gemeinsamen Aufenthalte in Kairo, ähnliche Erfahrungen in der Großen Pyramide machen konnte. In seinem sehr interessanten Buch „*Wer hat Angst vor'm schwarzen Mann...?*" hat er darüber einige spannende Dinge geschrieben.

Als ich mit Jan van Helsing 2004 in Frankreich recherchierte, fanden wir unter anderem auch die Templer-Pyramide in der Nähe von Nizza. Ich gehe heute aber nicht mehr davon aus, dass die Bundeslade samt Inhalt hierhergebracht wurde und entschlüsselt wurde. Schon die Größe der Pyramide spricht dagegen. Genau das wird uns Ewald in einem späteren Kapitel auch bestätigen. Dennoch hatte diese Pyramide oberhalb von Nizza samt der kleinen Kapelle sicherlich seinerzeit eine wichtige Bedeutung.

Neben Helga, Dr. Lamers und Morpheus traf ich auch noch mit den Vertrauten Lothar Görings zusammen, die mir einerseits seine außergewöhnlichen Fähigkeiten bestätigten, aber andererseits auch sein umfangreiches und vielschichtiges Wissen. Er hatte Menschen auf eine ungewöhnliche, fast magische Art und Weise in seinen Bann ziehen und begeistern können; das bestätigten mir alle, ohne Ausnahme.

Bevor wir zu Ewald und seinen Informationen über Atlantis, die Templer und die Bundeslade kommen, hier noch ein Hinweis: Ich werde neben den Erklärungen, die Ewald uns gibt, immer wieder auch Quellen einfügen, die teilweise schon in älteren Büchern von mir publiziert wurden. Hinzu kommen auch neue, ergänzende Quellen anderer Autoren, weil sie uns neben Ewalds Ausführungen noch ein besseres Verständnis eröffnen und diese letztlich auch bestätigen. Aus diesem Grund füge ich zwischen meinen und auch Ewalds Ausführungen immer mal wieder ein umrandetes Kästchen ein, in dem zu der gerade behandelten Thematik weitere Ergänzungen oder Anmerkungen zu finden sind, aber auch um besonders wichtige Fakten und Ereignisse hervorzuheben.

Die gerade beschriebene Geschichte der Templer und die damit verbundenen Zusammenhänge zu meinem Buch *„Geheimakte Bundeslade"*, Helga Hoffmann-Schmidt und der Arbeit des Wissensträgers Lothar Göring haben mich zweifellos seit unserer ersten Zusammenkunft mit Ewald und dem Templerorden bis heute sehr verbunden. Drei Jahre nach unserer ersten Zusammenkunft in der Zauberhütte lud Ewald mich zu einem Kapitel nach Burgau in Österreich ein, zu dem auch Jan und ein Filmteam kamen. Dort wurde dann, abseits vom Kapitel, die „Freimaurer-DVD" (*„Jan van Helsing im Gespräch: Freimaurer und Templer heute"*, Amadeus Verlag) – ein Interview mit Ewald und dem bekannten Freimaurer Wolfgang Stark – aufgenommen, die bis heute erhältlich und sehenswert ist. Jan und ich waren in diesen Wochen gerade in der Endphase mit unseren Untersuchungen in Ägypten zu unserem Dokumentarspielfilm *„Die Cheops Lüge"* (Amadeus Verlag, 2007). Als ich am Abend mit Ewald in der Zauberhütte zusammensaß, sagte er mir, dass ich am Wochenende, bei dem Kapitel in Burgau, einen Vortrag halten solle, was mich ein wenig überraschte, da ich darauf überhaupt nicht vorbereitet war. Da ich das in 24 Stunden auch nicht vorbereiten konnte, beschloss ich, einfach ein paar Worte zu unserem aktuellen Stand der Forschungsarbeiten und dem Filmprojekt in Ägypten zu sagen. Daraus ist dann ein nicht geplanter 25-minutiger Filmbeitrag geworden, den man sich heute noch ansehen kann.[128]

Das Zusammentreffen mit Ewald und meine Einladung nach Burgau waren aber noch in einem ganz anderen Punkt besonders außergewöhnlich und schicksalsführend. Dort lernte ich meine heutige Frau Peggy kennen...

Die Rolle des Großmeisters und Wissensträgers des österreichischen Ordens der freien Templer ist ein wesentlicher Teil seines Lebensweges. Ein weiterer Teil seines Lebens ist die Rolle des Alchemisten, was ein jahrzehntelanges Wissensstudium verlangte. Das wiederum war die Grundlage seiner heutigen Tätigkeit als Heiler, in den Diensten der Menschheit. Durch seine besondere Art der Diagnostik und Behandlung mit Heiltinkturen hat sich Ewald Sauter in den vergangenen Jahren einen bekannten Namen gemacht. Heute kommen Menschen aus ganz Europa nach Kärnten, um sich von ihm behandeln zu lassen, was seine Arbeit und seinen Erfolg einmal mehr bestätigt.

Ich bin froh und sehr dankbar für diese besonderen Lebensfügungen, die mich mit Helga, Ewald, Jan, den Templern und anderen besonderen Menschen zusammengeführt haben. Das unterstreicht einmal mehr die Wichtigkeit und Bedeutung dieses Buches, das inhaltlich in Teilen auch an die *„Geheimakte Bundeslade“* angelehnt ist, wie es auch nicht anders sein kann. So fiel es mir auch nicht schwer, ein anderes Buch, an dem ich bis dato als Verleger gearbeitet habe, hintanzustellen. Dieses Buch, in dem es um die katholische Kirche und die gegenwärtige Weltlage geht, wird aber Anfang des kommenden Jahres fertig werden.

Es liegen ein paar schwierige Jahre hinter mir. Viele Leser werden von meiner Interpolfestnahme 2017 und meiner sechsmonatigen Gerichtstortur in Kroatien gehört oder gelesen haben. Das war keine einfache Zeit für mich und meine Familie und hat auch verschiedene Nachwehen mit sich gebracht.

Letztlich hat auch dieses schwierige Kapitel in meinem Leben eine wichtige und wegweisende Bedeutung. Mit meinen Forschungsergebnissen (2006: Nachweis von Wasser in der Pyramide durch Feldforschung) der sensationellen Entdeckung 2014, gemeinsam mit meinem überaus geschätzten Kollegen Dr. Dominique Görlitz, bin ich der Wahrheit ein zweites Mal viel zu nah gekommen, die längst widerlegte Grabtheorie der Pyramiden in Frage zu stellen. Die Folge war ein politisch inszenierter Skandal, der medial für weltweites Aufsehen sorgte, internationaler Haftbefehl, Anklage in Kairo und Deutschland, Hausdurchsuchung durch das BKA bis hin zur Festnahme in Kroatien 2017.

All das liegt hinter mir und hat im Nachhinein meine Arbeit in Kairo und meine Forschungsergebnisse nachhaltig bestätigt und die große Bedeutung der Pyramiden einmal mehr unterstrichen, womit wir mitten im Thema Templerorden, das Geheimnis der Bundeslade und der Geschichte eines besonderen Menschen, die des Großmeisters, Alchemisten und Heilers Ewald Sauter ankommen.

Von diesen besonderen Menschen, ihren besonderen Aufgaben und ihrem besonderen Zugang zu den höheren Welten hatte ich interessanterweise in der Einleitung zu meinem Buch „*Geheimakte Bundeslade*" berichtet – von Nostradamus, Edgar Cayce, Helena Blavatsky, Rudolf Steiner, Bernhard von Clairvaux, Drunvalo Melchizedek, die große Dame der Einweihung Elizabeth Haich oder die heilige Hildegard von Bingen.

Alle diese Personen haben in gewisser Weise eines gemeinsam: Sie waren Wissensträger, und das Wissen, das sie den Menschen schließlich mitgeteilt haben, wurde ihnen auf eine, zumindest nach heutiger Meinung, ungewöhnliche Art und Weise zuteil – auf eine spirituelle, okkulte Art und Weise.

Die Grundlage des okkultistischen Zugangs besteht darin, dass es Informationsquellen gibt, die von Raum und Zeit – das heißt von unserer sehr begrenzten sichtbaren, materiellen Welt – nicht begrenzt sind. Es handelt sich um das sogenannte Kosmische Geistfeld, von dem auch in den Aufzeichnungen der Bundeslade zu lesen ist.

Ein besonderer Mensch sei an dieser Stelle noch erwähnt, weil er, wie auch die anderen gerade genannten Personen, in der Welt bis heute seine Spuren hinterlassen hat: der *Graf von Saint Germain*. Der Grund ist ganz einfach, denn gerade der Graf von Saint Germain kannte vermutlich das Geheimnis der Pyramiden und war vermutlich im Besitz des Steins der Weisen. Wer Jans Bücher gelesen hat, wird wissen, dass besonders auch er seit Jahrzehnten eine besondere Beziehung zum Grafen und seiner außergewöhnlichen Lebensgeschichte hat. Er war ein Mann, der in ganz Europa als „der Wundermann" bekannt war. Von seiner Abstammung weiß man sehr wenig, auch sein Tod umgibt mehr Geheimnisse und ist in Dunkelheit gehüllt. Voltaire bezeichnete ihn Friedrich dem Großen gegenüber als *„den Mann, der alles weiß und niemals stirbt!"*.

Saint Germain reiste durch die ganze Welt und lebte auch lange in Deutschland (u.a. in Luisenlund). Ein Zeuge behauptet, dass der Graf zu dieser Zeit zwischen sechzig und siebzig Jahre alt gewesen sein soll. Dort soll er sich mit seinem Schüler und Gönner Prinz Karl von Hessen-Kassel in Freimaurer-, Rosenkreuzer- und Tempelritterkreisen engagiert haben. Dabei sollen sie beide an Versuchen gearbeitet haben, *„die von Nutzen für die gesamte Menschheit sein sollten"*.1

Es gibt viele interessante Berichte über den Grafen, so auch eine längere Korrespondenz mit dem berühmten französischen Philosophen Voltaire, der einmal in Bezug auf den Grafen von dessen langen Reisen durch die Zeit sprach. Im Jahre 1788 besuchte der Graf verschiedene Logen, so traf er in Wien auch den vermögenden Buchhändler Rudolph Gräffer sowie dessen nicht weniger gutsituierten Kompagnon Baron Linden. Als der Graf von Saint Germain ihnen verblüffende Experimente orientalischer Wissenschaft vorgeführt hatte und die Stunde des Abschieds gekommen war, überraschte er seine Gastgeber mit einer weiteren Kostprobe seines Wissens. Franz Gräffer schrieb darüber in seinem Buch *„Kleine Wiener Memoiren"*:

> *„St. Germain war allmählich in eine feierliche Stimmung übergegangen. Ein paar Sekunden lang war er starr, wie eine Bildsäule; seine über allen Ausdruck energischen Augen waren matt und farblos. Alsbald aber belebte sich sein ganzes Wesen wieder. Er machte mit der Hand eine Bewegung, wie ein Zeichen der Entlassung; dann sprach er: ‚Ich scheide. Enthalten*

Sie sich, mich zu besuchen. Einmal werden Sie mich noch sehen. Morgen Nacht reise ich; man bedarf meiner in Konstantinopel, dann in England, wo ich zwei Erfindungen vorzubereiten habe, die Sie im nächsten Jahrhundert haben werden: Eisenbahnen und Dampfschiffe. In Deutschland wird man deren bedürfen, denn die Jahreszeiten werden allmählich ausbleiben. Zuerst der Frühling, dann der Sommer. Es ist das stufenweise Aufhören der Welt! Ich sehe das alles. Die Astronomen und Meteorologen wissen nichts, glauben Sie mir. Man muss in den Pyramiden studiert haben, wie ich. Gegen den Schluss des Jahrhunderts verschwinde ich aus Europa und begebe mich in die Regionen des Himalayas. Ich muss rasten, mich ausruhen. Aber in einigen Jahrzehnten werde ich von mir wieder hören lassen – in genau fünfundachtzig Jahren werden die Menschen ihren Blick wieder auf mich richten. Lebet wohl, meine Freunde. Ich liebe euch!‘“[2]

In Licht und Liebe, Vorhang auf zu Kapitel 1…

„Die Wahrheit wird euch frei machen.“

(Jesus)

Hagenburg und Kärnten im Oktober 2022

Herzlichst, Ihr *Stefan Erdmann*

Kapitel 1
Kindheit, Jugend, Zauberhütte und Berufung

„Das Geheimnis der Freiheit ist der Mut. Das Geheimnis des Glücks ist die Freiheit, deren Geheimnis aber ist der Mut, den eigenen Weg zu finden.“

(Perikles)

Erinnerungen

Ewald Sauter ist in den 1950er und 1960er Jahren im schönen Klagenfurt aufgewachsen. Er selbst beschreibt seine Kindheit als sehr schön, wenn auch in einfachen und bisweilen sehr ärmlichen Verhältnissen. Es war eine sehr schwere Zeit, aber dennoch sagt Ewald noch heute, dass er eine schöne Kindheit erleben durfte. *„Zu Weihnachten bekamen wir zwei Orangen, eine Tafel Schokolade, ein paar Kekse, ein paar Feigen und Boxhorn. Zu essen gab es jedes Jahr geräucherte, selbst hergestellte Bauernwürste mit Sauerkraut. Heute kann man sich kaum vorstellen, dass wir uns als Kinder sehr über die Geschenke und das Weihnachtsessen gefreut haben.“*

Seine Eltern hatten einen kleinen Bauernhof (in Kärnten sagte man dazu früher „Greuschler“) mit drei Kühen, Schweinen und Hühnern, mit ca. 2 Hektar Grund um das Haus. Für das Holz, das man im Winter zum Heizen dringend benötigte, musste man bei den Großgrundbesitzern betteln.

Ewalds Vater war Lagerarbeiter mit einem kleinen Einkommen, und seine Mutter war daheim als Hausfrau und Mutter, wie es damals nicht anders üblich war.

„Ich habe zunächst die Volksschule in Lint besucht, die ungefähr 1,5 Kilometer von meinem Elternhaus entfernt war. Im Sommer sind wir noch barfuß in die Schule gegangen. Nach der Volksschule bin ich dann in die Hauptschule gegangen. Nach meinem Schulabschluss (1967) habe ich dann eine Lehre als Kellner bei Moser-Verdino begonnen. Das war damals das erste Haus in Kärnten.“

„Es war ein großartiges Haus.“, erinnert sich Ewald:

„Angefangen habe ich als Lift-Boy. Ich habe eine Lift-Boy-Uniform angeschneidert bekommen. Am ersten Tag konnte ich mich kaum bewegen. Ich bin auf einem Bauernhof in einfachen Verhältnissen aufgewachsen, und dort waren überwiegend reiche Menschen, es war eine ganz andere Welt, in der ich mich plötzlich befand. Gleich am ersten Tag kam der berühmte österreichische Schauspieler, Sänger, Komponist, Kabarettist und TV-Moderator Heinz Conrads (21.12.1913-9.4.1986) als Gast. Ich habe Heinz Conrads mit dem Lift hinaufgeführt, und er hat mir 20 Schilling Trinkgeld gegeben. Das war viel Geld. Nach dem Dienst bin ich sofort in den Autobus gestiegen und zu meinen Eltern gefahren und habe meinen Eltern gezeigt, dass ich tatsächlich 20 Schilling Trinkgeld bekommen habe. Das war eine Sensation."

Nach der Lehre und verschiedenen erfolgreichen Anstellungen in guten Häusern kam dann eine größere Veränderung in Ewalds Leben:

„Nachdem ich nach drei Jahren meine Lehre bei Moser-Verdino abgeschlossen hatte, habe ich in verschiedenen Restaurants gearbeitet, und das immer mit gutem Erfolg. Dann, nach Jahren der Lehre nach der Lehre, ist mir die Idee gekommen, selbst ein Restaurant zu gründen. Das war 1983, und ich war 32 Jahre alt. Ich eröffnete dann in Klagenfurt das Restaurant ‚Die Zauberhütte'."

Dass dieses Restaurant gerade ***Zauberhütte*** hieß, hatte einen besonderen Grund, wie Ewald weiter erklärt:

„Zwischenzeitlich bin ich noch einer anderen Leidenschaft nachgegangen und habe mir einen Lebenstraum erfüllt. Es war immer mein Wunsch, mal als Zauberer auf der Bühne zu stehen. Ich habe mich also auch intensiv der Zauberei gewidmet, und nach dreimonatiger Ausbildung im magischen Zirkel Kärnten konnte ich die Prüfung – die Bühnenreife-Prüfung – in dem Magier-Club ablegen. Dann wurde ich als Zauberer in dem Magier-Zirkel Kärnten aufgenommen. Ich hatte damals schon zwei tolle Nummern und hatte mich in dieser Richtung sehr weitergebildet. Die Zauberhütte hatte ich fast 20 Jahre. Insgesamt war die Zauberhütte fast 35 Jahre in Familienhand. Es war eine unvergessene Zeit. Einmal im Monat hatten wir eine Zaubervorstellung. Wir waren neun Monate im Voraus

ausverkauft. Es war ein großer Erfolg. Alle Zauberer aus Österreich sind zu uns in die Zauberhütte gekommen, weil sie da auf die Bühne gehen und vor Publikum zaubern konnten. Das war vielen guten Zauberern nicht möglich, weil es einfach zu wenig Möglichkeiten gab, außer man wurde irgendwo fest engagiert, was aber eben keine Selbstverständlichkeit war. Und in der Zauberhütte hatte man tatsächlich die Möglichkeit, einmal im Monat aufzutreten und seine Kunst zu präsentieren."

Zu seinem interessanten und vielschichtigen Leben zählte in jungen Jahren auch der Sport. So war Ewald auch Karatekämpfer. Er erlernte mit 22 Jahren den Kampfsport „Vollkontaktkarate" und stand 84-mal im Ring mit durchweg gutem Erfolg. Nach 20 Jahren sehr erfolgreicher Arbeit in der Zauberhütte hat Ewald das Restaurant dann offiziell seiner Frau Anna-Maria übergeben, die ihrerseits als Köchin seit Beginn der Restaurantführung stets an seiner Seite war, ebenso wie sein Sohn Gerald. Selbstverständlich war er auch danach noch in der Zauberhütte aktiv. Der Grund für sein Aussteigen war seine Leidenschaft für die Alchemie, mit der er sich schon seit 1988 in einem intensiven Studium befasst hatte.

Dann kam die Alchemie

„Es war ein sehr hartes Studium. Hierzu war ich viel in Zisterzienserklöstern. Das hatte einen ganz einfachen Grund. Früher – im Mittelalter – waren die Zisterzienserklöster Templerkasernen. Die Zisterzienser haben alles, was möglich war, von den Templern aufbewahrt. Grundsätzlich war es so, dass die Schriften, welche die Templer von ihren Eroberungszügen mitbrachten, in die Archive der Zisterzienser gingen, wo sie auch übersetzt werden konnten. In dieser Hinsicht darf man die Orden der Zisterzienser und Templer nicht trennen. So gibt es Templerarchive, in denen viele alte Schriften aufbewahrt werden, so auch über die Alchemie. In Österreich gibt es das ein oder andere Zisterzienserkloster, wo viele dieser alten und bedeutenden Schriften aufbewahrt werden. Leider war es so, dass diese alten Schriften in drei verschiedenen Sprachen niedergeschrieben waren: in Altgriechisch, Altfranzösisch und Lateinisch."

Wie so oft im Leben, haben Menschen mit besonderen Aufgaben und Botschaften zu einem bestimmten Zeitpunkt im Leben Schlüsselerlebnisse. So war es auch bei Ewald, wie er mir berichten konnte. Bei ihm war das Schlüsselerlebnis eine schwere Krankheit:

> *„Ich bin einmal sehr schwer krank geworden. Ich war in Amerika – in Florida – und habe mich mit der Legionärskrankheit infiziert.* (Die Legionellose ist eine Infektionskrankheit, die durch Bakterien der Gattung Legionella hervorgerufen wird; Anm. StE) *Unter dieser Krankheit habe ich sehr gelitten und bin um ein Haar fast dabei draufgegangen. Da hatte ich die Zauberhütte schon. Eines Abends ist in der Zauberhütte ein Mann zu mir gekommen und hat mir ins Gesicht gesagt, dass ich die Legionärskrankheit habe und er mir helfen könne. Wie er das sehen konnte, weiß ich nicht. Ich war zu der Zeit ein äußerst kritischer Mensch in Sachen Schulmedizin und auch Naturmedizin. Beides hatte ich abgelehnt und wollte nichts davon wissen. Ich habe gewusst, dass die Pharmaindustrie weder Ethik noch Moral hat und schon gar nicht ein Interesse daran hat, Menschen zu heilen. Andererseits hatte ich auch das Gefühl, dass es auch viele Scharlatane in der Naturmedizin gibt. Aber damals hatte ich ja keine Ahnung, wie gut das wirken kann. Der Mann stammte aus Südamerika. Er sagte mir dann, dass er mir am nächsten Tag eine Tinktur mitbringen werde. Er kam dann tatsächlich am nächsten Tag und brachte mir wie versprochen die Tinktur. Es war die Heiltinktur Katzenkralle. Die Katzenkralle ist eine 30 Meter hohe Liane. Man verwendet die Rinde der Wurzel, und das puscht das Immunsystem hochgradig. Die Tinktur habe ich dann zwei Monate genommen und ich war wieder gesund. Ich hatte ein ganzes Jahr mit der Krankheit herumlaboriert, und niemand konnte mir helfen, bis dieser Mann eines Abends zufällig in mein Leben trat. Als ich in der Zeit schwer krank war, hatte ich zeitweise bis 41 Grad Fieber. Die Krankheitsverläufe können sehr schwer sein, und es kann dazu führen, dass man im ganzen Körper Entzündungen hat, in der Leber, in der Lunge, Halsentzündungen usw. Alles habe ich gehabt. Das war schrecklich. Dann bin ich zuerst zu einem Arzt gegangen, der das gar nicht diagnostiziert und mir erst einmal ein Antibiotikum verschrieben hat, das aber gar nicht gewirkt hat. Erst ein anderer Arzt hat mir dann das richtige Antibiotikum verschrieben. Der hatte mich nicht nur untersucht, sondern auch ein wenig ausgefragt, und als ich ihm dann gesagt hatte, dass ich in*

Florida war, stand für ihn fest, dass ich an der Legionärskrankheit erkrankt sein muss, da die Krankheit dort sehr oft vorkommt und die Symptome darauf hindeuteten. Letztlich hat mir das Antibiotikum schon geholfen, aber nicht endgültig. Ich hatte immer wieder Fieberschübe. Erst mit der Katzenkralle bin ich gesund geworden. Ich habe den Mann aus Südamerika nie wieder gesehen. Er hatte mir gesagt, dass das Alchemie ist und es mir helfen wird. Seit dieser Begegnung war Alchemie in meinem Kopf. Für mich war klar, dass das mein Weg sein könnte. Dann hatte ich bei einem Templerorden (Alter souveräner Templerorden Wien) einen Vortrag über Alchemie gehört. Das hatte mich so fasziniert, dass ich beschloss, gleich am nächsten Tag mit dem Studium der Alchemie zu beginnen.“

Die Zauberhütte war für Ewald auf seinem besonderen Lebensweg im Nachhinein ein Geschenk der Götter. Auf den ersten Blick war es der Weg in die Selbständigkeit, verbunden mit sehr viel Arbeit über fast drei Jahrzehnte. Auf der anderen Seite war es ein Ort, wo die Fäden zusammenliefen, Menschen kamen in die Zauberhütte, die Ewald den einen oder anderen Impuls auf seinem Weg zum Alchemisten und Heiler gaben, wie der Mann aus Südamerika oder Vertreter eines Templerordens. Es gab aber auch andere besondere Begegnungen, die in jener Zeit in der Zauberhütte stattfanden, wie Ewald berichtet:

„Es muss Mitte der 1990er Jahre gewesen sein, als eines Abends drei Personen in die Zauberhütte kamen, zwei Frauen und ein Mann. Eine der beiden Damen sah sehr krank aus. Sie hatten sich an einen Tisch gesetzt und die Karte studiert. In dieser Zeit hatte ich die Dame dann mit meinem Biotensor ausgemutet und sofort gewusst, dass die Frau ein starkes Gallenproblem hat. Aber es war nicht nur die Galle, sondern auch noch einige andere Dinge waren nicht im Gleichgewicht. Dann habe ich natürlich sofort gewusst, was sie essen darf und was nicht. Ich bin dann an den Tisch gegangen, um die Bestellungen aufzunehmen. Die besagte Dame hatte immer noch in der Karte gesucht. Ich hatte ihr dann gesagt, was sie essen könne. Daraufhin fragte sie mich, woher ich das wüsste. Ich habe dann einfach geantwortet: ‚Essen sie das und sie werden sehen, dass sie das vertragen werden.‘ Sie hatte ja nichts vertragen. Tatsächlich hatte sie das dann auch bestellt und ganz wunderbar vertragen. Dann kam sie später zu

mir an den Tresen und fragte mich, wie ich das wissen konnte. Ich sagte ihr daraufhin, dass ich Alchemist und Radiästhet bin und sofort sehen konnte, was ihr fehlte. ‚Sie haben ein massives Gallenproblem.', sagte ich ihr, was sie dann sofort bestätigte. Ich bot ihr meine Hilfe an. Dann habe ich ihr am nächsten Tag ein paar Tinkturen gegeben, z.B. Haronga und ein paar andere Tinkturen, die ich zu der Zeit schon alle selbst hergestellt hatte. Und stell dir vor, nach 14 Tagen rief mich diese Frau an und sagte mir, dass es unglaublich sei, dass sie bei so vielen Ärzten war und niemand ihr helfen konnte. ‚Und dann gehe ich einmal in ein Restaurant', sagte sie am Telefon, ‚und bin wieder gesund.' Dann fragte sie mich, ob ich nicht Interesse hätte, mal nach Wiener Neustadt zu kommen, weil da sehr viele Menschen sind, die meiner Hilfe bedürfen. Ich dachte mir, dass ich mir das ja mal anschauen könne. So bin ich dann der Einladung nach Wiener Neustadt gefolgt. Beim ersten Mal waren 18 Leute da, die ich behandelt habe. Ich sollte dann in einem Monat wiederkommen. Dann waren doppelt so viele Leute da. Ich war 18 Jahre in Wiener Neustadt und habe tausende von Menschen behandelt. Mit zunehmendem Alter kam ich irgendwann an einen Punkt, wo ich nicht mehr die Kraft hatte, so viele Menschen zu behandeln. Ich konnte dieses Pensum nicht mehr leisten. Dann habe ich dort aufgehört und habe fortan nur noch in der Praxis in Klagenfurt gearbeitet und Menschen behandelt. Du darfst nicht vergessen, dass ich in der Zeit neben der Praxis in Wiener Neustadt auch in Triest eine Praxis hatte, in Osttirol und eben in Klagenfurt. Ich hatte dann im Laufe der Jahre weiter eine große Nachfrage und habe auch vielfach mit Ärzten zusammengearbeitet – bis heute, wie du weißt. Mit den Jahren sind aus ganz Europa Menschen zu mir gekommen. Auch im Fall des Templerordens war es ähnlich wie bei dem Mann aus Südamerika. Ein Mann aus dem Wiener Templerorden kam regelmäßig in die Zauberhütte. Er hatte mich immer wieder in ein Gespräch verwickelt, und eines Tages sagte er mir dann, dass er mich gerne in den Templerorden aufnehmen würde. Ich wusste zu diesem Zeitpunkt nicht, dass dieser Mann ein Templer ist. Natürlich wusste ich über die Templer Bescheid. Dann habe ich ihn gefragt: ‚Was ist denn der Templerorden?' Er hat mir dann einiges darüber erzählt. Ich folgte seiner Einladung nach Wien. Der Großmeister vom Freien Templerorden hatte seinen Sitz in der Nähe vom Schloss Schönbrunn. Ich wurde ihm dann vorgestellt, wie sich das gehört. Der

Großmeister wollte gerade einen neuen Orden gründen, so hat er mich gefragt, ob ich dabei mithelfen wolle. Das tat ich dann auch und hatte in kürzester Zeit 120 Mitglieder gewinnen können. So entstand ‚Der Alte souveräne Templerorden‘. Es kam dann zur Trennung vom Großmeister. Der Grund war Veruntreuung. Der Großmeister hatte sich zu der Zeit eine Insel im Südpazifik von John Wayne gekauft… Dann haben wir einen neuen Templerorden gegründet, der aber auch nur kurze Zeit Bestand hatte, da wir zu viele Akademiker unter den Mitgliedern hatten. Der nächste Orden war der ‚Melizi Templi Austria‘, der aber aufgrund einer ähnlichen Problematik wieder aufgelöst wurde. Dann habe ich 1997 den ‚Orden der freien Templer‘ gegründet, den es bis heute gibt. Das erste Kapitel hatten wir seinerzeit im Schloss Golling, in Niederösterreich, mit 60 Mitgliedern. Ich wurde dann nach vielen Jahren der Großmeister dieses Ordens und habe ja auch dich zum Ritter geschlagen – zum Ehrenritter. In den ersten Jahren, seit dem ‚Alten souveränen Templerorden‘ war ich Großprior. Es war nicht immer einfach. Die Templer sind wie ein Sack Flöhe.“, berichtet Ewald mit einem Schmunzeln: *„Auf die aufzupassen, ist nicht immer einfach…“*

Mit der Geschichte der Templer hatte sich Ewald schon sehr früh befasst, und so gab es auch sehr früh besondere Kontakte und Verbindungen, bereits vor den verschiedenen Templerorden in Österreich, in denen er lange Zeit Großprior und später Großmeister war. Noch ältere Verbindungen zu einem Orden außerhalb Österreichs spielten dabei auch eine besondere Rolle, worüber er aber aus Gründen eines Eides nichts weiter verraten kann.

So ist es nicht verwunderlich, dass Ewald auch preisgibt, dass die offizielle Geschichtsschreibung der Templer zu großen Teilen nicht der Wahrheit entspricht:

„Die Geschichtsschreibung der Templer stimmt so nicht. Ich habe durch Zugang zu geheimen Archiven eines Klosters die richtige Geschichte der Templer erfahren dürfen und habe darüber ein Konvolut verfasst, das du hier veröffentlichen darfst. Grundsätzlich ist es so, dass das wahre Wissen in den Zisterzienserklöstern liegt. Diese Klöster waren die Templerkasernen. Da sind die Templer auf ihren Missionen immer eingekehrt, haben dort übernachtet und wurden für ihre Weiterreisen versorgt, mit Nahrung,

Kleidung, Waffen und anderen wichtigen Dingen. Was heute die Kasernen für die Soldaten sind, so waren damals die Zisterzienserklöster die Kasernen für die Templer. In Österreich gibt es noch heute das bekannte Zisterzienserkloster Heiligenkreuz, am Millstätter See gab es damals ein Zisterzienserkloster, auch in Viktring. Auch das Kloster Loccum hatte eine besondere Bedeutung. Aber das kennst du ja, genauso wie das Kloster Heiligenkreuz."

Die Ausbildung begann in einem Zisterzienserkloster

Nun hat Ewald schon einen der bedeutenden Unterschiede zwischen den Templern und den Zisterziensern angesprochen und dass beide Orden letztlich zusammengehörten und Bernhard von Clairvaux eine besondere Rolle spielte.

Abb. 1:
Ewald Sauter in der Uniform des Templer-Großmeisters. Rechts der Alchemisten-Stab, der symbolisiert den Herrn des Feuers, mit dem Zeichen des Salamanders – in der Alchemie das Zeichen des Feuers –, aber auch weiteren Zeichen, wie das der Hegoliter und das Pentagramm. Auf dem Bild hier nicht zu sehen ist das Templerschwert.
Mit dem Templerschwert des Großmeisters werden Anwärter zum Ritter geschlagen. Auch heute können das nur Großmeister mit einer offiziellen Genehmigung, z.B. durch den König oder einen Thronfolger.
Neben dem Templerorden, der mehrmals regelmäßig im Jahr zu einem Kapitel zusammenkommt, finden auch noch andere Treffen mit anderen Großmeistern in Österreich, Italien und Deutschland statt.

Bis heute werden Templer und Zisterzienser zu getrennt voneinander betrachtet. Im Mittelpunkt der Geschichtsschreibung, von Dokumentationen im TV und den überwiegenden Publikationen steht zweifellos der Templerorden (1118-1312 n.Chr.) mit seiner Geschichte und keineswegs die Zisterzienser. Der Orden der Zisterzienser wurde 1098 gegründet, also bereits 20 Jahre vor der offiziellen Gründung des Templerordens. Mutterkloster und Namensgeber der Zisterzienser ist das 1098 von dem Benediktiner Robert von Molesme und zwanzig weiteren Mönchen gegründete Kloster Cîteaux (lat. Cistercium, dt. Zisterze).

Der Orden der Templer ist zweifellos aus dem Gedankengut und den Visionen der Zisterzienser entstanden beziehungsweise gegründet und instrumentalisiert worden. Man könnte die Templer auch als ausführendes Organ der Zisterzienser betrachten. So waren die Zisterzienser der geistige und führende Kopf der beiden zusammengehörigen Ordensgemeinschaften, der die gefundenen Schriften aus Jerusalem übersetzen konnte! Die Templer waren, um das einmal ganz profan auszudrücken, für die weltlichen Dinge im Einsatz, sie waren die militärische Hand der Zisterzienser, wie Ewald eben schon mit den „Templerkasernen" erklärt hat.

Die offizielle Geschichtsschreibung berichtet auch, dass Zisterzienser auch nach dem Heiligen Bernhard von Clairvaux Bernhardiner bzw. Bernhardinerinnen genannt werden und dass in Frankreich die Bezeichnung Bernardins geläufiger ist. Dass Bernhard von Clairvaux (zw. 1080 und 1084-1153 in Cluni) eine besondere Rolle bei den Zisterziensern spielte, geht insbesondere auch aus den Schriften hervor, die bis heute von den Zisterziensern in ihren verschlossenen Bibliotheken aufbewahrt werden, zu denen Ewald Zugang bekam. Über Bernhard von Clairvaux wird in den verschlossenen Archiven der Zisterzienser von seiner Vision berichtet:

„Nach Beendigung eines Gottesdienstes blieb Bernhard von Clairvaux aus einem inneren Drang heraus noch in der Kapelle sitzen, nachdem die anderen den Raum verlassen hatten. Während er tief in Gedanken versunken dasaß, erschien ihm in einer Vision ein Engel Gottes. Dieser Engel teilte ihm mit, dass er nach Jerusalem in das Heilige Land reisen und die von König Salomo am Gründungsort – ein Tempel nahe des Felsendoms – in einer Gruft vergrabene ‚Bundeslade' ausgraben und mit einem Schiff nach Frankreich transportieren soll. In seinen Schriften

schreibt Bernhard von Clairvaux, dass er den Auftrag erhielt, die ‚Bundeslade' nach der Inbesitznahme mit dem Schiff nach Südfrankreich zu transportieren, um sie an einen bestimmten Ort in der Nähe der heutigen Stadt Nizza zu bringen."[3]

Besuchen Sie einmal eines der verschiedenen Zisterzienserklöster in Frankreich, Österreich oder in Deutschland. Sie werden an diesen wunderschönen Orten mit Nachdruck immer wieder auf den Namen Bernhard von Clairvaux treffen, was deutlich macht, wie bedeutend dieser Mann für den Orden war und bis heute ist. Allgemein wird angenommen, dass für die gewaltsame Niederwerfung des Templerordens der damalige Papst Clemens V. und König Philipp IV. verantwortlich waren. Das mag auch so sein, doch der große Einfluss der Zisterzienser in Rom wird in diesem Zusammenhang bis heute sicherlich bewusst unter den Teppich gekehrt. Auch sie haben diese Entscheidung wohl mitgetroffen, ihre Templer – ihre Soldaten – zu opfern. Hochrangige Vertreter beider Orden bestätigten – natürlich nicht offiziell – die Vermutung, dass die Niederwerfung der Templer auch auf Geheiß der Zisterzienser erfolgte und aus besagten Gründen bis heute beide Orden *„getrennt verkauft"* werden. Der jeweilige Abt der Zisterzienser stand im Rang immer auch über dem des jeweiligen Großmeisters (Prior) der Templer. Noch heute tragen verschiedene Äbte unter ihrer Ordenstracht das Templerkreuz!

Dennoch eine abschließende Bemerkung bezüglich der vernichtenden Niederwerfung der Templer durch die Kirche: Auf das brutale und menschenverachtende Niedermetzeln des Ordens durch Philipp IV. und Papst Clemens V. soll hier nicht näher eingegangen werden. Es war, das soll an dieser Stelle aber noch angemerkt sein, eines der vielen dunklen Kapitel der Kirchengeschichte, welches bis zum heutigen Tage nicht entsprechend verurteilt wurde. Neben der Habgier von König und Kirche ist der Hauptgrund sicherlich in dem wachsenden Einfluss zu finden, der besonders der Kirche und ihren verfälschten Glaubens- und Christusgeschichten ein Dorn im Auge war. Die Templer waren wohl die Einzigen, die neben ihrem mächtigen Einfluss auch die nötigen Beweise bezüglich der wahren Identität Jesus hatten, die letztlich der katholischen Kirche einen großen, wenn nicht sogar vernichtenden Schlag hätten versetzen können.

Die gegen die Templer vorgebrachte Anklage bezichtigte sie der Ketzerei. Zuerst wurden sie beschuldigt, Christus verhöhnt und als Teil ihres Ritus das Kreuz sogar bespuckt und getreten zu haben. Man bezichtigte sie auch, der Sünde der Homosexualität verfallen zu sein. Außerdem warf man ihnen vor, dass sie den „Dämon Baphomet", ein geheimnisvolles Kopfidol, angebetet hätten. Wie paradox das insbesondere in der gegenwärtigen Zeit anmuten mag, wo die katholische Kirche regelmäßig im Zusammenhang mit Homosexualität und Missbrauch in der Öffentlichkeit steht – und das nachgewiesenermaßen.

Was für die Gegenwart zutrifft, traf ebenso auf die Zeit der Templer und ihre menschenverachtende Niederwerfung durch den König und die katholische Kirche zu, was der bekannte Kirchenhistoriker Johannes Haller treffend auf den Punkt brachte, als er feststellte, dass das Vorgehen gegen den Templerorden der *„ungeheuerste Justizmord"* war, den es je gab. Damals wie heute hätte die katholische Kirche in aller Form durch den Rechtsstaat entmachtet und als kirchliche Institution aufgehoben werden müssen und alle kirchlichen Güter den Menschen und Völkern zurückgegeben werden müssen, denen sie gewaltsam genommen wurden. Damalige und gegenwärtige Päpste und ihre Schergen hätten vor ein ordentliches Gericht gestellt werden müssen. Damals wären Päpste wie Clemens V. sehr wahrscheinlich zum Tode verurteilt worden, und heute wären Päpste wie der ehemalige Kardinal Ratzinger und spätere Papst (siehe Anklage 2022) sehr wahrscheinlich zurecht zu lebenslanger Haft verurteilt worden.

Ewald und die „verschlossenen Archive" der Zisterzienser

Er berichtet dazu, wie ein Mann in sein Leben trat und ihm die Möglichkeit anbot, in den geheimen Archiven der Zisterzienser die Geschichte der Templer und – was vielleicht von noch größerer Bedeutung für Ewald war – die Alchemie zu studieren. Es war keine zufällige Begegnung mit diesem Templer, wie Ewald zugab. Den genauen Namen kann er uns nicht preisgeben, nur den Hinweis, dass dieser Templer Fürstenrang hatte und mit ihm auf einem Zauberkongress in Baden in Kontakt getreten ist. *„Er hatte mich gezielt gefragt, ob ich wüsste, welche Wissensschätze in einem bestimmten Kloster seit Jahrhunderten archiviert werden und nicht nur über die Templergeschichte, sondern auch ein Archiv über die Alchemie."* Das war für Ewald das Nonplusultra, wie er sich erinnert:

„Er fragte mich dann zu meiner Überraschung ganz konkret, ob ich nicht Interesse hätte, in dieses Kloster zu gehen, um diese Dinge zu studieren, woraufhin ich ihm sofort bestätigte, dass ich mich nach nichts mehr sehne, als die Geschichte der Templer und insbesondere die Alchemie zu studieren. Er sagte mir dann, dass er mir diesen Zugang verschaffen wird, und eine Woche später war ich in dem Kloster, wo mir ein bestimmter Ordensbruder (ein Quartiermeister; Anm. StE), *so nenne ich ihn einfach mal, zugeteilt wurde, der in den folgenden Jahren stets mein Ansprechpartner war. Er hatte alles wie versprochen vorbereitet, und ich wurde in dem Kloster erwartet. Empfangen wurde ich mit den Worten: ‚Non novis domine.' Worauf ich als Templer antwortete: ‚Set nomine tur gloriem.' Das ist ein bekannter Templer-Ausspruch gewesen. Die Templer haben das auch gesungen. Die Templer singen das beim Einzug in den Kapitelsaal, wie auch wir das heute in unserem Orden noch traditionell tun. Das heißt grob übersetzt: ‚Wir wollen nicht uns ehren, deinen Namen wollen wir ehren.' Als ich ihm das geantwortet hatte, war alles in Ordnung und ich hatte überall Zugang. Ich hatte auch die Alchemieküche gesehen und den sagenumwobenen Baphomet, eine 120 Zentimeter hohe Statue aus purem Gold, bestehend aus einem Frauen- und einem Männerkopf. Aus dem Frauenkopf ist ein Zopf entsprungen, der die gesamte Sture bis zum Boden umschlungen hat. Die Figur stand auf einer achteckigen Steinplatte, mit Edelsteinen besetzt. Diese Goldsture ist so schwer, dass man sie zu viert nicht aufheben kann. Natürlich wusste ich auch um die Bewandtnis der Baphomet-Statue. Die Templer haben schon im 12. Jahrhundert rituell mit der Statue gearbeitet, und zwar in der Blutgasse in Wien. Da war eine Komturei der Templer. In einem bestimmten Ritual haben sie das Wassermannzeitalter eingeleitet. Baphomet ist das höchste Wesen der Dualität – ein Dämon. Man darf Baphomet aber nicht als negativ betrachten. Es kommt immer darauf an, welchen Weg du im Leben gehst, wie du abbiegst… Stelle dir dazu vor, du gehst auf einem Berggrat, da geht es links hinunter und rechts hinunter. Links ist der Tod und rechts ist der Tod… Er ist genau das, was du dir vorstellst für deinen Weg. Baphomet ist ein ganz schwieriges Kapitel. Man könnte auch sagen, dass das Templerkreuz der ‚achtzackige Baphomet' ist. Diese besondere Figur wie auch der Templerorden waren nicht negativ, auch wenn die Kirche es dann später in ihren verlogenen Anklageschriften behauptet hat."*

Dann sagt Ewald etwas wehmütig, dass es heute eine andere Welt wäre, wenn König und Kirche den Orden nicht brutal niedergemetzelt hätten:

„Hätte der Templerorden fortbestanden, wären heute viele Dinge anders auf dieser Erde, ganz entschieden anders. Es wäre eine andere Welt, sehr wahrscheinlich eine bessere Welt, allein schon aus dem ganz einfachen Grund, dass die katholische Kirche nicht mehr so in dieser Form existieren würde – und zwar zu Recht –, weil die Templer eine universelle Kirche angestrebt hatten und dem Christus-Bewusstsein näherstanden als die katholische Kirche auch nur ansatzweise je gestanden hat. Die haben so viel gemordet, geraubt und geplündert, und in Wirklichkeit wissen wir ja, wen die katholische Kirche anbetet…"

Betrachtet man allein nur die Geschichte um den Templerorden und die in diesem Zusammenhang entstandenen Gräueltaten, Folter, Mord und Todschlag durch die katholische Kirche, dann wäre allein diese „Erbsünde", wie bereits weiter oben beschrieben, ein Grund, diese Organisation weltweit sofort zu enteignen und aufzuheben.

„In dem besagten Kloster, in dem ich also Zugang zu den Archiven bekam, wurde mir der Quartiermeister zugeteilt, der dann in den darauffolgenden Jahren stets meine Ansprechperson war. Den Namen kann ich leider nicht nennen. Dieser Mann beherrschte die drei alten Sprachen Altgriechisch, Altfranzösisch und Lateinisch. Das hatte ich weiter oben schon kurz erwähnt. Dieser Mann hat mir die für mich wichtigen Schriften über die Templer, die Alchemie und andere Themen alle übersetzt. Ohne diesen Mann hätte ich all das Wissen über die Templergeschichte und die Alchemie niemals erfahren. Von da an wusste ich, dass die wahre Geschichte um den Templerorden in der offiziellen Geschichtsschreibung fast gar nicht existiert. Die Kirche machte den Menschen damals Angst, dass sie ihre Seele verlieren werden, und das war das Einzige, was sie besaßen. Deshalb waren sie kirchentreu und natürlich auch königstreu. Nicht alle natürlich… Nehmen wir das Beispiel Hildegard von Bingen. Zu der Zeit hat es noch keine Alchemie gegeben. Sie war eine Kräuterkunde-Frau, die den Menschen sicher hat helfen können, aber es gab damals sicherlich noch keine Diätpläne. Heute werden Diätpläne von der Heiligen Hildegard verkauft. Das ist ein gutes Beispiel für die heutige Geschäftemacherei.

Damals waren die Menschen froh, dass sie jeden zweiten Tag was zu essen hatten. Man muss sich das nicht so vorstellen, dass ich in den Archiven nun eine Reihe von Rezepten vorfand. Die gibt es nicht. Die Alchemie hat nur ein Rezept. Wenn man nun eine Alchemie von einer bestimmten Pflanze machen möchte, dann ist der Vorgang immer der gleiche. Natürlich gibt es dann beim Kalzinieren Unterschiede, zum Beispiel zwischen Mariendistel und Curcuma. Das sind Temperaturunterschiede. Alchemie ist immer gleich, aber es dauert sehr lange, bist du einmal weißt, wie es wirklich funktioniert. Es hat mich neben der Zeit und vielen Versuchen auch hunderttausende von Schillingen gekostet. Hätte ich nicht ein gutgehendes Lokal gehabt, hätte ich mir das nie leisten können."

Nicht alle Pflanzen aus Mutter Natur helfen

„Aller Anfang war nicht einfach, wenn es um das Herstellen der Tinkturen ging, und es gab auch Momente, da dachte ich, es geht nicht mehr weiter.", beschreibt Ewald seine Anfänge in der Alchemie. Aber die Dinge haben sich immer zur rechten Zeit gefügt. Wenn dann keine Person in sein Leben trat, dann gab es einen anderen Anstoß, der ihn in seinem Wissensstudium weiterhalf, wie er sich erinnert:

„Ganz zu Beginn meiner Templerzeit hatte ich ja bei den Templern den besagten Vortrag über Alchemie gehört. Das war kurz nachdem mir der Mann aus Südamerika die Katzenkrallen-Tinktur in die Zauberhütte gebracht hatte und zu mir sagte, dass das Alchemie sei. Dann kam also dieser interessante Vortrag. Als ich dann zu Hause war, hatte ich einen Obstler genommen und damit die Brennnessel angesetzt. So hatte es der Großmeister damals erklärt, was natürlich grundfalsch war. Ich nahm also diesen Obstler und habe in diesem Obstler Brennnessel angesetzt bei zirka 35 Grad Celsius, was natürlich viel zu wenig Hitze war. Bei einer Tinktur braucht man zudem mindestens 80%igen Alkohol. Eine Pflanze ist immer zum Teil alkohollöslich oder wasserlöslich. Wie dem auch sei, ich hatte das dann eben so angesetzt, wie der Großmeister das in seinem Vortrag gesagt hatte. Er hatte mir dann aber im Weiteren noch erklärt, dass man das Ganze veraschen muss, sprich die Pflanze muss verbrannt werden, bis nur noch Reste beziehungsweise Asche übrigbleibt. aber bei einer so hohen Temperatur, dass die Asche weiß wird. Die Asche ist bei meinem Versuch

aber nicht weiß geworden, weil die Temperatur, mit der ich die Pflanze in der Alkohollösung erhitzt hatte, eben viel zu niedrig war. Erst einige Zeit später, während meines Studiums in dem Kloster habe ich herausgefunden, was ich bei meinem ersten Tinktur-Versuch falsch gemacht hatte. Die Temperatur war immer viel zu niedrig. Man braucht mindestens 1.000-1.400 Grad Celsius, nur so kann man die Salze und Mineralien herausfiltern. Meinen ersten Ofen habe ich von einem Arzt geschenkt bekommen, da er keine Verwendung mehr dafür hatte. Von da an konnte ich dann tatsächlich richtige Tinkturen herstellen. Meine ersten Tinkturen waren alle für die Katz. Die erste Tinktur, die ich erfolgreich hergestellt habe, war die besagte Brennnessel-Tinktur. Das Herstellen ist eine Sache, aber man muss letztlich auch ein langes Studium der Heilpflanzenkunde ablegen. Das habe ich natürlich über viele Jahre hinweg getan. Ich habe viele Bücher dazu studiert, auch jene Unterlagen aus dem Klosterarchiv. Aber es gab auch den Weg der Praxis. So bin ich viel in Wäldern und Wiesen unterwegs gewesen und habe die Pflanzen gesucht und gesammelt, wie das eben die alten Kräuterhexen früher getan haben. Ich habe aus fast allen Pflanzen eine Tinktur hergestellt, bin aber irgendwann zu der Erkenntnis gekommen, dass nur wenige Tinkturen beim Menschen gut wirken. Mit Brennnessel kann man zum Beispiel entgiften, oder man kann damit einen Brennnesselsalat anrichten. Das ist eine hochwertige Mahlzeit, da die Brennnessel sehr viele Nährstoffe hat. Wirklich wertvolle Tinkturen, wie zum Beispiel Curcuma aus dem thailändischen Urwald oder der indische Weihrauch vom Boswelia-Serata-Strauch, diese Tinkturen sind wirklich hochwirksam und können Menschen sehr helfen. Vielen Menschen, denen ich diese Tinkturen gegeben habe, sind gesund geworden. Die Brennnessel-Tinktur war meine erste wirklich gelungene Tinktur, die ich heute noch habe. Im Übrigen hat eine gute alchemistische Tinktur kein Ablaufdatum. Das läuft eigentlich nie ab. Aber auch ich muss heute aus juristischen Gründen nebst verschiedenen Angaben über den Inhalt auch ein Ablaufdatum auf meine Tinkturen schreiben. Ich habe dann immer mehr Tinkturen hergestellt. Natürlich musste man immer beobachten wie diese Tinkturen wirken, und da hat mir die Radiästhesie sehr geholfen. Da ich die Menschen mit Hilfe eines Bio-Tensors immer genau durchchecken konnte, wusste ich genau, was ihnen fehlt und konnte ihnen dann die jeweils richtige Tinktur bereitstellen.“

Mit den Jahren wurden auch Ärzte auf Ewald und seine Erfolge in der alten Naturmedizin aufmerksam, und es kam zu erfolgreichen Symbiosen zwischen der Schulmedizin und der Naturmedizin, wie Ewald berichtet:

„*Mit den Jahren sind auch Ärzte dazugekommen, Dr. Wolfgang Bonholzer* (Anästhesiologie Allgemeinmedizin; Anm. StE) *zum Beispiel, mit dem ich schon 35 Jahre zusammenarbeite, oder Karin Halbritter aus Baden.* (Sie studierte Medizin an der Universität Wien und spezialisierte sich auf Klassische Homöopathie und Pflanzenheilkunde. Seit 1999 führt sie ihre homöopathische Praxis in Bad Vöslau; Anm. StE) *Ich habe mit verschiedenen Ärzten auch bei Krebsbehandlung unterstützend mit meinen Heiltinkturen zusammengearbeitet. Im Laufe der vielen Jahre ist die Anzahl der Tinkturen auf zirka 200 angewachsen, darunter auch viele Urwaldpflanzen. Man sagt ja, dass die Pflanzen, die in der Umgebung eines Menschen wachsen, am besten helfen, was aber nicht immer richtig ist. In Österreich haben wir sehr viele Heilpflanzen. Ich kenne aber nur wenige Pflanzen in Österreich oder Europa, die auch wirklich sehr gut wirken. Das heißt aber nicht, dass diese Heilpflanzen gar keine Wirkung haben. Hingegen kenne ich viele Urwaldpflanzen, die ausgesprochen gut wirken. Daher verwende ich nahrungsergänzend vermehrt Urwaldpflanzen, zum Beispiel auch gegen Krebs, da diese das Immunsystem sehr stärken und einen großen Erfolg eröffnen können. Natürlich ist es wichtig, bei einer Krebserkrankung noch andere Faktoren zu berücksichtigen, und der Erfolg kann von Fall zu Fall immer unterschiedlich verlaufen. So bin ich auch zur Katzenkralle gekommen – auch eine Urwaldpflanze –, die mir der Mann aus Südamerika verordnet hatte, als ich mit der Legionärskrankheit zu kämpfen hatte. Diese Katzenkralle ist im wahrsten Sinne des Wortes mein Renner. Diese Pflanze ‚puscht‘ das Immunsystem sehr hoch. Vitamin C ist begleitend dazu sehr wichtig. Warum essen wir? Weil wir Vitalstoffe brauchen. Früher war es so, dass in der Nahrung noch genügend Vitalstoffe enthalten waren, die uns eine gute gesundheitliche Grundlage verschafft haben. Heute ist in der Nahrung nichts mehr an Vitalstoffen vorhanden. Es ist alles vergiftet. Wir haben zwar volle Teller, aber es sind nur noch Spuren enthalten, und das reicht nicht für eine gesunde, vitale Lebensgrundlage. Deshalb gibt es so viele kranke und vor allem auch fettleibige Menschen auf der Welt. Völlig unbegreiflich ist es, dass Fettleibigkeit viel zu wenig bzw. gar nicht als Krankheit im eigentlichen*

Sinne bewertet wird. Das liegt vermutlich auch daran, dass Übergewicht von nur 15 bis 20 Kilogramm als ganz normal angesehen wird und auf jeden Fall in der ‚Medizin' nicht als Krankheitsbild angesehen wird. Wer verdient? Big Pharma mit Medikamenten zum Abnehmen, Diäten, etc. Fettleibige Menschen sind vielfach schwer kranke Menschen, die psychisch und medizinisch oder eben naturheilkundlich dringend Hilfe benötigen. Aber zurück zum dem wichtigen Vitamin C. Es ist insbesondere im Falle von Vitamin C unumgänglich, dieses zu substituieren, also von außen zu uns zu nehmen. Unabhängig von der Wichtigkeit der Zunahme vitalisierender Nahrung ist es ja auch so, dass der Mensch im Gegensatz zu Tieren Vitamin C nicht selbst produzieren kann. Im Vergleich dazu kann ein kleiner Hund von 10-15 Kilogramm am Tag ca. 30 Gramm Vitamin C erzeugen. Dreißig Gramm! Und was schreibt uns die Schulmedizin vor, wie viel Vitamin C wir am Tag zu uns nehmen sollen? 1 Gramm, oder? Das ist meiner Ansicht nach viel zu wenig. Ich nehme am Tag 9 Gramm Vitamin C zu mir. Meine Vermutung ist, dass man gezielt die Vitaminaufnahme verhindern möchte, damit die Menschen krank sind."

Mit gesunden Menschen kann man viel weniger Geld verdienen als mit kranken Menschen. So ist das nun einmal. Anzumerken ist im Zusammenhang mit der lebenswichtigen Grundlage von Vitamin C, dass den Menschen heute in den Medien teilweise vorgegaukelt wird, dass das Vitamin C in so vielen Lebensmitteln steckt, dass z.B. hochdosierte Vitamin-C-Präparate nicht nötig sind. Aber jeder, der einmal intensiv in diese Thematik eintaucht, weiß, dass die Masse an ‚Lebens'-Mitteln, die heute auf dem Markt sind, keine ‚Lebens'-mittel mehr sind, weil sie kein ‚Leben' – Vitalstoffe – mehr in sich tragen, sondern durch chemische Behandlung und Haltbarkeitsmachung etc. nur noch Spuren von Vitalstoffen vorweisen.

In *Anhang 5* habe ich noch allgemeine Informationen zu der Geschichte von Heilpflanzen für Sie parat, denn Heilpflanzen wurden von den damaligen Ärzten und Priestern zu Heilzwecken verwendet, genauso wie bei den Medizinmännern oder Schamanen der verschiedensten Naturvölker heute noch.

Hier noch ein paar Informationen zur Körbler-Rute, mit der Ewald selbst seit langem praktiziert.

Bio-Tensor und Erich Körbler:

„Das Testen mit dem Tensor ist keine wissenschaftlich anerkannte Methode, was ja auch nicht verwunderlich ist. Es wird auch schwierig bleiben, eine subjektiv-intuitiv orientierte Vorgehensweise mit den Mitteln einer nach objektiven Kriterien messenden Wissenschaft zu erforschen.

Trotzdem wissen wir aus der Erfahrung vieler Jahrtausende, dass Wünschelrutengänger Wasser finden können, selbst die Tiefe einer Quelle sehr genau angeben können, dass es Seher und Heiler gibt, die ihre Erkenntnisse auf anderen Wegen als denen der reinen Wissenschaft erhalten. Wir wissen außerdem, dass man das Sensorium des menschlichen Körpers sehr gut schulen kann. Der Ausschlag der Rute ist nur das außen sichtbare, verstärkte Zeichen der individuellen körperlichen Resonanz. Mit Hilfe dieser Methode können die unterschiedlichsten Beschwerden durch Austesten erkannt und behandelt werden, wie das auch Ewald Sauter über Jahrzehnte erfolgreich praktiziert. Sehr gut lässt sich mit dem Tensor auch in persönlicher Abwesenheit des Patienten nur über ein Foto, ein Geburtsdatum oder ganz einfach per Telefon der betreffende Körper einer Person durchchecken.

Vielfach spricht man auch von der ‚alten Homöopathie' nach Samuel Hahnemann mit ihren Globuli und Tinkturen und der neuen Homöopathie nach Erich Körbler. Auf den ersten Blick mag die neue Homöopathie etwas anders aussehen und doch sind sie sehr verwandt. Die neue Homöopathie ist eine moderne Weiterentwicklung der altbekannten, homöopathischen Grundprinzipien. Erich Körbler ist 1938 in Wien geboren und studierte Elektrotechnik und Elektronik. Neben seinen vielseitigen Tätigkeiten war er auch an verschiedenen Forschungsprojekten des Wiener Wissenschaftsinstituts beteiligt. Unter anderem arbeitete er mit bei der Entwicklung eines Elektromotors. Dank seines offenen Blickfelds traf er in den 1980ern auf die damals noch kontrovers diskutierte Energie- und Informationsmedizin. Mit seinem Wissen über die Traditionelle Chinesische Medizin (TCM) und die Akupressur, sowie dank seiner zufälligen Begegnung mit der Einhandrute, war er nicht mehr allzu weit entfernt, der Entdecker einer der bedeutendsten Heilverfahren unserer heutigen Zeit zu werden. Anfangs stand Körbler dem ‚Rutenphänomen', wie er es nannte, doch recht skeptisch gegenüber. Doch mit den verblüffenden Ergebnissen seiner Versuchsreihen änderte er seine Meinung bald, und die Einhandrute wurde zum zentralen Werkzeug seiner Forschung und Entwicklung.“[4]

Der alchemistische Prozess auf dem Weg zu einer Heiltinktur

Ewald bei seiner Lebensgeschichte zu lauschen, wenn er über seine Berufung und Liebe zur Alchemie und Pflanzenkunde spricht, ist etwas Besonderes. Hat man erst eine Frage gestellt, beginnen sich viele Bilder in ihm urplötzlich in lebhafte Beschreibungen umzuformen, und man kann in eine längst vergangene Zeit eintauchen. Man fühlt sich in eine andere, frühere Zeit versetzt, in die Zeit der Hildegard von Bingen, das frühe Mittelalter, die Zeit der Templer. So erklärt mir Ewald den äußerst speziellen alchemistischen Vorgang zur Herstellung einer Tinktur:

„Zuerst erntet man die Pflanze. Nehmen wir als Beispiel die Heilpflanze ‚Tausendguldenkraut', eine Pflanze mit sehr vielen Bitterstoffen (ähnlich wie Enzian), die z.B. bei Gicht und der gesamten Verdauung sehr wirksam ist. Zuerst suche ich die Pflanze, die in Österreich eine sehr seltene Pflanze geworden ist. Sie ist eine sehr schöne Pflanze, die rosarot blüht. Wenn ich sie gefunden habe, dann kommuniziere ich mit ihr und entschuldige mich, dass ich sie schneiden werde. So habe ich das gelernt. Ich erkläre ihr auch, was ich mit ihr vorhabe, dass ich Menschen mit ihrer Tinktur helfen möchte, die gesund werden wollen. Am nächsten Tag wird die Pflanze zu einer bestimmten Zeit geschnitten. Heilpflanzen werden nicht einfach geschnitten, wie sie gerade gefunden werden. Es gibt Sonnenpflanzen, Marspflanzen, Jupiterpflanzen und verschiedene andere. Jede Pflanze wird also zu einer bestimmten Uhrzeit geschnitten, das ist sehr wichtig. Das ‚Tausendguldenkraut' ist eine sogenannte Jupiterpflanze und wird um 10 Uhr morgens geschnitten. In dem gesamten alchemistischen Prozess zur Herstellung einer Heiltinktur hat alles seine genaue Ordnung, wie das auch im gesamten Universum ist. Das betrifft neben der genauen Uhrzeit beispielsweise auch die ganz genaue Maßeinheit einer Pflanze. Heutzutage ist es zudem gesetzlich vorgeschrieben, dass ich auf jeder Flasche Pflanzenanteile, Alkohol usw. angeben muss. Im nächsten Schritt wird das Tausendguldenkraut zerkleinert in ein Rexglas gegeben und mit fusselölfreiem Alkohol übergossen. Wirft man einen Blick auf ein Rexglas mit einem angesetzten Kraut, dann sieht man unten die Pflanze und oben abgesetzt den Auszug. Bei optimalen Bedingungen steht das Glas neun Wochen in der prallen Sonne, weil wir für den alchemistischen Vorgang unbedingt die Sonnenquanten brauchen, deshalb werden die Tinkturen

immer im Sommer hergestellt und niemals im Winter. Gut Ding will also Weile haben. Die neun Wochen Sonne sind unbedingt wichtig. Sollte es dennoch in dieser Zeit regnen, kann es schon mal bis zu vierzehn Wochen dauern, bis das Kraut zur Weiterverarbeitung bereit ist. Währenddessen muss das Glas täglich geschüttelt werden. Nach dem Reifeprozess im Glas, wird das Kraut gefiltert und gepresst, um die gesamten Öle des Krautes zu gewinnen. Der Alkoholauszug wird für einen späteren Prozess aufgehoben, bei dem dann die Salze und Mineralien aus dem Veraschungsprozess der Pflanze und der danach erfolgten Kalzinierung vermischt werden. Beim ***Veraschen*** *wird nun das gepresste Kraut auf offener Flamme so lange verbrannt, bis ein kleines Häufchen weiße Asche zurückbleibt. Beim* ***Kalzinieren*** *wird diese weiße Asche dann in ein kleines Gefäß gegeben und in einem Hochofen bei konstanter Temperatur von 900°C so lange kalziniert, bis sich die Mineralien und Salze aus der Asche lösen. Die Asche verändert dabei ihre Farbe und kann je nach Pflanze oder Kraut von Purpurrot bis Gold in allen erdenklichen Farben schimmern. Für den nächsten Schritt braucht man ein besonderes Wasser, das ich mittlerweile aus meiner eigenen Quelle beziehe. Dieses Wasser hat ca. zwei Millionen Bovis-Einheiten. Das kann ich selbst messen. Ein Mensch hat zum Beispiel 6.500 bis 7.000 Bovis-Einheiten. Eine Bovis-Einheit ist eine Heilenergieeinheit. Meine Tinkturen haben Millionen von Bovis-Einheiten. Ich habe das mit der Zeit mit einer besonderen Technik immer wieder steigern können, und dieses Wasser, das ich jetzt dazu benutze, hilft mir dabei sehr. Deshalb kann ich auch mit Bestimmtheit sagen, dass meine Tinkturen eine sehr große Wirkung haben. Nun werden Rexgläser mit diesem hochenergetischen Wasser vorbereitet, und dann gebe ich die glühende Asche in das Wasser. Dieses Wasser verfärbt sich nach der Zugabe der Asche grün-gelb-orange. Es bilden sich bei anderen Pflanzen auch Farben wie z.B. Türkis, Rubinrot, alle Arten von Grün oder auch andere Farbkombinationen. Man kann sich kaum vorstellen, wie schön das ist. Damit wird die kalzinierte Asche so lange gewaschen und gefiltert, bis alle Mineralien und Salze im Quellwasser aufgenommen sind. Nach vollbrachter Arbeit von insgesamt ca. 7-9 Monaten haben wir jetzt die Öle vom Tausendguldenkraut im Alkohol und die Salze und Mineralien im Quellwasser. Bei der anschließenden sogenannten Hochzeit werden diese zwei Flüssigkeiten vermischt und zu einer Einheit zusammengeführt. So-*

mit haben wir nun alle wertvollen Inhaltsstoffe der Pflanze alchemistisch zerlegt und wieder vereint. Solve et Coagula (Trennen oder Auflösen einer Eigenschaft und das anschließende Zusammenfügen zu einem besseren Ergebnis). Danach wird die Tinktur von mir noch mit Gedanken und Berührung informiert. Vergiss nicht, dass Flüssigkeiten Informationsträger sind. Denk an die Forschungsarbeit von Emoto und seine wissenschaftlichen Versuche mit Wasser. (Darüber gibt es von Masaru Emoto das Buch „*Die Botschaft des Wassers*" und von anderen Autoren auch einige sehr interessante Bücher; Anm. StE) *Voraussetzung ist, dass es mir sehr gut geht, sonst funktioniert das bei keiner Heiltinktur. Nach der persönlichen energetischen Aufwertung werden die Tinkturen mit einem Tachyonen-Generator tachyonisiert. Das ist die Null-Punkt-Energie. Es ist viel Zeit, Arbeit und Liebe zur Sache ins Land gezogen, bis dann am Ende endlich eine fertige Tinktur die Menschen bei der Genesung unterstützen kann."*

Soweit Ewalds spannender Bericht über die aufwendige und monatelange Herstellung einer Heiltinktur. Vergessen wir dabei nicht, dass sich in seinem Vorratsschrank ca. 200 solcher Heiltinkturen befinden.

Abb. 2a und b: Die Heilpflanzen in Rexgläsern, in 80%igem Alkohol eingelegt.

Abb. 2c: Der Ofen

Kalzinierung und Veraschung:

*Als **Kalzinierung**, Calcinieren oder Calcination (von lat. calx für Kalkstein) bezeichnet man in der Chemie und der Verfahrenstechnik allgemein das Erhitzen von Stoffen in Luft oder einer sauerstoffhaltigen Atmosphäre. Eine spezifischere Bedeutung umfasst das Erhitzen (Brennen) von calcium- und magnesiumcarbonathaltigen Mineralien mit dem Ziel, diese zu entwässern oder zu zersetzen.*[5]

*Unter **Veraschung** versteht man das gezielte Zerstören mehrheitlich organischer Substanzen durch Erhitzen unter Sauerstoffeinfluss zur Bestimmung des Gehalts anorganischer (mineralischer) Anteile. Dazu wird die Substanz in einem Tiegel erhitzt, bis die organischen Verbindungen verbrannt sind und nur Asche zurückbleibt. Der Gewichtsverlust, der sogenannte Glühverlust, entspricht dann dem organischen Anteil der Substanz, die verbleibende Asche, der Glührückstand, dem anorganischen Anteil.*[6]

Bovis-Einheiten:

In Bovis-Einheiten (benannt nach André Bovis (1871-1947), einem Kesselschmied und Radiästheten aus Nizza) wird in der Radiästhesie die Stärke einer Lebens- oder feinstofflichen Energie angegeben. Die Bovis-Zahlen sind intuitiv und nicht falsifizierbar.

Manche Quellen setzen Bovis-Einheiten mit Ångström gleich als der Wellenlänge der nach dieser Auffassung gemessenen Schwingung. Die Wellenlänge einer Strahlung ist umgekehrt proportional zur Energie; größere Wellenlängen entsprechen dabei geringeren Energien. Radiästheten setzen jedoch höhere Bovis-Werte mit höherer Energie in Verbindung. Es scheint hier ein anderer Energiebegriff als der physikalische gemeint zu sein. Da zudem die Existenz dieser Strahlung naturwissenschaftlich nicht belegt ist, ist es fragwürdig, sie mit physikalischen Parametern beschreiben zu wollen.
Mitunter ist es Praxis, die Bovis-Einheit zur Diagnose von Krankheiten zu benutzen. Dies ist kein medizinisch zulässiges Vorgehen.[7]

Tachyonen:
Tachyonen (‚schnell') sind hypothetische Teilchen, die sich schneller als Lichtgeschwindigkeit (superluminar) bewegen. Es gibt keine experimentellen Hinweise, dass solche Teilchen existieren. Olexa-Myron Bilaniuk, V. K. Deshpande und E. C. G. Sudarshan wiesen 1962 darauf hin, dass es für die Gleichungen der speziellen Relativitätstheorie mehrere Lösungsmöglichkeiten gibt (und unabhängig Anfang der 1960er Jahre auch der sowjetische Physiker Jakow Petrowitsch Terlezki). Eine davon entspricht der normalen Materie, die sich mit Unterlichtgeschwindigkeit bewegt. Eine andere würde Teilchen erlauben, die sich ständig mit Überlichtgeschwindigkeit bewegen und niemals bis auf Lichtgeschwindigkeit abgebremst werden können. Die Tatsache allein, dass es diese mathematische Lösungsmöglichkeit für die Gleichungen gibt, bedeutet jedoch nicht, dass Tachyonen auch real existieren müssen. Für diese Einteilung von Teilchen in drei Klassen fand Gerald Feinberg (1967), der sich näher mit den theoretischen Grundlagen der Tachyonen befasst hat, folgende Wortprägungen:

Tardyonen:
Teilchen, die sich stets langsamer als die Lichtgeschwindigkeit durch den Raum fortbewegen.
Luxonen:
Teilchen, die sich stets mit Lichtgeschwindigkeit durch den Raum fortbewegen.
Tachyonen:
Teilchen, die sich stets schneller als die Lichtgeschwindigkeit durch den Raum fortbewegen. Davon hat sich nur die Bezeichnung Tachyon durchgesetzt.[8]

Kapitel 2
Atlantis und die Templer

„I templari c'entrano sempre" – Es gibt überall eine Verbindung zu den Templern!

„Wenn zwei oder drei in der Suche nach der Wahrheit beisammen sind, dann ist der Geist der Erkenntnis mitten unter euch."

(Konvolut Templerorden, Ewald Sauter)

Einleitende Worte

Bevor wir zu Ewald, seinem Konvolut und seinen Informationen über Atlantis, die Templer und die Bundeslade kommen, beginne ich mit einer kurzen allgemeinen geschichtlichen Zusammenfassung über den Templerorden und über Atlantis, weil beides untrennbar miteinander verbunden ist, wie wir noch sehen werden.

Die Wahrheit über die Geschichte der Templer

Wie bereits in der Einleitung beschrieben, haben sich meine Wege mit Ewald 2004 gekreuzt, aber nicht nur mit Ewald, sondern auch mit Helga Hoffmann-Schmidt, der mein Buch *„Geheimakte Bundeslade"* gewidmet ist, womit wir bei der besonderen Geschichte wären, die mich vor 19 Jahren mit Ewald und dann mit Helga Hoffmann-Schmidt zusammengeführt hat.

Wie bereits zu Beginn schon kurz angedeutet wurde, ging es um das Geheimnis der Templer und die Bergung der Bundeslade in Jerusalem durch die Tempelritter. Mit der Bundeslade ist nicht der Schrein als solches gemeint, sondern jahrtausendealte Schriften und Modelle, die in Jerusalem unter dem Tempel Salomons gefunden wurden und durch die Templer nach Südfrankreich gebracht wurden. Das war die eigentliche Mission der Templer – die Bundeslade zu finden und nach Südfrankreich zu bringen.

Das Buch *„Geheimakte Bundeslade"* berichtet über diese Schriften – das Wissen und die Erkenntnisse, die vor 12.600 Jahren von den Atlantern beziehungsweise den „Hegolitern" auf geistigem Wege übermittelt wurden, was letztlich auch ein wichtiger Schlüssel in Ewald Sauters Leben war.

Diese Überlieferungen der Atlanter wurden niedergeschrieben und über Jahrtausende hinweg von ein paar wenigen Wissensträgern gehütet. So spricht man auch von dem Inhalt oder dem Geheimnis der „Bundeslade" – dem größten Wissensschatz der Menschheit. Diese alten Überlieferungen haben aber sehr wenig mit dem Alten Testament zu tun, denn sie stammen ursprünglich aus alten ägyptischen Archiven.

Wir sprechen bei Atlantis von einer letzten großen, echten *Ur-Kultur*, die etwa zwischen 10.000 und 15.000 v.Chr. untergegangenen sein soll. Möglicherweise liegt der Zeitpunkt des Untergangs auch Jahrtausende weiter zurück. Das wissen wir nicht genau. Ob das Zentrum von Atlantis wirklich im Atlantik lag, ist unter Experten bis heute umstritten, und es gibt nicht wenige Forscher und Autoren, die das Zentrum der atlantischen Hochblüte in Amerika und Südamerika sehen, was auch ich als sehr wahrscheinlich ansehe. Wenn ich von dem Zentrum – der Insel – Atlantis spreche, dann teile ich die Auffassung vieler Kollegen, dass es erdüberspannend viele, nennen wir sie Kolonien der atlantischen Hochkultur gab (in Asien, Mesopotamien, Ägypten, dem Mittelmeerraum und natürlich in Europa). Die Reste dieser Hochkultur, von denen jetzt nur das Alte Ägypten und das Alte Mexiko genannt werden können, bewirkten in den folgenden Jahrtausenden (besonders seit 2.000 Jahren) einen erdgeschichtlichen und kulturellen Abstieg, was man insbesondere im heutigen Ägypten beobachten kann, aber selbstverständlich auch in allen anderen Regionen der damaligen Hochzivilisationen, zu denen auch Indien und die altamerikanischen Reiche zählten. Das sichtbare Erbe der atlantischen Hochblüte sind die weltweiten Pyramiden. Das heißt nicht, dass die vielen tausend Pyramiden, die wir heute noch auf der Erde vorfinden, direkte Überreste aus atlantischer Zeit sind. Nein, sie sind ein Vermächtnis – eine Erinnerung, ein Kult aus dieser Zeit, der mündlich oder wahrscheinlich sogar schriftlich stets weitergegeben wurde. So wurde diese kultische Baukultur durch die nachfolgenden Völker stets weiter praktiziert. Höchstens die Großpyramiden in Ägypten könnten noch echte Bauten (technische Bauwerke) der letzten atlantischen Epoche sein. Genau wissen wir das aber nicht.

Atlantis ist eine Urerinnerung der Menschheit

Nach den heute gültigen Denkmodellen ist die Frage, ob es Atlantis wirklich gegeben hat, natürlich nicht so leicht zu beantworten. Dennoch wollen wir versuchen, hier einige wichtige Fakten zu betrachten, wonach sich jeder selbst ein Urteil bilden kann. Zunächst sollte nicht vergessen werden, dass – trotz der großen Gegenströmung des heutigen Establishments – das Wissen über Atlantis auf nachweisbaren, geschriebenen Berichten basiert! Vergessen wir nicht, dass Solon ausdrücklich beteuert hat, dass es sich bei den alten Berichten um *„nicht Erdichtetes, sondern wirklich Geschehenes"* (Timaios. 26d) handelte, und an anderer Stelle bezeichnete er sie als *„nicht erdichtete Sage, sondern als eine wahrhafte Erzählung"* (Timaios. 26e). Es gibt keinen anderen Bericht aus dem Altertum, in dem so oft und so nachdrücklich der Wahrheitscharakter seiner Aussagen betont wird wie in dem von Ur-Athen und Atlantis!

Die Existenz von Atlantis stellt die Wahrhaftigkeit des Buches der Genesis und seine Datierung in Frage

Bekanntlich wird Atlantis vielfach mit dem Bau der Pyramiden im Alten Ägypten in Verbindung gebracht, und auch ich habe als Forscher und Autor nie ein Geheimnis daraus gemacht, dass es sehr gut möglich sein kann, dass die Großpyramiden in Ägypten (Gizeh-Pyramiden, Pyramiden von Dashur, Rote Pyramide und Knick-Pyramide) und die geheimnisumwobene Sphinx Reste einer alten Hochzivilisation sein können und damit Jahrtausende älter sein könnten. Letztlich passen Atlantis und die geheimnisvollen Großpyramiden nicht in das gegenwärtige Weltbild der mosaischen Religionen. Das passt zu einer Aussage, die Zahi Hawass einmal machte, als er auf die Frage, ob die Sphinx nicht älter sein kann als allgemein angenommen, antwortete, dass das nicht sein kann, weil es dem Koran widersprechen würde, wonach die Menschheit erst 6.000 Jahre alt ist.

Es sind die mosaischen Religionen, denen derartige Thesen über die Existenz einer früheren atlantischen Hochzivilisation schlichtweg schaden würden, weil das ganze Lügengerüst, auf dem diese Religionen aufgebaut sind, zusammenbrechen würde. Auch der bekannte Autor Louis Charpentier erklärt das schlüssig:

„Für und wider die Wahrheit der Existenz von Atlantis sind Tausende von Büchern geschrieben worden. Es handelt sich um ein Problem, das die Leidenschaften außergewöhnlich erregt hat. Und das ist nicht erstaunlich, denn die Existenz von Atlantis stellt die Wahrhaftigkeit des Buches der Genesis und seine Datierung in Frage. Die Genesis bezweifeln, das hieße aber die Heilige

Schrift bezweifeln, und es war für die christlichen Kirchen von äußerster Bedeutung, dass die Geschichte vor dem Christentum auf die Ankunft Christi hin ausgerichtet blieb, und zwar mit Hilfe der hebräischen Schriften, deren Zeitrechnung zum Beweis von der Erschaffung der Welt und Adams ausging. Alles, was demnach nicht in das ‚Bild' der Heiligen Schrift passte, war Fabel und Lüge. Als Folge davon wurde nur der Nahe Orient zum Gegenstand historischer Studien gemacht, da das ‚Licht' nur aus dem Osten gekommen sein konnte, und als die Laien die Kleriker ablösten, entgingen sie diesem Dogma genauso wenig wie ihre Vorläufer. Der Zweifel daran, dass das Licht und die Zivilisation aus dem Osten kommen, ist immer ein schwerwiegender Anlass zu einer Exkommunikation. Darum konnte Atlantis nur eine Mythe sein, und die Menschen, die an diese Mythe glaubten, waren Sonderlinge. Es muss zugegeben werden, dass unter den Verteidigern der Existenz der von Plato beschriebenen Insel eine gute Reihe von komischen Käuzen war, deren Phantastereien der Sache, die sie vertreten wollten, eher geschadet haben."[9]

Der Ursprung der heutigen Menschheit ist in Atlantis zu suchen, denn hier ist der Ausgangspunkt aller Mythenforschung. Atlantis könnte man als *DIE* Kultur unserer Vorzeit bezeichnen – die Einheits- und Ur-Kultur. Nach der Katastrophe – dem Untergang von Atlantis und seinen weltweiten Kolonien – begannen die getrennten Entwicklungswege der Menschheit in Europa, Asien, Nord- und Südamerika und Afrika. So könnte man auch die Spuren von tausenden von Pyramiden weltweit interpretieren, die das Ergebnis der getrennten Entwicklungswege der Ur-Atlanter waren.

Die Hochblüte dieser Nachfahren waren die Ägypter, und bekanntlich haben die ägyptischen Priester dem griechischen Solon eine Beschreibung der vor 11.500 Jahren versunkenen Insel Atlantis, seiner Hauptstadt und seiner vorbiblischen Kultur gegeben. Platon hat sie dann im Kritias hinterlassen. Und vergessen wir nicht die hohe Bedeutung der

Abb. 3: Platon (429-349 v.Chr.)
Abb. 4: Solon (640-559 v.Chr.)

ägyptischen Priesterzentren für die griechischen Gelehrten, denn auch Solon (640-559 v.Chr.), einer der sieben Weisen Athens und Verfasser der ersten demokratischen Gesetze seiner Vaterstadt, reiste einst nach Ägypten, um dort *„Erkundungen der Vorzeit einzuholen"*. Die ägyptischen Priester aus Heliopolis, Theben und Sebennytos standen in dem Ruf, besonders alte Überlieferungen und Schriften über die vergangenen Zeiten zu haben, weil sie die alten Inschriften und Papyri ihres Landes gesammelt und studiert hatten. Aus diesem Grund war Ägypten über Jahrhunderte hinweg das Ziel vieler Gelehrter und eben auch des griechischen Weisen Solon. (Tim. 22 a) *„Solon wurde in Ägypten ehrenvoll aufgenommen, und als er die der alten Geschichte kundigen Priester über die alten Zeiten befragte, erkannte er, dass weder er noch sonst einer der Griechen von diesen Dingen das Geringste wusste."*

Es ist in Vergessenheit geraten, dass selbst namhafte Kirchenväter der ersten christlichen Jahrhunderte an das versunkene Atlantis geglaubt haben, weil man von der großen wissenschaftlichen Zuverlässigkeit der griechischen Gelehrten überzeugt war, die ihrerseits ihr Wissen bekanntlich aus Ägypten erhielten. Mit der immer größer werden Macht der Kirche wurden im Laufe der Jahrhunderte verständlicherweise alle Nachrichten über Atlantis in das Reich der Mythen und Legenden verwiesen. Es gab aber Forscher und ernsthafte Gelehrte, die Atlantis nicht für ein Märchen hielten, und wir müssen zugeben, dass bei näherer Untersuchung des Atlantis-Berichtes der Griechen dieser mehr als nur einen Funken Wahrheit enthält. Vergessen wir auch nicht so große Forscher wie Heinrich Schliemann, um dessen Tod es das ein oder andere Geheimnis gibt. Stieß Schliemann auf Beweise für die einstige Existenz von Atlantis?

Der Archäologe Heinrich Schliemann fand 1873 in den Ruinen des angeblichen Trojas bei der Entdeckung des Schatzes des „Priamus" ein großes Bronzegefäß, in dem Münzen aus einer seltsamen Metalllegierung (Kupfer, Platin und Aluminium) lagen und das in „phönizischen" Zeichen die Inschrift trug: *„Vom König Chronos von Atlantis"* Man kann sich vorstellen, wie überrascht Schliemann gewesen sein muss, als er das las. Das war eine Bestätigung, dass es Atlantis wirklich gegeben haben kann. So ranken sich besonders um den Tod des Enkels von Heinrich Schliemann, Dr. Paul Schliemann, bis heute Gerüchte, da sein Leichnam nie gefunden wurde. Der Grund dafür könnte die Entdeckung seines berühmten Onkels sein, dass Atlantis einst wirklich existierte. Sein Enkel, Dr. Paul Schliemann, berichtete im Oktober 1912 in der *„New York American“* über die Funde seines Großvaters und stellte das Erscheinen eines Buches über Atlantis in Aussicht. Das mit Spannung erwartete Werk ist nie erschienen. Dr. Paul Schliemann ist seit 1912 verschollen und mit ihm die Forschungsergebnisse seines berühmten Großvaters, womit womöglich bedeutende Hinweise auf eine atlantische Hochzivilisation der Menschheit für immer vorenthalten wurden.

Dieser am 12. Oktober 1912 erschienene Artikel sorgte nur kurz für Aufsehen und versank dann wieder unter Schlagzeilen und der Besorgnis eines nahen europäischen Krieges. Kritiker werden auch heute noch argumentieren, dass es einen Dr. Paul Schliemann gar nicht gegeben hat. Warum dann aber so ein inhaltlich außergewöhnlich spannender und aufwendiger Artikel? Es war sicherlich keine Zeitungsente, aber es kann auch heute nicht mit Sicherheit gesagt werden, wer sich tatsächlich hinter diesem Artikel verbarg.

> *„Führt man sich nur einmal die jahrtausendealte Jesus-Kontroverse von Kirche und Gegenkirche vor Augen, so haben diese unterschiedlichen Ansichten bis heute einen maßgeblichen Einfluss auf das politische Treiben in der Welt verübt und sind der zentrale Punkt um den Jahrtausende währenden Brandherd Israel. Alle drei großen Religionsgemeinschaften streben letztlich – durch ihren selbsternannten Absolutheitsanspruch – nach der theokratischen Weltherrschaft.“*[10]

Es gibt in der Weltliteratur kaum ein zweites nicht religiöses Thema, das über lange Zeiten hinweg ein so starkes Interesse auf sich gezogen und derart nachhaltige literarische Niederschläge hinterlassen hat. Otto Muck bemerkte einmal dazu, dass man oft, ohne wesentlich über den Wortursprung nachzudenken, vom Atlantik spricht. Woher hat er seinen Namen? An anderen Stellen der Erdkugel fällt der Blick beispielsweise auf Indien und südlich davon auf den Indischen Ozean; man sucht und findet den Persischen Golf bei Persien, das Polarmeer unweit des Pols, die Ostsee im Osten und die Nordsee im Norden Europas. Überall, wo ein Meer nach einem Lande benannt wurde, findet man beide nah beieinander. Nur der Atlantik macht eine Ausnahme! Er ist zwar vorhanden, aber das Land, das ihm seinen Namen gegeben haben müsste, fehlt. Platons Gewährsmann sagte dazu präzise und knapp: *„...später jedoch, als ungeheure Erdbeben und Überschwemmungen eintraten, versank während eines einzigen schlimmen Tages und einer einzigen schlimmen Nacht ebenso wohl das ganze zahlreiche streitbare Geschlecht bei euch unter der Erde, und ebenso verschwand die Insel Atlantis, indem sie im Meer versank...“*[11]

Es steht außer Frage, dass die nachprüfbare und beweisbare Chronologie über Atlantis mindestens so glaubwürdig ist wie die meisten anderen historischen oder prähistorischen Zeitangaben. Seit Jahrtausenden werden die beiden Themen – Atlantis und die Sintflut – miteinander in Verbindung gebracht und oft im gleichen Atemzug genannt. Es scheint wie eine Urerinnerung der Menschheit zu sein. Heute hat es den Anschein, als seien die ältesten Hochkulturen – die der Sumerer und Ägypter beispielsweise – plötzlich auf der Weltbühne erschienen, ohne sichtbare und wissenschaftlich belegbare, vorangegangene Entwicklungsstadien. Die einzige Erklärung, die heute wissenschaftlich standhält, ist die Mutmaßung, dass es durch große globale Umwälzungen, wie beispielsweise die Sintflut oder Meteoriteneinschläge, zu radikalen Einschnitten kam, sodass Wissen in großem Maße verloren ging.

Abb. 5: Die Atlantis-Karte aus Athanasius Kircher aus dem 17. Jahrhundert

Die weltweiten Überlieferungen erbringen hier Beweise genug. Über den ganzen Erdball verteilt finden wir in den verschiedensten Kulturen und Berichten alter Völker die „Legende“ von einer großen Flut. Es gibt wohl keinen Zweifel, dass die große Flut wirklich stattgefunden hat. Wie im Falle von Atlantis, sollte auch hier deutlich gesagt werden, dass es sich bei dem Thema Sintflut ebenfalls um beweisbare, geschriebene Berichte handelt. Die unbeirrbare Ahnung, dass all das wirklich geschehen ist, lebt seit Jahrtausenden in den Menschen fort, und das nicht nur in den Menschen der von der Sintflut betroffenen Gebiete. Neben den Überlieferungen aus dem Zweistromland (Gilgamesch) und den Überlieferungen der Bibel (Noah), finden wir auch bei den Azteken, bei den Mayas, im Hinduismus, bei den Hopi-Indianern und bei vielen anderen Naturvölkern die Bestätigung für eine große Flut. Die Überlieferungen über kosmische Katastrophen und die große Flut können ganze Bibliotheken füllen. Umso interessanter und verblüffender ist die Ähnlichkeit der verschiedenen Überlieferungen. Szenerie und Inhalt sind immer die gleichen. In der einen Überlieferung heißt der Hauptdarsteller Noah (so wie in der Bibel) und in der anderen Utnapischtim (im Gilgamesch-Epos), in einer weiteren Ziusudra (bei den Sumerern) und in wieder einer anderen Atrahasis (bei den Akkadern). Auch die Irokesen, die Chibcha-Indianer, die Guaraní-Indianer und die Inkas berichten über eine große Flut. Es ist ein roter Faden, dem man unweigerlich folgt.

Neben den weltweiten mündlichen und schriftlichen Zeugnissen, die über die Sintflut berichten, wurden auch archäologische Beweise für eine große Überschwemmung vor über 6.000 Jahren in Ur gefunden. Wissenschaftler entdeckten eine zweieinhalb Meter dicke Schicht wassergetränkten Tons, die ein Gebiet von über 100.000 Quadratmetern bedeckt. Das umfasst ein Gebiet vom Zweistromland, von nördlich von Bagdad, bis zur Küste des Persischen Golfes, also ein Gebiet, zu dem Teile des Iran, Irak und Kuwait heute gehören. Durch das Ausmaß der Erdschicht kamen Wissenschaftler zu dem Ergebnis, dass die Flutwelle gigantische Ausmaße gehabt hat und vermutlich alle Menschen der sumerischen Kultur, die sich nicht rechtzeitig in Sicherheit gebracht haben, in den Tod gerissen hat.

Alexander und Edith Tollmann schreiben in ihrem Buch *„Und die Sintflut gab es doch“*: *„Es hat sich gelohnt, die großen Traditionen der Völker nicht* *als Sagen und Mysterien abzutun, sondern auf den prinzipiellen Wahrheitsgehalt des Kernes eines solch beharrlich tradierten Grunderlebnisses zu vertrauen...“*

Wer an diesen Themen interessiert ist, dem kann ich das Buch der beiden bedeutenden österreichischen Wissenschaftler, Forscher und Autoren nur wärmstens ans Herz legen.

Atlantis blieb immer und überall in Erinnerung

Wir verdanken die Überlieferung des Namens Atlantis dem griechisch-römischen Altertum, dessen Autoren mit dem Begriff eines versunkenen Kontinents sowie dessen einstiger geographischer Lage vertraut waren. In alten Schriften wurden die nordwestafrikanischen Völker sogar als Atalantes oder Atarantes bezeichnet und von den Autoren der klassischen Antike, die sie als Reste der atlantischen Kolonialbevölkerung betrachteten, Atlantioi genannt. Die Berberstämme Nordafrikas besitzen ihre eigenen Legenden über Attala, ein kriegerisches Königreich vor der afrikanischen Küste, das nicht nur die Reichtümer aus seinen Gold-, Silber- und Zinnminen nach Afrika schickte, sondern auch sein Heer auf Eroberungszügen dorthin sandte.12

Die Gallier, die Iren, die Waliser und die britischen Kelten glaubten, dass ihre Vorfahren von einem im westlichen Meer versunkenen Kontinent gekommen seien. Die beiden letzten nannten dieses das verlorene Paradies Avalon.13

Die Basken Nordspaniens und Südwestfrankreichs glauben ebenfalls an eine Verbindung zu Atlantis, weil deren Sprache keinerlei Verbindung zu den anderen europäischen Sprachen aufweist. Gleiches trifft auch auf die Berber zu, deren Sprache gewisse Ähnlichkeiten mit dem Baskischen hat. Die Berber bewahren in ihren Überlieferungen ebenfalls gewisse Erinnerungen an einen westlichen Kontinent.

Auch in Portugal, Brasilien und Gebieten von Spanien ist der Glaube an die Existenz von Atlantis noch lebendig, was völlig logisch erscheint, wenn man bedenkt, dass der westliche Teil der Iberischen Halbinsel der Zipfel Europas war, der Atlantis am nächsten lag. Es gibt auch auf den Azoren Legenden über Atlantis, doch wurden sie von den Portugiesen auf die bis dahin unbewohnten Inseln mitgebracht.

Die Ureinwohner der *Kanarischen Inseln* waren eine „primitive" weiße Rasse, so berichteten es zumindest später die spanischen Eindringlinge. Sie sollen eine Schriftsprache und genaue Überlieferungen besessen haben, die auf ihren atlantischen Ursprung hinwiesen. Nach dem gewaltsamen Eindringen der Spanier folgten viele Kriege, und die Überlieferungen gingen verloren. Erhalten geblieben ist aber der Name *Atalaya*, er ist als Ortsname immer noch geläufig. Vergessen dürfen wir auch nicht die Wikinger. Für sie war *Atli* ein märchenhaftes Land im Westen, und auch das Walhalla der teutonischen Völkerstämme, ein geheimnisvolles Land, in dem Kämpfe, Feste und Trinkgelage ewig währen, soll sich dort befunden haben. Die phönizischen und kartharischen Seefahrer kannten angeblich eine blühende Insel im Westen, die sie Antilla nannten. Die Babylonier berichten über ein Paradies im Westen, dass sie Arallu nannten. Für die Araber der Antike war die älteste Kultur das Land *Ad*, das einst im westlichen Ozean lag.

In den alten Schriften Indiens, den Puranas in dem Mahabharata, finden sich Hinweise auf *Attala* – die Weiße Insel –, einen Kontinent im westlichen Ozean, eine halbe Welt von Indien entfernt.

Auch in Mexiko und im nördlichen Teil Südamerikas stößt man immer wieder auf den mythischen Namen Atlantis. In Mexiko beispielsweise *Tlapallan*, *Tollan* und *Aztlán*. In Venezuela entdeckten die Conquistadores eine Siedlung namens *Atlan*, deren Einwohner von ihnen als weiße Indianer bezeichnet wurden. In Nordamerika gab es bei mehreren Indianerstämmen alte Überlieferungen von einer Insel im Atlantik, von der ihre Ahnen gekommen seien. In Wisconsin fanden Forscher ein befestigtes Dorf, das von seinen Einwohnern *Azatlán* genannt wurde.[14]

Der Kontinent der Seligen

Neben den mündlichen Überlieferungen, die Solon von ägyptischen Priestern aus Sais und Heliopolis erfuhr, gibt es noch andere bedeutende Quellen aus Ägypten. In alten Hieroglyphentexten berichten die Alten Ägypter von Amenti, dem Paradies im Westen. Noch heute existiert in St. Petersburg der ägyptische Papyrus 1115, der vor etwa 4.000 Jahren abgefasst wurde und von der Atlantis-Legende berichtet. Die Geschichte beginnt mit einer Expedition ins Land der Westlichen, die vom Pharao ausgesandt wurde. Das Schiff gerät auf hoher See in ein Unwetter. Der Kapitän berichtet, wie sie dabei zufällig den Kontinent der Seligen – *Amenti* – entdeckten:

> „*Ich war zu den Minen des Königs ausgezogen und war in See gestochen in einem Schiff. Es hatte 120 Ellen Länge und 40 Ellen Breite* (zirka 63 mal 21 Meter; Anm. StE.), *120 der weisesten Matrosen waren an Bord von der oberen Elite Ägyptens. Sie beobachteten den Himmel, sie beobachteten das Land, und ihr Herz war unerschrockener als das von Löwen. Da kündigten sie einen Sturm an, noch ehe er aufgekommen war, und ein Unwetter, ehe es losgebrochen war.*“

Das Unglück nahm seinen Lauf, das Schiff zerbrach in mehrere Einzelteile, und die gesamte Besatzung kämpfte ums Überleben. Der Kapitän berichtet weiter, dass das Unwetter die gesamte Besatzung in den Tod riss. Nur er selbst konnte sich durch ein angespültes Stück Holz retten und wurde auf eine Insel getrieben:

> „*Keiner der Besatzung blieb übrig, einzig ich ward von einer Meereswelle auf eine Insel geworfen.*“ Nach ein paar Tagen der Erholung erkundete der Kapitän die Insel. Er berichtet, dass auf der Insel paradiesische Zustände herrschten und alles im Überfluss vorhanden war: „*Ich aß mich satt und warf noch weg, weil ich zu viel in meinen Armen hatte.*“

Der Kapitän berichtet weiter, wie er plötzlich erschrak. Die paradiesische Idylle wurde durch ein großes Fahrzeug gestört, das er auf sich zukommen sah: „*Da hörte ich ein Donnergeräusch und dachte: Es ist eine Woge des Meeres.*“ Nun erkannte der Kapitän, dass es sich nicht um die Wogen des Meeres handelte, sondern um ein ihm unbekanntes Objekt, das alles, was sich ihm in den Weg stellte, niederwalzte: „*Bäume krachten, der Erdboden bebte. Ich enthüllte mein Gesicht und erkannte es: Es war ein Träger der Lebenszeit, eine schlangenförmige Gottheit, die herankam. Er maß 30 Ellen, sein Bart, er war mehr als zwei Ellen lang. Sein Leib war mit Gold überzogen, seine Augenbrauen aus echtem Lapislazuli...*“

Der Bericht des Kapitäns lässt keine Zweifel aufkommen. Es handelte sich hier sehr wahrscheinlich um ein für ihn völlig neuartiges und unbekanntes Fahrzeug, dessen Fahrer – der anscheinend amphibienähnlich aussah – er als eine Gottheit identifizierte. Hier finden wir einen Hinweis auf die Mischwesen, wie wir sie beispielsweise aus babylonischen und südamerikanischen Quellen kennen: Oanes, Viracocha, Nommo und so weiter.

Ein paar Jahrhunderte nach Solons Tod schrieb der Philosoph Proklos einen ausführlichen Kommentar zum Timaios-Dialog Platons. Darin berichtet er, dass etwa dreihundert Jahre nach Solons Ägyptenreise, also um etwa 260 vor Christus, ein Hellene namens Krantor nach Sais gekommen wäre und dort im Neith-Tempel jene mit Hieroglyphen bedeckte Säule gesehen hätte, auf der die Geschichte von Atlantis festgehalten worden wäre.

Kásskara und Atlantis

Die ***Hopi-Indianer*** berichten in ihren Überlieferungen von mehreren Welten oder Rassen. Die erste Welt wurde durch Feuer zerstört und die zweite durch Eis. Immer überlebten Menschen, und so kamen die Menschen von der ersten Welt in die zweite und von der zweiten Welt in die dritte Welt. Diese hieß Kásskara, was so viel wie Mutterland bedeutet. Der größte Teil dieses Erdteiles lag südlich des Äquators. In der Überlieferung durch den „Weißen Bär“ ist interessanterweise auch von Atlantis die Rede. In dieser dritten Welt – Kásskara – gab es nämlich einen Kontinent, der östlich lag und deshalb „Land im Osten“ genannt wurde – ***Talàwaitichqua***. Die Hopis berichten über eine hohe Technologie der Atlanter, die wir bis heute nicht wieder erreicht haben. Es gab einen langen, grausamen Luftkrieg zwischen Kásskara und Atlantis – die dritte Welt ging unter und versank im Ozean! Ebenso interessant ist die Überlieferung der Hopis über die ***Kachinas*** (hohe Wissende). Diese hohen Wissenden waren schon seit Menschengedenken da, schon seit der ersten Welt.

Dort hatten sie ***Kyàpchina*** geheißen. Sie waren die Götterwesen, die Kulturbringer, die aus dem Weltraum kamen. Sie kamen aber nicht aus unserem Planetensystem. Der Hopi-Name für diesen Planeten ist ***Tòonàotanna***, das heißt so viel wie Bund der Planeten oder Band der zwölf Planeten.

Die kollektive Erinnerung an die Sintflut und Atlantis

Diese kurze Auflistung über die kollektive Erinnerung verschiedener Völker an eine große Flut und an den sagenumwobenen Kontinent Atlantis ist natürlich kein endgültiger Beweis für die Sintflut oder die wahre Existenz von Atlantis, doch legt es den Schluss sehr nahe, dass es sowohl das eine als auch das andere wirklich gegeben hat. Vergessen wir dabei auch nicht, dass die überwiegend sehr alten Legenden aus weit voneinander entfernt gelegenen Teilen der Welt stammen, die zu der damaligen Zeit keinerlei Beziehungen zueinander unterhielten.

Der britische Historiker H. G. Wells bemerkte zu der Frage, ob es Atlantis einmal gegeben hat oder nicht: *„Namen besitzen eine magische Kraft, und das mächtigste dieser magischen Wörter ist Atlantis... es ist, als rühret diese Vision einer verlorenen Kultur an die verborgenen Seiten unserer Seele.“*

Mit den ***Kachina-Puppen*** halten die Hopi-Indianer bei zeremoniellen Feiern ihr Wissen von den göttlichen Kulturbringern lebendig.

Atlantis in Amerika

Neben den vielen Orten auf der Erde, an denen man Atlantis vermutete, kam für manche Schriftsteller auch Amerika in Frage, einer der ersten war der englische Schriftsteller ***Francis Bacon***. Er vermutete, es könne sich bei dem untergegangenen Kontinent um Nord- oder Südamerika beziehungsweise beide zusammen handeln und die Indianer könnten Atlantiden sein.[15]

Auf der einen Seite wird Bacons Annahme zwar durch Platons Bericht unterstützt, in dem ja von *„auf der anderen Seite des ‚wirklichen Meeres‘“* die Rede ist. Er lässt aber auf der anderen gegenüberliegenden Kontinent-Seite außer Acht, dass Atlantis eine Insel sein soll und dass die amerikanischen Indianer sich ihrerseits als Flüchtlinge von einer versunkenen Insel betrachteten, wie viele ihrer Volksmythen berichten und auch die Lautverwandtschaft überlieferter Wortverwandtschaft bestätigt.[16]

Charles Berlitz schreibt dazu:

> *„In den östlichen Teilen beider Amerikas, vor allem in den Küstengebieten, fallen einem ungewöhnliche Ähnlichkeiten der indianischen Wörter mit Wörtern aus der alten europäischen, asiatischen und afrikanischen Sprache auf. Die spanischen Kolonisatoren, die diese Ähnlichkeiten bemerkten, waren überrascht, dass die Indianer offensichtlich Ausdrücke aus den alten Sprachen der Alten Welt gebrauchten. Einige erstaunliche Bei-*

spiele hierfür sind das aztekische (Nahuatl) Wort ‚teocalli' (Haus der Götter), das dem griechischen Wort ‚theou kalia' (Haus Gottes) nahekommt, die Ähnlichkeit zwischen dem griechischen Wort ‚Fluss' (potemos) und dem südamerikanischen Flussnamen Potomac sowie den Bezeichnungen für einige weitere Flüsse im Osten Südamerikas, die mit ‚poti' beginnen. Dem Wort tepec, das im Nahuatl ‚Berg' oder ‚Hügel' bedeutet, entspricht in den Turksprachen Zentralasiens das Wort tepe, das dieselbe Bedeutung hat. Und das sind noch nicht alle Beispiele für linguistische Ähnlichkeiten dies- und jenseits des Atlantiks, deren es zu viele gibt, als dass sie auf reinem Zufall beruhen könnten."17

Charles Berlitz untermauert seine These in seinem Buch „*Der achte Kontinent*" nachhaltig mit einer Gegenüberstellung von indianischen und polynesischen Dialekten und europäischen, asiatischen und afrikanischen Sprachen, die es sich lohnt, einmal nachzulesen.

„*Als ein außergewöhnliches Beispiel für ein Wort, das mit nur geringfügigen klanglichen Unterschieden in vielen Sprachen der Alten und der Neuen Welt vorkommt, ist das Wort für ‚Vater' – aht, tata, ata – zu nennen. Es ist deshalb besonders interessant, weil es im Gegensatz zu den verschiedenen Varianten des Wortes ‚Mutter' – ma, mama, mu, um und so weiter – nicht auf einen natürlichen Urlaut zurückführbar ist. Man könnte daraus die Hypothese ableiten, dass die unverkennbare Lautverwandtschaft der verschiedenen Varianten des Wortes für ‚Vater' möglicherweise auf eine gemeinsame Sprachwurzel zurückgeht und somit den Nachhall einer der ältesten Sprachen der Welt darstellen könnte.*"18

Einer anderen sehr bemerkenswerten Wortähnlichkeit begegnet man bei dem Wort „atl", welches im Nahuatl, der Sprache des Alten Mexiko, und der Berbersprache Nordafrikas dieselbe Bedeutung hat, nämlich „Wasser". Bei diesen vielen Gemeinsamkeiten gerät man schon ins Staunen, bedenkt man, dass es Jahrtausende vor der Wiederentdeckung Amerikas in den Sprachen, die auf beiden Kontinenten gesprochen wurden, Wörter gab, die mit den Wörtern aus der Alten Welt verwandt sind.19

Dazu sollten noch zwei andere Zusammenhänge genannt werden. Im „*Popul Vuh*", dem alten Buch der Mayas, heißt es: „*Die gegen Sonnenauf-*

gang blickten... hatten nur eine Sprache, ehe sie nach Westen zogen. Hier aber veränderte sich die Sprache der Stämme. Sie begannen, in verschiedenen Zungen zu reden. Alles, was sie gehört und verstanden hatten, als sie aus Tulan wegzogen, wurde ihnen fremd... Ach, wir haben unsere Sprache verloren. Eine einzige Sprache besaßen wir, als wir ***Tulan*** *verließen, eine gemeinsame Sprache in dem Land, wo wir geboren wurden.*“[20]

Einen anderen Hinweis finden wir auch in der Bibel. Im Alten Testament wird von der Zeit vor ***Babylon*** berichtet, als es nur eine Sprache gab, die alle Völker verstanden...

So wollen wir hier noch kurz auf die hervorragende Arbeit von Louis Charpentier blicken, der sich intensiv mit Atlantis befasst hat und uns ebenfalls auch interessante Hinweise auf Amerika liefert:

> „*Tatsächlich ist die Existenz von Atlantis als Insel im Atlantik unmöglich urkundlich zu beweisen, aber die Wahrscheinlichkeit ihrer Existenz geht aus einem Bündel von indirekten Beweisen so deutlich hervor, dass aus diesem Bündel ein zusammenhängendes Ganzes wird. Überdies sind die genauen Angaben Platos vorhanden: ‚... Und die Reisenden der damaligen Zeit konnten von dieser Insel zu anderen Inseln fahren, und von diesen Inseln konnten sie den großen Kontinent auf dem gegenüberliegenden Ufer dieses Meeres erreichen...‘ Man muss zugeben, dass Plato, wenn er eine Art utopische Insel hätte schaffen wollen, ihr doch sehr wohl den Anschein der Wirklichkeit gibt, denn er legt genau die Antillen und Amerika fest, das ‚im eigensten Sinn des Begriffes ein Kontinent ist‘. Wie man aus seinen anderen Schriften entnehmen kann, kannte Plato weder Amerika noch die Antillen, und Kritias hat nicht mehr gewusst als Plato. Solon dürfte auch nicht mehr gewusst haben. Sie wiederholten nur die Worte des Priesters von Sais, der sein Wissen den Archiven des Tempels entnahm; diese Archive haben in geographischer Hinsicht recht mit den Antillen und Amerika; warum sollen sie also im Fall von Atlantis falsch gewesen sein? Übrigens bemerkt der Priester sehr richtig, dass die Atlanter Kolonien sowohl auf europäischem Boden als auch auf dem Boden Amerikas gegründet hatten. Geht das nicht aus den Namen hervor? Atlanter und Antäus nahe dem Atlas; die Inseln des Westens sind noch heute die Antillen; in Europa ist Andalusien gelegen, und der amerikanische ‚Kontinent‘ wird*

immer noch durchzogen von der Kordillere der Anden. Der Atlantik ist das Meer der Atlantiden. Auch noch andere Bezeichnungen können wir wiedererkennen. Dies alles kann nicht der Phantasie Platos entsprungen sein."[21]

Spuren auf dem Grund der Weltmeere

Auch hier finden wir so viele Hinweise auf Spuren versunkener Zivilisationen, die vor Jahrtausenden noch über der Wasseroberfläche waren. Denken wir an Charles Berlitz, an das sagenumwobene ***MU***. Er nannte als schlüssigen Beleg das Auffinden der geheimnisvollen „Straße von Bimini". Im Jahr 1926 veröffentlichte der Brite Oberst James Churchward die Ergebnisse seiner langjährigen Forschungsarbeit in seinem Buch *„The lost Continent Mu"*. Trotz großer öffentlicher Gegenströmung, versicherte Churchward, belegen zu können, dass Mu einst im Bereich des Pazifiks existiert haben muss.

Bereits Mitte der neunziger Jahre machten Sporttaucher in der Umgebung der Inseln Yonakuni, Kerama und Aguni in einer Tiefe zwischen zehn und fünfundzwanzig Metern sensationelle Entdeckungen. Sie stießen auf gewaltige Bauwerke, Steinkreise, Treppen und Plateaus, die nur von Menschenhand geschaffen worden sein konnten. Im Jahre 1998 ging dann eine sensationelle Meldung rund um die Welt: *„Geheimnisvolle Pyramide unter Wasser entdeckt!"*

Die Forscher entdeckten ein felsiges Gebilde von 150 Metern Breite, 200 Metern Länge und 90 Metern Höhe, das einer Stufenpyramide ähnelt. Der bekannte Professor Masaaki Kimura, Geologe an der Ryukyu Universität in Okinawa, kam nach seinen Untersuchungen zu dem Schluss, dass die Anlage nur durch Menschenhand errichtet sein könne: *„Ein Beweis dafür ist, dass es am Fuß des Felsens keine Erosionsspuren gibt, wie abgebröckelte und verwitterte Steine."*

So gibt es noch viele weitere Beispiele auf den Meeresböden der Weltmeere, und vergessen wir nicht, dass die Unterwasserwelt der Weltmeere erst zu 5-10% erforscht ist.

Kurze Zusammenfassung

Die Suche nach Atlantis ist eine unendliche Geschichte. Es ist unglaublich, dass Atlantis, trotz so umfassender und nachvollziehbarer Rückschlüsse, immer noch in das Reich der Mythen und Legenden verlegt wird. Allein die Tatsache, dass man Solons Berichte als Erdachtes oder Erdichtetes bewertet, belegt schon, wie groß die Unwissenheit und Arroganz bei vielen Vertretern der orthodoxen Lager zu sein scheint. Vergessen wir nicht, dass Solon ausdrücklich beteuert hat, dass es sich bei den alten Berichten um *„nicht Erdichtetes, sondern wirklich Geschehenes“* (Timaios. 26 d) handelt.

Es gibt keinen anderen Bericht aus dem Altertum, in dem so oft und so nachdrücklich der Wahrheitscharakter seiner Aussagen betont wird wie in dem von ***Ur-Athen und Atlantis.*** Auch gibt es in der Weltliteratur kaum ein zweites nicht religiöses Thema, dass über lange Zeiten hinweg so ein starkes Interesse auf sich gezogen und derart nachhaltige literarische Niederschläge hinterlassen hat. Atlantis ist wie eine geheimnisvolle Magie, welche die Menschheit unsichtbar umgibt.
Die kollektive Erinnerung verschiedener Völker an einen sagenumwobenen Kontinent Atlantis ist für die orthodoxe Wissenschaft natürlich kein endgültiger Beweis, doch legt es den Schluss sehr nahe, dass es Atlantis wirklich gegeben hat.

Vergessen wir dabei insbesondere auch nicht die Wortverwandtschaften bei Sprachen aus weit voneinander entfernt gelegenen Teilen der Welt, die zu der Zeit, die wir heute als geschichtliche Zeit betrachten, keinerlei Beziehungen zueinander unterhielten. Dann wären da auch noch die verschiedenen Schriftzeugnisse, die nicht nur Jahrtausende, sondern nach neuesten Erkenntnissen mehrere zigtausende Jahre zurückreichen. Auf nahezu allen Kontinenten finden sich uralte Schriftzeugnisse: in Nordamerika, in Südamerika bei den Inkas und Mayas, in Afrika, Asien, Spanien, Italien, Frankreich, Griechenland, Portugal, Harappa (Pakistan), Sutatausa (Bogota), in Ecuador oder im US-Bundesstaat Illinois. Die Kette ist fast endlos.

„Interessant ist dabei die Tatsache, dass bei vielen aufgefundenen Relikten aus aller Welt die Charakteristik sehr ähnlich ist, so als wären sie einst einer gemeinsamen Urquelle entsprungen.“, schreibt der Wiener Autor und Forscher Reinhard Habeck.

Zurück zu der Geschichte der Templer und Atlantis

Nun kommen wir zu den Templern und der gewaltsamen Niederwerfung im Jahre 1307 durch den französischen König Philipp und Papst Clemens V. zurück. Ein Teil des Templerordens konnte sich damals der gewaltsamen Zerschlagung durch Papst und König entziehen und rechtzeitig ins Ausland absetzen. So haben die Templer über viele Jahrhunderte im Untergrund weitergearbeitet, bis zum heutigen Tag. Auf diese Weise wurde altes und geheimes Wissen sicher durch die Jahrhunderte hinweg bis in unsere Gegenwart bewahrt. Denken sie an die Gotik. In der Zeit zwischen 1130 und 1260 entstanden gleichzeitig rund achtzig Kirchen und Kathedralen von faszinierender und zugleich geheimnisvoller, mystischer Schönheit, zum Beispiel Notre Dame in Paris, Strasbourg, Amiens, Rouen, Reims und Chartres. Die drei berühmtesten „Templerbauwerke“ sind die Westminster Abbey in London (1245), der Kölner Dom (1248) und der Mailänder Dom (1387).

Die Templer sind nie „untergegangen“ oder komplett aufgelöst worden, wie heute vielfach vermutet wird. Auch war ihre Mission eine ganz andere als das heute vielfach angenommen wird und zu lesen ist. Ihre eigentliche Mission war es nicht, Pilger und Handelswege zu schützen, sondern die Bundeslade in Jerusalem zu suchen und nach Frankreich zu bringen.

Die Bundeslade – nebst 19 Sarkophagen und 35 Truhen mit uralten Schriften und technischen Modellen – ist von den Templern gefunden worden. Das wird auch Ewald uns gleich noch bestätigen.

Neben der Bergung und Sicherung der „Bundeslade“ erhielten sie außerdem den Auftrag, diese nach Frankreich zu bringen und dort eine Pyramide zu bauen. Diese Pyramide befindet sich in der Nähe von Nizza und ist auch heute noch zu besichtigen. Was nur wenige Menschen wissen, ist die Tatsache, dass die Templer noch eine weitere Pyramide in Frankreich bauten.

Sie befindet sich in der Nähe von Seborga, dem Gründungsstaat der Templer. Bernhard von Clairvaux und andere Großmeister hatten ihren Sitz auf Seborga und sind dort inthronisiert worden. Bis heute spielt dieser Ort eine sehr bedeutende Rolle, ist aber nicht mehr sehr vielen Menschen bekannt. Erst Jahrhunderte später, bei einer Grabung im Jahre 1946, wurden die Artefakte wieder entdeckt. Aufgrund der Brisanz der gefundenen Artefakte, die von der französischen Geheimpolizei beschlagnahmt wurden, kam es nach der Entdeckung vor mehr als fünfundsiebzig Jahren immer wieder zu Diskussionen bezüglich der Funde. In der Tat ist es sehr schwierig, hier alle Fragen zu beantworten. Die vielen Fragen um die Authentizität, den Umfang der Artefakte und das Alter der Schriften können nicht endgültig in Gänze beantwortet werden.

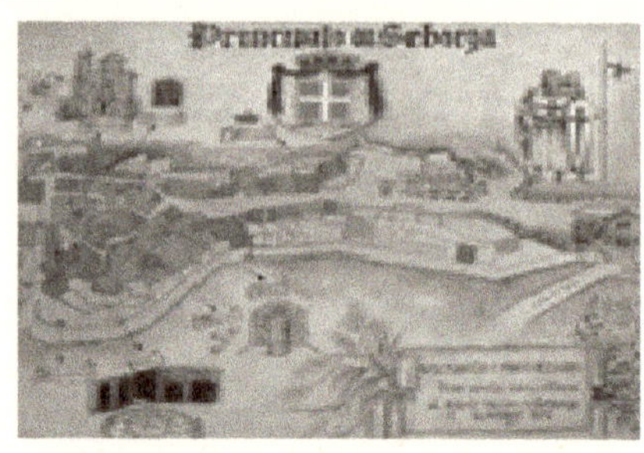

Abb. 6: Seborga und die Bedeutung der Templer

Das wäre sehr mühsam, denn es liegt auf der Hand, dass die Beschlagnahmung und spätere öffentliche Diskreditierung einen Grund hatten. Die Inhalte sprengen im wahrsten Sinne des Wortes den Rahmen der derzeitigen Weltanschauung von Naturwissenschaft und Religion. Viel entscheidender und beachtenswerter sind meiner Meinung nach die Überlieferungen bezüglich der Pyramiden, die später noch behandelt werden, denn diese Ergebnisse als solches legen die Vermutung nahe, dass die Templer wirklich eine bedeutende Entdeckung gemacht haben.

So schreibt auch Lothar Göring, dass erst in der Jetztzeit, in der wir heute leben, die Menschheit in ihrer geistigen Evolution so weit gereift ist, dass ihr das Wissen zur Verfügung gestellt werden kann beziehungsweise muss – nach den Weisungen und Vorkehrungen der Atlanter. So erklären es zumindest die Schriften. Lothar Göring – einer von mehreren Personen, die einen Teil der Unterlagen sowie Originalmodelle erhalten hatten – soll für den Bereich Wissenschaft zuständig gewesen sein.

Abb. 7 oben links: Mit Jan in der Festung Montsegur 2004
Abb. 8 unten links: Die Templer-Pyramide am Fuße des Mont Chauve
Abb. 9 oben rechts: Gemeinsam mit Jan auf den Spuren der Templer in der Nähe des Berges Pech Cardou, dem angeblichen Hort der Gebeine Jesu und Maria Magdalena. Im Hintergrund sieht man Rennes-le-Château.
Abb. 10 unten rechts: Die Kapelle der Templer am Fuß des Mont Chauve.

Daher lautete der Auftrag an ihn, sich nicht nur alles Wissen aus den Unterlagen anzueignen, sondern es so weitgehend wie möglich mit anderen Wissenschaftlern und Forschern anhand des heutigen Standes der Wissenschaft in allen Bereichen theoretisch und experimentell zu überprüfen. Außerdem sollte er das Wissen und die Erkenntnisse so formulieren, dass der heutige Mensch sie verstehen kann. Die Kontaktperson, die Lothar Göring die Unterlagen und Modelle in der Nähe von Paris übergab, erklärte ihm, dass ein Teil der damals ausgegrabenen Sarkophage und Truhen sowie Beiwerk in den Besitz des Vatikans überging. Nach Aussagen verschiedener Personen aus Kreisen der Templer und der Zisterzienser wurden bereits kurze Zeit danach Unterlagen an die Templer und Zisterzienser zurückgegeben.

Abb. 11: Lothar Göring

Das Wissen um oder besser gesagt aus der Bundeslade wurde von Lothar Göring ***das A-Omega-Projekt*** genannt, welches ein wesentlicher Schwerpunkt des Buches *„Geheimakte Bundeslade“* ist:

1. Es beschreibt die Geschichte und die Herkunft der atlantischen Hochkultur, die bis heute von vielen Fachgelehrten in der ganzen Welt wohl nicht ohne Grund als die Wiege aller Kulturen bezeichnet wird.

2. Es belegt gleichzeitig, dass der Ursprung der Menschheit in den Tiefen des Weltalls zu suchen beziehungsweise zu finden ist.

3. Es liefert auch erstmals einen schlüssigen Beweis für das Phänomen oder sagen wir den Grund für den Pyramidenbau, der im unmittelbaren Zusammenhang mit der atlantischen Hochkultur stand, wie aus den alten Schriften unzweifelhaft hervorgeht. Es belegt außerdem das Wissen der ägyptischen Priesterschaft von Heliopolis, die lange Zeit Hüter des Wissens war und den Sonnenkult praktizierte.

4. Es behandelt den Stoff – nennen wir es hier den göttlichen Urstoff–, der hinter dem Phänomen Leben steckt und das Leben erst bewirkt beziehungsweise alle Materie belebt.
5. Und letztlich zeigt es auch schlüssig, auf welche Weise dieses alte Wissen in die Hände verschiedener Logengemeinschaften kam und warum es die wissenschaftliche Grundlage für nahezu alle wissenschaftlichen Entdeckungen der letzten Jahrzehnte war.

Konvolut und Bundeslade

Nun komme ich zu dem Konvolut, das Ewald für dieses Buch zur Verfügung gestellt hat. Es ist hier ungekürzt wiedergegeben. Wir werden feststellen, dass die Bundeslade, ihr Inhalt und auch Atlantis bei der eigentlichen Mission eine zentrale Rolle spielten.

Die Templer – Jacques de Molay – Der Templer-Prozess – Auszug aus Wahrheit und Legende, Hintergrund und Geschichte der Templer

Einleitung

Wer in den Geschichtsbüchern stöbert und Historisches über den Orden der Tempelritter sucht, wird zwar fündig, das Gefundene ist aber dürftig und mager. Und wer erwartet, das „Geheimnis der Tempelritter", ihr geheimes Wissen oder die Spiritualität der Templer auch nur einen Zipfel lüften zu können, wird enttäuscht die Bücher schließen und sich vielleicht die Frage stellen: *„Was gibt es da schon Geheimnisvolles, Erstrebenswertes oder gar Nachahmenswertes?"* Denn die historischen Abläufe vom Entstehen bis zur Vernichtung oder besser gesagt bis zur päpstlichen Auflösung des Ordens sind rasch in Erinnerung gerufen. Und sie sind nicht viel spektakulärer als viele andere historische Abläufe im ohnedies turbulenten Mittelalter auch. Den wahren Hintergründen aber nachzuforschen, die Entflechtung von historischer (und damit der Lehrmeinung nach „erlaubter") Überlieferung und dem Schatz esoterischer und spiritueller Erkenntnis und Überlieferung in Angriff zu nehmen, ist ein Unterfangen, das sehr rasch zu einer ungeheuren Wucht von Erkenntnissen führt. Es ist eine atemberaubende, eine oft beklemmende Spurensuche, eine Spurensuche auf einem Weg, der Ungeahntes, ja Ungeheuerliches, gleichzeitig aber ungemein Erkenntnisreiches, ja Sinngebung und Verständnis um die existenziellen Fragen des Lebens zutage fördert. Natürlich kann dieser heutige Exkurs nur einiges ansprechen, einige wenige Fragen aufwerfen.

Aber wer sich einmal auf diese Spurensuche begeben hat, dem öffnet sich – Schritt für Schritt – ein neuer Kosmos an Wahrheiten und Denkmöglichkeiten, der weit über alles hinaus geht, was „gängige Lehre" ist. Scheinbar Unmögliches wird plötzlich möglich. Bisher Undenkbares wird plötzlich zu neu erkannter Wirklichkeit! Wie definierte eine zeitgenössische Schweizer Philosophin so treffend den Begriff Wirklichkeit? *„Wirklichkeit besteht aus allem, was IST und aus allem, was SEIN kann!"*

Die Historie

Was ist also damals im ausgehenden elften Jahrhundert geschehen? Betrachten wir diese Zeit ein wenig näher.

Wir befinden uns in einer Zeit, in der sich das damalige Europa in äußerster Unruhe befindet. Die zwei rivalisierenden Mächte – das Papsttum auf der einen Seite und die weltlichen Herrscher auf der anderen Seite – liefern sich beständig heftige, oft genug auch mit Waffen ausgetragene Kämpfe um die Vorherrschaft. Überfälle, Plünderungen, Mord und Totschlag sind auf der Tagesordnung. Das Volk aber ist bitterarm und hungert. Es ist arm, aber von einer tiefen Frömmigkeit, einer Frömmigkeit, die aber in Wirklichkeit nackte Angst ist!

In den vorangegangenen Jahrhunderten wurden sie durch die Vertreter der Kirche ständig in Angst und Schrecken vor dem Jenseits versetzt. Mit der angedrohten Hölle bei Ungehorsam und Unbotmäßigkeit wurden sie kontrolliert und waren leicht zu steuern. Die Armen liefen Gefahr, das Einzige zu verlieren, was sie hatten: ihre unsterbliche Seele. Und die Angst wurde ständig von der weltlichen und vor allem der geistlichen Obrigkeit geschürt, wartete doch bei Ungehorsam das ewige Höllenfeuer auf sie. Der Kirchenterror – Pfaffenterror – konnte ständig seine schärfste Waffe einsetzen: den Verlust der unsterblichen Seele bei Ungläubigkeit und Ungehorsam. Und dann ging auch noch im Jahre 1070 das Heilige Land an die islamischen Seldschuken verloren.

Ein unvorstellbarer Frevel für die Menschen dieser Zeit. Die heiligsten Stätten, ja das Grab Christi in den Händen der Ungläubigen, in den Händen des Islams. Das Christentum wankte in seinen Grundfesten. Die besiegten Fürsten und Städte mussten Tribut an die Ungläubigen zahlen. Der Geldstrom der tausenden Jerusalem-Pilger, der in die Kassen des Papstes floss, versiegte. Verständlich, dass Papst Urban II. in der Synode von Clermont Ferrand 1095 eine flammende Rede hielt und zur Rückeroberung der heiligen Stätten aufrief. Jedem der aktiv – und natürlich auch inaktiv durch entsprechende Geldspenden – am Kreuzzuge teilnahm, wurden alle Sünden vergeben, und ihnen wurde das Himmelreich versprochen.

1096: Die erste Kreuzzugsarmee entstand
überwiegend aus Mitgliedern der armen oder der verarmten Gesellschaftsschichten. Ihnen ging es nicht in erster Linie um die Befreiung Jerusalems, ihnen ging es in erster Linie um Plünderung und erhoffte Reichtümer. Sie hinterließen auf dem Weg nach Jerusalem eine ungeheure Blutspur und eine Spur der Verwüstung. Im Rheinland allein wurden an die 10.000 Juden abgeschlachtet und ihrer Güter beraubt. Alles war erlaubt, es ging ja mit dem Segen des Papstes und seinem Versprechen, dass das Himmelreich auf die Kreuzzügler warte. 1099 fiel Jerusalem wieder in christliche Hände. Aber was haben diese christlichen Heerscharen angerichtet! Mehr als 70.000 wehrlose Männer, Frauen und Kinder in und um Jerusalem wurden bestialisch hingemetzelt. Es war kein Kreuzzug, es war ein Martyrium!

Ein Edelmann aus der Champagne – Zeuge dieses Massakers –, gerade erst um die 19 Jahre alt, kehrt entsetzt nach Frankreich zurück. Es ist Hugo de Payens. Aber Hugo de Payens hatte nicht nur das Massaker erlebt, er hatte zweifellos auch etwas anderes, etwas Ungeheures entdeckt und vertraute sich seinem Onkel Hugo de Champagne an und begab sich in seine Dienste.

Was auch immer er bei seinem ersten Aufenthalt gefunden haben mag, Hugo de Payens war von nun an von Jerusalem fasziniert! Und er faszinierte auch seinen Onkel. Obwohl dies nur unter äußerster Lebensgefahr möglich war, reisten beide um das Jahr 1104 nach Jerusalem und suchten dort und in der Umgebung fünf Jahre lang nach uralten Schriften.

Diese und die weiteren Vorgänge werden auch belegt durch Dokumente aus jüngerer Zeit. Ende des 18. Jahrhunderts wurden nämlich Dokumente aus dem Archiv des „Ordens der strikten Observanz“ entdeckt, durch welche die überlieferten Vorgänge bestätigt wurden. Nach diesen Überlieferungen kamen Hugo de Payens und Hugo de Champagne zu der festen Überzeugung, dass der Schatz der Erkenntnis in Jerusalem zu finden sei, aber nicht so ohne Weiteres geborgen werden konnte. So reisten die beiden rasch wieder nach Frankreich zurück und nahmen die gefundenen Dokumente mit. In Frankreich angekommen kontaktierte Hugo de Champagne den bekannten Abt Etienne Harding, einen der hervorragenden Wissensträger des elften Jahrhunderts. Er war Experte für esoterisch-kabbalistische Texte und studierte das umfangreiche Schriftmaterial, das Hugo de Payens aus Jerusalem mitgebracht hatte, und zog auch Experten aus dem Zisterzienserorden hinzu.

Wie fasziniert Abt Etienne Harding von den mitgebrachten Geheimtexten war, beweist auch die Tatsache, dass er sogar einen für diese Zeit höchst ungewöhnlichen und gefährlichen Schritt wagte: Er wandte sich an die Kabbala-Schule des Rabbi Rashi in Troyes – für die damalige Zeit etwas Ungeheures. Ein Abt und ein Rabbi entschlüsseln gemeinsam geheime Dokumente und verschlüsselte Texte!

Die Brisanz des Gefundenen und Übersetzten muss von so ungeheurer Bedeutung gewesen sein, dass alle Beteiligten davon ausgingen, dass eine Entdeckung bevorstand, die die Welt erschüttern würde. Tatsächlich eilte Hugo de Champagne im Jahr 1114 wieder ins Heilige Land, und wieder brachte er geheime Texte mit.

Wir befinden uns jetzt etwa im Jahre 1117 bis 1118

und genau jetzt tritt ein weiterer Mitspieler von höchster Bedeutung auf den Plan der historischen Abläufe: Bernhard de Fontaine, der spätere Bernhard von Clairvaux. Ebenfalls aus der Champagne aus einem Adelshaus stammend, wurde er im Jahre 1091 geboren und war offensichtlich ein überaus genial veranlagter Geist, der aber auch von der Amtskirche eine ungewöhnliche mystische Veranlagung bestätigt bekam und mit 21 Jahren im Jahr 1112 in den Zisterzienserorden eintrat. Dass er schon drei Jahre später Abt des neu gegründeten Klosters Clairvaux wurde, spricht für seine außerordentlichen Begabungen. Bernhard von Clairvaux hatte nachweislich intensive Kontakte zu Hugo de Payens und Hugo de Champagne!

Wenn auch jetzt Legende und Historisches wieder miteinander zu verschmelzen drohen, so hielt sich trotzdem in allen Quellen beharrlich die Geschichte von der mystischen Vision des Bernhard von Clairvaux, wonach ihm der „göttliche Auftrag" erteilt wurde, Hugo de Payens neuerlich ins Heilige Land zu schicken, um dort nach weiteren Funden zu suchen und das zu finden, was Bernhard in seiner Vision versprochen wurde: den Schatz der Erkenntnis! Offenbar war Bernhard von Clairvaux so stark in seiner Überzeugungskraft, dass sich tatsächlich eine neuerliche achtköpfige Expedition unter der Führung von Hugo de Payens auf den Weg nach Jerusalem machte. Dass sich unter den acht Männern zwei Zisterzienser-Mönche befanden, ist ein starker Beweis dafür, wie sehr Bernhard an einem neuerlichen, vielleicht sogar alles überstrahlenden Fund interessiert war. In Jerusalem angekommen wurden sie vom Patriarchen von Jerusalem, vor allem aber sofort von König Balduin empfangen, der den kleinen Gruppen esoterischer Schriftenexperten sofort auch Wohnraum zur Verfügung stellte, direkt im königlichen Palast! Sofort zogen sie in den Palast ein und belegten gleich unter Duldung Balduin II. einen Großteil des Palastes. Noch nie war Hugo de Payens seinen Zielen so nahe, wohnte er jetzt doch direkt über den Ruinen des ehemaligen salomonischen Tempels!

Abb. 12: Bernhard von Clairvaux

Die Wohngemeinschaft der acht Männer beschloss noch im Jahre 1118, sich zu einer Laienbruderschaft zusammenzuschließen! Es war dies der Beginn, die Gründung des Templerordens! Die Brüder nannten sich zuerst ***„Arme Bruderschaft vom Tempel zu Jerusalem"***. 1119 überließ König Balduin II, König von Jerusalem, der Bruderschaft einige Gebäude im Bereich des ehemaligen Tempels Salomons. Die Bruderschaft hatte erstmals gemeinsames Vermögen, gemeinsamen Besitz und nannte sich fortan ***„Ritterschaft vom Tempel zu Jerusalem"***.

Höchst ungewöhnlich für einen neu gegründeten Orden ist, dass sich die acht Männer bei ihrer Gründung gelobten, in den ersten neun Jahren keine neuen Mitglieder in ihren Orden aufzunehmen. Die Ordensaufgabe, die sich der Orden nach außen gab, war es, die Jerusalem-Pilger vor Wegelagerern und Angriffen zu schützen.

Tatsächlich aber beweist das Verhalten des Ordens, dass dies nur der Vorwand für ihr wirkliches Ziel war: das Auffinden von geheimen Manuskripten aus den Zeiten des Moses und der Wiederaufbau des Tempels Salomons nach den Plänen der Prophezeiung des Ezechiels sowie der erwünschte Fund eines noch viel ungeheureren Schatzes, eines Schatzes von unschätzbarer Bedeutung. Mehr als acht Jahre lang widmeten sich die Männer ausschließlich ihren archäologischen Studien und Ausgrabungen. Acht lange Jahre vernachlässigten sie ihr Ordensziel nach außen, nämlich den Schutz der Pilger. Acht lange Jahre hindurch nahmen sie an keiner einzigen Schlacht, an keinem noch so kleinen Scharmützel teil.

Acht Jahre nur Ausgrabungen und archäologische Studien! Wo sie genau gruben? Das kann heute nur noch zum Teil rekonstruiert werden. Wir wissen aber heute mit Sicherheit, dass sie die alten Pferdeställe im Tempelkomplex unter höchsten Mühen ausgegraben haben, und wir wissen heute auch, dass sie vom Tempel aus per Pferd einen weiteren heiligen Ort für Grabungen aufsuchten. Wo der lag, ist uns ebenso unbekannt wie das, was sie dort suchten.

Jedenfalls stießen die Templer zu den unterirdischen Gewölben des Tempels vor! Das ist historisch bewiesen, denn britische Offiziere, die 1894 eine Karte über die „Unterwelt" des Tempelberges anlegen wollten, fanden überall Überreste der Templer vor. Jahrelang haben sie unter unvorstellbaren Strapazen, in glühender Sonne und dennoch unter größter Geheimhaltung gegraben und geforscht.

Dann – wir schreiben das Jahr 1125 – muss etwas von allerhöchster Bedeutung passiert sein

Eilig herbeigerufen erschien im selben Jahr Hugo de Champagne – der Onkel Hugo de Payens – in Jerusalem. Entgegen ihrem Gelübde, neun Jahre lang kein weiteres Ordensmitglied aufzunehmen, wurde Hugo de Champagne sofort als neues Ordensmitglied aufgenommen, wohl um sicher sein zu können, dass der entscheidende Fund im Kreis der Ordensbrüder geheim und gesichert blieb. Von jetzt an ging es Schlag auf Schlag!

1126 schrieb Hugo de Payens an Bernhard von Clairvaux und bat ihn um Unterstützung. Er sah sich nicht mehr im Stande, die alleinige Verantwortung für die Sicherheit der Funde und deren Bedeutung zu tragen. Eiligst, zu Beginn des Jahres 1127, schickte der Orden zwei seiner Mitglieder aus Jerusalem zurück nach Frankreich, um Bernhard von Clairvaux persönlich zu berichten. Der Bericht veranlasste den sonst so gelassenen Bernhard, sofort an den Papst und an den König von Frankreich zu schreiben.

Der Papst muss in höchste Aufregung versetzt worden sein, denn in Troyes wurde eiligst im Jahre 1128 ein Konzil einberufen und der Orden der Tempelherren nun auch offiziell gegründet. Bernhard von Clairvaux hatte seinen ganzen Einfluss beim Papst geltend gemacht und dafür gesorgt, dass der Orden eine Verfassung, eine päpstlich anerkannte Ordensregel bekommt. Gemäß historischen Quellen soll er selbst diese Regel verfasst haben.

Hugo de Payens wurde der erste offizielle Großmeister der Templer und Führer über ein unabhängiges und internationales Reich, in dessen Handlungen sich keine andere weltliche Macht mehr einmischen durfte! Eine für diese Zeit ungemeine, völlig ungewöhnliche Privilegierung! Welche Berichte und Funde aber bewegten denn den Papst und seine Kurie, in so ungewöhnliche Aufregung zu verfallen? Was veranlasste Papst und Kurie, ein Grüppchen von jetzt gerade neun Männern mit einer solchen Fülle geistiger und – wie wir noch aus der weiteren Geschichte der Templer sehen werden – weltlich-materieller Privilegien auszuzeichnen?

Was konnte Bernhard von Clairvaux dem Papst berichtet haben? Was hatte Bernhard, der inzwischen in der Kirche und bei den weltlichen Mächten im höchsten Ansehen stand, dazu veranlasst haben, den Templern Tür und Tor zu öffnen und sie in höchsten Tönen zu loben? Was hatte Bernhard ausdrücken wollen, als er das Vorwort zur Templer-Regel, die Präambel, schrieb und wörtlich folgenden Satz verfasste: *„Mit Gottes und mit unserer und mit unseres Retters Jesu Christi Hilfe ist das Werk vollendet worden.“* Ein höchst kurioser Satz, denn welches Werk, das vollendet wurde, ist denn da gemeint? Ist es die Entdeckung des esoterischen Schatzes im Heiligen Land? Louis Charpentier – ein Historiker – bejaht diese Vermutung mit den Worten:

„Es gibt nur eine Erklärung für dieses Verhalten: Die anfänglich acht und später neun Ritter sind nicht nur in das Heilige Land gekommen, um die Pilger zu schützen, sondern auch um etwas besonders Wichtiges zu finden, zu schützen und mitzunehmen. Etwas besonders Heiliges, das sich im Tempel Salomos befindet: die Bundeslade. Die Männer um Hugo de Payens mussten einen Orden gründen, weil sie auf sich allein gestellt niemals dazu in der Lage gewesen wären, den Schatz im Heiligen Land zu finden, ganz zu schweigen ihn zu bergen und nach Europa zu schaffen. So aber wurde das angestrebte Ergebnis auch tatsächlich erreicht: die Bundeslade im Besitz der Templer!“[22]

Für Bernhard von Clairvaux ist seine Vision zur Realität geworden. Was sonst hätte ihn veranlasst, im Jahre 1129 die bekannte Lobschrift *„De laude novae militae“* (*Das Lob der neuen Ritterschaft*) auf den Templerorden zu schreiben, der daraufhin massiv expandieren und seine Tätigkeit auf die iberische Halbinsel ausdehnen konnte.

Weiter geht es Schlag auf Schlag. Die Templer waren in ihrer atemberaubenden Entwicklung nicht aufzuhalten. Hilfreich dabei war für die Templer zweifelsohne auch der moralische Zustand Europas im 12. Jahrhundert:

- Die kirchlichen Autoritäten sahen sich wachsender Kritik ausgesetzt, denn die überwiegend in ärmlichsten Verhältnissen lebenden, aber zutiefst frommen Menschen sahen mit Abscheu, wie sich der Klerus ein Luxusleben leisten konnte und im Reichtum schwelgte. Sie predigten ihren Schäflein Wasser, selbst aber tranken sie Wein.
- Der Ritterstand hatte einen mehr als schlechten Ruf. Die weltliche wie die kirchliche Obrigkeit wussten beide nicht so recht, welche Gesinnung die kampferprobten, aber meist verarmten Haudegen hatten. Konnte sich die Obrigkeit überhaupt auf sie verlassen? Bernhard von Clairvaux jedenfalls hatte da so seine Zweifel! Um 1140 äußerte er sich höchst abfällig über die Ritter und bezeichnete sie als *„ungläubige Schurken, blasphemische Plünderer, Eidbrüchige und Ehebrecher!“*

- Es gab also ein gefährliches, schwer kalkulierbares Gewaltpotenzial.
- Was würde passieren, wenn es zu einem Aufstand der Bevölkerung gegen Klerus und Staat kommen würde und die Ritter aus kaltem Gewinnstreben diesen Aufstand unterstützen würden?

Es gab nur eine praktikable Lösung: Die Ritter mussten eine Aufgabe erhalten, die geeignet war, ihre Kräfte zu binden. Dazu eigneten sich weitere Kreuzzüge hervorragend. Die gefürchteten Waffen tragenden Haudegen mussten zusätzlich noch so organisiert werden, dass sie auch gut kontrolliert werden konnten. Da bot sich ein Orden in idealer Weise an – ein waffentragender Orden –, der Orden der Tempelritter.

Und da ein christlicher Orden ja nicht töten durfte, bedurfte es für die Templer einer Ausnahmeregelung: Sie bekamen die Lizenz zum Töten, den zweifelhaften Ehrentitel „Scharfrichter Christi" und waren als solche von der Sünde des Tötens freigesprochen!

Hunderte Adelige strebten nun die Aufnahme in den Orden an, wurden aufgenommen und vergrößerten die Anzahl der Ordensmitglieder ständig. Der Orden entwickelte eine ungeheure Anziehungskraft und wurde durch geschicktes Wirtschaften und durch Schenkungen materiell immer mächtiger! Die Päpste selbst sorgten gezielt für die finanzielle Ausstattung des Ordens: So führte etwa Papst Eugen III. eine Art steuerliche Abschreibung für Spenden an die Templer ein und befreite die Spender um ein Siebtel von der sogenannten „Kirchenbuße", einer Vorform der heutigen Kirchensteuer. Die Templer selbst wurden vom sogenannten „Zehent" und von den Zöllen befreit, und alle Güter des Ordens wurden unter den ewigen Schutz des Vatikans gestellt. Den Templern selbst wurde Immunität verliehen.

Und schon 1139 erhielt der Orden den höchsten Grad juristischer Unabhängigkeit. Im Rahmen des zweiten Laterankonzils wurde der Orden mit der päpstlichen Bulle „militia templi" der ausschließlichen Jurisdiktion des Heiligen Stuhls in Rom unterstellt. Kein Landesherr, kein Bischof konnte mehr in die Entwicklung und in die Entscheidung des Ordens eingreifen. Die Templer unterstanden nur noch dem Großmeister! Und der konnte nur vom Papst selbst zur Rechenschaft gezogen werden. Die militärische Entwicklung des Ordens wurde rasant vorangetrieben. Der Orden wurde zu einer höchst disziplinierten, bestens ausgebildeten und hoch aufgerüsteten Armee von Rittern. Er wurde eine militärische, kaum mehr überwindbare Großmacht.

Die Templer konnten sich nun selbst organisieren, ohne Einfluss von außen. Und sie organisierten ihre Gemeinschaft perfekt. Stets hatten Sie dabei im Sinn, wie Macht und Reichtum des Ordens zu mehren sei. Es wurde sehr viel Geld verdient, und das nicht immer nur auf eine Weise, die einer kirchlichen Ordensgemeinschaft entspricht. Bald schon verfügten die Templer über eine Vielzahl üppiger Ländereien, die untereinander durch gute Straßen verbunden waren. Auf diesen Wegen gewährten die Templer reisenden Kaufleuten und Händlern Schutz vor Überfällen bewaffneter Banden – gegen gute Bezahlung natürlich. Der Orden entwickelte sich außerdem zu einer Gruppe hervorragender Finanzexperten. Bisher brachten Handelsgeschäfte, die von Händlern aus weit voneinander entfernten Gebieten getätigt wurden, erhebliche Risiken mit sich. Die Kaufleute mussten mit großen Geldmengen unterwegs sein. Die Handelsgeschäfte wurden zu dieser Zeit ja ausschließlich in bar abgewickelt. Das wussten natürlich auch die organisierten Räuberbanden, die oft Kaufleute überfielen und ihnen die prallgefüllten Geldsäcke abnahmen – und oft genug auch ihr Leben.

In dieser Situation erfanden die Templer den bargeldlosen Zahlungsverkehr. Jeder Kaufmann konnte jetzt gegen Bargeld bei den Templern einen Wechselbrief kaufen und musste so nicht mehr das Risiko tragen, bei Überfällen sein Geld zu verlieren. In der jeweiligen Handels- oder Hafenstadt konnten die Händler diese Wechselbriefe wieder gegen Bargeld eintauschen und konnten so ihre Waren bar bezahlen. Sehr bald erwarben sich die Templer überall einen ausgezeichneten Ruf als erfahrene Geldexperten. Da lag es einfach nahe, dass Adelige und reiche Kaufleute ihnen Geld anvertrauten, damit es sich vermehre. Die Templer wurden also organisierte Bankkaufleute, und zwar mit einem exzellenten Ruf. Sogar das französische Königshaus vertraute auf das Geschick der Templer in Geldangelegenheiten und vertraute ihnen seinen Goldschatz an.

Der Orden arbeitete mit diesem Geld, er betrieb Kreditgeschäfte, kassierte Zinsen und sammelte so immer mehr Geld an. Dieses Geld wurde wieder weiter in Geschäfte investiert, und es wurden immer mehr Immobilien errichtet und erworben. Ein riesiges Vermögen an Ländereien wanderte so in den Besitz der Templer, und so wurden sie zu einem souveränen und mächtigen Staat im Staate. Ihre Macht vergrößerte sich auch dadurch, dass sie immer mehr Einfluss auf die europäisch-abendländische Politik erlangten.

Durch ihr weit gespanntes Netz an Burgen und Ländereien und durch ihr intensives Engagement im Nahen Osten wurden die Templer oft genug zum Mittler und Vermittler zwischen Europa und der islamischen Welt. In materieller und politischer Hinsicht haben sie sich so auf den Höhepunkt ihrer Macht hin entwickelt – aber nicht nur das. Die Templer befanden sich im Besitz unschätzbaren geistigen Wissens. Daran wurde in einem kleinen Kreis von Vertrauten ständig gearbeitet und geforscht. Es entstand ein neues, spirituelles Wissen, das sie streng vertraulich hüteten.

Dieses geheime Wissen um die Schöpfung und um die existenziellen Fragen des Lebens und des Geistes haben auch zur Entwicklung einer eigenen Spiritualität, einer Templer-Spiritualität geführt, die auch auf das Ordensleben, vor allem auch auf die geheimen templerischen Riten und Gebräuche entscheidenden Einfluss nahm. Mehr und mehr entwickelte sich so der Orden zu einer verschworenen Geheimgesellschaft, die im streng kirchlichen Sinne durchaus häretische Formen angenommen hatte. Sie fühlten sich mehr und mehr ihrer eigenen spirituellen Erkenntnis und ihrem eigenen geheimen Wissen verpflichtet als den kirchlichen Vorschriften und Lehren. Die Anklagen und der Verlauf des Templer-Prozesses werden gerade darüber den ein oder anderen Aufschluss bieten. Einen Teil dieses geheimen Wissens ließen die Templer aber immer wieder auch nach außen wirken. So gelten sie als die Begründer der Gotik, denn sie waren in ihren Kenntnissen über Architektur, der Baukunst und der Mathematik ihrer Zeit weit voraus!

Überall in Westeuropa wurden nach ihren Grundsätzen und geheim gehaltenem atlantischem Wissen Kathedralen, Kirchen und Schlösser gebaut.

Auch Bernhard von Clairvaux war mit diesem Wissen ausgestattet, denn er war zum Beispiel in den spektakulären Bau der ***Kathedrale von Chartres*** direkt involviert. Die Bauzeit dieses herrlichen Werkes betrug damals nur 26 Jahre. Ein wahres Wunder für die damalige Technik, das noch heute der Wissenschaft Rätsel aufgibt über das sehr fortgeschrittene mathematische Wissen der Planer und freien Maurermeister dieser Zeit.

In dieser Kathedrale ist in Stein gehauen ein Spruch zu finden:

***„Hic dimittitur Archa cederis.“* ARCHA (Arca) ist das lateinische Wort für Kasten/Truhe – BUNDESLADE!?**

Während der wirtschaftliche Einfluss des Ordens immer weiter zunahm, verließ die christlichen Ritter aber immer mehr der militärische Erfolg in den Schlachten. Die Katastrophe nahm ihren Anfang am 17. Mai 1291, als der Stützpunkt Akkon in die Hände der Muslime fiel und eine ganze Reihe weiterer Städte verloren gingen. Die Templer mussten Jerusalem verlassen und zogen sich zunächst in ihr neues Hauptquartier auf Zypern zurück, wo sie im Jahre 1293 Jacques de Molay zum Großmeister wählten. Niemand konnte ahnen, dass Jacques de Molay der letzte Träger dieses Ranges sein sollte. Militärisch erfolglos führte Molay mit seinen Templerkriegern noch einige Angriffe auf die syrische Küste und gegen Alexandria. Alle schlugen fehl und endeten im militärischen Desaster. Der Papst – in Sorge um die militärische Unterlegenheit der christlichen Armee – fasste den Plan, den Orden der Templer mit dem Orden der Johanniter zu vereinigen. Nur so, meinte er, könne das Heilige Land vor muselmanischen Armeen geschützt werden. Jacques de Molay widersetzte sich diesen Plänen ganz entschieden und machte sich so viele einflussreiche Machthaber zu Feinden. Der Ruf der Templer, hervorragende Krieger zu sein, hatte großen Schaden genommen. Als wäre das nicht schon genug, hatte der Neid auf die unermesslichen Reichtümer der Templer seinen Höhepunkt erreicht. Das war verständlich, denn der teilweise verarmte Adel, und allen voran König Philipp IV. – der Schöne – von Frankreich, schuldete den Templern unermessliche Summen an Geld. Philipp, der Geldfälscher, war ständig in enormen Geldnöten und getrieben von der Gier, sich den Schatz der Templer anzueignen. Er wollte auch den esoterischen Schatz der Templer, um damit ganz Europa, vor allem aber die Kirche, unter seinen direkten Einfluss zu bringen. Philipp musste die Templer vernichten. Aber wie? Militärisch wäre dies den französischen Schergen wohl nur unter größten Verlusten oder gar nicht möglich gewesen. Die einzige Lösung für Philipp war: Es musste ihm gelingen, die Templer der Häresie zu überführen. Unter der Leitung von Philipps engstem Berater und Staatskanzler wurde heimlich belastendes Material über die Templer gesammelt.

Sogenannte „Zeugen" wurden gehört. Es handelte sich dabei aber durchwegs um Männer, die wegen schwerer Verstöße aus dem Orden ausgeschlossen waren. Gerne bestätigten diese gekauften Zeugen, was man von ihnen hören wollte: dass den Templern unsittliches und unchristliches Treiben vorgeworfen werden konnte. Das Ende der Templer wurde in der Nacht vom 12. auf den 13. Oktober 1307 eingeleitet. In einer gestapomäßigen Aktion wurden sämtliche Angehörige des Ordens verhaftet. Man schätzt, dass es zu dieser Zeit etwa 15.000(!) Ordensritter in Frankreich gab. Die königlichen Kommissare gingen mit unmenschlicher Brutalität gegen die Templer vor.

Erste Geständnisse wurden erpresst, Gotteslästerungen zugegeben. Wenige Tage später forderte Philipp alle Königs- und Fürstenhäuser auf, mit allen Templern in ihren Bereichen gleichermaßen zu verfahren. Viele taten es aber nur zögerlich, einige wenige verweigerten Philipps Ansinnen sogar. Der Papst – Clemens V. – setzte sich anfänglich für die Templer ein und forderte von Philipp dem Schönen, er solle die Gefangenen an ihn ausliefern und das beschlagnahmte Vermögen der Templer freigeben. Philipp reagierte jedoch nicht einmal auf den Papst, und dieser sah als Realpolitiker keine Möglichkeit mehr, den Templern zu helfen. Philipp hatte den Papst „in der Tasche", schließlich war er es, der dem Papst mit seinem massiven Einfluss auf den Thron Petri verhalf. Der Papst war von Philipp abhängig. Das führte dazu, dass Clemens V. eine päpstliche Bulle anordnete, in der alle Fürsten Europas aufgefordert wurden, Philipps Beispiel zu folgen. Eine feige und rechtswidrige Handlung des Papstes, der jedoch Philipp seine eigene Krönung zum Papst verdankte und ständig von ihm bedroht wurde. Das Schicksal der Templer war besiegelt.

Die Templer, allen voran Jacques de Molay, wurden gefoltert, und unter der Folter legten viele Geständnisse ab, die sie später aber wieder widerriefen. Vergeblich berief sich Jacques de Molay auf die Rechtslage, wonach die Templer keinem Fürsten, sondern nur dem Papst direkt unterstellt waren und daher auch nur von ihm gerichtet werden konnten. Der König und die königlichen Kommissionen hatten also nicht das Recht, über die Templer zu richten. Der Papst aber ließ die Templer aus eigensüchtigen Motiven im Stich und verriet sie! Jacques de Molay befand sich in der Falle. Er forderte seine Templerbrüder ursprünglich auf, vor den königlichen Kommissionen Geständnisse abzulegen, in der Hoffnung, dass diese Geständnisse ohne Bedeutung sein würden, da ja nur Geständnisse vor dem Papst rechtliche Wirkung hätten, denn nur seiner Jurisdiktion waren die Templer kraft gültigen Gesetzes unterstellt. Er vertraute dem Papst, und das war sein entscheidender Fehler. Diese von Molay gewählte Strategie ging nicht auf. Der Papst verzichtete auf seine ihm und den Templern zustehenden Rechte. Jetzt waren die Templer der Willkür des Königs ausgesetzt.

1311 waren die sogenannten Untersuchungen abgeschlossen. Im Oktober trat in Vienne das von Papst Clemens V. einberufene Konzil zusammen, um unter anderem über das weitere Schicksal des Templerordens zu entscheiden. 114 Kardinäle, Erzbischöfe und Bischöfe nahmen daran teil. Abgesehen von den französischen Bischöfen sprach sich die überwältigende Mehrheit gegen eine Verurteilung des Ordens aus und verlangte eine Anhörung. Am 2. April 1312 erschien König Philipp IV. selbst in Vienne und bedrängte den von ihm völlig abhängigen Papst, woraufhin dieser den Orden vom Tempel mangels Konzilsbeschlusses nicht aus Rechtsgründen (de jure), sondern aus fürsorglicher Rücksicht auf das allgemeine Wohl und mittels päpstlicher Verordnung aufhob. Am 2. Mai wurden mit der Bulle Ad Providam die Güter des Templerordens dem Ritterorden vom Hospital St. Johannis zu Jerusalem, dem späteren Malteserorden, übereignet. Jacques de Molay und sein treuer Gefährte Gottfried von Charney wurden in einem öffentlichen Schauprozess vor dem Eingang von Notre Dame in Paris zu lebenslanger Haft „begnadigt“.

In dieser Situation erwies sich der wahre Charakter Jacques de Molays und seines Gefährten. Um vor der Welt die Unrechtmäßigkeit der Vorgänge um den Templer-Prozess zu dokumentieren, widerriefen die beiden mutig die ihnen abgepressten „Geständnisse“. Umgehend wurden sie dafür zum Tode verurteilt und noch am gleichen Abend bei lebendigem Leibe als Häretiker verbrannt. Die Templer waren damit ausgerottet, ausgelöscht. Aber waren sie das wirklich?

Nein, denn im Jahr 1809 förderten französische Forscher in Begleitung napoleonischer Truppen, die Rom erobert hatten, Akten über den Prozess gegen die Templer zutage. Nach beurkundeten Aussagen des Templers Jean de Chalons aus Nemours in der Diözese Troyes, die auch nach neuzeitlichen Methoden protokolliert wurden, gelang es den Templern, ihren Schatz rechtzeitig in Sicherheit zu bringen! Wörtliches Zitat aus dem Protokoll:

> *„Ich, Jean de Chalons, habe am Abend vor der Razzia, am 12. Oktober 1307, selbst drei mit Stroh beladene Wagen gesehen, die kurz nach Einbruch der Nacht den Tempel von Paris verließen, und Gerard de Villers und Hugo de Chalons, die dazu fünfzig Pferde führten. Auf allen Wagen waren Truhen verborgen, die den gesamten Schatz des Generalvisitators Hugo de Pairaud enthielten. Sie nahmen Richtung auf die Küste, wo sie an Bord von achtzehn Schiffen des Ordens ins Ausland gebracht werden sollten."*

Konnten die Templer also ihren esoterischen und goldenen Schatz wirklich in Sicherheit bringen?

Die Geschichte scheint es zu bestätigen, denn als Philipp die Schatzkammern der Templer öffnen ließ, fand er nur gähnende Leere vor. Wohin waren die überlebenden Templer mit dem Schatz geflohen? Die hoch eingeweihten Templer von heute wissen es. Wir aber können nur darüber spekulieren.

Flohen sie nach England – was Sinn machen würde –, nach Schottland oder gar nach Südamerika? Aber das war ja zu dieser Zeit noch gar nicht entdeckt. Oder wussten die Templer mehr?

Denn eine faszinierende, heiße Spur führt nach Mexiko. Zu Beginn des 17. Jahrhunderts verfasste der indianische Chronist Francisco de San Antón ein umfangreiches geschichtliches Werk mit dem Titel *„Nonohualca Teolixca Tiacochacacia"*. Es handelt sich dabei um eine Geschichte des mexikanischen Volkes und der indianischen Vorfahren. Darin kommt ein geheimnisvoller Stamm vor: ***die Tlapallan Nonohualco***. Der für unsere Ohren mehr als kompliziert klingende Name des Stammes lässt sich wie folgt übersetzen: ***„Soldaten, die von jenseits des östlichen Meeres kamen, von Gott gesandt.“***

Ein weiterer Name des geheimnisvollen Volksstammes lautet: *„Tecplantlaca“*. Er lässt sich ebenfalls übersetzen mit „Leute vom Haus des Herrn“ oder „Leute vom Tempel“. Zweifellos gelang es einigen Templern, ihren Schatz vor ihren gierigen Feinden in Sicherheit zu bringen, vielleicht wirklich nach Mexiko. Folgt man dem Chronisten Francisco de San Anton, dann verliert sich die Spur der ***„Leute vom Tempel“*** bei Yukatan. Viele andere Thesen, wo sich der Schatz der Templer heute befinden könnte, beschäftigen Heerscharen von Profanen. Viele Legenden sind darum entstanden. Viele Ablenkungsmanöver der Nachfolger der Templer haben die Schatzsucher immer wieder erfolgreich in die Irre geführt, aber jeder, der sich ernsthaft mit der Materie der Templer befasst, kommt zwingend zu dem Schluss: Es gibt ihn und er ist ein unermesslicher esoterischer Schatz der Erkenntnis, gut behütet von den Gralshütern eines der faszinierendsten Geheimnisse unserer Zeit.

Wir aber, wir müssen im richtigen Verständnis templerischer Arbeit weiter nach historischen und spirituellen Antworten auf unsere Fragen suchen. Wir müssen weitersuchen und wir werden finden! Ganz im Sinne eines abgewandelten biblischen Zitates:

> *„WENN ZWEI ODER DREI IN DER SUCHE NACH DER WAHRHEIT BEISAMMEN SIND, DANN IST DER GEIST DER ERKENNTNIS MITTEN UNTER IHNEN!“*

Die Anklagen und esoterischen Hintergründe:

Vorbemerkung

Die Gründe, warum Philipp der Schöne und der Papst die Templer vernichten wollten, ja aus ihrer eigenen Sicht vernichten mussten, wurden bereits erläutert. Die Königlichen mussten alles daransetzen, durch Folter und gekaufte Geständnisse einen Prozess in Gang zu setzen, der nur mit der Verurteilung der Templer wegen Häresie und deren Vernichtung enden konnte. Die königliche Untersuchungskommission berief sich auf Geständnisse von verhörten Templern, auf unter Folter abgepresste Geständnisse.

Betrachten wir die Foltermethoden aus historischen Dokumenten näher, so wird verständlich, warum viele „Geständnisse" abgelegt wurden. Was wissen wir heute über diese Methoden. Ein kleiner Auszug aus diesen Protokollen sollte die Brutalität der königlichen Methoden vor Augen führen:

- *„Mit glühenden und mit kalten Zangen"* habe man die Delinquenten dermaßen an den Gliedmaßen und am Unterleib gezwickt, bis ihnen das Fleisch in Fetzen herabhing...

Und die beurkundeten Worte von Jacques de Molay in der öffentlichen Gerichtsverhandlung vor der Kathedrale Notre Dame sagten schließlich alles: ***„Seht, meine Herren, wie man aus uns herausholte, was man hören wollte."*** – und er zeigte seine bis auf die Knochen zerfleischten Arme und die Spuren der Folter, die er erlitten hatte. Bekanntlich widerrief er seine Aussagen und wurde dafür verbrannt. Genug der grausamen Schilderungen. Die so erlangten „Geständnisse" und die gekauften Aussagen sogenannter „Zeugen" wurden zum Schluss zu einer Anklageschrift zusammengefasst.

Die Anklageschrift

Insgesamt wurden 88 Anklagepunkte gegen Mitglieder des Ordens erhoben, 127 Anklagepunkte gegen den Orden selbst. Den Templern wurden beim Verhör und bei der Folter unterschiedliche Anklagelisten vorgelegt, die nachfolgenden Punkte aber finden sich in jedem Verhör:

- Die Brüder mussten bei ihrer Aufnahme, der Initiation, Christus verleugnen und angeblich auf das Kreuz speien.
- Dass die Ordensbrüder einen Götzen in Form einer teuflischen Katze oder eines Kopfes verehrten und so Götzendienst versahen.
- Dass die Templer ihre Ordenskapitel und Aufnahmezeremonien bei Nacht abhielten.

- Dass sich die Brüder gegenseitig ermuntert hätten, Sodomie zu betreiben.
- Dass die Ordensoberen den neuen Brüdern obszöne Küsse auf den Mund, den Nabel oder den Anus gaben.
- Dass die Priester des Ordens die Hostien nicht weihten und dass die Brüder nicht an die Sakramente glaubten.
- Dass der Großmeister und andere Würdenträger ihren Mitbrüdern die Absolution erteilten.

Diese Anklagepunkte waren sorgfältig gewählt, da die Bestätigung jedes einzelnen Punktes als Beweis für Häresie oder ein todeswürdiges Verbrechen galt und unweigerlich zum Tod auf dem Scheiterhaufen führen würde, egal was an diesen Vorwürfen wahr und unwahr war. Die objektive Untersuchung verschiedener Vorwürfe führte sofort zu den geheimsten Wurzeln templerischen Wissens und templerischer Spiritualität. Wer sich mit diesen Hauptanklagepunkten näher beschäftigt, die Vorwürfe einer objektiven Untersuchung unterzieht, kommt – sofern die Anklagen überhaupt einen Kern von Wahrheit beinhalten – zu dem Schluss, dass das Verhalten der Templer zwar im kirchlich kanonischen Sinne häretisch ist, dass aber eine ungeheuerliche Tiefe von geheimer Spiritualität darin zu finden ist. Betrachten wir nun aus dem Blickwinkel der Spiritualität nur zwei der wichtigsten Anklagen etwas näher:

Zum Anklagepunkt „die Verleugnung des Gekreuzigten als Gottessohn"

- Hatten die Templer auf Grund ihrer Funde im Heiligen Land ein anderes Jesusbild als es die paulinisch orientierte Amtskirche vorschrieb?
- War Jesus der Nazoräer für die Templer nicht Gott persönlich – was er im Übrigen auch in den Evangelien selbst nie von sich behauptet hat –, sondern der weltliche Messias, der für die Befreiung Israels kämpfte, mit Maria aus Magdala verheiratet war und mit ihr ein Kind zeugte?

- Ist Maria von Magdala nach der Kreuzigung Jesu mit der Hilfe einflussreicher Freunde – etwa eines Joseph von Arimathäa – nach Frankreich geflohen, hatte sie dort ihr Kind zur Welt gebracht und damit die königliche Blutlinie der Merowinger begründet?
- War diese Erkenntnis der Templer für sie ein Teil des wahren Grals?
- Haben die Templer, die zweifellos beständige Kontakte mit der von der Kirche brutal ausgerotteten Sekte der Katharer hatten, Teile ihres Jesusbildes übernommen? Glaubten die Katharer doch an zwei Jesuspersonen – eine männliche und eine weibliche Jesusperson?
- Teilten sie mit den Katharern die Auffassung der Reinkarnation und hatten damit ein von der Kirche unterschiedliches Bild von der Auferstehung?

Fragen also, für die es sich lohnt, geistige templerische Arbeit zu leisten, um Antworten zu bekommen, die nur der reinen Wahrheit verpflichtet sind und nicht einer oft genug von den wahrhaft Mächtigen der Welt bewusst gefälschten Geschichtsschreibung.

Zum Anklagepunkt, dass die Templer Götzendienst an einem Kopf oder einer teuflischen Katze betrieben und dieser Götze Baphomet hieße

Bewiesen wurde diese Anklage im Prozess eigentlich nie. Dennoch wurden in verschiedenen Komturen Bronzefiguren gefunden, die eine weibliche Figur mit bärtigem Männerkopf zeigten und von einer Schlange umschlungen wurden. Welche genaue Bedeutung die Templer dieser Statue zumaßen, ist heute nicht genau bekannt, Die Ankläger aber sahen darin nichts anderes als den Teufel oder einen Höllendämon mit dem Namen Baphomet. Die Geschichtswissenschaftler streiten sich heute noch über die Herkunft dieses Namens. Viele Bedeutungen wurden diesem Baphomet zugewiesen:

- Da ist einmal die These, die Templer hätten die Überreste des enthaupteten Schädels von Johannes dem Täufer aus Palästina.
- Die Ableitung des Namens Baphomet müsse aus dem Griechischen stammen, wonach „Baphi-Meta“ Taufe und Wissen bedeutet.

- Waren die Templer daher Wiedertäufer, Baptisten, die in Johannes dem Täufer den wahren Messias anbeteten?
- Eine andere These, wonach der Baphomet – der bärtige Männerkopf –, den die Templer angeblich anbeteten, das Turiner Grabtuch gewesen sein könnte, hat durchaus historische Hintergründe.
- Tatsächlich befand sich das Grabtuch im dreizehnten Jahrhundert im Besitz der Templer in ihrer Festung Akkon.
- Welche spirituelle Bedeutung aber hinter dieser These stecken könnte, ist nur schwer nachzuvollziehen.
- Im Jahre 1982 befasste sich der Historiker und Schriftsteller Hugh Schonfield mit dem Begriff Baphomet auf der Basis des sogenannten Atbasch-Codes, einem jüdisch-kabbalistischen Verschlüsselungssystem. Er wandte dieses System an und kam zu dem verblüffenden und eindeutigen Ergebnis: Baphomet bedeutet entschlüsselt „Sophia", das griechische Wort für „Weisheit".
- Die der Wahrheit und dem vorgenannten Wort „Sophia" (Weisheit) wohl am nächsten kommende These ist der philosophisch-esoterische Aspekt, wonach die weibliche Figur eine orientalische Frauengottheit darstellt.
- Demnach wäre auch der phonetische Aspekt des Wortes „Baphomet" hergestellt, das eigentlich „Mahornet" bedeutet.
- Dieser Name wurde für die Göttin Isis verwendet, die oft als Frauenkörper mit bärtigem Bockkopf dargestellt wurde.
- Isis, die Muttergöttin, die Urmutter – das ewig Weibliche, dargestellt in der figürlichen Verschmelzung von Weiblichem (Körper) und Männlichem (bärtiger Männerkopf).
- Hatten die Templer damit, ganz entgegen der gängigen Kirchenauffassung, das Prinzip der kosmischen Dualität erkannt und in ihre Zeremonien einfließen lassen?

- Haben die Templer damit das Göttlich-Weibliche oder auch die Göttlichkeit im Weibe erkannt?
- Vieles spricht dafür. Vor allem der fast schon fanatische Marienkult der Templer, den sie mit Bernhard von Clairvaux teilten.
- Hat dieser Bernhard, der die ersten Templer seiner Vision wegen nach Jerusalem schickte, um die Bundeslade zu finden und dafür als Vorwand sogar einen Kreuzzug organisierte, die Templer über die Urgöttinnen, in den Urmutterkult eingeweiht?
- Hat er sie gelehrt, dass aus der Verschmelzung von Licht und Liebe die kosmische Urkraft, der Schöpfergeist aus Männlichem und gleichermaßen Weiblichem, die göttliche Dualität entsteht?
- Und woher bezog Bernhard selbst seine Lehren? War er tatsächlich ein Erleuchteter – ein Hegoliter?
- Haben die Templer also in diesen Marienkulten etwas ganz anderes betrieben als die kirchlichen Marienkulte vorsahen?
- Sahen sie in Maria nicht die Mutter Gottes? Bedenken wir dabei, dass die Templer wahrscheinlich ein völlig anderes Jesusbild als das gängige hatten. Sahen sie in ihr die Urmutter, der ihre kultische Verehrung in Wirklichkeit galt?
- Haben die Templer damit dem damals ausschließlichen Männergott der Kirche aus ihrer Erkenntnis der Dualität den Frauengott gegenübergestellt?

Viele weitere Fragen könnten aufgeworfen werden und sollten aufgeworfen werden. Aber nicht nur aus den Fragen über die historischen Abläufe des über zwei Jahrhunderte erfolgreichsten Ritterordens, der es zu einer atemberaubenden Fülle von Reichtum, Einfluss und Wissen brachte, kann spirituelles Wissen und Erkenntnis geschöpft werden, sondern vor allem auch aus ihrem grausamen Niedergang, aus ihrer Niedermetzelung. Mit der Vernichtung des Ordens wollte man wohl auch den geistig-esoterischen Schatz der Erkenntnis vernichten. Das aber ist den Feinden nicht gelungen. Oft verschmelzen auf der Suche nach dem wahren Wissen die Grenzen zwischen rein historischem und spirituellem Wissen. Aber es ist Wissen! Wissen um die Wirklichkeit!

Denn erinnern wir uns doch: *„Die Wirklichkeit besteht aus allem, was IST und aus allem, WAS SEIN KANN!“* Laden wir immer mehr und immer wieder Suchende ein, mit uns mitzugehen auf unsere Entdeckungsreisen zu den wahren Wirklichkeiten. Ende.

So weit das 20-seitige Konvolut, das Ewald mir für die Veröffentlichung dieses Buches zur Verfügung gestellt hat.

Louis Charpentier über den Auftrag der Templer

Die biblische Erzählung, die von Moses und den Gesetzestafeln berichtet, ist sicherlich mehr Geschichte als Legende. Als Legende sollte man sicherlich auch die Überlieferung ansehen, dass Moses direkt mit Gott sprach sowie den Begriff „Steintafeln“ oder „Gesetzestafeln“. Das geht letztlich auch unzweifelhaft aus den Überlieferungen – den Inhalten der Bundeslade – der Templer hervor. Es waren neben Gerätschaften insbesondere Aufzeichnungen, Schriften und Formeln in der Bundeslade enthalten. So ist auch das Geheimnis um das plötzliche Auftauchen der Gotik mit ihrer geheimnisvollen und perfekten Architektur zu erklären, genauso wie es Jahrtausende früher in Ägypten hinsichtlich der Pyramiden der Fall war. Die Baumeister der Gotik waren sicherlich im Besitz dieser Heiligen Geometrie, oder nennen wir es besser Welt-Formel, genauso wie es einstmals die Hohepriester in Ägypten waren, von wo der Schatz der Bundeslade ursprünglich kam. Auf diesen Nenner kommt auch der schon erwähnte Autor Louis Charpentier:

> *„Bernhard von Clairvaux konnte weder Hugo de Payens noch seinen Onkel Andre de Montbard beauftragt haben, nichts weiter zu tun als nur die Pilgerwege zu sichern. Eine solche simple Aufgabe könnte nicht der Grund dafür gewesen sein, dass Eustache de Boulogne seine Ritter ins Heilige Land weiterziehen ließ oder Hugues de Champagne im Jahr 1125 seine Grafschaft der Kirche schenkte, um sich den neun Rittern im Tempel Salomos anzuschließen… Dass der Schutz der Pilgerwege nur ein Teil ihrer Aufgabe war, zeigt sich auch darin, dass sie mehr wie Mönche und*

nicht wie Ritter lebten. Später, als der Orden die Weihen erhalten hat und über eine Armee in Palästina verfügt, wird ihm eine weitere Aufgabe übertragen: die Verteidigung der Heiligen Stätten. Aber das ist 1128 etwas ganz anderes als 1118, zehn Jahre zuvor. Während dieser zehn Jahre nehmen sie an keinem Kampf teil! Dabei gab es Kämpfe genug!... Man kann dies in allen fundierten Geschichtswerken nachlesen. Die neun Ritter des Tempels bewachen in dieser Zeit ihren Pilgerweg. Nichts anderes. So groß die Gefahr auch sein mag, sie nehmen an keinem Kampf teil, bleiben unter sich und werben niemanden an. Ganz offensichtlich sind sie nicht bereit, sich auf Kämpfe einzulassen. Aber sie bemühen sich um den Wiederaufbau des Tempels Salomos, nach dessen Fertigstellung sie die einzigen Besitzer sind. Auch legen sie die unterirdischen Pferdeställe frei. Welch prächtiges Quartier für neun arme Ritter, so arm, dass aus der Darstellung auf einem Siegel, die einen ganz anderen Sinn hatte, die Legende entstand, sie hätten nur ein Pferd für zwei gehabt!... Es gibt nur eine Erklärung für dieses Verhalten: Die neun Ritter sind nicht nur gekommen, um die Pilger zu schützen, sondern auch, um etwas besonders Wichtiges zu finden, zu schützen und mitzunehmen, etwas besonders Heiliges, das sich am Tempel Salomos befindet: **die Bundeslade und die Gesetzestafeln***. Es gibt eine Legende um die Bundeslade. Eine legendäre Geschichtsschreibung; zweifellos mehr Geschichte als Legende. Mehr oder weniger ist es immer dieselbe Legende, von der jedes Zeitalter seine Version hat. Diese Sage berichtet von der Weitergabe wichtiger Erkenntnisse von einer Zivilisation auf die folgende. ‚***Ich habe die Welt mit dem Maß, mit der Zahl und mit dem Gewicht geschaffen.***‘, sagt Gott in der Genesis. Was bedeutet dies anderes, als dass es ein grundlegendes physikalisches Gesetz gibt, das das gesamte Universum lenkt? Die menschliche Wissenschaft beruht auf diesem Gesetz, auf seiner Erforschung. Aber sie kennt nur Bruchstücke davon, und der Traum aller Suchenden, aller Wissenden war es immer, aus diesen Bruchstücken das Urgesetz wieder zusammenzufügen. Ohne Frage ist es vermessen, wenn man sich einbildet, dass* **die Weltformel** *der Mensch mit seinem schwachen Verstand zu dem totalen Wissen dieses Gesetzes vorstoßen kann, aber es ist nicht weniger falsch anzunehmen, dass ihm die Wege, die dorthin führen, total verschlossen sind. Es ist sicher, dass besonders intelligente oder besonders sensitive Menschen – oder auch jene, von denen man sich vorstellen kann, dass sie ‚anderswoher‘ gekom-*

men sind – solche Wege gefunden haben und weit in die Kenntnis des **Universal-Gesetzes** *vordrangen. Es muss eine verschlüsselte Weitergabe dieses Gesetzes stattgefunden haben, denn ohne sie hätte der Mensch niemals Fortschritte machen können. Aber um zu verhindern, dass diese Machtmittel an geistig nicht genug entwickelte Menschen weitergegeben werden, blieben die verschlüsselten Texte immer für jene geheim, oder besser gesagt unzugänglich, die nicht die notwendigen Vorkenntnisse besessen hatten, um sie zu verstehen. Diese verschlüsselten Hinweise wurden in der Umgangssprache immer mit Gold in Verbindung gebracht. Einer von ihnen, der bekannteste, ist der ‚Goldene Schnitt'; durch ihn ist der geometrische Übergang von der Geraden zur Biegung möglich, d.h. von den irdischen Gesetzen zu den göttlichen Gesetzen. Aber die Art, ihn anzuwenden, bleibt geheim. Doch: Was nützt es, einen Schlüssel liegen zu lassen, wenn auf ihm weder vermerkt ist, in welches Schloss er passt, noch wie man ihn anwendet? Ein anderer ‚Schlüssel' ist das ‚Goldknie'. Es hat dieselbe geometrische Eigentümlichkeit wie die ‚Zahl des Goldes', man muss es als ‚Gonios d Or', als ‚Goldwinkel', erkennen. Wahrscheinlich geht die Legende des Pythagoras mit dem Goldbein darauf zurück. Man kann noch die ‚Goldäpfel' aus dem Garten der Hesperiden, das ‚Goldene Vlies' und das ‚Goldene Haar', das in der ‚Garagai' der ‚Sainte-Victoir' seinen Niederschlag fand, anführen… Die kabbalistischen Juden glauben, die Methode der Übertragung der Moses-Bücher in Zahlen zu kennen. Heute würde man statt Zahlen ‚Formeln' sagen. Die Muselmanen der großen Epoche beschützten nicht nur aus purer Nächstenliebe die wissenden Juden. Auch die Päpste, Benediktiner und Zisterzienser beschützten ‚ihre Juden' (von denen übrigens Nostradamus abstammen soll) nicht nur aus Herzensgüte. Sie brauchten ihr Wissen! Und nicht nur aus Nächstenliebe geht Bernhard von Clairvaux auf die Reise, um die rechtsrheinische Judenhetze zu stoppen. Wenn all dies wahr ist – verständlicherweise kann man keinen direkten Beweis vorlegen –, dann erklärt sich die Grundübereinstimmung sowohl der Formen als auch der Proportionen und der rhythmischen Maße, die alten ägyptischen Bauten, einigen Moscheen und gotischen Kathedralen gemeinsam sind. Und wenn diese Gesetzestafeln, wie ich annehme, eine ‚Formel des Universums' enthalten, und wenn sich diese Tafeln, die aus Ägypten kamen, in den Händen der Baumeister der Kathedralen befanden, scheint es gar nicht mehr so verwunderlich, dass –*

*genau wie die Pyramiden eine wissenschaftliche kosmische ‚Formel' ausdrücken – (Der Abbe Moreux, Astronom und Mathematiker, der diese These vertrat, kann schwerlich als Dummkopf oder ‚Heide' abgetan werden) – auch die Proportionen und Dimensionen der Kathedrale von Chartres eine Kenntnis der Erdkugel verraten, wie sie in keinem Schriftwerk dieser Epoche zu finden ist. Die Suche nach den Gesetzestafeln, nach dem Gral, der immer als die ‚**Schale des Wissens**' galt – das war die Aufgabe, die der heilige Bernhard den neun Rittern gestellt hatte.*"23

Das Geheimnis der Hegoliter

Kommen wir nun kurz zu den ***Hegolitern***, von denen in den Unterlagen berichtet wird, die Lothar Göring seinerzeit in Frankreich übergeben wurden – insbesondere, weil in den Unterlagen genauestens berichtet wird, über welche enorme Zivilisationsstufe und ***Hochtechnologie*** die Atlanter verfügten und dass im Mittelpunkt dieser Hochtechnologie eben auch das ***Pyramiden-System*** stand, was letztlich zu einer globalen Katastrophe und zum Untergang von Atlantis führte. Im ***Anhang 7*** (Die Übergabe der Unterlagen in Frankreich) habe ich für interessierte Leser dann noch die spannende Geschichte, wie Lothar Göhring die Unterlagen und Modelle zu seinen Untersuchungs- und Forschungszwecken in Frankreich übergeben wurden und was genau über den Untergang von Atlantis berichtet wird. Gleich wollen wir lesen, was Lothar Göring selbst zu Einzelheiten aus den Unterlagen, den Hegolitern und dem Pyramiden-System sagte.

Die Atlanter werden in den Unterlagen als ein technologisch hochentwickeltes, weltbeherrschendes Volk beschrieben, das uns Menschen der heutigen Zeit technologisch und wissensmäßig um hunderte von Jahren voraus war. Die Masse der Menschen jedoch war – ähnlich wie in der heutigen Zeit – gedanklich absolut materialistisch ausgerichtet. Die Masse der Bevölkerung wurde unterdrückt und ausgebeutet. Durch ihre technologische Macht unterdrückten die regierenden Atlanter jegliches selbständige Denken mit dem Ergebnis, dass die Menschen, die nicht zu den Atlantern zählten, in ihrer Entwicklung viele Generationen zurücklagen.

Das religiöse Denken der Atlanter war – wie wir das auch noch aus den Zeiten der Ägypter, ihrer Nachfahren, kennen – auf die lebenspendende Sonne ausgerichtet. Die Sonne wurde als ***„der alles Leben erschaffende Gott***

Remuran" (der spätere Sonnengott RE/RA der Ägypter; Anm. StE) verehrt und angebetet.

In den Unterlagen wird von ***Alana*** berichtet, der Tochter eines Priesters (als Zeitpunkt wird hier in den Unterlagen zirka 500 Jahre vor der Zerstörung von Atlantis angegeben), die meditativ veranlagt war und eine Vision hatte, in der ihr ein Engel Gottes, unseres Schöpfers, erschien und ihr mitteilte, dass nicht ***„Remuran"*** der Schöpfer der Menschen ist, die seit zirka 64 Millionen Jahren als verkörperte – in die Materie integrierte – Wesenheiten existieren, sondern dass alle Wesenheiten gleich Seelen von einem Gott erschaffen wurden. Alana erhielt den Auftrag, das gesamte Wissen, das sie erhalten hatte, weiterzugeben, damit die Menschen wieder zum richtigen Glauben zurückfinden, da eine Zeit der Offenbarung ihres Schöpfers gekommen sei. Sie erzählte ihren Eltern von ihrer Vision, und gemeinsam wandten sie sich an das religiöse Oberhaupt. Dieser Mann, der geistig auch schon durch Visionen vorbereitet war, gründete innerhalb der Religionsgemeinschaft einen Geheimbund, der sich ***„Hegoliter"*** („Gottes Kinder") nannte, um gemeinsam mit den Menschen, die diesem Geheimbund angehörten, die Aussagen Alanas zu überprüfen.

Alana erhielt die genaue Konstruktionsanweisung zum Bau einer Pyramide. Mittels dieser Pyramide wurden sie in die Lage versetzt, meditativ mit allen Wesenheiten Kontakt aufzunehmen bis hin zu den Wesenheiten, die als „reine Wesenheiten" und „Lichtwesenheiten" mit Gott leben. Trotz aller Skepsis machten sich die Hegoliter ans Werk. Sie begannen, gemäß der Anleitung, die Alana in der Botschaft mitgeteilt wurde, an einem abgelegenen Ort mit dem Bau der Pyramide. Während ihrer ersten Sitzungen in der Pyramide erkannten die Hegoliter schnell, dass die Aussagen von Alana der Realität entsprachen. Nach und nach wurden sie meditativ in die gesetzmäßigen Bewegungsabläufe, auf deren Grundlage das heute existierende Universum entstanden ist, eingeweiht. Sie erfuhren, auf welchem Wege die Wesenheiten, eingebunden in „materielle Seelen", sowie der physische Mensch erschaffen wurden.

Durch die Einweihung, welche die Hegoliter erfuhren, waren sie in der Lage, Technologien zu entwickeln, die noch von den heute lebenden Menschen als Science-Fiction bezeichnet werden. So wuchsen sie durch die gewonnenen Erkenntnisse mit der Zeit immer mehr zu einer tiefgläubigen Religionsgemeinschaft zusammen. Sie entwickelten eine Technologie zur

Energieerzeugung, die für die damalige Zeit unvorstellbar war. Sie bauten eine zirka fünf Meter hohe, hohle Pyramide, deren Innenwände mit Metall verschalt wurden. An der Spitze dieser Pyramide hatten sie als Eckstein einen geschliffenen Kristall aufgesetzt.

Lothar Göring beschreibt die Einzelheiten, die aus den Unterlagen hervorgehen, folgendermaßen:

„Innerhalb der Pyramide – in einer genau bestimmten Höhe – wurde ein Licht aufgestellt. Die von diesem Licht abgestrahlten ‚Photonen' und ‚Energiequanten' werden nach bestimmten gesetzmäßigen Bewegungsabläufen, die in einer Pyramide existieren, in die Spitze transportiert und in die Kristallspitze eingestrahlt. Durch den speziellen Schliff des Kristalls wurde der Strahl, millionenfach verstärkt, auf eine Kupferplatte, die wie ein Spiegel wirkte und zirka zehn Meter über der Pyramide angebracht war, geleitet. Der so auf die spiegelblanke Kupferplatte prallende Strahl konnte nunmehr durch Drehung der Platte in jede Richtung weitergeleitet werden. Der Einsatz dieser grundlegenden Technologie war der Beginn einer Energieerzeugung, mit welcher der technologische Aufschwung dieser Zeitepoche begann. Da zu diesem Zeitpunkt die Religionsgemeinschaft der ***‚Hegoliter'*** *schon Jahrzehnte im Untergrund bestand, glaubten die ‚Hegoliter', dass nunmehr der Zeitpunkt gekommen sei, der Regierung der Atlanter, die als mächtiges Volk mit den umliegenden Ländern ununterbrochen im Krieg standen und aus Habsucht und Machtgier die Völker der eroberten Länder unterdrückten, zu eröffnen, dass ein ‚Lebender Gott' existiert und dass der Glaube an diesen Gott allen Menschen einen Weg in eine glückliche Zukunft weist. Nachdem sich die Regierungsmitglieder von der Realität der Aussagen überzeugt und vor allem den Wert der Technologien für ihre Machtgelüste begriffen hatten, wurden die ‚Hegoliter' als Religionsgemeinschaft so lange anerkannt, bis das gesamte Wissen, das die ‚Hegoliter' im Bereich der Technologien besaßen, zum Wissen der regierungstreuen, machthungrigen Wissenschaftler geworden war. Zu diesem Zeitpunkt wurde die Religionsgemeinschaft dann verboten, und die Gläubigen wurden in entlegene Gebiete beziehungsweise in andere kolonisierte Länder verbannt. Im Laufe der Zeit entwickelte sich auf der Grundlage der neuen wissenschaftlichen Erkenntnisse eine Technologie, mit der Flugschiffe gebaut werden konnten, die es den Atlantern ermög-*

lichten, die Völker der ganzen Welt zu bekriegen und zu unterjochen. Dadurch, dass sie den Luftraum beherrschten, entwickelte sich auf der Basis der Energiegewinnung mittels der Pyramide eine Technologie, mit der die Atlanter in der Lage waren, Wachstum zu fördern beziehungsweise Wachstum zu verhindern und Leben zu vernichten. Sie bauten, über den Erdball verstreut, ***große Pyramiden****, an deren Spitzen sich die gleichen geschliffenen Kristalle befanden wie an der ersten energieerzeugenden Pyramide der ‚Hegoliter'. In bestimmten Abständen wurden am Himmel riesengroße metallene Spiegelflächen in bestimmte Umlaufbahnen gebracht. Die Lichtstrahlen, die von diesen Pyramiden an die Spiegelflächen gesandt wurden, strahlten Tag und Nacht auf die Kontinente, die zur damaligen Zeit existierten. Mit dieser Strahlungsenergie konnten die Atlanter zum Beispiel in jedem Land mehrere Ernten erzeugen oder Gebiete so vernichten und zerstören, dass nichts mehr darauf existierte oder existieren konnte. Für die Völker dieser Länder* ***waren diese ‚großen Sonnen' der Gott ‚Remuran'****, der von ihnen als ‚lebenserzeugender und lebensvertilgender' Gott angesehen wurde. Die Atlanter, die in jedem dieser Länder die Regierung stellten, wurden von den unterentwickelten Völkern der Welt als ‚Söhne des Gottes Remuran' angesehen, da sie mit Flugzeugen aus der Luft direkt von ‚Gott Remuran' jeweils in ihre Niederlassungen einflogen.*"[24]

Weitere Ausführungen von Ewald über den Untergang von Atlantis und die Bundeslade

Über die Zusammenhänge zwischen den Inhalten der Bundeslade und Atlantis haben wir im vorigen Kapitel ausführlich berichtet, und auch die Aufzeichnungen – das Templer-Konvolut von Ewald – aus alten Archiven über die wahre Geschichte des Ordens berichten uns, dass es sich bei den Unterlagen um uraltes Wissen aus Atlantis handelt. Hören wir dazu noch weitere Ausführungen von Ewald:

„*Die Bundeslade war ein Relikt aus Atlantis. Atlantis war eine weltumspannende Hochzivilisation und nicht nur eine Insel, die untergegangen ist. Die Hauptstadt des Inselreiches war dort, wo sich heute das Bermudadreieck befindet.* (östlich von Florida, Dreieck: Miami, Bermuda und San Juan (Puerto Rico); Anm. StE). *Das war ein riesiges Festland. Als es damals zum Pol-Flip kam, von dem die Atlanter wussten und den sie sogar selbst durch unverantwortliches Handeln hervorgerufen haben, ist diese Insel untergegangen, so wie beispielsweise auch das Reich von Mu, südlich von China, untergegangen ist. Das Reich von Thule, zwischen England und Grönland, war ein riesiges Festland und ist auch untergegangen. Wie ich schon gesagt habe, wussten die Atlanter von dem kommenden Pol-Flip und wollten den Menschen etwas hinterlassen – ihren Wissensschatz. Das waren 19 große Stein-Sarkophage und 35 Metalltruhen mit Schriften, Artefakten und Gerätschaften. In den Aufzeichnungen war sämtliches Wissen über Atlantis niedergeschrieben.“*

Ultima Thule und Hyperborea

Ultima Thule (zuerst als Ultima Thule von Pytheas aus Marseille erwähnt um 400 v.Chr., wahrscheinlich Island) soll einst die Hauptstadt des ersten von Ariern besiedelten Kontinents gewesen sein. Der Name dieses Kontinents soll Hyperborea gelautet haben, und er soll älter als Lemuria und Atlantis gewesen sein. Der Mythos ist in der skandinavischen und germanischen Völkergeschichte verankert, obwohl diese Legenden einige ihrer Ursprünge von den Alten Griechen und den Ariern aus Zentralasien bezogen. Zwei großen mystischen und magischen Orten, Hyperborea und Ultima Thule, wurde in der nordischen Mythologie besonders viel Aufmerksamkeit geschenkt. Alle Aufzeichnungen sprechen von ihrer tatsächlichen Existenz, nämlich in der Arktisregion der Welt in grauer Vergangenheit. Kein Wunder, dass man auch in diesem Fall historische Fakten in das Reich der Mythen und Legenden verlegt, was natürlich auch verständlich ist, da Ultima Thule, Hyperborea, Atlantis und so weiter in einem direkten Zusammenhang stehen könnten. Die erste Erwähnung der Hyperboreer finden wir in den Mythen des Alten Griechenlands, vor Homers Zeit. Herodot jedoch nennt sie als Teil des legendären thebanischen Epos in Verbindung mit dem Apollokult, dem Sonnengott. Ihre Heimat sei ein paradiesisches Land *„jenseits des Nordwindes“* gewesen, was eine Region beschreibt, die heute in der Arktis oder gewiss im Nordatlantik liegen könnte! Laut der gleichen Quelle gab es die Hyperboreer etwa eintausend Jahre. Andere Legenden besagen, Hyperborea sei „das glückliche Land im Westen, hin zur sinkenden Sonne“, der in grauer Vorzeit berühmte „Garten der Hesperiden“, wo die Bäume goldene Früchte trugen, die „Elysäischen Felder“

oder sogar die „Glücklichen Inseln“. Im Allgemeinen heißt es, es sei ein wahres Paradies auf Erden gewesen, vielleicht eine Insel irgendwo zwischen den Azoren und Island, die – wie Atlantis – nach einer großen Katastrophe in den Wellen versank. Einige Gelehrte ziehen eine direkte Verbindung zwischen den beiden und behaupten, Hyperborea sei in Wirklichkeit der verlorene Kontinent Atlantis gewesen. Es hängt einfach davon ab, wie weit die ursprünglichen Legenden zurückreichen. Man kann sie bis in die Zeit des Anbeginns der ägyptischen Nation zurückverfolgen (da sie Teil des thebanischen Epos sind), daher wäre es möglich, dass sie zeitlich bis vor den letzten Polsprung zurückgehen. In diesem Fall wäre das Land, das sich nun in der Arktis befindet, vom Klima her warm bis gemäßigt gewesen, reich bedeckt mit Grasland und Wäldern und all den pflanzlichen und tierischen Gaben der Natur. Es ist sogar möglich, dass wir nicht weiter zu blicken brauchen als zu den Britischen Inseln, da diese sehr wohl im „fernen Nordosten“ Ägyptens wie auch Griechenlands lagen. Zu diesem fernen Zeitpunkt jedoch waren England und Irland der nordwestlichste Teil der europäischen Landmasse, da der Ärmelkanal und die Nordsee damals beide trockenes Land waren. In den Legenden scheint es einen klaren Hinweis darauf zu geben, dass Hyperborea und Ultima Thule immer Inseln waren, also würde dies logischerweise England und Irland ausschließen, da sie damals Teil des europäischen Festlands waren. Denkbar ist, dass beide eigentlich der gleiche Ort waren, wobei Grönland Ultima Thule darstellt und Island Thule. Die Mythologie scheint Ultima Thule und Thule in zwei getrennte Inseln aufzuteilen, und da „Ultima“ Thule den entferntesten Ort bezeichnet, muss Thule näher an Europa gelegen haben. Der augenscheinliche Kandidat für Thule muss also Island sein. Laut Pytheas, einem bekannten griechischen Navigator im vierten Jahrhundert vor Christus, lag Thule eine Sechstagesreise nördlich von England entfernt. Zwar sagte er nicht, ob diese Reise per Schiff oder per Ochsenkarren vonstattenging, aber diese Aussage scheint Thule ins moderne Island zu verlegen. Der gesunde Menschenverstand sagt nun, Grönland müsse Ultima Thule gewesen sein. Was wäre aber, wenn beide einst als eine zum größten Teil überflutete Landmasse vereint waren – als Kontinent Hyperborea?25

„Die Atlanter hatten eine Zivilisationsstufe und ein technisches Wissen, das uns heute, in der Zeit des Atomzeitalters, in vielerlei Hinsicht weit

überlegen war. So sollen die Atlanter auch Raumfahrt betrieben haben und ursprünglich aus einem fremden Sternsystem auf die Erde gekommen sein. Alles war niedergeschrieben in einer geometrischen Pyramiden-Schrift, die von den Templern und den Zisterziensern verhältnismäßig leicht zu entziffern war. Die Menschheit ist bis heute leider nicht so weit, das in seiner ganzen Bedeutung und Wichtigkeit zu erfassen. So verfügten die Atlanter auch über hochentwickelte Waffensysteme, die heute eine Bedrohung für den gesamten Planeten bedeuten würden. Die Atlanter hatten fünf künstliche Sonnen im Orbit. Das hohe Wissen und der Umgang – die Kontrolle – der hohen Technologie in jeglicher Weise war bei den Atlantern nur den Hohepriestern vorbehalten. Dann kam es aber zum Bruch zwischen den Hohepriestern und den politischen Führern von Atlantis. Die Hohepriester wurden nach Schottland verbannt. Mit den künstlichen Sonnen konnten die Atlanter ein Land punktgenau beschießen. Die Atlanter haben ein Tal mit Wasser geflutet. Es ist ja bekannt, dass Wasser auch reflektierende Eigenschaften hat. Dann wurde gegenüber den politischen Führern behauptet, dass es in diesem Tal einen Aufstand geben wird. Daraufhin wurde das Tal beschossen. Sie wussten aber nicht, dass es geflutet und voller Wasser war. Als sie das Tal dann beschossen haben, gab es eine Reflektion – eine Rückkoppelung in die künstliche Sonne. Damit kam es zum Supergau und auch zu einem Pol-Flip, mit der Folge, dass dies schließlich zum Untergang der Hauptinsel Atlantis und der umliegenden Erdteile führte. Wir wissen, dass die Erdmasse immer gleich sein wird, und das hatte zur Folge, dass im Zuge des Unterganges von Atlantis und der umliegenden Erdteile andere Erdteile wieder aufgestiegen sind. Ein solcher Pol-Flip soll sich nach meinem Kenntnisstand in naher Zukunft wieder ereignen, und auch dann gilt, dass die Erdmasse gleichbleiben wird, so werden Erdteile untergehen und andere wieder aufsteigen. Vielleicht steigt dann ja auch Atlantis ungeahnt wieder auf. Aber das wissen wir nicht. Die Pyramidenkultur kam aus Atlantis. Die noch heute weltweit erhaltenen Pyramiden sind ein Relikt aus Atlantis. Dieses Kulturgut wurde von den nachfolgenden Zivilisationen (Mesopotamien, Ägypten, Mittel- und Südamerika usw.; Anm. StE) *weiter praktiziert, wenn auch nicht überall mit dem gleichen technischen Hintergrund, wie das in Atlantis der Fall gewesen ist. Die Atlanter haben mit Pyramiden Strom erzeugt. Das haben die Nachfahren der Atlanter auch noch in*

Ägypten getan, und die großen Pyramiden von Gizeh sind Jahrtausende älter als heute angenommen. Die Pyramiden in Ägypten und die dazugehörigen Tempelkomplexe, die heute nicht mehr vorhanden sind, waren neben ihrem technischen Hintergrund aber auch Tempel und Initiationsstätten. Auf der Spitze ihrer Pyramiden haben sie einen besonderen geschliffenen Kristall gehabt. Unterhalb dieses Kristalles haben sie eine Platte aus purem Gold gehabt. So waren auch die Pyramide von Gizeh und andere Pyramiden in Ägypten gebaut. Dass es im Bermudadreieck immer wieder zu sonderbaren Zwischenfällen, Zeitverschiebungen und elektromagnetischen Störungen kommt, kann natürlich mit der untergegangenen hohen Technologie in Zusammenhang stehen, welche diese Störungen vermutlich auslöst, so können auch die sonderbaren Zeitlöcher entstehen, über die im Zusammenhang mit diesen Zwischenfällen oft berichtet wurde. Die Bundeslade ist nicht im Besitz vom Vatikan. Ich kann dir nicht verraten, wo sich die Lade heute befindet, aber sie ist noch immer in Templerhand. Der Schwarze Papst war damals natürlich darüber informiert, dass Roger Lhamoy in Gisor bei Grabungen auf die Bundeslade gestoßen ist. Nachdem er dann zum Bürgermeister gegangen ist und den Fund gemeldet hat, war er spurlos verschwunden und ist auch nie wieder aufgetaucht.“

Das Rätsel um die Pyramidenspitzen

Bis heute wird sehr viel darüber spekuliert, aus welchem Material die Abschlusssteine (Pyramidion), also die Spitzen der alten Großpyramiden einstmals bestanden haben, denn sie müssen etwas ganz Besonderes gewesen sein, da man alle entfernt hat. Neben wenigen inschriftlichen Erwähnungen sind kaum Pyramidenspitzen aus dem Alten und Mittleren Reich erhalten geblieben. Wie heute unschwer zu erkennen ist, sind Großteile der Außenverkleidung der drei großen Gizeh-Pyramiden abgeschlagen und als Baumaterial verwendet worden. Eine der berühmtesten Moscheen Kairos, die Sultan-Hassan-Moschee, wurde fast ausschließlich aus den Steinen der Großen Pyramide gebaut. Bautechnisch gibt es hier noch einen Aspekt, der die besondere Bedeutung der Pyramidenspitzen unterstreicht. Einige der gefundenen Steine und deren Steinunterlagen an den Pyramiden zeigen, dass sie vermutlich Vorrichtungen besaßen, wodurch sie regelrecht miteinander verankert waren. Nach den Beschreibungen von Richard Lepsius besaß auch die Chephren-Pyramide eine solche Verankerung in Form eines Sockels, auf den die Pyramidenspitze exakt aufgesetzt werden konnte. Eine ähnliche Konstruktion erkannten Forscher auch an dem kleinen Pyramidion der Kultpyramide G III-a des Mykerinos – nur mit dem Unterschied, dass hier die geglättete Unterseite des Pyramidions eine Vertiefung aufwies. Aus rein statischen Gründen wäre ein derartiges Verankerungssystem nicht notwendig gewesen, da die Pyramidenspitzen für eine stabile Lage genügend Eigengewicht hatten. Dass den Pyramidenspitzen eine besondere Bedeutung beigemessen worden ist, fällt besonders bei der Chephren-Pyramide auf. Im Gegensatz zu ihren beiden Nachbar-Pyramiden besitzt sie noch einen Teil der oberen Verkleidung. Dennoch fehlt die Pyramidenspitze, was nahelegt, dass diese nicht aus gewöhnlichem Kalksandstein bestanden haben kann. Sie war den Steinräubern besonders wichtig, sonst hätten sie sich nicht die Mühe gemacht und auf einer der Seiten in einem gewissen Abstand Steine aus der Verkleidung gehauen, um hinaufklettern zu können, um auch das „Juwel“ zu erbeuten.

Aus was könnten die Spitzen denn bestanden haben? Waren sie reich verziert, aus einem Kristall vielleicht oder aus einem Metall? Vielleicht haben sie in der Sonne geblinkt oder geglitzert? Es gibt ein Artefakt, das uns eventuell auf die richtige Spur führt: Es ist ein Bruchstück vom sogenannten Unas-Aufweg in Sakkara, auf dem eine Szene den Transport von Säulen und Steinen auf dem Nil zeigt. In den Trümmern des Aufwegs von Sahure (erster König der 5. Dynastie) fand sich ein Relief, das beschreibt, wie die mit Gold beschlagene Pyramidenspitze von Arbeitern auf die Baustelle gezogen wird.

Doch welchen Sinn hätte eine vergoldete Pyramidenspitze? Hat es mit Energie zu tun? Wie wir durch die Pyramidenversuche bereits erfahren haben, sammeln sich elektrische Ladungen besonders gerne um spitze Konstruktionsteile. Daher hätte eine Pyramidenspitze aus Metall sehr gut als Kollektor für die Elektrizität dienen können. Und wieder haben wir ein Indiz für eine technische Anlage.[26]

*„Die Lade ging dann zum **Vatikan**, man musste sie aber tatsächlich an die Templer zurückgeben, auf Anordnung des Schwarzen Papstes.“*

„Es ist richtig, dass die Templer die Bundeslade nach Frankreich gebracht haben, nicht nach Nizza, zu der Pyramide. Sie ist an einen anderen Ort in Frankreich gebracht worden. Bis heute haben die meisten Menschen eine falsche Vorstellung von der Bundeslade und glauben immer noch, dass es sich dabei um die Steintafeln von Moses handelt. Das ist natürlich falsch, genauso, wie die Bibel berichtet, dass Moses mit Gott gesprochen hat. Das ist alles völliger Blödsinn. Es gab auch die Lade, die aber als solches nicht von Bedeutung war und sich heute in Äthiopien befindet. Das Wichtigste war immer der Inhalt der Truhen und Sarkophage."

Die Wiederentdeckung der Unterlagen 1946

Die Unterlagen aus der Bundeslade, die von den Templern 1313 in einem unterirdischen Raum einer Burg eingelagert wurden, sind durch Roger Lhamoy 1946 in der verfallenen Templerburg Gisors, die zwischen Paris und Rouen liegt, wiedergefunden worden – besser gesagt zufällig wiederentdeckt worden. Im Jahre 1946, nach Beendigung des Zweiten Weltkrieges, begann er mit der Grabung. Nachdem er monatelang gegraben hatte, entdeckte er in über dreißig Metern Tiefe behauene Steine. Als ein Teil der Steine weggeräumt war, lag eine große unterirdische Halle frei. An den Wänden der Halle standen große Jesus-Statuen sowie Statuen der zwölf Apostel. Den Mittelraum dieser Halle füllten neunzehn steinerne Sarkophage, die, wie wir heute wissen und wie aus den Unterlagen hervorgeht, dieselben waren wie diejenigen, die in Jerusalem ausgegraben wurden. In einem Nebenraum standen, in drei Zehnerreihen aufgestellt, dreißig Truhen, die alle 2,5 Meter lang, 1,8 Meter hoch und 1,6 Meter breit waren. In diesen dreißig Truhen befanden sich, wie uns heute bekannt ist, die Übersetzungen und Niederschriften der Templer.

Lhamoy kam jedoch nicht mehr dazu, die Sarkophage oder die Truhen zu öffnen. Militär und Geheimdienst schirmten, nachdem Lhamoy in die Grotte gestiegen war, die Fundstelle sofort ab, und der Fund wurde zum Staatsgeheimnis erklärt. Dass die Ausgrabung 1946 tatsächlich stattgefunden hat, ist von vielen damals lebenden Personen bestätigt worden. Denn dieses Gebiet war zu diesem Zeitpunkt für alle Privatpersonen gesperrt. Es existiert über diesen Sachverhalt nur vereinzelte Literatur.[27]

Abb. 13 bis 16: Gemeinsam mit Ewald in Klagenfurt. Rechts: Das Symbol der Hegoliter, den Wissensträgern der Bundeslade. Unten links: Ewald in seinem Garten in Klagenfurt, an dem Ort, wo die Heiltinkturen hergestellt werden. Unten rechts: Das Zisterzienserkloster Heiligenkreuz.

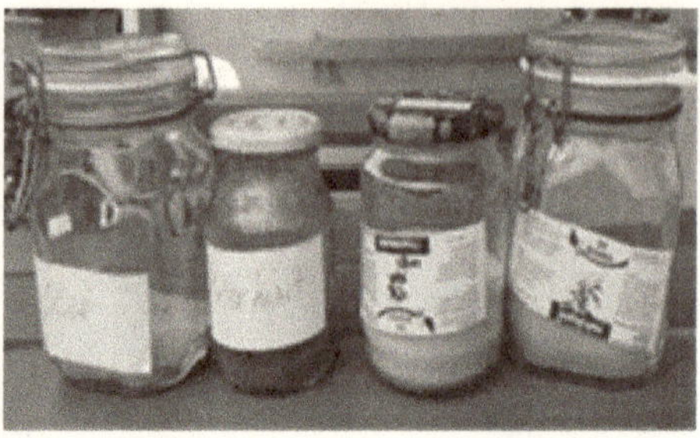

Abb. 17 bis 19:
Links: Kalzinierte Asche von Orthosyphon, ausgewaschen mit hochmineralisiertem Wasser.
Rechts: Die Asche vor dem Kalzinieren.
Unten links: Verschiedene Heiltinkturen. Hier befinden sich die Tinkturen in der Alkohollösung. Wichtig ist eine intensive Sonneneinstrahlung über einen Zeitraum von 9 Wochen.

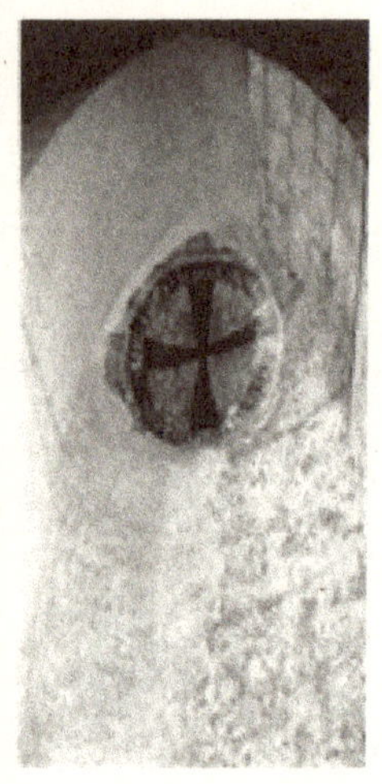

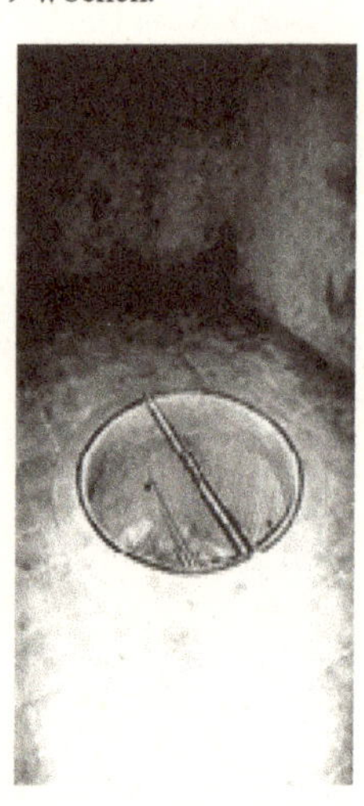

Abb. 21 u. 22: Unten: Stefan Erdmann im Juni 2007 bei einem Vortrag bei den Templern anlässlich eines Kapitels in Burgau (Österreich). Zu diesem Zeitpunkt waren die Dreharbeiten zu dem Dokumentarfilm mit Jan van Helsing, „Die Cheops-Lüge" (Amadeus Verlag 2007), fast abgeschlossen. In diesen Tagen wurde auch die „Freimaurer-DVD" – „Jan van Helsing im Gespräch: Freimaurer und Templer heute" gedreht.

Abb. 23: Rechts: Ein Tempelschwert mit dem Templerkreuz und anderen Templersymbolen.

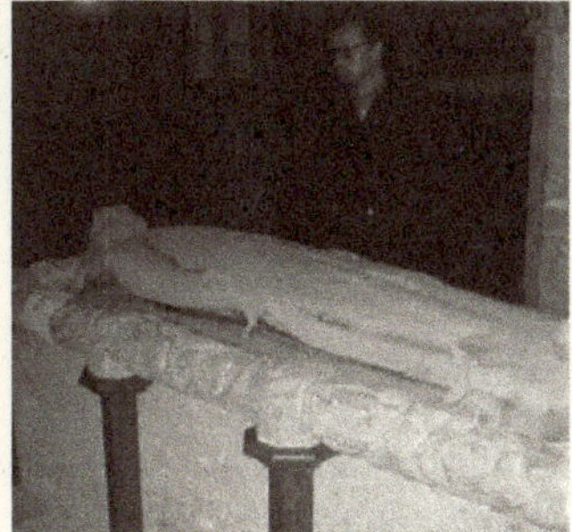

Abb. 24: Stefan Erdmann im Zisterzienserkloster Heiligenkreuz. Es ist sicherlich eines der bedeutendsten und geschichtsträchtigsten Zisterzienserklöser. Hier findet der aufmerksame Besucher viele „heidnische" Symbole, die auf die uralte ägyptische Sonnenreligion hindeuten.

Abb. 25: Stefan Erdmann gemeinsam mit Jan van Helsing auf Forschungsreisen.
Abb. 26: Mit dem Bau des Kölner Dom wurde schon 1248 begonnen. Das Bauwerk zählt zu den größten und schönsten Kathedralen im gotischen Baustil.
Abb. 27: Gemeinsam mit Jan auf Forschungsreise in Afrika (Botswana).
Abb. 28 unten rechts: Stefan Erdmann gemeinsam mit Abd'El Hakim Awyan in Nazlet el Saman, wo er mehr als 10 Jahre eine Wohnung hatte. Hakim zählte zu den bedeutendsten Gelehrten Ägyptens und war, wie kaum ein anderer Ägyptologe mit der ägyptischen Pyramidenkultur vertraut. Auch Hakim vertrat die Auffassung, dass die großen Pyramiden Ägyptens einst als technische Anlagen errichtet wurden und das Vermächtnis einer viel älteren Kultur darstellen.

Kapitel 3
Das Geheimnis der Templer um die Blutlinie Jesu

„Daran erkenn ich den gelehrten Herrn! Was ihr nicht tastet, steht euch meilenfern; Was ihr nicht fasst, das fehlt euch ganz und gar; Was ihr nicht rechnet, glaubt ihr, sei nicht wahr; Was ihr nicht wägt, hat für euch kein Gewicht; Was ihr nicht münzt, das, meint ihr, gelte nicht.“

(Goethe)

Jesus und sein Weg nach Frankreich – die Blutlinie der Merowinger

Die Geschichte um die Templer widerspricht in vielen entscheidenden Punkten der Geschichtsschreibung, was aber auch nicht anders zu erwarten war. Ich glaube, es war Goethe, der einmal gesagt hat, dass man die Geschichtsschreibung eigentlich alle 50 Jahre neu schreiben müsse. Wie recht er hatte, sind wir nicht als Deutsche und Österreicher besonders in den vergangenen mehr als 70 Jahren in diesem Punkt ein Paradebeispiel dafür, wie man ganze Nationen innerhalb von nur weniger Generationen zu politischen und auch geschichtlichen Dummköpfen erziehen kann – von der Kirche einmal ganz abgesehen, aber genau die spielte ja in den vergangenen Jahrhunderten ihrer Existenz politisch immer eine nicht unbedeutende Rolle, unter anderem wenn es um Kriege geht, um das einmal ganz vorsichtig zu formulieren. In Bezug auf die brutale und menschenverachtende Niedermetzlung des Ordens wurde schon klar Stellung bezogen, dass nur allein diese „Erbsünde“ der Kirche ihre sofortige Auflösung und Verstaatlichung, nebst Konfiszierung des gesamten Vermögens, zur Folge hätte haben müssen. Wie Ewald als Wissensträger gehen bis heute viele Fachleute und Experten davon aus, dass die katholische Kirche heute so in der Form nicht mehr existieren würde, hätten damals nicht König und Papst die Niedermetzelung und Auflösung des Ordens beschlossen – und das sei unbedingt noch einmal erwähnt: durch Rechtsbruch des Königs!

Rechtsbruch durch König und Papsttum!
Vergessen wir nicht: Schon 1139 erhält der Orden den höchsten Grad juristischer Unabhängigkeit. Im Rahmen des Zweiten Laterankonzils wird der Orden mit der päpstlichen Bulle „militia templi" der ausschließlichen Jurisdiktion des Heiligen Stuhls in Rom unterstellt. Kein Landesherr, kein Bischof konnte mehr in die Entwicklung und in die Entscheidung des Ordens eingreifen. Die Templer unterstanden nur noch dem Großmeister! Und der konnte nur vom Papst selbst zur Rechenschaft gezogen werden. Jacques de Molay wusste nur zu gut, dass es König und Papst nur um Macht und Geld ging, weil die Templer zu reich und einflussreich geworden sind, und er vertraute dem Papst zu viel und zu lange, wie sich bedauerlicherweise aber erst später herausstellen sollte. Er forderte seine Templerbrüder ursprünglich auf, vor den königlichen Kommissionen Geständnisse abzulegen, in der Hoffnung, dass diese Geständnisse ohne Bedeutung seien, da ja nur Geständnisse vor dem Papst rechtliche Wirkung hätten, denn nur seiner Jurisdiktion waren die Templer kraft gültigen Gesetzes unterstellt. Er vertraute dem Papst, und das war sein entscheidender Fehler. Diese von Molay gewählte Strategie ging nicht auf. Der Papst verzichtete auf seine ihm und den Templern zustehenden Rechte. Jetzt waren die Templer der Willkür des Königs ausgesetzt.

Nun werden wir uns mit dem ***Gottessohn Jesus*** befassen und zunächst einmal die geschichtlichen Hinweise betrachten, die darauf hindeuten, dass Jesus auf jeden Fall die Kreuzigung überlebt hat und sein Weg nach Frankreich führte. Danach werden wir diese Hinweise dann mit Ewalds Aussagen über Jesus und seinen Lebensweg vergleichen und zu einem erstaunlichen Ergebnis kommen. Dabei handelt es sich um geheime Unterlagen, die eine fast zweitausendjährige Traditionslinie betreffen, die auch durch die Merowinger-Könige geht, die in Frankreich zwischen dem 5. und 8. Jahrhundert an der Macht waren. Dabei handelt es sich um ***das königliche Blut***, das sich von David über Jesus und dessen Kinder angeblich bis ins mittelalterliche Frankreich und sogar bis in die heutige Zeit erhalten haben soll.

Die gefundenen Schriften ließen auch verschiedene Verschwörungstheorien aufleben: Die Apostel raubten den vom Kreuz genommenen Jesus; Jesus hat das Kreuz überlebt; die Kirche, die darüber in Kenntnis war, vertuschte dies alles und erfand die Auferstehungsgeschichte quasi als Alibi; Maria Magdalena war Jesus Frau und kam nach Südfrankreich. ***Maria Magdalenas Reise nach Südfrankreich*** spielte bei den vielen verschiedenen Ansichten eine bedeutende Rolle. Es gibt viele ***Maria-Magdalena-Kirchen***. In St. Maximin, in der Provence, werden angeblich die Gebeine Marias aufbewahrt. Hierzu findet alljährlich eine volkstümliche Prozession statt. Die Verehrung, die Maria Magdalena bis heute in Südfrankreich zuteilwird, würde ihre persönliche Gegenwart erklären und die Tatsache, warum gerade hier das größte Zentrum der „Häresie" war. Mit dem Maria-Kreis sind die Goten und die Merowinger verwandt, deren *„ungläubige"* Nachkommen pauschal „Katharer" genannt wurden. Besonders im 13. und 14. Jahrhundert stellten die Katharer in Westeuropa eine ernsthafte Bedrohung für die katholische Kirche dar. Die Überzeugungen der Katharer mündeten in den Maria-Magdalena-Kreisen, worin für die katholische Kirche auch die größte Bedrohung lag. Die Katharer bestritten nicht grundsätzlich die Auferstehung, die ja bekanntlich durch die katholische Kirche mystifiziert und auf den ersten Konzilien bewusst dogmatisiert wurde, sondern vielmehr das kirchliche Jesusbild, da sie „wussten", dass Jesus mit Maria Magdalena verheiratet war und vielleicht sogar Nachkommen hatte.

Diese Lästerung des göttlichen Jesusbildes zwang die Kirche, dringend gegen die Katharer vorzugehen. So ist auch der Niedergang – die militärische Bekämpfung – des ***Katharismus*** (Katharer) im Laufe des 14. Jahrhunderts nachvollziehbar, zumindest aus Sicht der katholischen Kirche.

Die Katharer erfuhren das gleiche Schicksal wie die Templer. Im Gegensatz zu den Katharern waren die Templer aber auch von Johannes-Anhängern beeinflusst, von denen sie die Leugnung der Auferstehung und die Kirchenverschwörung übernahmen. Die Katharer galten als traditionelle Häretiker. Die Templer ihrerseits waren offiziell Katholiken, womit sie äußerlich und auch in verschiedenen Ansichten nicht übereinstimmten. Dennoch fühlten sie sich verbunden, da sich ihre Ansichten über das Jesusbild und die erfundene Auferstehungsgeschichte deckten, wodurch sie zu erbitterten Feinden der katholischen Kirche wurden. Das führte zum Beispiel dazu, dass während der Blütezeit der Templer ein Katharer (der Großmeister Bertrand de Blanchefort) deren Oberhaupt wurde.

Die Prieuré de Sion tritt 1956 an die Öffentlichkeit

Der Mythos der Templer – mit ihren antikirchlichen Ansichten über das Jesusbild und die gezielte Verschwörungstaktik der mächtigen Organisation – hat über die Jahrhunderte die daraus entstandenen Spekulationen am Leben erhalten. Auch die gewaltsame und zu verachtende Niedermetzelung durch die Kirche konnte den mächtigen und einflussreichen Orden bis zum heutigen Tag nicht endgültig auslöschen. Wie aus der vorangegangenen Betrachtung deutlich wurde, bildeten die Templer und die Zisterzienser Organisationen nach geheimgesellschaftlichem Muster. Das wird dadurch deutlich, dass sich bereits die Templer und die Zisterzienser nach außen hin katholisch gaben, in den inneren Kreisen aber andere Ansichten und Ideologien vertraten. Erinnern wir uns daran, dass beide, die Templer und die Zisterzienser, durch die Kirche ihre „Regel" – ihre eigene Verfassung – und somit rechtmäßige Anerkennung erhielten.

Von welch großer Bedeutung die Verbindung zwischen den Templern und den Zisterziensern war, wird erst deutlich, wenn man sich vor Augen führt, dass es sich bei den Templern überwiegend um adelige Ritter (Analphabeten) und bei den Zisterziensern um die Gelehrten ihrer Zunft handelte – die Geschichte behielt sie als vielseitige, gebildete und „studierte" Mönche in Erinnerung. Es entstand eine Fusion aus Rittermönchen und Gelehrtenmönchen![28]

In diesem Zusammenhang ist eine zentrale Frage über die Jahrhunderte nie ganz verklungen: Gab es einen dritten Orden, der im Hintergrund die Fäden zog und der demgemäß bereits viel früher existierte? Seit etwa einem halben Jahrhundert könnte diese Frage mit einem „Ja" beantwortet werden, denn im Jahre 1956 trat eine bis dato unbekannte Geheimorganisation an die Öffentlichkeit: die Prieuré de Sion.

Das Erscheinen der Prieuré in der Weltöffentlichkeit hat einerseits eine Flut von neuen Spekulationen ausgelöst, aber auf der anderen Seite bringt ihre „Offensive" mehr Licht in die dunkle Vergangenheit rund um den Templermythos, und somit auch die Möglichkeit, auf viele Fragen eine Antwort zu erhalten. Anzumerken ist, dass es auch viele kritische Stimmen hinsichtlich der Veröffentlichung der „geheimen Unterlagen" gibt, was aber nicht darüber hinwegtäuschen sollte, dass es sehr viele Hinweise und Fakten bezüglich der Templerspuren und jener von Jesus und seiner Familie gibt, die darauf hindeuten, dass es bis heute eine bestehende Blutlinie Jesu gibt. Der Hauptansatz der genannten Autoren ist wohl der, Licht in die dunkle Vergangenheit zu bringen, wogegen wir ja alle nichts einzuwenden haben. Natürlich sollte dabei nicht außer Acht gelassen werden, dass es sich bei den eben genannten Autoren ausschließlich um solche der Loge der Freimaurerschaft handelt. Die bekannten Autoren Lincoln, Baigent und Leigh haben einen Großteil dieser Werke verfasst. Von daher ist bei den Quellen rund um die Prieuré immer auch Vorsicht geboten.

Die Prieuré trat in dem besagten Jahr mit der Herausgabe geheimer Dokumente an die Öffentlichkeit. Die Herausgabe erfolgte durch ihren Beauftragten Gérard de Séde. Das bekannteste seiner Bücher („*Die Templer sind unter uns oder das Rätsel von Gisors*") erschien 1963 auch in deutscher Sprache. Die Prieuré de Sion gesellte sich damit offiziell zu einer Reihe von heute einflussreichen und mächtigen Geheimgesellschaften. Da anzunehmen ist, dass die Prieuré mit den Templern verbunden war, aus deren Wurzeln später die Freimaurer hervorgingen, lässt sich erkennen, dass diese Logen bis heute miteinander vernetzt und verwandt sind. „*Das Beispiel der Prieuré veranschaulicht, welch alte Pläne in diesen Geheimgesellschaften am Leben erhalten wurden und nun anscheinend zum letzten Schritt der Veröffentlichung drängen.*"[29]

Aus welchen Gründen die Prieuré gerade 1956 an die Öffentlichkeit trat, um die Dokumente über ihre Existenz und ihre Geschichte herauszugeben, ist nicht genau bekannt. Sie beruft sich durch ihre „Dossiers Secret" (geheime Unterlagen) auf eine fast zweitausendjährige Traditionslinie, die auch durch die Merowingerkönige gehe, die in Frankreich zwischen dem 5. und 8. Jahrhundert an der Macht waren. Dabei handelt es sich um das königliche Blut, das sich von David über Jesus und dessen Kinder angeblich bis ins mittelalterliche Frankreich und sogar bis in die heutige Zeit erhalten haben soll. Auch Gottfried und Balduin de Bouillon seien Angehörige dieser Linie gewesen. Einen großen Einfluss in der damaligen Zeit habe der reiche und bereits erwähnte Graf Hugues de Champagne genommen.

Wie bereits einige Absätze zuvor erwähnt wurde, war es de Champagne, der zu den Hintermännern und Strategen des ersten Kreuzzuges gehörte. Nach der Eroberung Jerusalems reiste er gemeinsam mit seinem Neffen, dem adeligen Kreuzritter Hugo de Payens, zweimal in die „Heilige Stadt".

Hugo de Payens wurde wenig später der erste Großmeister der Templer. Hugues de Champagne unterstützte sowohl die Templer als auch die Zisterzienser. Nach der Heimkehr seiner zweiten Jerusalem-Reise (1115) schenkte er dem Zisterzienserorden die Länderei von Clairvaux, wonach Bernhard von Clairvaux benannt wurde. Als Bernhard dem Orden 1112 beitrat, war dieser nur eine unbedeutende Organisation. Bernhard seinerseits war der Neffe des besten Freundes von Graf Hugues de Champagne, André de Monbart, der, wie auch Hugo de Payens, zu den ursprünglichen neun Tempelrittern gehörte. Schon hier wird deutlich, wie sehr die Geheimorden und deren Hauptakteure untereinander verwandt und verbunden waren. Bezüglich der kontroversen Ansichten von Kirche und Logen über das Jesusbild, sollte in diesem Kontext erwähnt werden, dass am Hof des einflussreichen Grafen Hugues bereits seit dem Jahre 1070 eine Schule für talmudistische Studien bestand. Was der Talmud über die Person Jesus berichtet, war zu der Zeit auch am Hofe des Grafen bekannt und passte natürlich in das ideologische Bild der beiden Ordensgemeinschaften.

Die Eingeweihten der gerade genannten Kreise waren die Strategen des ersten Kreuzzuges. Nach der Eroberung Jerusalems gründeten diese Eingeweihten den geheimen Orden der Prieuré de Sion. Der erste Sitz des Ordens war vermutlich die Abtei von „Notre-Dame du Mont de Sion“ auf dem Sion-Hügel, der südwestlich von Jerusalem liegt. Belegt werden konnte das durch mittelalterliche Chroniken, die tatsächlich aufzeigen, dass Gottfried von Bouillon kurz vor seinem Tod den Bau einer Abtei auf dem Berg Zion veranlasste. Diese stand zu diesem Zeitpunkt außerhalb der Stadtmauern Jerusalems. Ende des 17. Jahrhunderts berichtete ein Historiker, dass dem Orden auch Ritter angeschlossen waren, die „Chevaliers de l´Ordre de Notre Dame de Sion“.

Die Autoren Baigent, Leigh und Lincoln konnten bei ihren Recherchen sogar ein Dokument aus dem Jahr 1125 aufspüren, in dem der Prior der Abtei auf dem Berg Zion zusammen mit dem ersten Großmeister der Templer erwähnt werden soll. Die Prieuré, die der königlichen Linie des Hauses David angehörte, hatte zunächst die Eroberung Jerusalems in die Wege geleitet und es wieder zu ihrem rechtmäßigen Zentrum erklärt. Von nun an zog sie die Fäden – durch die Tempel-Großmeister und die Könige von Jerusalem.

Ihr Ziel ist klar definierbar: Sie bildete die Opposition – die Gegenkirche. Durch ihren Einfluss und ihr geheimes Wissen konnte sie die Großmacht Rom „bekämpfen“, die aus ihrer Sicht ihre Kirche auf einer Lüge aufgebaut hatte. Sie waren im Besitz des Pyrenäenschatzes und somit – zumindest aus ihrer Sicht – im Besitz der *„einzigen Wahrheit“*. Halten wir fest, dass *„ohne die Merowinger die Prieuré de Sion heute nicht existieren würde und ohne die Prieuré die Dynastie der Merowinger längst erloschen wäre.“*

In diesem Zusammenhang müssen wir kurz auf die Goten und den Pyrenäenschatz zu sprechen kommen, die in dieser spannenden Thematik eine entscheidende Rolle gespielt haben, denn das kann unmittelbar mit der Blutlinie Jesu, den Merowingern und dem Weg der Templer nach Frankreich und Schottland zu tun haben. Erinnern wir uns:

Im Jahre 410 eroberten die Goten Rom und kamen somit in den Besitz jener Gegenstände, die Titus im Jahre 70 nach Christus bei seiner Eroberung Jerusalems erbeutete. Dass die Goten eine ganz besondere Beziehung zu den „heiligen“ Gegenständen hatten, wird erst deutlich, wenn man sich vor Augen führt, dass das Geschlecht der Merowinger ja aus der Vermischung der jüdischen Bevölkerung Südgalliens mit den Einheimischen, den Franken, entstand und somit direkt mit den Goten verwandt ist. Ein Teil Südgalliens hieß in den ersten Jahrhunderten nach Christus „Gothien“. Deshalb wurden auch die Juden dieser Gegend manchmal Goten genannt. Die Goten bestanden natürlich nicht nur aus Menschen jüdischer Abstammung.30

Die Goten brachten ihren erbeuteten Schatz in die Pyrenäen nach Südfrankreich. Beachtet man die Abstammung der Goten, wird erst verständlich, wie heilig ihnen die alten Gegenstände waren, die direkt aus dem höchsten Heiligtum aus Jerusalem stammten. Da das Heiligtum in Jerusalem nicht mehr existierte, musste ja schließlich ein anderer und vor allem geheimer Ort zur Aufbewahrung der heiligen Gegenstände dienen. Es war die Pflicht und heilige Botschaft, das Geheimnis zu bewahren – bis zur verheißenden Wiederkehr des Messias aus dem Hause David. Das wiederum würde auch erklären, warum sie den „Tempelschatz“ bis zum heutigen Tage vor der Welt geheim halten.31

Goten, Skyten (Schotten) – die Wurzeln im hohen Norden

Herodot, der in den Tempeln Ägyptens die heiligen Weihungen empfangen hatte, die denen der Druiden gleich waren, erzählt um 500 vor unserer Zeitrechnung von den Skalden und den Skythen, d.h. den Skoten, Schotten, dass sie derselben Abstammung seien und im Norden wohnten. *„Seit Jahrtausenden"*, schreibt er in seinen Historien, *„brach aus diesem ausgezeichneten Lande das Geschlecht jener hervor, die die ‚Könige der Könige' waren, das heißt Könige der weltlichen Regierungen sowohl als auch die Könige des Geistes- und Seelen-Adels."* Und Herodot bestätigt uns, dass diese Menschen sich über die ganze Erde verbreitet hatten und überall die Herrschaft ausübten, ganz wie bis noch in unsere Tage auf allen Thronen Europas deutsche Fürstengeschlechter saßen, die durch Selbstschuld und Entartung Einfluss und Herrschaft verloren.

> *„Unsere Geschichtsschreibung hätte sich besser an die Geschichtsschreiber des Altertums gehalten, die mindestens ebenso zuverlässig sind wie die heutigen, um schon früher die unheilvolle Verirrung zu erkennen, die einige Jahrhunderte lang mit der Verlegung der bekannten ‚Wiege aller Kultur und Gesittung' in den Osten angerichtet worden ist. Über die Skythen äußert sich der bedeutendste Geograph seiner Zeit, der Grieche Strabo, im Jahr 66 vor Christus: ‚Wir halten die Skythen (also die Skoten, die Goten, denn unter Skythen verstehen wir immer noch ein ‚sagenhaftes' Volk, das uns scheinbar gar nichts angeht, obwohl wir seine unmittelbaren Abkömmlinge sind) für das aufrichtigste und am wenigsten arglistige Volk.' Herodot berichtet über dieselben ‚Skythen' als die nördlichen Hyperboreer im ‚Arimaspen-Lande', dem ältesten Volke der Erde, wie Kallimachos sagt. Sie schickten jährlich Gesandtschaften nach der Insel Delos im Ägäischen Meere, wo sich das Volksheiligtum der Griechen befand, der Sitz also des hellenischen ‚Ober-Armanen', Oberpriesters, der geistigen und geistlichen Oberleitung. Wenn die Sitze der Skythen ausschließlich an der Nordküste des Schwarzen Meeres angenommen werden, so widerspricht dies der ausdrücklichen Angabe Herodots ‚im Lande der Hyperboreer, im nördlichen Skythenlande'. Die Skythen am Schwarzen Meer sind nur Ausläufer der eigentlichen Stammskythen, Skoten, an der Nordsee. Wir haben hier dieselbe Erscheinung wie die der Goten am Schwarzen Meer und an der Ostsee. Ja, Goten, Skoten, Geten und Skythen* (Schotten;

Anm. StE) *sind ein und dasselbe Volk, auf weiten Strecken durch Auswanderung aus dem Norden nach Süden und Osten verbreitet. Noch im Mittelalter nannten sich die Normannen auch Goten und bestätigen somit die von uns aufgezeigten Zusammenhänge.*"[32]

Ein deutliches Indiz für das Fortbestehen der Templer ist ihre nachweisliche Präsenz in Schottland. In der historischen Schlacht von Bannockburn im Jahre 1314 konnten die schottischen Truppen nur dank eines mysteriösen Umstandes die englischen Truppen endgültig besiegen. In der entscheidenden Phase der Kampfhandlungen tauchte plötzlich eine Reserve berittener Männer auf, die mit ihrer Schlagkraft die englische Milizarmee erfolgreich bekämpfte und in die Flucht trieb. Diese Hauptschlacht wurde am 24. Juni 1314 – dem Johannes-Tag – provoziert. Das präzise gewählte Datum und der Schlachtverlauf trugen eindeutig die Handschrift der Tempelritter.[33]

Die englischen Forscher Baigent und Leigh fanden bei ihren Nachforschungen in Schottland zudem typische Templerbauten und namenlose Gräber der Rittermönche aus dem 13., 14. und 15. Jahrhundert. Außerdem wurde ja bereits im Jahre 1130 durch Hugo de Payens eine der ersten Templerniederlassungen in Schottland gegründet! Das wichtigste schottische Zentrum aus dieser Zeit, das heute noch besteht, ist die große Steinkapelle von Rosslyn, die in den Jahren 1440 bis 1490 erbaut wurde und nur offiziell als christliche Kapelle galt. In Wirklichkeit diente sie als Kultstätte der Templernachfahren. Diese und viele weitere Spuren und historische Ereignisse belegen, dass die Templer und ihre Nachfahren in Schottland ihre neue Basis hatten und von dort aus weiterwirkten. Die offizielle Gründung der Freimaurer-Bewegung in Form der Großloge in England fand, wie bereits erwähnt, am 24. Juni 1717 statt. Zuvor hatten die Gruppierungen, die aus den verschiedenen Templergemeinschaften hervorgegangen waren, im Geheimen agiert, bis die politische Lage sich änderte und in diesem Zusammenhang die Macht des Vatikans im 16. und 17. Jahrhundert aufgrund der Reformation stark nachließ. Ein anderer Hinweis, nämlich der, dass die Tempel-Seefahrer bereits im 13. oder 14. Jahrhundert nach ***„La Merica"*** (Amerika) segelten, findet sich in Amerika selbst. In Massachusetts, in der kleinen Stadt Westford in der Nähe des Atlantiks, gibt es einen Felsen, in den das Bild eines Ritters eingemeißelt ist. Seine Kleidung erinnert an die Uniform der Templer. Überraschend ist, dass auf dem Schild dieses Ritters ein Segelschiff abgebildet ist, darüber Sonne, Mond und ein fünfzackiger Stern, von der Sonne Richtung Mond, Richtung Westen. Der Morgenstern – die Venus – wurde in der altmandäischen Sprache Merica genannt. Aus den gefundenen Schriften und alten Weltkarten, die im Besitz der Templer waren, erfuhren die Templer von diesem „Land unter dem Stern Merica“ und nannten es in ihrer französischen Muttersprache einfach „La Merica“. Vergessen wir auch nicht, dass alle altamerikanischen Kulturen in ihren Überlieferungen von weißen Männern sprechen, die von Osten über die See gekommen waren und ihnen Kultur, Religion und Schrifttum gebracht haben.

Die katholische Kirche, oder besser gesagt ihre erfundene Christus-Lehre, nahm nicht in Palästina ihren Anfang, sondern ist eine Urschöpfung der untergegangenen atlantischen Kultur – Irland und Schottland, dann nach Osten weiter, und gleichzeitig nach Westen zum amerikanischen Festland. Die alte ägyptische Kultur und die alten amerikanischen Kulturen der Inkas, der Mayas und der Azteken sind die Eckpfeiler, die noch heute von der einstigen atlantischen Hochkultur Zeugnis ablegen.

Die Merowinger – die Blutlinie Jesu

Die Ansichten über das Jesusbild, die Rolle Maria Magdalenas und Johannes des Täufers bildeten die frühchristlichen Grundlagen für die mächtige und einflussreiche Opposition, die der Kirche gegenüberstand. Auch durch den Koran und den Talmud fanden diese Ansichten zusätzliche Bestätigung. Dass Maria nach der Kreuzigung aus Palästina floh und in den jüdischen Kolonien Südfrankreichs Zuflucht suchte, ist sehr naheliegend. Das zeigt ein anderes bekanntes Beispiel, denn auch der jüdische Herrscher Herodes Antipas, der Johannes den Täufer enthaupten ließ und am Prozess gegen Jesus beteiligt war, wurde im Jahre 39 durch Kaiser Caligula nach Frankreich (Lyon) verbannt. Die Legende von Maria, die bis heute nicht endgültig bewiesen werden konnte, spaltet die kirchliche und die antikirchliche Seite bis heute. Aufgrund der vielen Hinweise spricht vieles für den historischen Wahrheitsgehalt dieser Legende um Maria Magdalena. Das

Brisanteste an diesem alten Geheimnis bildet jedoch die Aussage, Maria Magdalena (siehe **Abb. 29** unten: Das letzte Abendmahl vor Jesu Kreuzigung) sei nicht alleine nach Südfrankreich gekommen, sondern mit einem Kind oder sogar mit mehreren Kindern, denn sie sei Jesu Gemahlin gewesen.

Bei manchen Lesern werden diese Ansichten vielleicht Entsetzen und Unverständnis auslösen, aber diese sollten sich noch einmal vor Augen führen, wie zweifelhaft die Rolle und besonders die Vorgehensweise ist, welche die katholische Kirche in diesem Szenarium bis heute spielt. Der Kirche war durch ihre politische Macht jedes Mittel Recht, ihre Gegner zu bekämpfen und auszulöschen, um ihre selbstgeschaffenen und nicht belegbaren religiösen Standpunkte, die sie bis heute ihren Gläubigen als historische Wahrheit präsentiert, zu verteidigen und zu stärken. Bis heute hat sich das Konzept der Kirche – Glaube ersetzt Wissen – beispiellos durchgesetzt, weshalb sie nach fast zweitausend Jahren immer noch auf einem selbsterrichteten Thron sitzt, umgeben und ernährt von einer Glaubensschar, die in einer unvorstellbaren und beängstigenden Unkenntnis ihren selbstherrlichen und selbsternannten „Gottesvertretern" folgt und diese verehrt.

Abb. 29: Das letzte Abendmahl vor der Kreuzigung

Besonders in den letzten Jahrzehnten ist durch das öffentliche Erscheinen der Prieuré de Sion viel Bewegung in diese zweitausendjährige Dynamik gekommen. Das hatte natürlich zur Folge, dass intensive Nachforschungen angestellt und dadurch auch einige neue Bücher veröffentlicht wurden. Die weltweit bekanntesten Veröffentlichungen stammen von den

Autoren Michael Baigent, Richard Leigh und Henry Lincoln, die bereits erwähnt wurden. Die drei Engländer haben für die BBC auch einen Dokumentarfilm über die Templer und das Geheimnis von Rennes-le-Château gedreht. Die Grundlagen für ihre jahrelangen und intensiven Nachforschungen bildeten die geheimen Unterlagen der Prieuré de Sion.

Auch die Engländer kamen zu einem unzweifelhaften Ergebnis, das sie zu der Hypothese führte, dass Jesu Frau (Maria Magdalena) und Familie nach ihrer Flucht aus Palästina ein Refugium im Süden Galliens fanden, wo sich das Geschlecht in einer jüdischen Gemeinde fortpflanzte. Im Laufe des fünften Jahrhunderts scheint sich dieses Geschlecht durch Heirat mit der königlichen Familie der Franken verbunden und damit die Dynastie der Merowinger begründet zu haben. Mit dieser Dynastie traf die Kirche im Jahre 496 ein Abkommen, was die Vermutung nahelegt, dass ihr die wahre Abstammung der Merowinger bekannt war.[34]

Die Autoren rekonstruierten nach ihren intensiven Nachforschungen auch den Stammbaum der europäischen Messias-Nachkommen, der durch die Jahrhunderte hindurch über die Merowinger bis zu den Kreuzrittern und weiter in die heutige Zeit reicht. Ein direkter Nachkomme der Merowinger im zehnten Jahrhundert war ein gewisser Eustach, Graf von Boulogne, dessen Enkel Gottfried von Bouillon war, Herzog von Niederlothringen und Eroberer Jerusalems. *„Wenn die Merowinger ihre Herkunft tatsächlich von Jesus ableiten, dann hatte Gottfried von Bouillion mit der Eroberung Jerusalems sein rechtmäßiges Erbe wiedererlangt. Gottfried und das auf ihn folgende Haus Lothringen waren natürlich offiziell katholisch. Wenn sie in einer christlichen Welt bestehen wollten, blieb ihnen wohl nichts anderes übrig. In gewissen Kreisen scheint man jedoch über die wahre Herkunft Bescheid gewusst zu haben.“*[35]

Ewald berichtet über die Merowinger und die Bedeutung des Blutes

Die Herkunft des Blutes spielte nicht nur in der Bibel im Hinblick auf den Gottessohn Jesus und das ***Hause David*** eine große Rolle, sie spielt es bis zum heutigen Tage. Noch heute verbinden sich die wenigen hundert **Elite-Familien seit jeher** mit den ältesten Blutlinien. So spielt das Blut bis heute auch in vielen Logen dieser Welt eine überaus bedeutende Rolle, wie uns auch Ewald zu berichten weiß:

> *„Der letzte Zweig der Merowinger sind die* **Habsburger***. Die Merowinger haben Blut gesammelt von allen Königen. Jesus ist interessanterweise nicht dabei. Die haben das alles in einem Gefäß gesammelt und das immer mit etwas Wein aufgefüllt und das bis zum heutigen Tage. Das geheime, heilige Blut der Templer ist dieses Blut. Das Blut spielte eine sehr große Rolle. Dieses geheime, heilige Gut hat eine Kraft, deshalb hat das Blut schon immer diese große Bedeutung gehabt. Denk an das Blaue Blut der Königshäuser, das geht auf diesen alten, rituellen Brauch zurück. Es hat eine unglaubliche Kraft, das merkt man schon, wenn man dieses Gefäß von der Merowinger-Linie in den Händen hält. Es waren nicht nur die Könige, es war auch jeder Templer-Großmeister dabei. Also, das Blut jedes Templer-Großmeisters ist auch in diesem Gefäß – bis heute. Zuletzt hatte* **König Gustav von Schweden** *das Gefäß in seinem Besitz. Er hat das Blut aus diesem Gefäß dann auf fünf Logen verteilt. Interessanterweise gibt es auch bei den Freimaurern dieses Blutritual. Da werden drei Tropfen Blut aus dem heiligen Gefäß in eine Turmschnecke gegeben. Dann gibt man noch einen Tropfen von jedem Mitglied der Loge hinzu, und es wird mit Rotwein aufgefüllt. Dann benutzt man die Kopfschalen, aber die von echten Totenköpfen, leert das Blut da hinein, und dann trinken die Logenmitglieder daraus. Das ist das Blutritual der Freimaurer. Das führt man auf die Strickte Observanz zurück. Das ist ein freimaurerisches Hochgradsystem ab Mitte des 18. Jahrhunderts, das stark auf ideologischen und rituellen Inhalten des Templerordens basierte. Das zählt auch zur Templergeschichte. Bis heute ist aber ein* **Stewart** *der Großmeister aller Templer. Ich bin der, der nicht freimaurerisch geprägt ist und dieses Heilige Gut übernommen hat. Ein ganz anderer wichtiger Punkt stellt sich ja mit der Frage, wie man heute überhaupt ein Ritter werden kann?“*

Das Haus Stewart (auch Clan Stewart) ist eine schottische Adelsfamilie. Die Hauptlinie der Familie stellte von 1371 bis 1587 die Könige von Schottland. Danach fiel die schottische Krone durch Ehe an eine Nebenlinie desselben Hauses, die Haus Stuart genannt wurde und ab 1603 in Personalunion auch die Könige von England und Irland stellte.[36]

„In einen Templerorden aufgenommen zu werden, ist der eine Punkt, und es gibt heute auf der Welt wahrscheinlich viele Templerorden. Aber es gibt nur wenige Großmeister, die berechtigt sind, einen Ritteranwärter auch zum Ritter zu schlagen. Diese sogenannte Schwertleite kann nur von einer dazu ermächtigten Person verliehen werden. Viele Freimaurer kennen ihre wahren Ursprünge gar nicht, denn die sind im Templerorden verwurzelt, sie sind im Grunde genommen Nachfahren der Templer. Sie glauben, dass im 17ten Jahrhundert eine Großloge entstanden ist. Es hat aber vorher etwas gegeben, aus dem diese Loge entstanden ist. Das ist wie mit der Gotik. Plötzlich war sie vollendet da. Das geht aber nicht ohne eine vorausgehende Entwicklungslinie. So war das auch mit den Freimaurern. Vergiss nicht, dass das Wissen der Gotik aus den Unterlagen der Bundeslade stammt, und dieses Wissen stammt aus Atlantis. Und nun können wir nur weiter spekulieren, woher die Atlanter stammen. Das können nur Außerirdische gewesen sein, die irgendwann in der frühen Menschheitsgeschichte auf die Erde gekommen sind, samt ihrer hohen Kulturstufe. (so wie es der Großteil der alten Naturvölker weltweit überliefert; Anm. StE). *Es müssen aber verschiedene außerirdische Gruppierungen gewesen sein – Anunnaki, Plejaden, Zentauren und andere. Ich denke, dass wir Nachfahren* (ein Teil der Menschheit; Anm. StE) *der Atlanter sind und dass die Atlanter von den Plejaden kamen, weil in den Schriften der Bundeslade von den Anunnaki und Gott Anu nicht die Rede ist.“*

Vermischung alter Blutlinien und die Vernichtung alter europäischer Adelsfamilien

Der Bund zwischen Gott und seinem auserwählten Volk hat seine Kraft im Blut. Nur das Blut kann den Menschen anscheinend in Gemeinschaft mit Gott bringen, so geht es klar aus den Schriften des AT hervor: Ohne Blut keine Gemeinschaft mit Gott! Genau hierauf begründet sich die Blutsbande und letztlich die Ideologie der königlichen Familien.

Außer Acht lassen dürfen wir dabei auch nicht das Neue Testament (NT) und die Rolle Jesu, auch in Hinblick auf eine mögliche ***13. Blutlinie*** und den Antichristen. Alles was das Alte Testament und der blutdürstige, perverse und opfersüchtige Gott des AT offenbaren, soll nun durch die Person Jesu in Erfüllung gehen. Dahinter liegt das große Geheimnis einer möglichen 13. Blutlinie. Nur die höchsten Führer der ***Königsfamilien*** (->

Illuminaten) sollen dieses Wissen behüten. Letztlich spielt es aber keine Rolle, ob es 12 oder mehr Blutlinien gibt. Die Vermutung, dass es 12 Blutlinien sind und tatsächlich eine 13. Blutlinie von den höchsten Eingeweihten der Familien installiert wird, aus welcher der Antichrist hervorgehen wird, begründet sich schon allein aus der Tatsache heraus, dass das Haus Israel aus 12 „Stämmen“ bestanden haben soll.
Der gegenwärtige Plan der Illuminaten – der weltbeherrschenden Elite-Familien – sieht die 13. Blutlinie vor, aus der der kommende Weltherrscher hervorgehen soll, sodass Satan gemäß der biblischen Prophezeiung (gemäß individueller Auslegung der ***Elite-Familien*** und fanatischer Menschen) die Welt regieren wird. Er wird es nicht leibhaftig sein, da ja erklärt wurde, dass wir Satan, Luzifer oder den Teufel als Geistwesen sehen müssen oder noch moderner ausgedrückt als eine destruktive, materielle und teilweise zerstörende Energie. So sollten wir seine Herrschaft als luziferisches oder satanisches Prinzip oder Bewusstsein verstehen, das auf der Erde die Herrschaft innehat und das Leben der Menschen bestimmt. Genauso wie der barmherzige Gott, so muss auch Satan als Herrscher der Welt ein Volk haben, das ihm dient. Das Gottesbewusstsein ist aber stets im Verborgenen, Ungeoffenbarten, wohingegen das satanistische Bewusstsein als ein „Sichtbares“, Materielles zu verstehen ist. Es bedient sich quasi der Materie. Getragen wird dieses luziferische oder satanische Prinzip durch die Macht der Elite-Familien, die mit Hilfe unterwanderter Organisationen, wie beispielsweise der katholischen Kirche, der Freimaurer und ihrer weltweiten Firmen und politischen Netzwerke die Welt in eine Neue Weltordnung geführt haben und nun im letzten Schritt planen, eine zentrale Weltregierung zu installieren. Aus diesen königlichen Blutlinien soll der zukünftige Weltherrscher hervorgehen, der an der Spitze einer zentralen Weltregierung stehen soll.
Dabei benutzen auch die Elite-Familien, die nichts mit dem eigentlichen Judentum zu tun haben, das Alte Testament und Jesus, der bekanntlich auch von der katholischen Kirche von Anbeginn an instrumentalisiert wurde. Wie nützlich Jesus auch hier für die Strategie der Familien und der katholischen Kirche ist wird deutlich, wenn man sich vor Augen führt, dass gerade Jesus die Bedeutung des Blutes hervorhob. Mehrmals sagt Jesus die beiden Worte: *„Mein Blut“. „Werdet ihr mein Blut nicht trinken, so habt ihr auch kein Leben in euch!“ „Wer mein Blut trinkt hat das ewige Leben.“ „Mein*

Blut ist der rechte Trank." „Wer mein Blut trinket, der bleibt in mir und ich in ihm." Durch den Kreuztod Jesu – dass er sich freiwillig opferte und sein Blut vergossen wurde – wurden die verlorenen Menschen gerettet und frei von Schuld. Bedauerlicherweise glauben heute noch über eine Milliarde Christen auf der Welt diesen Unfug, und noch schlimmer ist, dass auch Pastoren, Priester und Bischöfe diesen Unfug glauben und ihren treuen Schafen das Woche für Woche erzählen. Dass die Bedeutung des Blutes seit jeher eine große Rolle spielte, hat sich bis in die Gegenwart nicht geändert, auch wenn man davon im alltäglichen Leben gar nicht so viel mitbekommt. In hohen okkulten, satanistischen Kreisen werden sicherlich auch heute noch Menschen geopfert, so wie es auch bei Naturvölkern vereinzelt noch üblich ist.

Blut ist die lebendige, verbindende Kraft. So ist das Blut auch die verbindende Substanz in der Familie, weshalb man in Familien und Sippen seit jeher von der ***Blutsbande*** spricht, wie mir auch Ben Morgenstern erklärte: *„Lange und mächtige Herrschaftszeiten in allen großen Kulturen waren die Herrschaftszeiten von Königsfamilien, die im Blut verbunden waren, und das bis in die Gegenwart. Man bedenke, welche Rolle diese Blutsbande auch in heutigen Völkern noch spielt. So wissen wir, dass z.B. in südeuropäischen Ländern die Vermischung mit fremden Rassen immer noch eine große Schande darstellt und es nicht selten zu Racheakten (-> Blutrache) kommt. Viele Völker und Kulturen leben noch heute nachhaltig diese alte primitive Tradition. Im Blut eines Menschen befindet sich nach okkulten Maßstäben der Sitz der Seele, hier wird die gesamte okkulte Macht eines Individuums gespeichert. Nur wer das* ***„richtige" Blut*** *besitzt, kann den auserwählten königlichen Familien angehören und ihnen in göttlicher Bestimmung dienen."*

Der wohl bekannteste Autor zu dieser Thematik, Robin de Ruiter, erklärt das ähnlich:

„Das Ziel der ‚Familien' – der Illuminaten – ist es, die okkulte Macht der edelsten Blutlinien dieser Welt zu vereinen. Dazu gehörten zum Beispiel auch die amerikanischen Ureinwohner. Die ‚Familien' wollten so an die okkulte Macht der Heiligen Männer, der Indianer, gelangen. Auch andere Naturvölker, z.B. jene Urvölker aus Mittel- und Südamerika, standen im Fokus der Familien. Eine andere Vereinigung hat auch mit den direkten Nachfahren der Ägypter – den Kopten – stattgefunden, die u. a. mit der Onassis-Familie ver-

bunden wurden. Satan höchstpersönlich ist ihr Gott, und er ist auch der Gott des Alten Testaments, dessen Grundlagen bis heute auch die Grundlage für die Ideologie der satanischen Blutlinien darstellt.“[37]

Der teuflische Plan sieht folgendermaßen aus

Wenn die Zeit gekommen ist, wird man ihn als direkten Nachfahren von Jesus, Maria Magdalena und ihren Abkömmlingen vorstellen. Dann wird man beweisen, dass Jesus nicht am Kreuz gestorben ist und verheiratet war und aus dieser Verbindung ein Kind hervorging und diese Blutlinie heute noch existiert. Dass dieser Glaube an Nachfahren Jesus in der Welt bei vielen Christen und auch Nicht-Christen schon lange existiert, ist bekannt. Man kommt nicht umhin, auch in der Bibel Spuren zu finden, die das unterstreichen könnten. Dazu kommt, dass die katholische Kirche ihren Teil dazu beigetragen hat und die Geschichte Jesu teilweise erfunden und personifiziert hat und seine Lehre aus dem Neuen Testament verfälscht und entweiht hat. Aber auch Rom soll ja seit Anbeginn seiner Macht und Herrschaft in den Händen des Fürsten der Welt sein. Die Familien haben diesen kontroversen Punkt um das Leben und Wirken Jesu geschickt für ihre Ziele benutzt.

Dazu wird weltweit richtig viel „Werbung“ gemacht, indem man versucht, die Menschen in die Irre und somit auf die falsche Fährte des Antichristen zu locken. Dazu nutzt man den Messias Jesus. In Wirklichkeit werden die Blutfamilien den falschen Messias – den Antichristen – als Messias installieren, und da treffen wir dann wieder auf die biblische Prophezeiung über den falschen Messias. Wichtig ist also nicht nur das „richtige Blut“, sondern eben auch die Vermischung mit alten edlen Blutlinien aus Königs- und Adelshäusern.

Die Zarenfamilie

Ein tragisches Beispiel bietet das Drama der Romanows (die russische königliche Familie). Die Zarenfamilie wurde in der Nacht vom 16. auf den 17. Juli 1918 hingerichtet. Die Umstände ihrer Hinrichtung sind teilweise umstritten. Die Romanows entstammten einer sehr alten und mächtigen Blutlinie. Aus diesem Grunde sollen die Kinder nicht gleichzeitig mit ihren Eltern ermordet worden sein, sondern dienten den Familien dazu, sich mit ihren Blutlinien zu vermischen. Durch diesen alten Brauch erhofften sie sich, an die okkulte Macht des Blutes der Romanow-Linie zu gelangen.38

Prinzessin Diana

Ein weiteres interessantes Beispiel bietet der mysteriöse Tod der Prinzessin Diana. Ihr Tod gilt bis heute als sehr mysteriös und rätselhaft. Für viele Menschen war es kein tragischer Unfall, sondern ein Auftragsmord. Fakt ist, dass sie schon durch ihre Scheidung von Prinz Charles ein Tabu gebrochen hat. Wichtig ist zu wissen, dass Prinz Charles aus dem Haus Windsor stammt und Lady Diana aus einer schottischen Blutlinie. Bei nahezu jeder Heirat in diesen Kreisen spielt die Herkunft eine entscheidende Rolle, so wohl auch die von Prinzessin Diana. Welche Bedeutung hatte diese Vermählung mit dem schottischen Zweig wohl? Dann hat sie sich auch noch mit einem Araber eingelassen. Hätte Sie Dodi Al-Fayed geheiratet, wäre er der Stiefvater der Thronfolger geworden...39

Der Fall Kennedy/Onassis

Aristoteles Onassis und seine Familie gehören (1906-1975) dem königlichen Familien-Bund an. Zu Lebzeiten wurde der griechische Ölmagnat zu den mächtigsten und einflussreichsten Männern der Welt gezählt. Er hat mit seinen Finanzmitteln bewirkt, dass J. F. Kennedy Präsident der USA werden konnte. Eine solche Präsidentschaft ist von enormen Geldmitteln abhängig, denn Demokratien werden stets erkauft. Der Kennedy-Clan war zwar sehr reich, aber wohl nicht reich genug, um ohne Zustimmung und die finanzielle Unterstützung der Familien das große Ziel der Präsidentschaft zu realisieren. J. F. Kennedy (1917-1963) hatte sich als Präsident aber nicht an die Vorgaben und Abmachungen gehalten und musste sein Fehlverhalten mit dem Tod büßen. Die spätere Heirat zwischen Jacky und Aristoteles war eine sogenannte „Königliche Vermählung“ und keine Liebesheirat. Sie war Pflicht, auch wenn man heute in den Medien und Biografien bisweilen etwas anderes liest. Die Folge des Verrates, den J. F. Kennedy begannen hatte, war seine Ermordung. So war auch die spätere Heirat Jackys, eine symbolische Handlung, gemäß der alten Tradition der Königsfamilien.40

Ewald berichtet über die weiße Bruderschaft der Templer und die sieben Schriftrollen Jesu

Wir können also festhalten, dass vieles darauf hindeutet, dass Jesus das Kreuz überlebt hat und mit seiner Familie und Freunden nach Frankreich floh und dort weiterlebte. Seine Blutlinie besteht bis zum heutigen Tage fort und wird geheim gehalten. Geheim gehalten wird auch bis zum heutigen Tage, wo sich der Schatz der Templer befindet und mit ihm die Bundeslade samt Inhalt. Kommen wir zu diesen zentralen Punkten der Templergeschichte und sehen wir, was Ewald uns darüber zu berichten weiß.

Wir, Prinz Michael James Alexander Stewart

7. Graf von Albany

Herzog von Aquitanien

Comte de Blois

Ritter und Großkommandeur des Tempels von Jerusalem

bekunden hiermit, dass

Ritter Ewald von Ulrichsberg

Großmeister der Freien Templer von Österreich

Großkommandeur des Traditionellen und Mystischen Ordens der Templer

Großkommandeur des Souveränen Großpriorats von Ostfriesland

berechtigt ist, zu jeder Zeit an jedem Ort unseres Einflussbereiches zum Ritter zu schlagen und die Schwertleite und den Ritterschlag auszuüben an jedem würdigen Mann und Knappen, den er für würdig erachtet, diese Ehre zu erhalten. Auch darf er zu gleichen Bedingungen zu Ordensdamen ernennen.

verkündet, ausgefertigt, unterzeichnet, gesiegelt zu Heredom am 21. Tag des Juni Anno Domini 2007, Anno Ordini 889

Abb. 29a: Urkunde über die Berechtigung, die Schwertleite und den Ritterschlag auszuüben

Die Geschichtsschreibung sagt uns, dass es nach der Zerschlagung des Ordens im 14. Jahrhundert keine Templer mehr gab und Jesus am Kreuz gestorben ist und keine Nachkommen hatte. Ewald hat dazu eine ganz andere Meinung und einen ganz anderen Hintergrund:

„Die Templer haben bis zum heutigen Tage Bestand. Die Templer hat es immer gegeben, und die Templer wird es immer geben. Nachdem Jacques de Molay verbrannt wurde, haben ihn seine Brüder in der Nähe von Paris vergraben und dort Rosen gepflanzt. Nachdem Papst Clemens gestorben war – Jacques de Molay hatte Papst Clemens verflucht und vier Wochen später starb Papst Clemens –, wurde dieser in Notre Dame aufbewahrt. Über seinem Kopf war eine Öllampe, damit immer ein Licht brennen konnte. Die Templer hatten diese Öllampe zerstört, sodass das ganze Öl sich über den Sarg verteilen konnte und durch welche Umstände auch immer Feuer fing und samt Leichnam verbrannte. Jetzt haben wir zwei verkohlte Leichen, Jacques de Molay und den Papst Clemens. Als Jacques de Molay noch lebte, hatte er seinem Neffen, Francois Bouchet, den Auftrag gegeben, den Orden weiterzuführen. Und Francois Bouchet hatte die Leiche von de Molay wieder ausgegraben, und mit ein paar Ordensbrüdern haben sie den Leichnam von de Molay verdeckt auf einer Bahre durch Paris getragen. Sie waren als Maurer verkleidet. Wahrscheinlich haben sie auf Nachfrage geantwortet, der Tote sei vom Gerüst gefallen und müsse nun begraben werden. Jedenfalls haben sie dann in der Nacht die beiden Leichname ausgetauscht. So wurde Jacques de Molay in ***Notre Dame*** *beigesetzt, und den Papst hat man in die Seine geworfen. Somit ist Jacques de Molay mit Pomp und Gloria begraben worden, ein Begräbnis, das er verdient hat. Im Übrigen gab es zu der Zeit zwei Päpste, einen in Rom und einen in Frankreich, in Avignon. Das war Papst Clemens, der große Angst vor König Philipp hatte. Clemens wurde von Philipp aus machtpolitischen Gründen bedroht und zitterte um sein Leben. Aber wie wir wissen, hat Jacques de Molay auch gegen Philipp einen Fluch ausgesprochen, und wie im Falle von Papst Clemens wirkte dieser Fluch offensichtlich auch bei Philipp, der nur wenige Monate später starb. Der Fluch der Templer wirkte also. Nun war Francois Bouchet inoffiziell der Großmeister der Templer und führte den Orden im Untergrund fort. Und er entschied etwas sehr Bedeutendes, denn er ordnete an, dass die Templer von nun an Maurer hießen! Somit ist das* ***Maurertum***

entstanden. Man darf nicht vergessen, dass es im Templerorden zwei Richtungen gibt. Die ***Freimaurer*** *und* ***die Weiße Bruderschaft****. Das muss man unbedingt wissen. Die Freimaurer-Richtung hatte nicht die geringste Ahnung von der Bundeslade. Für die war wer anders zuständig. So gab es auch die sieben Schriftrollen von Jesus, die der Templerorden aufbewahrt hatte. Diese* ***sieben Schriftrollen Jesu*** *sind der heutigen Geschichtsschreibung verständlicherweise völlig unbekannt. Die Templer hatten diese Schriftrollen von den* ***Marcionitern*** *übernommen. Die Marcioniter waren eigentlich ein Orden im Templerorden, wenn man so will, ähnlich wie im Falle der* ***Katharer****. Man kennt ja die Loire-Schlösser, da spricht man heute von etwa 400 Besitzungen."*

Die Marcioniter

Marcion (etwa zwischen 85 und 100 n.Chr.-160 n.Chr.) war der Begründer des Markionismus, einer einflussreichen christlichen Richtung des 2. Jahrhunderts mit gnostischen Anklängen. Marcion behauptete einen grundlegenden Unterschied zwischen dem „guten Gott der Liebe" des Neuen Testaments, wie er vom „guten Gott" durch Christus verkündigt und gelebt sei, und einem „bösen Gott" des Alten Testaments bzw. des Tanach, der für Schöpfung, Gesetz und Gericht verantwortlich sei. Christus galt bei Marcion nicht als der vorausgesagte Messias des Schöpfergottes, sondern als ein göttliches Wesen mit einem Scheinleib, der (unerwartet) vom guten, unbekannten Gott als dessen Sohn herabgesandt worden war. Er opferte in größter Güte sein Leben durch den Kreuzestod, um damit die in der Schöpfung des Schöpfergottes an Gesetz und Sünde gefesselten Menschen durch seine Gnade und Liebe davon zu befreien.[41]

Marcion soll ein Stück des Ur-Johannes-Evangeliums niedergeschrieben haben, wodurch in der Zeit von etwa 90 bis 130 nach Christus eine bedeutende rein-christliche Bewegung entstand, die erst nach seiner Ermordung zusammenbrach. Marcion, der noch mit dem Apostel Johannes zusammengetroffen war, lehrte unter anderem, dass Jesus Christus die Menschwerdung Gottes selbst gewesen sei, dass es keinen „Gottvater-Jahve" gäbe, sondern dass eben jener Hebräergott des AT der Satan sei. Er lehrte außerdem, dass die Verbindung zwischen Menschen und Gott keines Tempels und keiner Kirche bedarf. All das erinnert sehr an die biblischen Worte

Jesus gegen die Tempelpriester von Jerusalem (Mk 12,38-40; Lk 20,45-47; 11,39-52).

„Die waren alle einmal in Templerbesitz. Es war Ende des 13. Jahrhunderts – ich glaube 1280 –, da hat Eric de Loire den Auftrag erhalten, mit 27 Rittern die sieben Schriftrollen von Jesus nach Tibet zu bringen. Dort wurden sie in einem besonderen Tempel abgegeben. Mit nur 27 Rittern! Eric de Loire hat nicht einen einzigen Mann verloren. Das war wie ein Wunder. In ***Tibet*** *angekommen, haben sie die Schriftrollen an die Tempelpriester übergeben. Da gab es die* ***Gelbkappen*** *und die* ***Rotkappen****. Die gibt es heute noch. Die Gelbkappen sind jene, die das höchste Wissen haben. Es hat damals im Templerorden 33 Initiationsgrade gegeben. In Tibet hat man die Grade von 33 auf 95 aufgestockt. So hatten die Templer auch eine bedeutende Verbindung nach Tibet mit nach Europa gebracht, und ab dem 50. Grad geht es wirklich ans Eingemachte. Das war für jeden, der sich einmal für diesen Weg entschieden hatte, ein langer aber im geistigen und spirituellen Sinne ein sehr lohnender Weg. Es ist unglaublich, welche Rituale es da gab, und das ist auch ein Wissensschatz der Templer – ein ritueller Wissensschatz, der Templer wohlgemerkt und nicht der Freimaurer. Das wiederum ist* ***die Weiße Bruderschaft****! Diese Bruderschaft, die zunächst aus den bekannten neun Rittern bestand, hatte sich später auf fünf reduziert, die ihr Wissen über die Jahrhunderte immer weitergegeben haben – bis heute! Wo die Schriften aufbewahrt werden, ist bis heute ein streng gehütetes Geheimnis. Ich kenne einen buddhistischen Lama, der weiß wahrscheinlich ganz genau, wo sich diese Schriftrollen in Tibet befinden.“*

Was Ewald uns bezüglich der übriggebliebenen Wissensträger sagt, bestätigen auch die geheimen Unterlagen der Templer. Hier wird berichtet, dass fünf eingeweihte Templer, die das Massaker überlebten, lebensplanbedingt, diesen Weg beziehungsweise ihre Mission weitergeführt haben. Jeder dieser fünf Wissensträger, von denen einer in der Neuzeit Lothar Göring war, gibt sein Wissen und die damit verbundene Aufgabe rechtzeitig vor seinem Ableben an einen von ihm ausgewählten Nachfolger weiter. So wurde über die Jahrhunderte hinweg das Wissen weitergegeben. In den Unterlagen heißt es hierzu weiter:

„Nach der offiziellen Vernichtung aller anderen Templer gingen die fünf eingeweihten Templer in den Untergrund und führen seit dieser Zeit die Geschicke der Erdenmenschen nach den Gesetzen, die sie durch die Unterlagen aus der ‚Bundeslade' erhalten hatten, ihrem Auftrag gemäß, von da aus weiter. Bis zum Jahre 1717 wirkten sie als geheime Bruderschaft und lenkten mit einem kleinen Kreis von Eingeweihten die Geschicke und den Lauf der Menschheit. 1717 gründeten sie als Hilfsorganisation in England die Großloge der Freimaurer, die sich seit dieser Zeit über den ganzen Erdball ausgebreitet hat. Über diese Loge sowie über andere netzwerkartig angeschlossene Hilfsorganisationen leiten die heute existierenden fünf Eingeweihten, zurückgezogen und unbekannt, die Geschicke der Welt so, dass die Rasse der Erdenmenschen nach den Weisungen unseres Ur-Schöpfers, lebensplanbedingt nach den physikalischen Gesetzen, den Weg geht, den unser Schöpfer uns evolutionsbedingt vorbestimmt hat. Die führende Hilfsorganisation, die indirekt in der Öffentlichkeit wirkt sowie indirekt Befehle der heute existierenden fünf Templer ausführt, ist die sogenannte ‚P2-Loge', deren Großmeister und engere Mitarbeiter zum Teil in Gottes Plan eingeweiht sind. Dies ist, kurz zusammengefasst, die Vorgeschichte, so, wie sie in den mir übermittelten Unterlagen niedergeschrieben steht. Historisch entspricht sie, bis auf einzelne Passagen, der Literatur der Geschichte der Kreuzritter und Templer."[42]

Dieser Lama ist auch ein Ordensmitglied im Freien Templerorden. Natürlich gibt es auch Abschriften von diesen Schriftrollen. Der Inhalt dieser sieben Schriftrollen bezieht sich komplett auf das Leben Jesu. Es ist auch eine Lüge, wenn behauptet wird, dass Jesus nicht schreiben konnte oder nichts selbst über sich niedergeschrieben hat. Sobald Jesus des Schreibens mächtig war, hat er diese Schriftrollen über sein Leben selbst verfasst. Die letzten Zeilen hat sein ältester Sohn niedergeschrieben. Jesus ist mit 85 Jahren in Frankreich eines natürlichen Todes gestorben, auf der ***Felsenfestung von Masada****. Jesus war der Sohn eines Hohepriesters aus Jerusalem und einer Tempelhelferin. Dieser Tempelpriester war auch der legitime Thronfolger von Jerusalem. Diese Tempelhelferin hieß* ***Maria****, wie ja viele Frauen in dieser Zeit. Jesus wurde von seinem Vater zu den* ***Essenern*** *gegeben, um dort erzogen zu werden. Bei ihnen ist Jesus aufgewachsen. Die Essener waren im Grunde genommen Buddhisten. Der Buddhismus ist ja mindestens 500 Jahre früher entstanden als das Christentum. So ist Jesus* *also buddhistisch erzogen worden und so hatte er auch eine Schulbildung, konnte lesen und schreiben. Der Buddhismus war ja sicherlich auch damals eine weitaus friedvollere Religion als andere derzeitige Religionen, die bis heute sehr kriegerisch und dogmenbehaftet sind. Vornehmlich betrifft das nachweislich die katholische Kirche, trifft aber auch auf die anderen mosaischen Religionen und andere religiöse Sektierungen zu. Es ist auch bekannt, dass er in späteren Jahren als* ***Rabbi*** *angesprochen wurde, und ein Rabbi musste schreiben können und musste auch verheiratet sein. Jesus hatte einen guten Freund und der hieß* ***Josef von Arimathäa****, ein sehr reicher Kaufmann aus Jerusalem. Dieser Josef von Arimathäa durfte, wie auch Jesus, die Bundeslade studieren. Die Bundeslade befand sich zu dieser Zeit noch in Jerusalem. Die Schriften der Bundeslade sind alle niedergeschrieben in einer* ***geometrischen Pyramiden-Schrift****, die für die gebildeten Menschen seinerzeit zu entziffern war. Dadurch erlangten sie einen ungeheuren Wissensschatz – Josef von Arimathäa sowie auch Jesus. Die politische Situation rund um Jerusalem war zu der Zeit nicht einfach.*

Essener

Der Name der jüdischen Glaubensrichtung der „Essener" bedeutet, dass sie diejenigen sind, die Jesus folgen. Damals lebte Philo Judaeus, der um das Jahr 30 herum die ersten Aufzeichnungen über diese Sekte niederschrieb. Das Wort „Essener" wurde von dem griechischen Wort „Essaios" abgeleitet, obwohl Judaeus behauptete, dass es nicht griechischen Ursprungs war. Zur Zeit von Judaeus gehörten die Essener zu den jüdischen Glaubensrichtungen. Dennoch nannte er sie bei dem Namen, der auch heute noch geläufig ist.

Es muss damals bereits bekannt gewesen sein, dass das Wort „Essene" semitischen Ursprungs war und von „Essa" abgeleitet wurde. „Essaioi" bedeutet nämlich dort in der direkten Übersetzung *„derjenige, der Essa folgt"*.

Die Essener wurden von den Historikern der damaligen Zeit – neben den Pharisäern und den Sadduzäern – zu den Gemeinschaften eingestuft, die einige tausend Mitglieder zählten. Sie werden heute auch vielfach mit der Gemeinschaft von Qumran in Verbindung gebracht. Die Essener, also diejenigen, die Essa (Jesus) folgen, gab es schon vor der römischen Epoche, in die Jesus eingeordnet wird.43

Jesus lehnte beispielsweise das Sklaventum ab, das wollte er nicht. Als er dann auch anfing, in den Tempeln zu predigen, brachte er das auch ohne Wenn und Aber zum Ausdruck. So hat er bekanntlich auch das Priestertum selbst angegriffen und ihnen vorgeworfen, den Tempel entweiht zu haben, weil sie dem Mammon dienen, weil sie in den Tempeln Geschäfte machten. Er ging in einer Predigt vor den Hohepriestern aber noch einen Schritt weiter, als er ihnen vorwarf, nicht Gott, sondern den Teufel anzubeten – den **Jahwe el Shaddai***. Er soll ihnen auch abgesprochen haben, das auserwählte Volk zu sein, das sei jenes hinter dem Mitternachtsberg… Man kann sich vorstellen, dass Jesus mit solchen Aussagen den Hohepriestern von Jerusalem ein Dorn im Auge war, was schließlich zu seiner Anklage durch* **Pontius Pilatus** *und zu seiner Verurteilung und Kreuzigung führte. Jesus wurde verhaftet und zum Tode verurteilt – durch Kreuzigung. In diesem Punkt hat die Bibel recht. Damals war die Situation so, dass wenn jemand gekreuzigt wurde, dann ist er nie wieder freigekommen und konnte niemals überleben, weil schon die Krähen und Geier einen Gekreuzigten aufgefressen hätten. Aber Jesus hatte ja neben seinen vielen Anhängern auch seinen guten Freund Josef von Arimathäa. Der ist zu Pontius Pilatus gegangen, hat ihm viel Geld für Jesus geboten und hat ihn tatsächlich freibekommen. Man hat ihn vom Kreuz heruntergenommen und hat ihn in eine Höhle gelegt. Er war natürlich geschunden und hatte einige Verletzungen. Zum Beispiel einen Lanzenstich auf der rechten Seite, der aber nicht seine Lunge durchbohrt hatte, sonst hätte er das nicht überlebt. Sie haben ihm auch nicht seine Knie zertrümmert, sodass er sich am Kreuz noch halten konnte. In den Abendstunden haben sie ihn dann vom Kreuz genommen und ihm ein schmerzlinderndes Mittel gegeben. In der Nacht haben sie ihn dann ‚auferstehen' lassen – sie haben ihn aufgeweckt und gesundgepflegt mit* **Aloe** *und auch mit einem weißen Tuch bedeckt. So soll auch die Fotografie von Jesus entstanden sein. Wie das gegangen ist, ist mir unklar, ich bin ja kein Wissenschaftler. Tatsächlich ist diese* **Leichentuch Jesu** (Turiner Grabtuch; Anm. StE) *echt, obwohl man in Turin behauptet, dass es nicht echt ist, was ja auch aus Sicht der Kirche nur verständlich ist. Würde die Kirche zugeben, dass das Leichentuch echt ist, würden sie ja zugeben, dass Jesus die Kreuzigung überlebt hat, und dann bricht ihre ganze Lügengeschichte über Jesus zusammen wie ein Kartenhaus. Jesus hat weitergelebt. Dieses Leichentuch beweist, dass der*

Leichnam, der mit diesem Tuch eingewickelt war, geblutet hat, und ein toter Körper blutet in der Regel nicht mehr. Jesus wurde also gesund gepflegt und hat weitergelebt. Was noch zu erwähnen wäre, ist, dass Jesus mit 30 Jahren geheiratet hat. Die ***Hochzeit zu Kana****, wie in der Bibel beschrieben, war seine eigene Hochzeit. Er hat die Fürstin Maria von Magdala geheiratet, die sagenumwobene* ***Maria Magdalena****. Wie Jesus hatte auch sie königliches Blut. Jesus war Merowinger. Mit Maria Magdalena hatte Jesus schon zwei Kinder. Dann sind sie geflüchtet – Jesus, sein Freund Josef von Arimathäa, Maria von Magdala und die Kinder. Maria war mit dem dritten Kind schwanger. Sie habe das königliche Blut –* ***den Heiligen Gral*** *– somit nach Europa gebracht. Sie sind erst auf dem Landweg geflüchtet, dann auf dem Schiff nach Marseille und dann weiter in die Nähe vom heutigen Rennes-le-Château, wo Jesus mit seiner Familie fortan lebte. Josef von Arimathäa hat die Gruppe dann verlassen und ist weiter nach Schottland gereist. Jesus und Josef von Arimathäa wussten, wo die Bundeslade versteckt wurde. Jesus und Maria von Magdala haben ihren jüngsten Sohn großgezogen. Die beiden anderen Söhne waren ja schon älter. Als der letzte Sohn 16 Jahre alt war, ist Maria Magdalena gestorben. Jesus ist dann nach* ***Indien*** *gereist. Dort hatte er noch einmal geheiratet. Jesus soll fast 10 Jahre in Indien verbracht haben. Danach ist Jesus wieder zurück nach Frankreich gekommen, wo er dann im Alter von 85 Jahren auf der Felsenfestung Masada gestorben ist. Nun komme ich noch einmal zurück zu Josef von Arimathäa. Der ist also nach* ***Schottland*** *gegangen, mit dem ganzen Wissen der Bundeslade. Josef hatte in Schottland geheiratet – sein Sohn hieß* ***Merlin****. Seine Frau war eine* ***Piktin****.* (Die Pikten waren ein antikes Volk in Schottland; Anm. StE). *So war Merlin ein halber Pikte. Josef lehrte Merlin sein ganzes Wissen aus der Bundeslade und vertraute ihm auch das Geheimnis um das Versteck der Bundeslade an. Auch Merlin hat dann einmal geheiratet. Und sein Sohn war* ***Parzival****. Auch Parzival hatte einen Sohn, und das war der Gralsritter* ***Lohengrin****. Diese Linie ging dann weiter bis ins 11. und 12. Jahrhundert zu Etienne Harding* (Abt des Zisterzienserordens und Schriftexperte; Anm. StE). *Er war der große Eingeweihte des Zisterzienserordens und auch ein* ***Druidenmeister****, der sein Wissen dann Bernhard von Clairvaux weitergegeben hat. Sie alle wussten von der Bundeslade und auch, wo sie versteckt und geschützt wurde. Daraus ergab sich dann alles weitere,* *sprich die Gründung des Templerordens, die Bergung der Lade in Jerusalem, Überführung nach Frankreich und Entschlüsselung durch die Zisterzienser.“*

All das, was Ewald uns über den *Familienvater Jesus* berichtet, wird übrigens auch in dem umstrittenen ***Thomas-Evangelium*** berichtet. Umstritten, weil es natürlich die bewusst falsche Lehre der Kirche komplett auf den Kopf stellt, aber wen wundert das heute noch. In diesem *Thomas-Evangelium*, dem „Verlorenen Evangelium“, wird enthüllt, dass Jesus Maria Magdalena geheiratet und dass die beiden sogar Kinder hatten, die Zwillingssöhne ***Manasseh*** und ***Ephraim***. Viele Jahre lang befand sich dieses sehr wertvolle Manuskript im Britischen Museum. Die British Library hat es dem Museum schon vor über 20 Jahren abgekauft und verwahrt dieses 1500 Jahre alte Dokument bis heute auf.

Untersuchungen durch Professor Barrie Wilson von der kanadischen York Universität, sowie des israelisch-kanadischen Filmemachers Simcha Jacobovici kommen zu dem eindeutigen Ergebnis, dass es sich bei diesem Evangelium um ein Original handeln muss. Weitere überaus interessante Details dazu fasste der Autor Jonathan Dilas auf *huffingtonpost.de* zusammen:

> *„(…) Mehr noch wird behauptet und dies hat zusätzlich die Kirche auf die Barrikaden getrieben: Mit Jungfrau Maria war nicht die Mutter Jesu gemeint, sondern Maria Magdalena! (…) Laut Professor Wilson und Jacobovici zeigt es Hinweise, dass die Charaktere Josef und Aseneth aus dem Alten Testament höchstwahrscheinlich eine Cover-Story für Jesus und Maria Magdalena waren. (…) Es wird vermutet, dass im Jahre 325 n.Chr. eine Gruppe von Christen Jesu Hochzeit mit Maria verschleiern wollten und kodierten diese mit den Namen Josef und Aseneth. Zu jener Zeit war der römische Herrscher Konstantin an der Macht und verlangte, dass sämtliche Evangelien verbrannt werden sollten, ausgenommen jene von Matthäus, Markus, Lukas und Johannes, damit diese Kollektion wieder in die christliche Sichtweise Konstantins passte. Seit dieser Zeit galten die anderen Evangelien als vernichtet, aber dennoch tauchten immer irgendwo Kopien oder Überbleibsel auf, die in akribischer Handarbeit wiederaufbereitet und weitergegeben wurden. Man wollte das damalige Wissen nicht völlig untergehen lassen, auch wenn dies Konstantin untersagt*

hatte. Wilson und Jacobovici sind sich sicher, dass sie damit ein fehlendes Puzzlestück in der christlichen Geschichte entdeckt haben. Josef wurde oftmals als ‚Sohn Gottes' bezeichnet und in der frühen syrischen Geschichte tauchte er auf denselben Symbolen wie Jesus auf. Im Weiteren, so haben die beiden Forscher herausgefunden, habe Leonardo da Vinci frechweg Jesus und Marias Kinder in sein großes Werk ‚Das letzte Abendmahl' eingefügt."

In einem weiteren Hinweis führt Prof. Wilson an, dass es Maria war, die den Körper von Jesus nach der Kreuzigung gewaschen hat. Zur damaligen Zeit war es aber Brauch, dass die Leichname nur von Männern gewaschen werden durften und nicht von Frauen, außer es war die Ehefrau des Verstorbenen. Im Thomas-Evangelium selbst findet sich ebenfalls ein Hinweis darauf, dass Jesus verheiratet war. So heißt es laut Wilson und Jacobovici im Vers 104:

„Sie sagten zu ihm: ‚Komm, lass uns heute beten und fasten.' Jesus sagte: ‚Welche Sünde habe ich denn begangen oder habe ich etwas noch nicht vollendet? Doch wenn der Bräutigam die Brautkammer verlassen haben wird, dann lasst sie fasten und beten.'"

Weiter wird in dem Artikel berichtet:

„Dieses Verlorene Evangelium ist genau genommen eine Geschichte über Jesus, die ihn als Familienvater darstellt und entführt den Leser auf eine abenteuerliche Reise. Es wird von einem Attentat auf Maria und ihre Kinder berichtet und von Jesus politischen und diplomatischen Verhandlungen mit den höchsten Führern des Römischen Reiches sowie weiteren Geheimnissen, die man nicht für möglich gehalten hätte, wenn man sich an die schüchterne Version der Bibel erinnert. Die Namen der Kinder stellen jedoch auch eine Kodierung dar und hinter ihnen verbergen sich ganz andere Namen."[43a]

Verständlich, dass die Kirche hier alle Register zieht und das *Thomas-Evangelium* nicht anerkennt, so wie sie es im Laufe der Jahrhunderte mit ähnlichen Dokumenten getan hat, um ihre bewusst falsche Jesus-Lehre zu schützen. Wohingegen für die Kirche kein Zweifel an Matthäus, Markus,

Lukas und Johannes besteht, welche die ihnen zugeordneten Evangelien persönlich verfasst zu haben. Die gutgläubigen Anhänger der Kirche glauben das irrigerweise schon seit Jahrhunderten. „... *Tatsache ist, dass alle Evangelien ursprünglich anonym überliefert wurden und erst später Verfassernamen von der Kirche erhielten. So erhielten diese Werke die Namen von Uraposteln und Apostelschüler. In Wahrheit aber stammen sie sicherlich alle nicht von einem der benannten Apostel ab...*", wie Karlheinz Deschner in seinem überaus spannenden Werk (Der gefälschte Glaube, München 1988) berichtet.

Damit war die spannende Geschichte rund um das Thomas-Evangelium aber noch nicht zu Ende gelesen. Zwei Jahre nach Wilsons und Jacobovicis Veröffentlichungen präsentierte Karen Leigh King, Professorin und Inhaberin des renommierten Hollis-Lehrstuhls an der Universität Harvard, ein viermal 7,5 Zentimeter große Bruchstück eines Papyrusfragments, das in koptischer Sprache verfasst wurde und laut Radiokarbon-Untersuchungen zwischen 659 und 859 n.Chr. zu datieren sei.

Der koptische Dialekt auf dem Papyrus soll laut eines anderen Professors um das sechste Jahrhundert ausgestorben sein. Weiter wird berichtet, dass eine Papyrologin die Echtheit des Fragments bestätigt habe, genauso wie Experten der Universitäten von Harvard und Columbia.

Es soll sich bei diesem besonders wertvollen Papyrusfund um eine Kopie eines Evangeliums handeln, das vermutlich im zweiten Jahrhundert in alt-griechisch verfasst wurde. Auch wenn nur wenige Worte und Satzfragmente noch erkannt und übersetzt werden konnten, sind diese von außerordentlicher Bedeutung. Die brisanteste Aussage auf diesem Stückchen Papyrus lautet: *„Jesus sagte zu ihnen: ‚Meine Ehefrau... sie ist fähig, meine Jüngerin zu sein. ... Lasst die Leute anschwellen [vor Wut] ... Was mich betrifft, ich bin auf ihrer Seite, um ... (...).'"*[43b]

Für den Vatikan und selbstverständlich auch für die Protestanten sind diese Auszüge um Jesus Frau selbstverständlich eine Fälschung. Nicht aber für die Forscher Wilson und Jacobovici. Sie gaben bekannt, dass laut des *Thomas-Evangeliums* die Kinder von Jesus und Maria ebenfalls Kinder hatten.

Vergessen sollte man dabei auch nicht das **Philippus-Evangelium**. Dabei handelt es sich um eine im 2. Codex der **Nag-Hammadi-Schriften** erhaltene Sprüchesammlung. (Die Nag-Hammadi-Schriften sind eine

Sammlung frühchristlicher Texte. Entdeckt wurden sie 1945 in der Nähe des kleinen ägyptischen Ortes Nag Hammadi von ansässigen Bauern. Experten ordnen diese Schriften in einem Zeitrau zwischen dem 1. und 4. Jahrhundert ein. Auch das Thomas-Evangelium ist Teil der Nag-Hammadi-Schriften.) Das Philippus-Evangelium ist kein Evangelium im klassischen Sinne, sondern *„eine ungebundene Reihung von Stücken der Jesus-Überlieferung."* Es besteht aus 127 Versen, behandelt verschiedene Themen und hat auch mit dem *Thomas-Evangelium* viele Gemeinsamkeiten. Auffallend ist im Philippus-Evangelium, dass Maria Magdalena offensichtlich eine sehr große Bedeutung für Jesus gehabt haben muss, da auf sie 127 Verse hindeuten, die sie als *„seine Gefährtin"* nennen und die offensichtlich von Jesus gegenüber den Jüngern bevorzugt wurde.

Gemäß den verschiedenen Überlieferungen ist es wohl unzweifelhaft, dass Maria Magdalena im Leben Jesu immer eine zentrale Rolle spielte. Dass man später versuchte, aus ihr eine Hure zu machen, ist das Werk der Kirche, wie sollte es auch anders sein. Es war Papst Gregor I., der im Jahr 591 erklärte, dass man Maria Magdalena als Prostituierte betrachten müsse.

Wenn diese bedeutenden Erkenntnisse hinsichtlich Jesus und Maria Magdalena der Wahrheit entsprechen, würde das bedeuten, dass die Blutlinie von Jesus auch heute noch existiert und über die Jahrhunderte hinweg gehütet wird, wie weiter oben in diesem Kapitel bereits erörtert wurde. Bei genauerer Betrachtung ist genau dieser Punkt wohl mit der spannendste – die Blutlinie Jesu existiert bis heute fort, was gleichzeitig bedeuten würde, dass Hunderte oder vielleicht sogar Tausende von Menschen diese Linie bis heute weiterführen!

Ewald berichtet über Jesus, die Mutter Maria, Maria Magdalena, die heilige Lanze und das Kreuzsymbol

Eigentlich weiß man bis heute gar nicht, wie Jesus einmal ausgesehen hat. Das Jesusbild, das wir heute kennen und verehren, entstand erst viel später, zirka einhundert Jahre später). Es gibt viele Dinge im Zusammenhang mit dem Leben und Wirken Jesu sowie seiner Kreuzigung und seinem Weiterleben in Frankreich, bei denen wir nicht wissen, wie es wirklich war. Auch darüber hat Ewald sehr interessante und bisher nicht bekannte Informationen, wie wir weiter oben schon erfahren konnten:

„Das Bildnis von Jesus entstand lange Zeit nach der offiziellen Kreuzigung. Wie Jesus wirklich aussah, wusste man nicht, bis das Turiner Grabtuch (die dokumentierte Ersterwähnung des Tuches fand im 14. Jahrhundert statt; Anm. StE) *auftauchte, das sich lange Zeit im Besitz der Templer befand. Man wollte Jesus vermutlich als schönen Menschen darstellen.* ***Die Heilige Lanze*** (Longinus-Lanze oder Speer des Schicksals; Anm. StE), *von der behauptet wird, dass sie sich noch im 20sten Jahrhundert in Deutschland befunden haben soll, hat nicht die große Bedeutung, die man ihr bis heute teilweise beimisst. Es ist sicherlich auch nicht so, dass diejenigen, die im Besitz der Lanze sind, sehr mächtig sind. Es stimmt, dass die Lanze vor sehr langer Zeit in Deutschland war, aber es sind ja nur noch wenige Fragmente von der Original-Lanze vorhanden. Wenn überhaupt, dann müsste der Gral eine noch größere Macht haben. Bei dem Gral spricht man ja bekanntlich von dem Becher, den Jesus bei seinem letzten Abendmahl verwendet hat, womit die Fürstin Maria von Magdala sein Blut am Kreuz aufgefangen haben soll, so die Geschichte. Es soll aber tatsächlich Blut von Jesus aufgefangen worden sein. Das war aber ein anderer Becher, den man dann ausgeschmückt hat zu einem wunderschönen Kelch – dem Heiligen Gral. So hat man später Jesus als Gott bezeichnet, was er aber keineswegs war. Er war ein Gotteskind, so wie auch wir alle Gotteskinder sind. Auch wenn Jesus auf einer sehr hohen Entwicklungsstufe gestanden haben mag. Der Marienkult, die Verehrung der Mutter Jesu, hat ursprünglich einen anderen Hintergrund, denn man verehrte in Wirklichkeit nicht die Mutter Jesu – Maria –, sondern Maria Magdalena. So habe ich das aus dem Wissensgut als Templer gelernt. So sind auch die* ***Marien-Kirchen*** *in Wirklichkeit der Maria Magdalena*

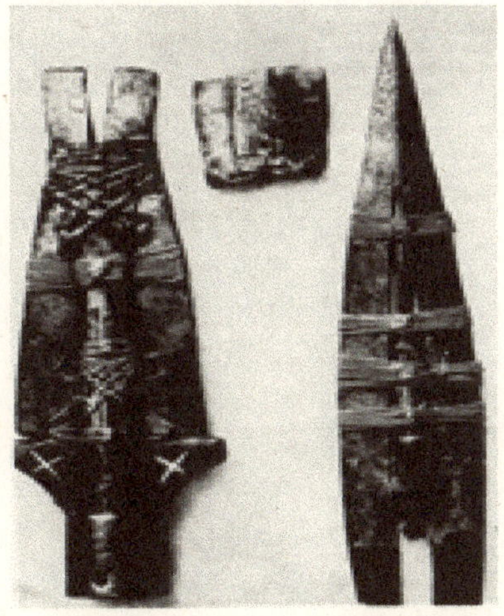

Abb. 30: Die Heilige Lanze, auch „Speer des Schicksals“ genannt. Er besteht aus zwei Teilen, die von einer Silberplatte zusammengehalten werden. Ein Nagel vom Kreuze Christi ist in der Mitte der Speerspitze eingefügt und mit Gold-, Silber- und Kupferdrähten daran befestigt.

geweiht und nicht der Mutter von Jesus. Das widerspricht schon der jungfräulichen Geburt. Demnach kann Maria nicht Jesus Mutter gewesen sein. Das ist eine Erfindung der Kirche. Das geht natürlich auch auf die sogenannten Gottes-Söhne zurück bis hin zu der Gottes-Mutter Isis aus dem Alten Ägypten. Die Templer haben immer die Frau Jesu verehrt – Maria Magdalena. Schau nach ***Rennes-le-Château.*** *Wenn man dort in das Grab von Jesus und Maria Magdalena einen Blick werfen könnte, dann würde man sehen, dass beide Körper mit Templer-Mänteln bedeckt sind. Beide sind dort beigesetzt. Wo die Kinder beigesetzt wurden, weiß ich nicht. In Spanien (Katalonien) und Montserrat wird die Schwarze Madonna – La Moraneta – als Schutzheilige verehrt und nicht Maria. Auch das widerspricht der gefälschten Kirchenlegende um die Gottesmutter von Jesus sicherlich. Letztlich wurde auch die Geschichte um Jesus und die Jungfrau durch Konstantin gefälscht und hat bis heute unfassbarerweise Bestand in den Gotteshäusern. Aber auch hier führen uns die Spuren nach Frankreich und letztlich in das einstmals Heilige Land Ägypten, wie man verstehen muss. Jesus Symbol war auch nicht das Kreuz, wie die ganze Christenheit glaubt. Sein Zeichen war eigentlich das Pentagramm* (fünfzackiger Stern, auch Fünfstern genannt; Anm. StE). *Dazu muss man bedenken, dass das Pentagramm noch im Mittelalter und auch in der Zeit danach als Bannzeichen gegen das Böse sowie als Zauber- und Abwehrzeichen gegen Dämonen galt. Da kann man natürlich verstehen, dass gerade die Kirche dieses Zeichen von Jesus nicht mit ihm gleichsetzen wollte, denn gerade bei der katholischen Kirche handelt es sich ja sicherlich um die biblische Hure Babylon. Denk an die biblische Geschichte, wo Jesus zu den Hohepriestern spricht und ihnen sagt, dass sie den Teufel anbeten. In diesem Missverständnis, oder nennen wir es Unkenntnis, zwischen Gott und Teufel, von dem Jesus zu den Jerusalemer Priestern sprach, leben auch die meisten Freimaurer heute, wie du weißt. Und dann darf man ja auch nicht vergessen, wie viele Millionen von Menschen im Laufe der Jahrhunderte umgebracht wurden, im Namen Gottes und unter dem Kreuzsymbol.“*

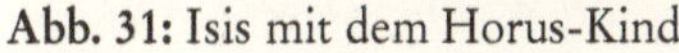

Abb. 31: Isis mit dem Horus-Kind

Abb. 32: Maria mit dem Jesus-Kind

Schwarze Madonna

„Im 20. Jahrhundert wurde versucht, die schwarze Farbe auf den antiken schwarzen Göttinnen als mögliche Vorläuferinnen der Schwarzen Madonna zurückzuführen. Erwiesen ist, dass der Typus der Schwarzen Göttin vielen antiken Kulten zugrunde lag. Seit Jahrtausenden wurden Fruchtbarkeits-, Mutter- und Erdgöttinnen verehrt, die in manchen Fällen schwarz waren (siehe Alma mater, Große Mutter). Im Dreieck Anatolien – Ägypten – Mesopotamien war der Kult der Göttinnen Kybele, Astarte, Isis und Ischtar verbreitet. Von da aus setzte sich die Tradition einerseits in westlicher Richtung fort mit Artemis, Demeter und Ceres, andererseits in östlicher Richtung mit der schwarzen Göttin Kali. Möglicherweise waren auch die in der germanischen und keltischen Welt verehrten Göttinnen Freya und Ana – letztere wird besonders in der Bretagne mit der heiligen Anna in Verbindung gebracht – Vorbilder der Schwarzen Madonnen. Die Forschung betrachtet die christlichen Schwarzen Madonnen wie den Marienkult überhaupt somit letztlich

nicht als eigenständige, unabhängige Erscheinung, sondern als in dieser allgemeinen, jahrtausendealten Tradition stehend. Romanik: Die gesichert ältesten Darstellungen von Schwarzen Madonnen sind Skulpturen vor allem aus Holz, selten aus Stein, und stammen aus der romanischen Kunstepoche. Sie traten fast schlagartig in großer Zahl an vielen Orten auf. Als Gründe für dieses Phänomen gibt es noch keine eindeutigen Forschungsergebnisse. Eine weit verbreitete Hypothese lautet, dass die ersten Schwarzen Madonnen in größerer Zahl möglicherweise im Rahmen der Kreuzzüge aus dem Nahen Osten nach Europa, genauer nach Frankreich, gebracht worden waren. Eine wichtige Rolle soll dabei **der Templerorden** *gespielt haben. Alle diese Schwarzen Madonnen sind vor dem 13. Jahrhundert entstanden. Sämtliche Schwarzen Madonnen der Romanik besitzen ähnliche Merkmale. Sie sind ca. 70 cm hoch, werden aufrecht sitzend, mit einem aus großen Augen starr in die Ferne gerichteten Blick dargestellt. Ihre Hände bzw. Finger sind oft übermäßig lang. Sie halten ein nach vorne blickendes Kind auf dem Knie. Das Kind vollzieht die Geste des Segnens, oder es hält in einer Hand eine Kugel, bei der es sich um die Weltkugel oder einen Apfel handeln kann. Das Gesicht ist nicht das eines kleinen Kindes, sondern eines erwachsenen Mannes. Die Statuen muten fremdartig an und üben auf viele Betrachter eine große Faszination aus. Gegenwart: Die Schwarzen Madonnen sind gehäuft in Frankreich zu finden, mit Schwerpunkten in Zentralfrankreich (v. a. Auvergne) und in der Provence, mit Ausstrahlungen bis zu den Pyrenäen. Die Schwarzen Madonnen Frankreichs sind die bisher am besten erforschten, sodass die wesentliche Grundlagenliteratur in Frankreich auf Französisch publiziert worden ist (siehe Literatur). Bisher noch kaum erforscht sind die Schwarzen Madonnen Italiens. Das Phänomen der Schwarzen Madonnen ist nach wie vor nicht vollständig erforscht. Dies und die Faszination, die sie auf viele heutige Betrachter ausstrahlen, macht die Schwarzen Madonnen auch zu einem attraktiven Thema für Grenzwissenschaften und Esoterik. Eine der am weitesten verbreiteten Darstellungen einer Schwarzen Madonna ist die von Loreto. Sie wurde in zahlreichen sogenannten Loretokapellen nachgeahmt.*“[44]

Templerkreuz – Symbol und Bedeutung

„Im Jahr 1114 gab ihnen der Papst das rote Kreuz, das auf der linken Schulter getragen wurde, worauf das Geschichtswerk ‚Die französische Monarchie' hinweist und wie man es auch bei dem ‚Templer im Gebet' in einem Kirchenfenster von Saint-Denis sehen kann. Was war dieses ‚Templer-Kreuz'? Auf alle Fälle war es über lange Zeit Anlass für Kontroversen. Es wurde auf verschiedenste Art gedeutet (die Tatsache, dass man sich nicht einigen konnte, lässt vermuten, dass es nicht nur eines, sondern mehrere Kreuze gab). Einige haben die Form des Kreuzes als unwichtig abgetan, doch wer dies tut, verkennt den Wert eines Emblems, und zwar sowohl den heraldischen als auch den informativen Wert. So ist das lateinische Kreuz, das am ‚Fuß' länger ist, das Kreuzigungssymbol; es ist die direkte Darstellung eines Hinrichtungsinstruments, es ist aber auch das Symbol des Gottes, der auf die Materie genagelt ist. Und es ist der Kreuz-Grundriss der gotischen Kirchen! Das Malteserkreuz, dessen acht Zacken den acht Seligpreisungen entsprechen, ist ein ‚Meditations'-Kreuz, in geometrische Formen aufgelöst. Das Templerkreuz, das man – wenn auch ungenau – in den Wappen der Großmeister auf den Siegeln findet, entsprach wahrscheinlich dem ‚Schulterkreuz'. Dieses Kreuz geht auf das keltische Kreuz zurück. Es hat gebogene Linien, mitunter mit spitzen Winkeln, wie die Tatzenkreuze der portugiesischen Weltumsegler. Möglicherweise ist dies das ‚hinweisende' Zeichen für die Verbindung dieser ‚neuen Ritterschaft' mit den keltischen Ritterbünden."[45]

Erinnern wir uns, dass schon die alten mittel- und südamerikanischen Völker – Mexikaner und Peruaner beispielsweise – im Besitz der christlichen Lehre waren. Sie hatten das Kreuzsymbol, das Abendmahl und christliche Riten bereits 500 v.Chr. Der Kulturbringer der Mayas, ***Quetzalcoatl***, der göttliche Kulturbringer trägt Züge von Christus an sich, und er wird sogar als göttlicher Sohn einer jungfräulichen Mutter geschildert. Schon Cortez wunderte sich über ein Zölibat der Priester, religiöse Sitten und Gebräuche, die unserer Taufe und unserem Abendmahl sehr ähneln. Das bestätigt die großen christlichen Einflüsse Jahrhunderte vor Columbus. In Yucatan (Mexiko), in der Ruinenstadt Palenque, hat man sogar einen besonderen „Tempel des Kreuzes" der Mayas entdeckt, in dem die Verehrung des Kreuzes sogar bildlich dargestellt ist. Das wohl bekannteste und älteste Kreuzsymbol ist das ***ägyptische Anch***. Es wird auch als Lebensschlüssel bezeichnet und steht für das Weiterleben im Jenseits.

Abb. 33: Das Templerkreuz

Abb. 34: Jesus am „Christuskreuz“

Zusammenfassung

Wie auch Ewald uns bestätigt hat, ist die Lehre der katholischen Kirche auf einer Lüge aufgebaut – wir könnten auch sagen: auf einer Jesus-Lüge.

1. Die Mission der Templer war es von Beginn an, die Bundeslade zu bergen und nach Frankreich zu bringen und nicht die Pilgerwege nach Jerusalem zu schützen. Die Templer fanden die Bundeslade und brachten sie nach Frankreich, wo sie begannen, die Inhalte der Lade (Schriften und Gerätschaften) zu entschlüsseln. Die Lade samt Inhalt wird bis heute von den Nachfahren der Templer an einem sicheren Ort aufbewahrt.

2. Der Schlüssel zur Bundeslade ist gleichzeitig auch der Schlüssel zu Atlantis, unserer Ur-Kultur. Auch dieses Wissen erfuhren die Templer aus den Unterlagen der Bundeslade.

3. Das wiederum war auch der Schlüssel für das plötzliche Erblühen der Gotik, in der wir auch die Geheimnisse des Pyramidenbaus wiederfinden. Noch heute suchen die Experten eine klare Übergangsphase oder Zwischenstufe von der Romanik zur Gotik. In der Zeit zwischen 1130 und 1260 entstanden gleichzeitig rund

achtzig Kirchen und Kathedralen von faszinierender und zugleich geheimnisvoller, mystischer Schönheit, zum Beispiel Notre Dame in Paris, Strasbourg, Amiens, Rouen, Reims und Chartres. Als die drei berühmtesten „Templerbauwerke" werden die Westminster Abbey in London (1245), der Kölner Dom (1248) und der Mailänder Dom (1387) gesehen. Diese Kathedralen sind einzigartige Meisterleistungen der Architektur, in denen die Gesetzmäßigkeiten der Heiligen Geometrie in Perfektion zur Anwendung kamen. Heute stehen Millionen von Besuchern in diesen „Wunderwerken" und fragen sich, wie das aus des Menschen Hand entspringen konnte.

4. Jesus hat die Kreuzigung dank der Hilfe von Josef von Arimathäa überlebt und ist mit seiner Frau und seinen Kindern nach Südfrankreich geflohen. Nachdem seine Frau, Maria Magdalena, starb, hat Jesus noch viele Jahre in Indien verbracht, bevor er nach Frankreich zurückkehrte und im Alter von 85 Jahren eines natürlichen Todes starb.

5. Die *Blutlinie Jesu* wurde in den Jahrhunderten nach seinem Ableben wie ein Geheimnis bewahrt, bis in die Gegenwart. So führte diese Linie auch bis in die Templerkreise des 12. Jahrhunderts, wodurch sich auch die Mission des Templerordens erklären lässt. Das betrifft auch die Verehrung von Jesus und seiner wahren Lehre, die durch die katholische Kirche seit Beginn ihrer Geschichte aus rein machtpolitischen Gründen gezielt verfälscht wurde. Wegen dem immer größer werdenden Reichtum und politischen Einfluss des Templerordens war es nur logisch, dass Papst und König den Templerorden niedermetzelten und so ihrer Besitztümer habhaft wurden – nicht aber ihres Templerschatzes und der Bundeslade, da die Templer rechtzeitig gewarnt wurden. So konnte eine große Flotte der Templer rechtzeitig mit diesen Dingen die Flucht ergreifen und untertauchen. Wohin ihr Weg führte, ist nicht genau bekannt. Hinweise deuten auf Südamerika, aber auch nach Frankreich und Schottland verschlug es viele geflohene Templer.

Abb. 35: Das ägyptische Kreuzsymbol – das Anch
Abb. 36: Das Pentagramm – das ursprüngliche Christussymbol

Abschließend möchte ich noch eine letzte, wichtige Stimme hinzufügen, die Ewalds detaillierte Ausführungen schon vor vielen Jahren bestätigt hat. Dabei handelt es sich ebenfalls um einen sehr hochrangigen Logenvertreter, den ich in Zusammenhang mit meinen Recherchen zu *„Geheimakte Bundeslade"* 2004 in Berlin traf und mit dem ich ein Interview führen konnte (ausführlich in Anhang 1). Weiter können interessierte Leser hier auch noch das andere Interview aus *„Geheimakte Bundeslade"* mit Dr. Harry Lamers und Morpheus in Anhang 2 ausführlich nachlesen. Beide haben mit Lothar Göring zusammengearbeitet.

Auch der hochrangige Logenvertreter bestätigte mir, dass der Schatz der eigentliche Grund für die Kreuzzüge war…

„Ja, das kann man so sagen. Sie müssen bedenken, dass verschiedene Personen das alte Wissen stets gehütet haben und nur auserwählten Personen anvertrauten bzw. weitergaben; das ist Tradition. Es ging nie um die Bundeslade als einen Schrein als solches, sondern nur um Wissen – um einen Wissensschatz, der wiederentdeckt werden musste. Natürlich standen nicht nur spirituelle Gründe im Vordergrund. Wissen, Politik, Macht und territoriales Anspruchsdenken hatten damals ebenso großes Gewicht, als man sich entschloss, gegen Jerusalem zu ziehen… man fand auch einen alten Schrein. Dieser war für die Templer aber nicht von großer Bedeutung.

Es ist außerdem davon auszugehen, dass dieser Schrein nicht der ‚Schrein' oder sagen wir die ‚Bundeslade' war, die mit Moses in Verbindung gebracht wird. Möglich, dass dieser Schrein einmal eine bedeutende Rolle spielte und in ihm wichtige Dinge transportiert wurden. Wie zweifelhaft und falsch die biblische Geschichte in diesem Zusammenhang aber ist, haben Sie ja in Ihren Büchern bestens erklärt. Vieles wurde abgeschrieben und Jahrhunderte später übertragen und umgeschrieben, davon ist auszugehen. So ist es auch mit der Geschichte um Moses und den Zehn Geboten. Die Tradition der alten Schreine ist viele Jahrhunderte älter und führt, wie Sie richtig erklärt haben, nach Ägypten. Der Schrein, den die Templer damals fanden, befindet sich noch heute in Äthiopien. Allein die Tatsache, dass er in Äthiopien ist, erklärt schon, wie unwichtig er schon damals für die Templer gewesen sein musste. Wie gesagt, es ging nicht um den Schrein, sondern um Dokumente und Gerätschaften – um einen uralten Wissensschatz… Wie bereits erwähnt, war der Auftrag der Templer nicht der, einen Schrein – also die Bundeslade – zu finden, sondern einen Wissensschatz. Dieser bestand, wie Sie das schon richtig beschrieben haben, aus uralten Schriften und verschiedenen Gerätschaften, die größtenteils aus dem atlantischen Erbe stammten."

Kapitel 4
Das atlantische Erbe der Bundeslade – Spurensuche in Ägypten und Jerusalem

„Mythen und Allegorien lassen sich nun mal nicht ausgraben."
(Gerald Massey)

Wie wir erfahren haben, lieferten die Inhalte der von den Templern gefundenen Bundeslade einen sehr schlüssigen Beweis für das Phänomen und den Grund für den Pyramidenbau, der im unmittelbaren Zusammenhang mit der atlantischen Hochkultur stand, wie aus den alten Schriften unzweifelhaft hervorgeht. Dies belegt außerdem das hohe Wissen der ägyptischen Priesterschaft von Heliopolis (ägyptisch: *On*), die lange Zeit Hüter des Wissens war und den Sonnenkult praktizierte. Vermutlich war *On* auch *der* Ort, an dem die Bundeslade über den längsten Zeitraum aufbewahrt wurde. Dabei dürfen wir aber nicht vergessen, dass, wenn wir über einen längeren Zeitraum sprechen, der sehr lange gewesen sein kann. Immerhin war Ägypten über einen Zeitraum von mehr als 3.000 Jahren die höchste Kulturstufe.

Es gibt keinen anderen Bericht aus dem Altertum, in dem so oft und so nachdrücklich der Wahrheitscharakter seiner Aussagen betont wird wie in dem von Ur-Athen und Atlantis. Auch gibt es in der Weltliteratur kaum ein zweites nicht religiöses Thema, das über lange Zeiten hinweg so ein starkes Interesse auf sich gezogen und derart nachhaltige literarische Niederschläge hinterlassen hat. Atlantis ist wie eine geheimnisvolle Magie, welche die Menschheit bis heute unsichtbar umgibt.

Nach einer gewissen Zeit des Studierens der Unterlagen begriffen die neun Templer, dass es sich bei dem Wissen, das in den Unterlagen offengelegt wurde, um Überlieferungen von einer technologisch hochentwickelten Zivilisation handelte, die vor zirka 12.000 Jahren zerstört wurde – Atlantis. Dabei handelte es sich um ein Volk, das weltweit Eroberungskriege geführt hatte, inklusive der damit einhergehenden Kolonisierung anderer Länder. Die Erdplatte, auf welcher der Staat Atlantis existierte, versank nach der Katastrophe im Meer. Es blieben nur vereinzelte Kolonien zurück, aus denen jene Kulturen hervorgingen, mit denen für den heute lebenden Menschen die Geschichte der Menschheit neu begann, obwohl die Wissenschaft viele Artefakte und Beweise, die für die Existenz von Atlantis sprechen, nicht akzeptiert. Die Kirche hat alles dafür getan, und das ist nicht überraschend, denn die Existenz von Atlantis stellt die Wahrhaftigkeit des Buches der Genesis und seine Datierung in Frage. Die Genesis bezweifeln hieße aber die Heilige Schrift bezweifeln, und es war für die christlichen Kirchen von äußerster Wichtigkeit, dass die Geschichte vor dem Christentum auf die Ankunft Christi ausgerichtet blieb, und zwar mit Hilfe der hebräischen Schriften, deren Zeitrechnung zum Beweis von der Erschaffung der Welt und Adams ausging. Alles, was nicht in das „Bild" der Heiligen Schrift passte, war demnach Fabel und Lüge.

Dennoch hat sich die mystische Vorstellung der Existenz von Atlantis über tausende von Jahren bis heute erhalten. Auch wenn sie von den meisten Menschen in den Bereich der Fabeln, Legenden, Mythen oder Sagen eingestuft wird, die Unterlagen bestätigen allein aufgrund der Logik ihrer Aussage, dass die Existenz von Atlantis der Realität entspricht.

In diesen Unterlagen werden nicht nur Technologien beschrieben, welche die Grenzen der Technologie der heutigen Zeit weit überschreiten,

Abb. 37: Die Bundeslade. So soll sie laut biblischer Beschreibung ausgesehen haben.

sondern der Wissensstand, den die Menschen in der Endzeit von Atlantis dort in den wirtschaftlichen, religiösen, politischen, gesellschaftlichen und wissenschaftlichen Bereichen besaßen und der in den Unterlagen ausführlich beschrieben wird, war so hoch, dass wir Menschen der heutigen Zeit ihn noch als nicht realisierbare Utopie einstufen würden. In der heutigen Zeit werden die Menschen dieser Zeitepoche als „Atlanter" bezeichnet. Wie bereits weiter oben beschrieben, werden sie auch in den Unterlagen ähnlich genannt, und zwar „Atalaner". Diese Gruppe von Menschen, die sich selbst „Hegoliter" („Gottes Kinder in der Dualität") nannten, gehörte dem Volk an, das von uns heute als „Atlanter" bezeichnet wird.

Das sichtbare Erbe der atlantischen Hochblüte – die weltweiten Pyramiden

Das heißt nicht, dass die vielen tausend Pyramiden, die wir heute noch auf der Erde vorfinden, direkte Überreste aus atlantischer Zeit sind. Nein, sie sind ein Vermächtnis – eine Erinnerung, ein Kult aus dieser Zeit, der mündlich oder wahrscheinlich sogar schriftlich stets weitergegeben wurde. So wurde diese kultische Baukultur durch die nachfolgenden Völker stets weiter praktiziert. Höchstens die Großpyramiden in Ägypten könnten noch echte Bauten (technische Bauwerke) der letzten atlantischen Epoche sein. Genau aus diesem Grund werden wir nun anschließend noch einmal einen genaueren Blick nach Ägypten werfen, denn heute, besser gesagt seit fast 2.000 Jahren, wird den Menschen weisgemacht, dass es sich bei der Bundeslade um die Lade der Hebräer handelt, und man spricht von den sagenumwobenen Königreichen David und Salomons.

So werfen wir auch einen Blick nach Jerusalem und vor allem Richtung Tempelberg, wo einst der sagenumwobene salomonische Tempel gestanden haben soll.

- Doch stand der salomonische Tempel dort einst wirklich?
- Sind Moses, Abraham, David und letztlich auch sein Sohn Salomon überhaupt historische Könige gewesen?
- Gab es überhaupt einen Auszug aus Ägypten?

Abb. 38: Blick auf den Tempelberg in Jerusalem mit der al-Aqsa-Moschee

Das sind berechtigte Fragen, wenn es zum einen um den historischen Rechtsanspruch geht, um den Moslems und Juden bis heute streiten, aber auch in Bezug auf die Bundeslade und ihre ursprüngliche Herkunft.

Der Grund für die Verurteilung und Kreuzigung Jesu hatte sicherlich viel mit seiner anderen, seiner kirchenabgewandten Lehre zu tun und seinem offenen Angriff auf die Jerusalemer Priesterschaft, wie uns auch Ewald gerade berichtet hat, als er den Hohepriestern vorwarf, nicht Gott, sondern den Teufel anzubeten – den Jahwe el Shaddai. Dass Jesus kein Blatt vor den Mund nahm, berichtet auch die Bibel im NT, als er den Priestern eben genau das sagte. Diese biblischen Verse stehen im Johannes-Evangelium (8,44):

Abb. 39: Die Großpyramiden von Gizeh. Sie waren ursprünglich technische Anlagen und stammen vermutlich aus einer früheren Epoche.

„Ihr habt den Teufel zum Vater und ihr wollt das tun, wonach es euren Vater verlangt. Er war ein Mörder von Anfang an. Und er steht nicht in der Wahrheit; denn es ist keine Wahrheit in ihm. Wenn er lügt, sagt er das, was aus ihm selbst kommt; denn er ist ein Lügner und ist der Vater der Lüge."

Die eigentliche Lehre Jesu hatte nichts mit der heutigen Lehre der Kirche zu tun! Leider haben Milliarden von Gläubigen nicht den blassesten Schimmer davon, dass diese Organisation noch nie etwas mit der eigentlichen Lehre Jesu zu tun hatte. Die politische und religiöse Unwissenheit insbesondere der alten europäischen Völker in diesen Fragen ist unfassbar. Sie zahlen alle brav jeden Monat ihre Kirchensteuer und schenken der Kirche nach Gottesdiensten auch mit ihrem Obolus in den Klingelbeutel und anderen Spenden steuerfrei jährlich Milliarden von Euro und glauben, dass sie dadurch rechtschaffener sind und in den Himmel kommen.

„Jeder Mensch, der etwas verkauft, das es nicht gibt, wird angeklagt und verurteilt. Die Kirche verkauft Gott und den Heiligen Geist seit zwei Jahrtausenden in aller Öffentlichkeit völlig ungestraft."

Thomas Bernhard

„Jesus wollte diese Kirche nicht!"

Eugen Drewermann

„Ich bin sicher, käme Jesus heute, würde er von der Kirche nicht erkannt, sondern wahrscheinlich verfolgt und wieder zu Tode gemartert werden."

Henry Miller

Das Schicksal von Jesus kann man sehr gut mit dem der Templer vergleichen. Jesus Lehre stand der Priesterschaft in Jerusalem komplett entgegen. Er sprach von einem anderen Gott als jenem, den die Priester anbeteten. So nahm das Schicksal seinen Lauf, und so war es auch bei den Templern, die ein anderes Jesusbild hatten als es die katholische Kirche in Wirklichkeit hatte. Anklage und Verurteilung der Templer durch die katholische Kirche ist ein Abbild der Geschichte Jesu, denn bekanntlich betet auch die katholische Kirche einen anderen Gott an als jenen, von dem Jesus sprach. Wer dieser „Gott" ist, kann sich wohl jeder denken. Dieser Gott der Jerusalemer Priesterschaft und der späteren Kirche fordert sein auserwähltes israelisches Volk zu Mord und Todschlag auf. Die Israeliten werden angewiesen, Völker und Stämme ausnahmslos zu vernichten. Was ist das für ein Gott, der „sein auserwähltes Volk" zu Völkermord auffordert oder sogar zwingt? Im Alten Testament ist das zudem kein Einzelfall.

Abb. 40: Jesus im Disput mit den Hohepriestern in Jerusalem

Insgesamt finden wir mehr als siebzig Völker- und Massenmorde, dabei sind die vielen Einzelmorde, Raubzüge, Massenvergewaltigungen und sonstigen Verbrechen, wie beispielsweise Inzucht, nicht mitgerechnet. Ist das nicht erschreckend? Die katholische Kirche ist seit ihrer Gründung dieser Linie treu geblieben.

Bleibt an dieser Stelle also festzuhalten, dass der Gott des AT nicht der Gott des NT ist. Der Gott des NT – von dem Jesus sprach – war auch nie der Gott der katholischen Kirche, die bekanntlich und nachweisbar die wahre Lehre Jesu verfälscht hat. Das passt auch zu dem heiligen Jerusalem, dem Besitzanspruch des Tempelberges und den sagenumwobenen Königreichen von David und Salomon, die es so, wie sie in der Bibel beschrieben werden, wohl nie gegeben hat.

Die Abraham-Spuren in Ägypten

„Die religiösen Gelehrten – egal, ob es sich dabei um Christen, Juden oder Moslems handelt – weigern sich mit aller Macht zuzugeben, dass eine wesentliche Quelle ihrer jeweiligen Glaubenslehre in Ägypten zu finden ist."
(John Anthony West)

Der Ursprung der Abrahamsreligionen liegt in den Tiefen der sumerischen und ägyptischen Kultur, das steht zweifellos fest. Die biblische Schöpfungsgeschichte und die Erzählung über die Sintflut wurden aus viel älteren Quellen übernommen. Es ist beispielsweise auch eindeutig eine Entwicklung des Christentums aus der älteren hebräischen Religion zu bestätigen. Der Islam stellt die jüngste der drei Abrahamsreligionen dar.

Viele Berichte und Erzählungen des Alten Testamentes sind durch archäologische Beweise widerlegt worden. Die großen Königreiche von David und Salomon, wie sie in den biblischen Berichten dargestellt werden, kann es nach heutigen wissenschaftlichen Erkenntnissen so nicht gegeben haben. Auch der bekannte ***Auszug aus Ägypten*** kann in der Form und vor allem in der Größe nach heutigen Erkenntnissen nicht stattgefunden haben. Für die Ägyptologen und viele andere Gelehrte handelte es sich wohl nur um eine kleine unbedeutende Gruppe. In der ägyptischen Chronologie wäre ein Auszug, wie die Bibel ihn beschreibt, sicherlich erwähnt worden.

Die Erzählungen der Bibel über die Israeliten und die Alten Ägypter bilden seit Jahrtausenden einen festen Bestandteil des Wissens der Menschheit. Die Geschichte des jüdischen Volkes und ihr Wissen ist im Wesentlichen mit dem der ägyptischen Kultur mehr als verwurzelt. Das lässt sich durch das Alte Testament bestätigen, denn dort begegnen wir dem Wort Ägypten einige hundert Male. Im Vergleich dazu begegnen wir dem Wort Israel nur ein einziges Mal in der ägyptischen Chronologie.

Von Abraham bis Jesus ist die Geschichte der biblischen Stammväter mit Ägypten tiefer verbunden als das wohl jemals in seiner ganzen Bandbreite erfassbar wäre. Bei dem Verfassen der fünf Bücher Mose wurden sämtliche Pharaonen, die im Zusammenhang mit der Geschichte des israelischen Volkes standen – bis auf eine Ausnahme –, nicht mehr erwähnt. Zwischen den Erzählungen des Alten Testamentes, die über Jahrhunderte hinweg mündlich übergeben wurden, und der endgültigen Niederschrift lagen viele Jahrhunderte. Dadurch kam es zwangsläufig zu Veränderungen, sodass viele Ereignisse ein anderes Gesicht erhielten.

Besonders die jeweilige Ideologie der Autoren und der jeweiligen geschichtlichen Epoche, in der sie lebten, führte sicherlich auch zu bewussten Veränderungen der mündlichen Überlieferungen.46

Mehr als zweitausend Jahre lang ist es gelungen, von der zentralen Bedeutung Ägyptens, dem einstmals Heiligen Land, und dessen Bedeutung auf die Entstehung der monotheistischen Abrahamsreligionen abzulenken. Nur noch die griechischen und auch die römischen Gelehrten erwiesen der Jahrtausende währenden ägyptischen Hochkultur den gebührenden Respekt.

Lucius Apuleius, ein römischer Philosoph im 2. Jahrhundert nach Christus, sagte einmal passend über die ägyptische Kultur:

„Oh Ägypten, Ägypten! Von deinem Wissen werden nur Fabeln übrigbleiben, die späteren Geschlechtern unglaublich vorkommen."

Auch kein Abraham

Auch Abraham und der Auszug aus Ägypten ist reiner Mythos. Und damit sind wir mittendrin in der ägyptischen Geschichte. Denken Sie einmal über die Tatsache nach, dass es Abraham überhaupt nicht gegeben hat, da ganz und gar nicht davon auszugehen ist, dass er eine historische Person war. Schließlich ist er der Stammvater des israelischen Volkes. Abrahams Geschichte wird im Alten Testament erzählt. Danach gehört er zusammen mit seinem Sohn Isaak und seinem Enkel Jakob zu den Erzvätern, aus denen laut biblischer Überlieferung die zwölf Stämme des Volkes Israel hervorgingen. Schließlich ist er nicht nur der Stammvater des israelischen Volkes, fälschlicherweise beziehen sich auch das Christentum und der Islam auf Abraham als ihren Stammvater. Gleiches gilt hinsichtlich der Historizität auch für David und Salomon, wie wir gleich noch sehen werden.

Aber nun kurz zu Abraham. Verständlicherweise verkauft die Kirche den guten alten Abraham als Stammvater der mosaischen Religionen (Christentum, Judentum, Islam) gerne als historische Person. Dem ist aber nicht so, denn Wunsch oder Glaube hin oder her, Abraham hat allerhöchstens einen mythologischen Status, nicht mehr und nicht weniger, und damit löst sich auch der Mythos vom „Stammbaum" Jesu, der vom Hause Davids abstammen soll, ins NICHTS auf…

> *„Drei Religionen und (k)ein Urvater. Das konnte nicht ewig gut gehen. Das Grab von Abraham, Isaak, Jakob und ihrer Frauen Sara, Rebekka und Lea in der Höhle Machpela (in Hebron; Westjordanland) ist getränkt mit dem Blut von Anhängern der monotheistischen Glaubensrichtungen. Es ist ein Glaubenskrieg um einen Stammvater, der bis heute nichts als ein Mythos ist und geschichtlich mehr als in Frage steht."* 47

Diese Aussage in einem Spiegel-Artikel bringt es auf den Punkt. Dass Abraham keine historische Person war, ist mehr als wahrscheinlich. Es handelt sich sehr wahrscheinlich um einen reinen Mythos der hebräischen Bibelautoren. Ähnliches lesen wir auch bei Wikipedia, wo geschrieben steht: *„…Außerhalb der biblischen Erzählungen und davon abhängigen Traditionen gibt es keine Nachweise für die Existenz Abrahams. Die in den Abraham-Erzählungen erwähnten historischen Verhältnisse erlauben auch keine eindeutigen Rückschlüsse auf den zeitgeschichtlichen Hintergrund der biblischen Erzählungen."* 48 Eine von vielen fragwürdigen Erzählungen ist zum Beispiel jene um seine Frau Sara, die bei der Geburt ihres Sohnes bereits 90 Jahre alt gewesen sein soll: *„Nach 13 Jahren sagt Gott Abraham und Sara auch einen gemeinsamen Sohn zu (Gen. 17,17-19), obwohl Sara zu diesem Zeitpunkt bereits 90 Jahre alt ist."* Dass auch die Christen sich neben den Juden und Muslimen auf Abraham als Stammvater beziehen, ist ja be-kannt, aber ebenso unfassbar, wenn man das Ganze mit klarem Menschenverstand betrachtet. Aber so beginnt bekanntlich das Neue Testament:

Abb. 41: Darstellung von Abraham Er ist der Stammvater der Juden, Christen und Muslime. Milliarden von Menschen glauben immer noch, dass es den Stammvater wirklich gegeben hat, auch wenn das lange widerlegt ist.

„Dies ist das Buch von der Geschichte Jesu Christi, des Sohnes Davids, des Sohnes Abrahams.“

Der große Theologe, Bibelkritiker und Autor Karlheinz Deschner hat es ebenfalls auf den Punkt gebracht:

> *„Da die meisten antiken Gottmenschen von einem Gott oder Königshaus stammten, das seinen Ursprung auf einen Gott zurückführte, und da zu den traditionellen Merkmalen des jüdischen Messiasbildes die Abstammung von David gehörte, lassen die späteren Evangelisten, im Unterschied zu Markus, der davon noch nichts weiß, auch Jesus von David abstammen, und zwar in zwei Stammbäumen über Joseph. Dabei übersahen sie, dass ja nicht er, sondern der Heilige Geist Jesu Vater war, Jesus also gar keine Beziehung zum Hause David haben konnte! Dass Maria eine Davididin sei und Lukas ihren Stammbaum gebe, wie die katholische Kirche behauptet, widerspricht nicht nur klar dem Text, sondern auch dem Grundsatz, nicht die mütterliche Verwandtschaft aufzuzählen; denn nach jüdischer Rechtsanschauung entschied für die Abstammung bloß die männliche Linie. Beide Stammbäume, die eindeutig über Joseph gehen, wimmeln auch sonst von Widersprüchen. Heißt doch bereits der Vater des Joseph bei Matthäus ‚Jakob‘, bei Lukas ‚Eli‘; wie überhaupt die beiden Genealogien in einem Jahrtausend, nur zwei Namen gemeinsam haben und Lukas von Abraham bis Jesus 56, Matthäus 42 Generationen zählt. So höhnt schon Kaiser Julian: ‚…aber nicht einmal diese Erfindung habt ihr geschickt auszuführen vermocht. Denn Matthäus und Lukas findet man in der Genealogie Jesu miteinander in Widerspruch.‘“*[49]

Aber kommen wir noch einmal zu dem Gott dieser Abraham- oder David-Linie. Wer ist dieser Gott? Er ist ein Kriegs-Gott, der zu Mord, Todschlag und Zerstörung aufruft, der ein Volk auserwählt und andere Völker quasi Menschen (Völker) zweiter Klasse werden lässt. Mit so einem „Gott“ wollen die meisten Christen sicherlich nichts zu tun haben, haben sie aber aus reiner Unwissenheit und Leichtgläubigkeit. Umso verwunderlicher ist es, dass heute in christlichen Gotteshäusern immer noch diese Ammenmärchen und Mythen im Mittelpunkt stehen. Im Mittelpunkt von Predigten stehen Geschichten von Abraham, David und Salomon und ihrem Kriegs-Gott JEHOVA…

Mit dem Jesus-Bewusstsein haben diese mythischen Gestalten samt ihres Kriegs-Gottes – so auch die falsche Jesus-Geschichte (und die anderen biblischen Stammväter), welche durch die frühe Kirchenlüge Jahrhunderte hinweg bis in die Gegenwart den Menschen als historisch verkauft wird – nichts, aber auch gar nichts zu tun. Das ist vielen Menschen heute längst bewusst. Für sie sind Jesus und auch Gott eine spirituelle Kraft. Das hat eben nichts mit der Ideologie der Kirche zu tun. Leider hat die Kirche es verpasst, sich hier zu reformieren und sich von dem Kriegs-Gott des AT ideologisch zu trennen und somit auch von Abraham, David, Salomon und so weiter.

Ist es da ein Wunder, dass so viele junge Menschen aus der Kirche austreten und ein Gottesdienstbesuch mehr eine Qual darstellt als eine Freude? Sicherlich nicht. ABER es ist auch ein Wunder, dass die katholische Kirche weltweit immer noch mehr als eine Milliarde Mitglieder zählt – ein gekauftes Wunder…

Es gab keinen Auszug aus Ägypten

Wissenschaftliche und historische Fakten widerlegen schon sehr lange einen Auszug aus Ägypten und eben auch einen historischen Abraham, wie wir gerade sehen konnten.

Archäologische Untersuchungen und Schriftzeugnisse wie jene vom Toten Meer, die Mitte des letzten Jahrhunderts wieder aufgetaucht sind, warfen ein neues Licht auf die biblische Geschichte samt ihren glorreichen Stammvätern. Viele Ereignisse des Alten Testamentes haben wahrscheinlich nie stattgefunden, das belegen viele neue archäologische Untersuchungen. So hat Israel Finkelstein, Chef-Ausgräber an der Universität Tel Aviv, in seinem Buch „*Keine Posaunen vor Jericho*“ vor Jahrzehnten bereits berichtet, dass Kerntexte der Bibel falsch sind:

- *Ein Auszug jüdischer Stämme aus Ägypten fand nie statt.*
- *Kanaan wurde nicht, wie im Buch Josua beschrieben, gewaltsam erobert.*
- *Die Ur-Reiche von David und Salomon sind Trug. Die israelischen Könige herrschten nur über „unbedeutende Teile von Randregionen“*.[50]

- *Als Märchen und monumentale Camouflage* (abwertende Tarnung von politischen Absichten; Anm. StE) – *so steht das Wort Gottes mittlerweile da. Wo Forscher geschichtliche Fakten vermuten, sehen sie nun politische Prop-aganda.*[51]
- *„Eine Forschergruppe um Israel Finkelstein und Neil Asher Silberman hält die biblische Darstellung der Zeit Davids und Salomos für ein Werk der Literatur, das mit den archäologischen Funden des 10. Jahrhunderts nicht in Einklang zu bringen sei. Es habe – so die Grundthese – kein Großreich unter Salomo gegeben, keine repräsentativen Bauprojekte dieses Herrschers und auch nicht den im 1. Buch der Könige beschriebenen, eindrucksvollen Tempel. Allenfalls für ein bescheidenes lokales Heiligtum hätten die Mittel des historischen Salomo ausgereicht.“*[52]

Die geschichtlichen Fakten sehen heute nach neuesten Erkenntnissen anders aus. Das meint auch Dirk Kinet, der an der Universität Augsburg biblische Sprache lehrt: *„Wir stehen vor einem Dammbruch.“*

So verlief auch die Entwicklung des Monotheismus, darin sind sich viele Experten heute einig, völlig anders als die Bibel uns heute lehren will. Das Volk Israel wurde zur Sonder-Ethnie erklärt – von Gott höchstpersönlich! Und das von den verschiedenen Göttern des Alten Testaments, denn es tauchen im Alten Testament gleich mehrere Götter auf. Doch Entdeckungen von Archäologen zeigen heute ein ganz anderes Bild – demnach hat auch der „Herrgott“ einmal klein angefangen.

Der Augsburger Experte Dirk Kinet erklärt hierzu: *„Anfangs sei Jahwe nur ein Wettergott gewesen. Er war ein Garant der Fruchtbarkeit, dessen sexuelle Darstellung erst langsam zurückgedrängt wurde.“* Archäologische Entdeckungen belegen die Aussagen der Experten, denn Götzen aus Ton und Metall wurden im Heiligen Land entdeckt, darunter auch kleine Tonfiguren mit drallen Brüsten und Pos. Die Geburt Gottes aus dem Schoß der Vielgötterei – das ist der Rahmen, in dem die neuesten Erkenntnisse angesiedelt sind: *„In Jerusalem blühte die Tempelprostitution, Gott besaß ursprünglich eine nackte Begleiterin, ca. 100 vor Christus praktizierten die Bauern der Gegend heidnische Rituale.“*[53]

In Ugarit, etwa vierhundert Kilometer nördlich von Jerusalem, kam die dunkle Vergangenheit der Religion Israels zum Vorschein, so der französische Ausgräber André Caquot. Es wurden Ritualtexte und Goldstatuen freigelegt. Ein Fund zeigt ein Männchen mit Bart. Es stellt den weisen Greis und Himmelsvater „El“ dar – eine Urform Gottes.54

Abb. 42: Moses mit den Gesetzestafeln

Diese sehr schmerzhafte Einsicht, dass sich der allmächtige Herr des Alten Testamentes aus einem heidnischen Götzen entwickelt haben mag, ist längst überfällig. Mit den heutigen Entdeckungen und daraus resultierenden Einsichten wird das jahrtausendealte Glaubenspuzzle immer mehr zu einem Gesamtbild zusammengesetzt. Auch wenn immer noch Teile fehlen, das Gesamtbild scheint sich abzuzeichnen und rückt gleichzeitig jenes Glaubenswerk ans Licht der Vernunft, das immer noch wie eine düstere und mysteriöse Festung dasteht.55

Kommen wir zu dem zentralen Hauptdarsteller des Alten Testaments: Moses. Er ist religionspolitisch vielleicht eine, wenn nicht sogar die wichtigste Person des Alten Testaments und die gesetzgebende Figur Israels – bis heute.

Das alles beruht auf den 5 Büchern Mose, die allesamt von diesem verfasst wurden. Heute wissen wir, dass dies sicherlich nicht der Fall war, auch wenn Millionen Menschen das immer noch glauben mögen.

Kein Moses, kein David und kein Salomon

Um der authentischen Geschichte der Bibel so nahe wie möglich zu kommen, ist es unumgänglich, ihre Spuren im Land der Pharaonen zu suchen, denn dort führen uns alle Hinweise hin, insbesondere die der Bibel.

Es ist heute erwiesen, dass die Bibelverfasser häufig Namen von Personen, Orten und Wasserquellen erwähnen, die in vielen Fällen gar nicht mit der eigentlichen Geschichte im Zusammenhang stehen. Sie nennen aber im Widerspruch zu diesen Ereignissen im Alten Ägypten nicht ein einziges Mal den Namen eines Pharaos, eine dynastische Zeitangabe oder zumindest einen Wohnort. Einer der zahlreichen Pharaonen, die im Alten Testament eine Rolle spielen, hat Abrahams Frau geheiratet. Durch einen anderen Pharao bekam Joseph Arbeit und wurde zu seinem Wesir.

Der biblische Joseph wurde in Ägypten bestattet

Die Bibel berichtet uns, dass die Familiengeschichte von Isaaks Sohn Jakob im Land Kanaan seinen Anfang nahm. Jakob liebte seinen jüngsten Sohn Joseph mehr als all seine anderen Kinder. Bei seinen Brüdern wurden der Neid und die Eifersucht auf Joseph immer größer. So beschlossen sie, ihn loszuwerden, und sie verkauften ihn als Sklaven nach Ägypten. Dort stieg Joseph mit der Zeit zum zweithöchsten Kommandanten des Pharaos auf und gewann großen politischen Einfluss. Er war der Einzige, der die Träume des Pharaos deuten konnte, heißt es in der Bibel. Den größten Teil seines Lebens verbrachte Joseph also in Ägypten, das ist unzweifelhaft! Auch Josephs Brüder und sein Vater folgten ihm nach Ägypten, wo sie letztlich starben und auch einbalsamiert wurden. Bis heute wurden keinerlei historische Aufzeichnungen oder archäologische Beweise in Bezug auf den biblischen Joseph und seine Familie gefunden. Allerdings gibt es in der ägyptischen Historie eindeutige Beweise dafür, dass sich die Erzählungen über den biblischen Joseph und seine Familie mit den historischen Berichten über den ägyptischen Yuya und seine Familie decken.

Am 5. Februar 1905 wurde im Tal der Könige in Luxor von James E. Quibell Yuyas Grab entdeckt. Diese Entdeckung stellt die Wissenschaft bis heute vor einige Rätsel, denn es gibt bis heute keine plausible Antwort auf die Frage, warum man einen Mann wie Yuya ausgerechnet im Tal der Könige bestattet hat und nicht im Tal der Adeligen, wie es üblich war.

Abb. 43: Die Seitenprofile der Mumien von Yuya, dem biblischen Joseph, und seiner Frau Thuya. Sie war die Mutter von Teye, der Mutter von Echnaton, dem biblischen Moses.

Yuya war wohlbemerkt der einzige Adelige, der gemeinsam mit den großen Pharaonen im Tal der Könige bestattet wurde. Es steht außer Frage, dass er durch sein Lebenswerk Außergewöhnliches für das ägyptische Volk geleistet haben muss. Yuya war der Wesir (Minister) von Tuthmosis IV. (ca. 1425-1408 v.Chr./18. Dyn.) und Amenophis III. (ca. 1408-1372 v.Chr./18. Dyn.).

Um einen Zufall oder ein Missverständnis wird es sich hier nicht gehandelt haben – dass er gemeinsam mit den Königen bestattet wurde, war eine hohe Auszeichnung für Yuya! Bis heute zählt Yuyas Mumie zu den am besten erhaltenen Mumien, die bisher in Ägypten gefunden wurden. Der Leichnam hatte aber noch eine Besonderheit, die bis heute Fragen aufwirft. Die Hände der Mumie waren nicht in der üblichen Ausar-Form (Osiris-Haltung) über der Brust gefaltet.

In Yuyas Fall lagen die Handflächen an seinem Hals unterhalb des Kinns. Gemäß der ägyptischen Tradition wurden Yuya verschiedene Titel verliehen, die er sich im Laufe seines Lebens verdient haben musste. Der wichtigste Titel auf seinem Grab lautet: *„ntr n nb tawi"*. Das heißt: *„der Heilige Vater des Herrn der beiden Länder"*.

Bei dem *„Herrn der beiden Länder"* handelt es sich um den offiziellen Titel für den Pharao. Yuya erhielt den Titel „der Heilige Vater des Pharaos", was wiederum genau der Aussage aus der Bibel (Genesis 45, 8) entspricht, in der sich Joseph seinen Brüdern (seine Brüder kamen aufgrund der Hungersnot nach Ägypten) endlich zu erkennen gab: *„Und nun, ihr habt mich nicht hergesandt, sondern Gott, der hat mich Pharao zum Vater gesetzt und zum Herrn über sein Haus und einen Fürsten über ganz Ägyptenland."* Yuyas Tochter Teye war mit Amenophis III. verheiratet und schenkte ihm einen Sohn, welcher der nächste Pharao Ägyptens wurde. Dieser Pharao war kein Geringerer als Amenophis IV. (Echnaton). Dadurch wurde Yuya zum Großvater eines Pharaos.56

Weiter wissen wir, dass auch das Leben und Werk Mose mit den Pharaonen in Verbindung gestanden haben muss, wie schon mehrfach angedeutet. So berichtet Manetho in seinem Werk: *„Moses, Sohn des Stammes Levi, erzogen in Ägypten und eingeweiht in Heliopolis, wurde ein Hohepriester der Bruderschaft unter der Regentschaft von Pharao Amenophis (Echnaton)."* Das beweist auch die Apostelgeschichte (7, 22), in der es heißt: *„Und Moses wurde unterwiesen in aller Weisheit der Ägypter, und war mächtig in Worten und Werken."* Salomon heiratete die Tochter eines Pharaos, *„der Pharao, der Joseph nicht kannte"* oder *„der Pharao der Unterdrückung"*. Warum wurden in all diesen Fällen die Namen der Pharaonen mit keiner Silbe erwähnt? Dass die Namen der jeweiligen Pharaonen nicht mehr bekannt waren, ist wohl ausgeschlossen. Warum also wurden all ihre Namen verschwiegen? Die einzige logische Schlussfolgerung kann nur sein, dass dies absichtlich geschah.57

Besonders der alte Sonnenglaube der Ägypter spielte in den nachfolgenden Kulturen eine große Rolle, wie auch verschiedene Autoren folgerichtig feststellen.

> *„Auch Moses hatte enge Beziehungen zur ägyptischen Sonnenreligion. Sein Eingottglaube war, wie Sigmund Freud in seinem Buch ‚Der Mann Moses und die monotheistische Religion' zeigt, identisch mit der Sonnenreligion Amenophis IV. Dem Sonnengott Babylons spricht eine vorbiblische Keil-*

schrift-Hymne alle Eigenschaften zu, die dann in der Bibel Gegenstand der Lobpreisung Gottes bilden. Offensichtlich denkt auch der Prophet Jesaja nicht an Jahve, sondern an den Sonnengott, wenn er schreibt: ‚Denn siehe, Finsternis bedecket die Erde, und Dunkel die Völker; aber über dir geht der Herr auf, und seine Herrlichkeit erscheint in dir. Es wandeln die Völker in deinem Licht und die Könige im Glanz, der dir aufgegangen.' Eine Reihe von Göttern, wie Jupiter, Apollo und Baal, trug Züge des Sonnengottes."[58]

Wie schon erwähnt, wird der bis heute geltende Besitzanspruch Israels quasi auf den hebräischen Moses zurückgeführt und hat bis heute Bestand, obwohl es nicht einen Beweis für seine historische Existenz gibt und, wie wir im weiteren Verlauf noch sehen werden, dieser Anspruch auch mehr als vermessen wäre. Der Autor Ralf-Peter Märtin schreibt dazu:

„Moses gilt als Begründer des Monotheismus – das erste der von ihm übermittelten Gebote Jahwes lautet: ‚Du sollst keine anderen Götter haben neben mir' – und damit als Stifter von Judentum, Christentum und Islam. Ohne ihn fehlte dem Staat Israel die territoriale Legitimation, der Anspruch auf Palästina, auf das von Gott versprochene ‚Land der Verheißung'. Und schließlich ist Moses der Gesetzgeber, dessen Dekalog, die Zehn Gebote, die ethische Ordnung der ganzen Welt beeinflusst hat. Alle brauchen Moses. ‚Man müsste ihn erfinden, wenn die Tradition nicht von ihm berichtete.', schreibt der Alttestamentler Rudolf Smend."[59]

Zu dem gleichen Ergebnis kommt auch der bekannte Autor. M. A. Beek in seinem interessanten Werk, *„A short history of Israel"*.

„Für M. A. Beek beispielsweise sind die Patriarchen zweifellos ‚historische Gestalten'. Zwar sieht er sie nur ‚im halbdunklen Hintergrund', doch erkennt er sie als ‚Menschen von hoher Bedeutung'. Dabei räumt er selbst ein: ‚Es ist bisher nicht gelungen, die Gestalt Josephs in der ägyptischen Literatur urkundlich nachzuweisen.' Weiter auch: dass man außerhalb der Bibel ‚keine einzige Urkunde' kenne, ‚die irgendeinen selbständigen und historisch zuverlässigen Hinweis auf Moses enthielte'. Weiter auch: dass, wieder abgesehen von der Bibel, ‚keine Quelle für den Auszug aus Ägypten bekannt' sei. ‚Die reichhaltige Literatur der ägyptischen Historiographen schweigt mit einer geradezu beunruhigenden Hartnäckigkeit über

Ereignisse, die doch Ägypten tief beeindruckt haben müssen, wenn die Erzählung des Exodus auf Tatsachen beruht.' Beek wundert sich auch, dass das Alte Testament ,merkwürdigerweise jede Angabe' verweigere, ,die eine chronologische Fixierung des Auszugs aus Ägypten ermöglichen könnte. Wir hören weder den Namen jenes Pharaos, den Joseph noch gekannt hat, noch den Namen des Pharaos, der Israel bedrückte. Das ist umso erstaunlicher, als die Bibel sonst viele ägyptische Bezeichnungen für Personen, Orte und Ämter bewahrt hat... Noch bedenklicher als das Fehlen chronologischer Anhaltspunkte im AT ist die Tatsache, dass in keinem uns bekannten ägyptischen Text eine Katastrophe erwähnt wird, die einen Pharao und sein Heer bei der Verfolgung flüchtender Semiten betroffen hat. Da die historischen Urkunden gerade für die in Betracht kommende Zeit eine Überfülle an Material bieten, hätte man wenigstens irgendeine Anspielung erwarten können. Man kann das Schweigen der ägyptischen Urkunden auch nicht etwa mit der Bemerkung abtun, dass Hofhistoriographen über Niederlagen nicht zu sprechen pflegen; denn die von der Bibel beschriebenen Ereignisse sind zu einschneidend, als dass die ägyptischen Geschichtsschreiber sie ganz hätten übergehen können'. Fest steht weiter, dass der Niederschrift dieser fünf Bücher eine jahrhundertelang immer wieder umgestaltete mündliche Überlieferung vorausging. Und dann waren Verfasser und Redaktoren, waren die Schreiber, Masoreten, Punktatoren vieler Generationen an der Abfassung der ,Moses'-Schriften beteiligt, was sich schon in den verschiedensten Stilen spiegelt. So ähnelt nicht wenig einer unzusammenhängenden Materialsammlung, zum Beispiel das ganze Buch Numeri, das 4. Buch. So entstand eine höchst diffuse, unsystematische, von weitverbreiteten Legendenmotiven, von ätiologischen und folkloristischen Sagen überwucherte, von Widersprüchen und Dubletten (die schon allein die Niederschrift durch nur einen Autor ausschließen) strotzende Sammlung. Dazu kommt eine Vielheit heterogener oder sich erst ganz allmählich entwickelnder Auffassungen selbst in den wichtigsten Fragen. So ist die Auferstehungsvorstellung im Alten Testament nur sehr langsam entstanden, fehlt in den Büchern Sirach, Prediger, Sprüche die Bezeugung eines Auferstehungsglaubens überhaupt. Zudem haben die jeweiligen Schreiber, Bearbeiter dauernd geändert, korrigiert, interpoliert. Die Texte erhielten immer wieder sekundäre Zusätze. Und diese Prozesse erstreckten sich über ganze Epochen. Der Dekalog (die Zehn Gebote), von Luther als Inbegriff des Alten Testaments verstanden, stammt in seiner ältesten Form vielleicht aus dem Beginn der Königszeit. Große Teile des Pentateuchs, den der im 14. oder 13. Jahrhundert lebende Mann – wenn er gelebt hat – verfasst haben soll, nicht weniger als gegen 60 Kapitel des 2., 3. und 4. Buches, sind sogar erst im 5. Jahrhundert von jüdischen Priestern produziert oder zusammengestellt worden. So erfolgte die Endredaktion der dem Moses zugeschriebenen Bücher – ich zitiere den Jesuiten Norbert Lohfink – ‚erst etwa siebenhundert Jahre später'. Und die Abfassung aller Bücher des Alten Testaments erstreckte sich – ich zitiere den Katholiken Otto Stegmüller – ‚auf einen Zeitraum von ungefähr 1.200 Jahren'. Doch spricht die religionsgeschichtliche Forschung angesichts des Tetrateuch (1.-4. Mose) und des deuteronomistischen Geschichtswerks (5. Mose, Josua, Richter, Samuels- und Königsbücher) mit allem Grund von ‚epischen Werken', ‚mythologischen Erzählungen', ‚Legenden', ‚Heldensagen' (Nielsen). Welcher Wirrwarr da herrscht, zeige einmal, um nur diesen Aspekt anzudeuten, die Fülle der Wiederholungen: ein doppelter Schöpfungsbericht, eine doppelte Genealogie Adams, eine doppelte Sintflut (wobei einmal die Flut nach 150 Tagen sich verläuft), einmal ein Jahr und zehn Tage dauert, einmal nach einem vierzigtägigen Regen und weiteren drei mal sieben Tagen endet; wobei Noe – er war damals 600 Jahre alt – nach Genesis 7,2 je sieben Paar reiner Tiere und je ein Paar unreiner mit in die Arche nimmt, nach Genesis 6,19 und 7,16 je zwei Stück reiner und unreiner Tiere – doch hätten wir viel zu tun, alle Widersprüche, Unvereinbarkeiten, Abweichungen eines von Gott inspirierten Buches aufzuzählen, in dem insgesamt 250.000 Textvarianten stehen. Weiter kennen die fünf Bücher des Moses einen doppelten Dekalog, eine sich wiederholende Gesetzgebung über die Sklaven, das Passah, das Leihen, eine doppelte über den Sabbat, zweimal wird das Betreten der Arche durch Noe erzählt, zweimal die Verjagung der Hagar durch Abraham, zweimal das Wachtel- und Mannawunder, die Berufung des Moses, dreimal wird vom Vergehen gegen Leib und Leben gehandelt, fünfmal vom Festkatalog, mindestens fünf Gesetzgebungen gibt es über die Zehnten usw. Das Buch ‚Prediger Salomo' oder ‚Ecclesiastes' (im Hebräischen ‚Kohelet') behauptet ausdrücklich, ‚die Worte des Predigers, des Sohnes Davids, des Königs zu Jerusalem' wiederzugeben, und allgemein wurde Salomo früher als Autor angesehen. Nur deshalb kam das lang umstrittene Opus überhaupt in die Bibel. Doch den tatsächlichen Verfasser kennt man nicht, weder seinen Namen noch seine Lebenszeit. Sicher ist nur, dass es – erstmals klar von H. Grotius 1644 erkannt – nicht Salomo geschrieben hat, von dem es im ersten Vers herrühren will. Vielmehr strotzt dies, nach Sprache, Geistesart, Anspielungen vermutlich im 3. vorchristlichen Jahrhundert entstandene Werk von stoischer, epikuräischer Philosophie, von den Einflüssen hellenistischer Zeit und Umwelt."[60]

Es ist bereits darauf hingewiesen worden, dass es kontroverse Diskussionen bezüglich Alter und Erscheinungsdatum des Alten Testamentes gibt. Viel wichtiger ist die Tatsache, warum die Bibelhistorie, Personen, Ereignisse und Orte so fraglich sind und warum es so, wie es uns die Bibel lehren will, nicht gewesen sein kann. Dass die Namen der Pharaonen von den verschiedenen Autoren und Übersetzern absichtlich weggelassen wurden, ist wohl nicht in Zweifel zu ziehen. Unzweifelhaft ist ebenso, dass es durch die großen Zeitspannen zu Veränderungen in der Reihenfolge der historischen Geschehnisse gekommen sein muss.

Es war im wahrsten Sinne die „Reise nach Jerusalem", wie man heute noch zu sagen pflegt. Von zentraler Bedeutung ist dabei die jeweilige religiöse und politische Ideologie der jeweiligen Zeit und ihrer Übersetzer, die sich im Laufe der vielen Jahrhunderte und Jahrtausende immer wieder veränderte.

Gemäß den alten Überlieferungen wird es Moses zugeschrieben, der Verfasser der ersten fünf Bücher gewesen zu sein. So lesen wir in der Genesis: *„Und der Herr sprach zu Moses: ‚Halte dies in Form einer Schriftrolle fest, damit man sich daran erinnern werde.'"*

Von heutigen Forschern und Bibelexperten wird die Autorenschaft von Moses aus verschiedenen Gründen mehr als in Frage gestellt, denn einen historischen Moses, so wie ihn die hebräischen Bibelautoren beschreiben, hat es sicherlich nie gegeben. So berichten die Bücher Mose beispielsweise über dessen Tod. Dass Moses aber selbst über seinen eigenen Tod berichtet, scheint sehr zweifelhaft, weshalb schon in diesem Punkt anzunehmen ist, dass er zumindest nicht alle Bücher selbst verfasst haben kann. Mal ganz abgesehen davon gibt es keinen historischen Beweis für Moses – nicht einmal in den ägyptischen Überlieferungen, aber auf keinen Fall in den hebräischen.

Aus Echnaton wurde später Moses

Kommen wir zu einem weiteren Puzzleteil in unserer Untersuchung: Moses. Das Wissen um das Leben Mose ist aus verschiedenen Gründen für die Menschen von ganz besonderer Bedeutung. Gemäß der Bibelautoren wurde er auserwählt und eingeweiht, er sprach direkt mit dem allmächtigen Gott, er führte das Volk der Israeliten aus der ägyptischen Knechtschaft, ihm überreichte Gott die Zehn Gebote und gab ihm schließlich noch die Bauanleitung für die Bundeslade.

Bevor wir auf die Zusammenhänge und die Parallelen zur Chronologie von Echnaton eingehen, soll hier ein anderer interessanter Hinweis erfolgen, der auf eine mögliche Quelle der Moses-Legende hinweist. Es handelt sich dabei um die Überlieferungen des berühmten akkadischen Königs

Abb. 44: Gedenkfeier Mose am Roten Meer
Abb. 45: Hinter Amenophis IV. (Echnaton) verbirgt sich der biblische Moses.

Sargon I., der viele Jahrhunderte lang Babylon und Sumer regierte. Erinnern wir uns daran, dass die Juden mit diesen Überlieferungen direkt in Verbindung kamen, beispielsweise in der babylonischen Gefangenschaft. Sargon weist eindeutige Parallelen zur Moses-Erzählung auf.

Auch in seinem Fall wird von seiner Mutter berichtet, die wankelmütig war und ihren Sohn im geheimen gebar. Um ihrem Sprössling das Leben zu retten, legte sie ihn in einen Weidenkorb und versiegelte den Deckel mit Teer. Dann warf sie ihn in den Fluss, in dem er nicht unterging. Die Geburtsgeschichte von Moses ist vermutlich im sechsten Jahrhundert vor Christus entstanden. König Sargon I. lebte, wie erwähnt, aber viele Jahrhunderte vor Moses. Es gibt weitere und teilweise noch ältere Quellen, die erkennen lassen, dass die Moses-Geschichte keinen Anspruch auf Einmaligkeit hat, sondern sehr wahrscheinlich aus älteren Quellen entlehnt wurde. Interessant ist, dass die Helden sich in den folgenden Quellen eines „heiligen Feuers" bedienten und auch sonst große Magier waren, wie es auch aus der Moses-Geschichte bekannt ist. Da wäre beispielsweise die Legende des antiken, ursprünglich arabischen Gottes Bacchus, der wie Moses aus dem Wasser gerettet wurde, trockenen Fußes das Rote Meer durchquerte, der Gesetze auf steinerne Tafeln schrieb, dessen Armeen von einer Feuersäule geführt wurden und von dessen Stirne Lichtstrahlen ausgingen.

Die ältere indische Moses-Erzählung

Das indische ***Epos Ramayana*** berichtet von dem Helden ***Rama***, der schon vor mindestens fünftausend Jahren sein Volk in das Innere Asiens und nach Indien führte. Wie später Moses, so war auch schon Rama ein großer ***Gesetzgeber und Volksheld***. Er ließ in einer Wüste, durch die er sein Volk führte, dem Boden Quellen entspringen (vgl. 2. Mose 17,6), zeigte seinen Leuten eine Art Manna als Nahrung (vgl. 2. Mose 16) und heilte eine Epidemie mit Hilfe des heiligen Somatrankes, dem indischen „Wasser des Lebens". Schließlich eroberte der indische Held Rama das ***„Gelobte Land"*** Ceylon, auf dessen König er einen Feuerengel fallen ließ. Nach Ceylon war er über eine während der Ebbe auftretende Landbrücke gelangt, die noch heute Rama-Brücke heißt.[61]

In Abbildungen wurde Rama wie Moses mit vom Kopf ausgehenden Lichtstrahlen (den Flammen des Erleuchteten) dargestellt. Ein anderer bekannter Held der Antike ist ***Zarathustra***. Auch er besaß ein heiliges Feuer, mit dem er allerlei Kunststückchen vollführte. Den griechischen Schriftstellern Eudoxos, Aristoteles und Hermodoros von Syrakus zufolge lebte ein Zoroaster (Zarathustra) bereits ***fünftausend Jahre vor Moses***. Auch die Zarathustra-Geschichte gleicht der des Moses in vielen Einzelheiten. Auch er war von königlichem Geblüt, wurde seiner Mutter weggenommen und ausgesetzt. Im dreißigsten Lebensjahr wurde er Prophet einer neuen Religion. Gott erschien ihm in Licht gekleidet auf einem Feuerthron und unter Donnergrollen auf dem von Flammen umgebenen heiligen ***Berg „Albordj"*** und gab ihm dort sein heiliges Gesetz. Schließlich wanderte auch Zoroaster mit seinen Anhängern in ein ferngelegenes ***„Gelobtes Land"***. Als er an ein Meeresufer gelangte, teilte sich unter dem Beistand seines Gottes das Wasser, sodass das von Gott erwählte Volk trockenen Fußes das Meer durchqueren konnte.[62] Die Übereinstimmungen der verschiedenen älteren Quellen mit der Moses-Geschichte sind unzweifelhaft und widerlegen einmal mehr eindeutig die Einmaligkeit der biblischen Version des erfundenen Helden Moses.[63]

Viele Fachleute erkennen heute in der Person Echnaton und Moses ein und dieselbe Person, denn Zentrum des Wissens und der Einweihung war das Wissenszentrum der Hohepriester in Heliopolis. Was spricht für diese Theorie?

Der berühmte Psychoanalytiker ***Sigmund Freud*** befasste sich in den dreißiger Jahren des vergangenen Jahrhunderts intensiv mit der Person Moses und seinen Wurzeln im Alten Ägypten. Er schrieb sogar ein Buch mit dem Titel ***„Moses und der Glaube an den einzigen Gott"***. Freud behauptet in seinem Werk, dass Moses Ägypter und gleichzeitig Anhänger Echnatons gewesen sei. Außerdem kam Freud zu dem Schluss, dass der Name Moses ursprünglich ein ägyptischer Name war. Im Buch Exodus wird berichtet, dass die königliche Mutter ihn, nachdem er gerettet und schließlich adoptiert wurde, ***„Moshe"*** nannte, weil er aus dem Wasser gezogen wurde. Bei seinen weiteren Nachforschungen stellte Freud fest, dass der Name „Moshe" ursprünglich eine andere Bedeutung hatte. Bei dem hebräischen Wort „m sh a" handelt es sich um ein Verb, das sowohl mit „etwas zu ziehen" als auch mit „derjenige, der etwas herauszieht" übersetzt

Abb. 46: Sigmund Freud

werden kann, während der Name „Moshui" für „denjenigen, der herausgezogen wurde" steht. Im Laufe seiner Untersuchung kam Sigmund Freud zu dem Ergebnis, dass der Name Moses nicht hebräischen Ursprungs gewesen sein kann, sondern von dem ägyptischen Wort „mos" abgeleitet wurde, das für eine Person verwendet wird, der etwas rechtmäßig zusteht.64 Es ist nur verständlich, dass derartige Ergebnisse, selbst wenn sie wissenschaftlich begründet und zudem noch von einer Kapazität wie Sigmund Freud ergründet wurden, große Diskussionen auslösen und besonders aus religiöser Sicht Wut und Unverständnis.

Die eigentliche Grundlage für die bis heute nicht verstummten Diskussionen um Moses, seinen Ursprung und seine Abstammung wurde durch Freud 1937 gelegt. Es gelang ihm, eine sehr naheliegende Theorie zu untermauern – unterstützt durch viele chronologische Gemeinsamkeiten zwischen Echnaton und Moses –, dass es sich nämlich bei Echnaton und Moses um ein und dieselbe Person gehandelt haben müsste. Im besagten Jahre 1937 erschien ein Artikel von Sigmund Freud unter der Überschrift: „*Wenn Moses aber nun ein Ägypter war*". Bei seinen Untersuchungen hatte Freud eine verblüffende Übereinstimmung zwischen der neuen Religion, die Echnaton seinem Volk aufzwingen wollte, und den religiösen Lehren, die Moses zugeschrieben wurden, entdeckt.

Dazu schrieb Freud in dem Artikel:

„Im jüdischen Glaubensbekenntnis heißt es: ‚Schema Yisrael Adonai Elohenu Adonai Echod' (‚Höre, oh Israel, der Herr, dein Gott, ist der einzige Gott'). Der hebräische Buchstabe ‚d' entspricht dem ägyptischen Buchstaben ‚t', und das hebräische ‚e' wird im Ägyptischen zum ‚o'. Deshalb könnte man diesen Satz aus dem jüdischen Glaubensbekenntnis auch als: ‚Höre, oh Israel, unser Gott Aten ist der einzige Gott' verstehen."65 „Wie bereits vor wenigen Absätzen erwähnt, führte Echnaton in Ägypten den Monotheismus (Ein-Gottglaube) ein. Von nun an wurde nur noch der

‚Gott' Aton als Gott verehrt. Bleiben wir noch kurz beim Namen. Wenn wir uns die beiden Vokale ‚o' und ‚e' aus dem Wort ‚Moshe', der hebräischen Form des Namens Moses, wegdenken, bleiben nur zwei Konsonanten übrig: das ‚m' und das ‚sh'. Da das hebräische ‚sh' aber dem ägyptischen ‚s' entspricht, lässt sich klar belegen, dass der hebräische Name aus dem Ägyptischen abgeleitet wurde. Sowohl im Hebräischen als auch im Ägyptischen wurden kurze Vokale zwar gesprochen, aber niemals geschrieben. Im Falle des Namens Moses wurde das ‚s' am Ende der griechischen Übersetzung des biblischen Namens weggelassen. ‚Mos' war wiederum ein häufig auftretender Bestandteil zusammengesetzter ägyptischer Namen, wie zum Beispiel ‚Ptah-mos' oder ‚Twth-mos'. Das war besonders in der 18. Dynastie gebräuchlich.“[66]

Es gibt zahlreiche weitere auffällige Parallelen zwischen Echnaton und der biblischen Figur Moses, welche die These bestätigen, dass es sich bei ihnen wohl um ein und dieselbe Person gehandelt hat. Ein letztes Beispiel soll an dieser Stelle die These weiter festigen: Im Talmud ist zu lesen, dass Moses im Alter von 18 Jahren aus Ägypten floh, weil er einen Ägypter erschlagen hatte. So wurde er später Soldat und kämpfte auf der Seite des Königs von Äthiopien gegen die Rebellen, die von einem Ägypter angeführt wurden. Der König setzte sich in diesem Kampf durch, und Moses wurde berühmt und zugleich befördert. Nach dem Tode des Königs ernannte man ihn zu seinem Nachfolger und gab ihm die Witwe des Königs zur Frau.

König Moses regierte *„gerecht und rechtschaffen“*, aber die Königin Adonith wollte ihren Sohn auf dem Thron sehen und sprach zu ihrem Volk: *„Warum sollte euch ein Fremder regieren?“* Aus dem Talmud erfahren wir, dass Moses sein Amt daraufhin freiwillig niederlegte und das Land wieder verließ. Die Trennung muss aber diplomatisch und in „Freundschaft“ erfolgt sein, denn Moses wurden noch zahlreiche Ehrungen erteilt. Zwischen den Erzählungen über Moses im Talmud und der Lebensgeschichte Echnatons in Amarna lassen sich zahlreiche Übereinstimmungen finden.

1. Moses war einige Zeit, bevor er auf die Sinai-Halbinsel auswanderte zum König ernannt worden – Echnaton ebenso.

2. Beide übernahmen das Amt des Hohepriesters.

3. Bei dem Hinweis im Talmud auf Äthiopien, das als Stadt beschrieben wird, handelt es sich vermutlich um eine Verwechselung mit Amarna.

4. Der Name der ägyptischen Königin, die Moses zur Frau nahm, wird mit Adonith (Aten-it) angegeben. Dieser Name wurde von dem Namen Aten (Echnatons Gott) abgeleitet.

5. Der Wunsch der Königin, dass ihr Sohn anstelle von Moses König werden sollte, erinnert an die Amtsübernahme durch Tutenchamun nach der Herrschaft seines Vaters Echnaton.[67]

Schlussfolgerung:
Gemäß den Ausführungen um Moses und Echnaton (Amenophis IV. / 18. Dyn.; 1372-1354 v.Chr.) ist davon auszugehen, dass es sich bei den beiden um ein und dieselbe Person handeln muss.

Auch „König David" war ein Ägypter – keine Abstammung vom Hause David

> *„Stammbaum Jesu Christi, des Sohnes David, des Sohnes Abrahams. Von Abraham stammt Isaak ab, von Isaak Jakob, von Jakob Juda..."*
>
> (Matthäus 1,1-2)

Mit diesen Worten beginnt das Neue Testament. Die lange Genealogie soll verdeutlichen, dass Jesus von König David abstammte. König David war wohl der bekannteste Herrscher mit einem Reich, das von den Ufern des Nils bis zu den Wassern des Euphrats im Zweistromland reichte. So berichtet es uns zumindest die Bibel. Übertroffen wurde David offensichtlich noch von seinem Nachfolger Salomon, der den ersten Tempel von Jerusalem erbaut haben soll und in der Bibel als einer der bedeutendsten Könige beschrieben wird, der alle Könige der Erde an Reichtum überstrahlte.

Bekanntlich stammten die meisten antiken Gottmenschen entweder unmittelbar von einem Gott oder aus einem Königshaus, das seinen Ursprung auf einen Gott zurückführte.

„Zu den traditionellen Merkmalen des jüdischen Messias-Bildes gehörte die Abstammung von König David. Deshalb lassen Matthäus und Lukas Jesus nicht in Nazareth, sondern in Bethlehem in Judäa geboren sein, denn dort hatte Davids Familie ihren Wohnsitz. Ausdrücklich heißt es im Johannes-Evangelium: ‚Christus kommt doch nicht aus Galiläa! Hat nicht die Schrift gesagt, dass Christus aus dem Samen Davids und aus der Ortschaft Bethlehem, wo David gewohnt hat, kommen soll?' Von solcher Akkommodation an die messianischen Erwartungen der Juden wusste Markus noch nichts; die jüngeren Evangelisten brachten sie hinzu. Freilich vergaßen sie bei ihrer nachträglichen Konstruktion der Herkunft Jesu vom Hause Davids in zwei Stammbäumen über Joseph darauf, dass ja nicht Joseph, sondern der Heilige Geist Jesu Vater war und dass Jesus gar keine Beziehung zum Hause David haben konnte. ‚Aus Davids Samen zwar und doch aus Heiligem Geiste', philosophierte ratlos, aber gläubig Bischof Ignatius im 2. Jahrhundert. Es verhielt sich wahrscheinlich so: Man glaubte bereits an Jesus als Messias und damit an seine Abstammung von David, als der Glaube an die unbefleckte Empfängnis und an seine Gottessohnschaft aufkam. Nun war Jesus nach der älteren Überlieferung über Joseph der Sohn Davids, nach der jüngeren über Maria der Sohn des Heiligen Geistes. Die Behauptung der katholischen Kirche, dass Maria eine Davididin sei und Lukas ihren Stammbaum gebe, widerspricht dem Text. Sie widerspricht aber auch dem Grundsatz, nicht die mütterliche Verwandtschaft aufzuzählen, denn nach jüdischer Rechtsanschauung war für die Abstammung nur die männliche Linie maßgebend. Beide Stammbäume Jesu führen eindeutig zu Joseph, alle Harmonisierungsversuche scheitern. Selbst ein Katholik, sonst um keine Ausrede verlegen, erklärt es, nach einigem verschleiernden Hin und Her, für unmöglich, eine Abstammung festzulegen, die die Mutter Jesu mit David verbände."[68]

Des Weiteren sind besonders die historischen Erzählungen bezüglich der Lebensgeschichte Davids und Pharao Tuthmosis III. (18. Dyn.; 1505-1450 v.Chr.) in einem solch hohen Maße identisch, dass die Vermutung mehr als nahe liegt, dass es sich bei diesen Männern um ein und dieselbe historische Person gehandelt haben muss.

David und Goliath stammen aus dem Alten Ägypten

Wie auch bei Moses finden wir ebenso bei David klare Hinweise und historische Belege, dass es sich bei ihm um jemand anderen handelt, nämlich um den ägyptischen Pharao Tuthmosis III. (1505-1450 v.Chr.). Folgen wir den Spuren...

Einen klaren Hinweis bezüglich der Namen liefert uns Moustafa Gadalla:

> *„Es gab in der Sprache des Alten Ägypten keine kurzen Vokale. Der erste Teil des Namens dieses Königs wurde immer als ‚Twt', also aus drei Konsonanten bestehend, geschrieben. Aus unerfindlichen Gründen machten einige Ägyptologen aus dem mittleren dieser drei Konsonanten einfach den Vokal ‚u'. Wenn man das ursprüngliche ‚Twt' in die entsprechenden hebräischen Buchstaben übersetzt, ergibt sich ‚Dwd'. Wird dieses ‚Dwd laut ausgesprochen, lautet es ‚Dawood'. Dabei handelt es sich um eine hebräische Form des Namens ‚David'. Betrachten wir die Geschichte der biblischen Figur Davids, so stellen wir fest, dass dieser bereits in seiner Jugend bei seinem Volk zunehmend beliebter wurde. Interessanterweise kann heute bewiesen werden, dass die Erzählungen über seine Jugend in der Bibel aus einer älteren ägyptischen Überlieferung abgeleitet wurden – eine Vorgehensweise, wie wir das von den Bibelautoren ja schon zur Genüge kennen. Außerdem sollte erwähnt werden, dass es für die biblischen Berichte über David keinerlei historische Grundlagen gibt. Auch die Kriegsberichte des biblischen Königs David entsprechen sehr genau den Kriegsberichten über die Herrschaft des Pharaos Tuthmosis III. Im Allgemeinen wird angenommen, dass der biblische David in der ersten Hälfte des zehnten Jahrhunderts vor Christus lebte. Als ein kluger General und ein großer König Israels wird er gesehen, denn gemäß der Bibel einte er die zwölf Stämme, regierte sie 33 Jahre lang und machte Jerusalem zur Hauptstadt. Das Alte Testament berichtet besonders in den Büchern Samuel ausführlich über das Leben und Werk Davids. Aber was können wir davon wirklich glauben? Von dem harten Urteil der heutigen Archäologen, welche die ‚Superreiche' Davids und Salomons deutlich in Frage stellen, haben wir bereits erfahren. In den Büchern der Könige werden 42 Könige unter Angabe ihrer Regierungszeiten genannt. Wurden hier vielleicht alte Chroniken und Herrscherlisten benutzt? Nachdem Forscher ge-*

zielt die mesopotamischen Keilschriftenarchive durchsucht hatten, tauchten tatsächlich fünf der biblischen Ur-Könige auf – mehr nicht!"[70]

Ein wichtiges Beweisstück wurde im Jahre 1993 in „Tell Dan" freigelegt, einem Siedlungshügel in Nordisrael. Es ist eine Stele mit Nennung „Haus David". Möglicherweise lebte der Stammvater also wirklich; wenn, dann aber nur – da sind sich die Archäologen nach dem heutigen Erkenntnisstand sicher – als „*Duodezfürst* (Herrscher eines kleinen Fürstentums; Anm. StE) *eines Stadtstaates*", wie Israel Finkelstein bemerkt. Als kleiner Junge war David Schäfer und Harfenspieler; blond und schön sei er gewesen.

Später wurde er Saul vorgestellt, der ihn zu seinem Waffenträger ernannte. Heute kennt fast jedes Kind die Geschichte von David und Goliath. Goliath war ein Riese, schien übermächtig und war zudem gut bewaff-

Abb. 47: Stefan Erdmann im Tal der Könige, in der Grabkammer KV 34 von Tuthmosis III., dem biblischen David.

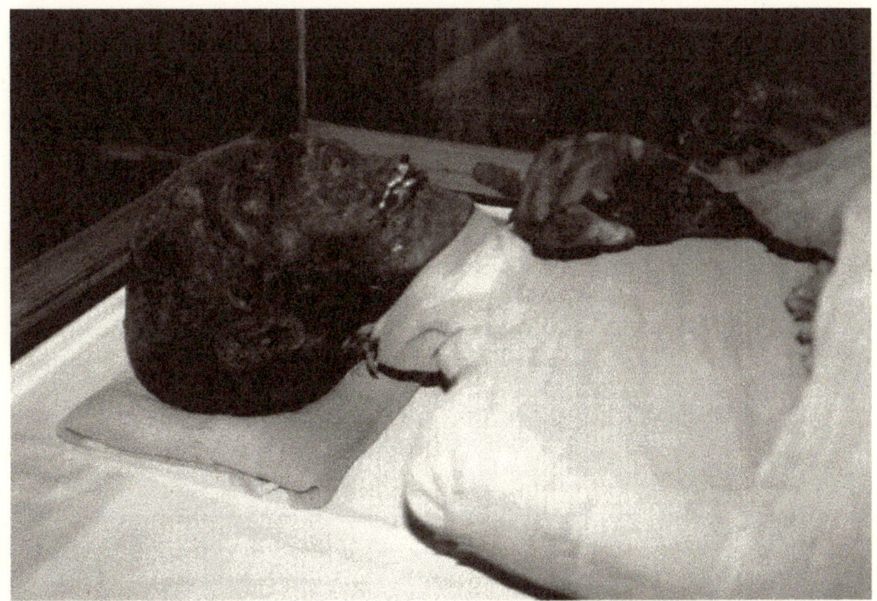

Abb. 48: Die Mumie von Tuthmosis III., hinter dem sich der biblische David verbirgt.

net: *„Er war über drei Meter groß und trug Helm, Brustpanzer und Beinschiene aus Bronze...“* (1 Samuel 17) Er kam aus dem Lager der Philister, um die Israeliten einzuschüchtern und sie herauszufordern.

So kam es zum gewünschten Zweikampf Mann gegen Mann. David erklärte sich freiwillig dazu bereit, gegen den scheinbar übermächtigen Goliath anzutreten. Nur Saul versuchte, David davon abzuhalten. *„‚Mein König‘, sagte David, ‚als ich die Schafe meines Vaters hütete, kam es vor, dass ein Löwe oder ein Bär sich ein Tier von der Herde holen wollte. Dann lief ich ihm nach, schlug auf ihn ein und rettete das Opfer aus seinem Rachen. Wenn er sich wehrte und mich angriff, packte ich ihn an der Mähne und schlug ihn tot. Mit Löwen und Bären bin ich fertig geworden. Diesem unbeschnittenen Philister soll es nicht besser ergehen! Er wird dafür büßen, dass er das Heer des lebendigen Gottes verhöhnt hat! Der Herr hat mich vor den Krallen der Löwen und Bären geschützt, er wird mich auch vor diesem Philister beschützen!‘“* (1 Samuel 17, 34-37) David streifte sogar die Rüstung wieder ab, die Saul ihm gegeben hatte – ohne Schwert und Rüstung, nur mit Hirtenstock und Schleuder ging er dem Riesen entgegen. Während des Kampfes traf David Goliath mit einem Stein aus seiner Schleuder und streckte den Riesen zu Boden. Dann zog er das Schwert aus der Scheide des Riesen und schlug damit seinen Kopf ab.

Abb. 49: David und Goliath

Wenig später in Vers 54 heißt es dann dazu: *„David nahm des Philisters Kopf und brachte ihn nach Jerusalem; die Waffen Goliaths bewahrte er in seinem Zelt auf.“* So beeindruckend und bemerkenswert die Geschichte auch heute noch auf uns wirken mag, eine historische Analyse lässt die biblische Erzählung ebenso umfallen wie den Riesen Goliath.

In der Bibel heißt es, Goliath sei Philister gewesen. Wann aber haben sich die Philister in Kanaan niedergelassen? Die historischen Beweise treffen hier eine klare Aussage. Demnach hat sich die Gemeinde der Philister nach der Herrschaft von Ramses III. (ca. 1182-1151 v.Chr.) in diesem Gebiet angesiedelt. Der Autor Moustafa Gadalla merkt hierzu an, dass im sogenannten Harris-Papyrus im Britischen Museum geschrieben steht, dass Ramses III. in Kanaan einen Tempel erbauen ließ. Die Masseninvasion durch „die Völker des Meeres“ begann in Kanaan im Bereich der Küstenebene um das Jahr 1174 vor Christus, also fast zeitgleich mit dem Krieg der Griechen gegen Troja. Die Inschriften auf den Wänden des Tempels Ramses III. im westlichen Theben (Ta-Apet) berichten, dass die Eindringlinge sich dauerhaft im Land niederlassen wollten, zumal es sich um vollständige Familien handelte. Außerdem heißt es in diesen Inschriften, dass es sich bei den „Völkern des Meeres“ um Peleset (eine Gruppe von Philistern; das Wort „Palästina“ wurde von Peleset abgeleitet), Tjekker, Sheklesh, Danu und Weshesh handelte. Ramses III. verteidigte das Land in einer Seeschlacht gegen die Invasoren, und vielen der Gefangenen wurde es später gestattet, sich im Südwesten von Kanaan niederzulassen.[71]

Es vollzog sich wohl bereits unter der Regierung Ramses III. ein langsamer Zusammenbruch des Neuen Reiches. Nach dem Ende seiner Herrschaft verlor Ägypten die Kontrolle über Palästina, und die Philister dehnten ihre Ansiedlungen über die Küstenebenen von Kanaan bis zum Toten Meer und zum Jordan hin aus. Zur gleichen Zeit versuchten auch die Israeliten, sich in diesen Gebieten niederzulassen. Da nach dem Ende der Herrschaft Ramses III. eine führende und ordnende Macht im Lande fehlte, begannen die Kämpfe zwischen den Philistern und den Israeliten, und gleichzeitig entstanden wohl auch die Geschichten von David und Goliath.[72]

Zusammenfassend lässt sich historisch festhalten, dass David – wenn er tatsächlich gegen die Philister gekämpft haben soll – nicht vor dem zwölften Jahrhundert vor Christus gelebt haben kann, da erst dann die Masseninvasion der Philister in den Küstenebenen stattgefunden hat. Die historischen Tatsachen widersprechen den Zeitangaben in der Bibel bezüglich des Kampfes zwischen David und Goliath, der sich laut Bibel angeblich während der ersten Hälfte des zehnten Jahrhunderts zugetragen haben soll.

Ob sich die bekannte Geschichte so tatsächlich zugetragen hat, wird von vielen Fachleuten ebenso bezweifelt, denn vielleicht war es gar nicht David, der den Gathiter tötete, sondern ein anderer Mann aus Bethlehem, der Elhanan hieß, wie im 2. Buch Samuel, Kapitel 21, Vers 19 zu lesen ist. David diese Heldentat zuzuschreiben, war später der Versuch, ihn als einfachen Hirten zu beschreiben, der den Krieg nicht kannte, aber es ist unzweifelhaft, dass David sein Leben lang wohl ein großer Soldat und Politiker war. Die Heldentaten, insbesondere den Kampf gegen den Riesen Goliath, kennt heute beinahe jedes Kind.

Dahingegen wird aber nicht gerne darüber gesprochen, dass David während seiner Flucht vor Saul dem Herrn der Philister diente und gegen die Israeliten kämpfte(!) – eine wohl höchst ungewöhnliche Voraussetzung für den Begründer des größten Geschlechts in Israels Geschichte!

Wie soll man also mit dieser biblischen Geschichte umgehen und letztlich auch mit dem Leben und Werk des großen Davids, dem ja zweifellos eine Schlüsselrolle in der biblischen Geschichte um Jerusalem zuteilwird?

Das Rad der ungeklärten Fragen setzt sich an dieser Stelle immer weiter fort, angefangen bei Salomon, Davids Nachfolger, dem „König der Könige", dessen große Herrschaft moderne Archäologen – zumindest in dieser Pracht und Größe, wie es die Bibel berichtet –, ebenso wie die des David, schlichtweg ablehnen, wie wir bereits erfahren konnten. Hier passt also einiges nicht zusammen, um es einmal sehr vorsichtig zu formulieren.

Überraschenderweise – wie könnte es auch anders sein – finden wir in einer alten ägyptischen Erzählung, der *„Autobiographie von Sinûhe"*, viele Parallelen zur biblischen Version von David und Goliath.

Die Geschichte von Sinûhe ist im Mittleren Reich (ca. 2040-1650 v.Chr./11.-14. Dynastie) entstanden und erfreute sich stets großer Beliebtheit bei den Ägyptern. So schrieben noch achthundert Jahre nach ihrer Abfassung die Schreiber der Schreibschulen des Neuen Reiches (ca. 1580-1070 v.Chr./18.-20. Dynastie) quasi als Übungsaufgabe ganze Passagen daraus ab. Ihr Ansehen bestand durchaus zu Recht, denn diese Erzählung verdient es, wie Rudyard Kipling einmal sagte, unter die Meisterwerke der Weltliteratur gezählt zu werden. Da es die Geschichte von Sinûhe in vielen verschiedenen Textfassungen bereits seit dem 20. Jahrhundert vor Christus gab, liegen zwischen der alten ägyptischen Fassung und der biblischen Geschichte von David und Goliath etwa tausend Jahre. Durch ihre enge Verbindung zur großen ägyptischen Kultur ist es einleuchtend, dass die Bibelautoren von dieser so bedeutenden ägyptischen Erzählung von Sinûhe gehört hatten. Aus der ägyptischen Erzählung erfahren wir, dass Sinûhes Gegner ein Riese war. In den Sagen und Legenden heißt es, ein Volk der Riesen habe um das 20. Jahrhundert vor Christus, also zu der Zeit, als diese Erzählung entstanden ist, in Kanaan gelebt.

Aus der Bibel erfahren wir, dass Goliath von dem Volk der Riesen abstammte. Bei den Raphaim (den Riesen) und den Philistern handelt es sich aber um zwei völlig verschiedene Volksstämme, die zu völlig verschiedenen Zeiten gelebt haben.[73]

In beiden Erzählungen wurden die Hauptdarsteller – Sinûhe und David – nach ihrem Sieg zum Befehlshaber der Armee ernannt. In der biblischen Version wird im Buch Samuel berichtet, dass die Geschichte von David und Goliath sich zu einer Zeit zugetragen habe, in der Jerusalem noch nicht von den Israeliten regiert wurde. Warum sollte David Goliaths Kopf in eine fremde Stadt tragen, die von seinen Feinden regiert wurde? In der Bibel ist aber eindeutig von Jerusalem die Rede: *„David nahm des Philisters Kopf und brachte ihn nach Jerusalem."* (1 Samuel 17, 54)

Aufgrund der historischen Fakten einerseits und der großen Zeitdifferenzen andererseits, ist die biblische Geschichte David und Goliaths sehr wahrscheinlich eine Spätfassung der ägyptischen Sinûhe-Erzählung. Die spätere Übertragung in die Bibel sollte möglicherweise den Helden David stärker hervorheben. Vergessen wir nicht, auch das sei an dieser Stelle der Wichtigkeit halber nochmals erwähnt, dass auch die archäologischen Hinweise in Bezug auf die Super-Monarchien von David und seinem Sohn Salomon in Jerusalem dafürsprechen, dass die Geschichte, wie sie uns die Bibel lehren will, wohl eher in das Reich der Märchen gehört.

Folgen wir noch ein wenig den Spuren des biblischen Davids, für den nach seinem großen Sieg im Zweikampf gegen Goliath prompt eine Beförderung anstand, denn er wurde ein mächtiger Kriegsherr, der die Befehlsgewalt über Sauls Armeen erhielt: *„Und Saul setzte ihn über die Kriegsleute."* (1 Samuel 18, 5)

Im 2. Buch Samuel wird von den Feldzügen, die unter Davids Oberbefehl durchgeführt wurden, ausführlich berichtet. Dabei handelt es sich um Kämpfe im Norden von Palästina, in Syrien und in Moab östlich des Toten Meeres. Aufgrund der vielen Überlieferungen und der langen Zeiträume, die zwischen den Handlungen und ihrer tatsächlichen Niederschrift lagen, kam es in den Erzählungen der Bibel zu Verwechselungen bei der Reihenfolge der Ereignisse. Auch die Namen von zwei völlig unterschiedlichen Schauplätzen wurden dadurch vertauscht.[74]

In der biblischen Historie heißt es im 2. Buch Samuel, Kapitel 8, dass David erfolgreich den Staatenbund des syrischen Königreiches unter der Führung Hadadezer vernichtend geschlagen habe. *„David nahm von seinem Heer 1.700 Wagenkämpfer und 20.000 Mann gefangen."* Es wird hervorgehoben, dass David auch ...den König von Zoba in Syrien, Hadadezer, besiegte... Der war gerade ausgezogen, um seine Macht im Gebiet am oberen Euphrat wiederherzustellen. Als die Syrer von Damaskus Hadadezer zu Hilfe eilten, besiegte David auch sie und tötete von ihnen 22.000. Er legte Besatzungen in ihre Städte, machte sie zu seinen Untertanen und zwang sie, ihm regelmäßig Tribut zu zahlen. (2 Samuel 8, 3-6) Zwei Kapitel weiter wird von Davids Feldzug gegen die Ammoniter berichtet. Hier tauchen die Syrer und Zobaer, die zuvor von Davids Heer vernichtend geschlagen und danach unterdrückt wurden, plötzlich wieder auf und ziehen gegen David in den Kampf. Die Ammoniter hätten die Syrer um militärische Unterstützung gebeten und Zoba, die längst besiegte Stadt, habe zu den Verbündeten Syriens gehört. Aufgrund der vorher geschilderten Berichte kann das wohl kaum möglich sein.

Weiter erfahren wir, die Verbündeten der Ammoniter seien nach Davids Sieg über ihre Truppen in ihre Stadt Rabbah (die heutige Stadt Amman, die Hauptstadt Jordaniens) geflohen, um Zuflucht zu suchen. Davids Armee sei daraufhin nach Rabbah zurückgekehrt, um es zu belagern. Das wiederum scheint unmöglich, wenn Zoba bereits eingenommen wurde und David seine Garnisonen in Syrien errichtet hatte. Die betrachteten Ereignisse, wie sie in der Bibel beschrieben werden, können so nicht stattgefunden haben. Wenn sie sich tatsächlich historisch ereignet haben, dann nur in umgekehrter zeitlicher Reihenfolge.[75]

Auch bei den in der Bibel genannten Städtenamen handelt es sich ganz offensichtlich um Verwechselungen. Bei der Stadt Rabbah handelt es sich, wie bereits erwähnt, um Amman, die heutige Hauptstadt Jordaniens. Bis heute wurden zur Untermauerung dieser Behauptung keine archäologischen Beweise gefunden. Den Bibelautoren muss ganz einfach ein Fehler unterlaufen sein, als sie die von David angegriffene Stadt Rabbah nannten.

Das stellt auch der Ägypter Moustafa Gadalla fest:

„*In Wirklichkeit handelt es sich nämlich um die Stadt Megiddo.*“[76] Moustafa Gadalla weiter: „*Sogar in der Bibel wird die Richtigkeit der Erzählung um Rabbah angezweifelt. Die militärische Bedeutung und der legendäre Ruf von Megiddo als Schauplatz zahlreicher internationaler Kampfhandlungen werden von Johannes (Offenbarung, 16, 16) näher betrachtet. Armageddon (Har Megiddo, der Berg Megiddo) ist nämlich der wahre Schauplatz, an dem am Ende aller Tage die Könige der Welt gemeinsam ihren letzten Kampf gegen die göttlichen Mächte antreten werden. Im 2. Buch Samuel (Kapitel 10, 2) wird uns berichtet, wie David die Stadt Rabbah einnahm, deren König Hanun hieß. Sieben Kapitel weiter finden wir jedoch Rabbah als unabhängige Stadt unter ihrem König Shobi wieder, der Mitleid mit David und seinem Volk hatte, weil sie ‚hungrig, müde und durstig in der Wüste‘ waren. (2 Samuel 17, 28-29) Der Ort Rabbah besaß zu jener Zeit nur eine sehr geringe Bedeutung. Salomon, Davids Nachfolger, der das Erbe des Königreiches angetreten hatte, ohne einen weiteren Krieg zu führen, erließ den Befehl, ‚zu bauen die Mauer von Megiddo‘. (1 Könige 9, 15) Megiddo wird im ersten Buch von den Königen, Kapitel 4, Vers 12, ebenfalls als eines der Besitztümer von Salomon erwähnt.*“[77]

Auch für einen tatsächlich existierenden Ort Zobath finden sich weder in Syrien noch in Kanaan Hinweise, die wiederum belegen könnten, dass diese Stadt zu der Zeit, die David (10. Jahrhundert v.Chr.) oder Tuthmosis III. (15. Jahrhundert v.Chr.) zugeordnet wird, überhaupt existiert hat. Bei der Stadt Zobath muss es sich in Wirklichkeit um den Ort Qadesh handeln, eine bedeutende Stadt im nördlichen Syrien am Fluss Orontes.[78]

Um die historischen Ereignisse um König David – die zudem nicht in den biblischen Zeitrahmen passen, den Bibelautoren angeben – zu widerlegen, betrachten wir an dieser Stelle den ägyptischen Pharao Tuthmosis III. (1505-1450 v.Chr.), der in der 18. Dynastie regierte. Tuthmosis III. wurde nach dem Tode Hatshepsuts zum alleinigen Herrscher des mächtigen Pharaonenreiches. Zu dem Zeitpunkt, als Tuthmosis III. die Herrschaft übernahm, war es bereits über vierzig Jahre hinweg nicht mehr zu größeren Kämpfen der Ägypter im westlichen Asien gekommen. In dieser Zeit hatte der syrische König von Qadesh eine Armee im Staatenbund zwischen Syrien und Kanaan in einen bedeutenden Aufstand gegen das Pharaonenreich in ihrem Land geführt, die sich seit der Zeit der Herrschaft von Pharao Tuthmosis I. (1530-1510 v.Chr.) dort aufhielt.[79]

Es ist historisch nachgewiesen, dass Tuthmosis III. im Anschluss an diesen Aufstand im Laufe der nächsten zwanzig Jahre siebzehn Feldzüge im westlichen Asien durchführte. Ein Schriftgelehrter des Pharaos, der die Feldzüge begleitete, verfasste genaue Aufzeichnungen darüber. Diese Aufzeichnungen wurden auf den Innenwänden des von Tuthmosis III. errichteten Karnak-Tempels in Luxor bildlich festgehalten. Es ist unzweifelhaft, dass die Schlacht bei Megiddo für Tuthmosis III. zu der bedeutendsten Schlacht seiner Herrschaft zählte. Das wird dadurch belegt, dass dieser Schlacht im Karnak-Tempel und auch an anderen Orten in Einzelheiten immer größere Bedeutung zugeschrieben wurde als anderen Kampfhandlungen des Pharaos.[80]

Die historischen Einzelheiten über die Kämpfe Tuthmosis III., die an den Wänden des Karnak-Tempels beschrieben werden, decken sich genau mit den Erzählungen der biblischen Autoren über die Kampfhandlungen König Davids. Die einzigen Unstimmigkeiten entstehen durch Verwechselungen der zeitlichen Reihenfolge der Ereignisse und durch die Verwechselung der beiden Städte.[81]

Schlussbetrachtung

Wir kommen zu dem Ergebnis, dass zahlreiche historische und vor allem auch archäologische Beweise die Kampfhandlungen des Pharaos Tuthmosis III. belegen und die Feldzüge somit stattgefunden haben müssen. Auf der anderen Seite fehlen uns jegliche Beweise, welche die Behauptungen der Bibel um den biblischen David stützen würden. Gemäß den Bibelautoren sollen diese Ereignisse erst fünfhundert Jahre später, zu der in der Bibel David zugeschriebenen Zeit, stattgefunden haben – in der ersten Hälfte des zehnten Jahrhunderts vor Christus.

Aufgrund der bisherigen Ausführungen ist davon auszugehen, dass es sich bei dem biblischen David und dem ägyptischen Pharao Tuthmosis III. um ein und dieselbe Person handelt. Aber nicht nur David, nahezu alle biblischen Hauptdarsteller – Abraham, Joseph, Moses, Salomon u.a. – scheinen mit großer Wahrscheinlichkeit Ägypter gewesen zu sein oder einen Großteil ihres Lebens im „Heiligen Land" der Pharaonen gelebt zu haben. Kann das dann auch auf den biblischen Jesus zutreffen? Hatte Jerusalem zu der damaligen Zeit schon diese große Bedeutung, welche die Bibel der Heiligen Stadt zuschreibt?

Jerusalem, Zion und die Bundeslade

Bekanntlich war *ZION* nach 2. Buch Samuel 5,7 ursprünglich eine Turmburg der Jebusiter an der südöstlichen Stadtgrenze des vorisraelitischen Stadtstaats Jerusalem. David eroberte laut biblischer Erzählung Jerusalem mit der Burg Zion und machte sie als Stadt Davids zu seinem Königssitz und zum kultischen und politischen Mittelpunkt seines Reiches und der Bundeslade.

Dass es keinerlei Beweise für einen historischen David gemäß den biblischen Schriften gibt, haben wir eindringlich erörtert, insbesondere auch im Zusammenhang mit dem Auszug aus Ägypten, der genauso unhistorisch zu sein scheint, wie das der biblische David ist, bei dem es sich aller Wahrscheinlichkeit nach um den ägyptischen Pharao Tuthmosis III. (1505-1450 v.Chr.) handelt.

Bei dem Namen Zion handelt es sich um einen Begriff, der ursprünglich nicht aus dem Hebräischen stammt, wie schon Mustafa Gadalla nachweisen konnte. Ursprünglich setzt sich das Wort aus zwei Silben zusammen: „Zi" und „On". „Zi" ist ein hebräisches Wort, das so viel wie „unfruchtbarer Ort" bedeutet. „On" ist der altägyptische Name für die Heilige Stadt Heliopolis der Alten Ägypter. Bei dem Namen „Zion" handelt es sich um eine hebräisch-ägyptische Wortkombination, die sich mit „On in der Wüste" übersetzen lässt.

Heliopolis liegt im heutigen Nordosten von Kairo in Wüstennähe und hat heute neben einem Obelisken von Sesostris I. und einigen Schutthügeln keine Sehenswürdigkeiten aus der großen Zeit des Altertums mehr vorzuweisen. Vergleichen wir die Aussagen der Bibel im 2. Buch Samuel über Davids Eroberung Jerusalems auf der einen Seite mit den historischen Beweisen über das Leben und die Taten des Pharaos Tuthmosis III. auf der anderen Seite: Im 2. Buch Samuel, Kapitel 5, 6 bis 7, wird beschrieben, wie David Jerusalem eroberte: *„Der König (David) zog nun mit seinen Mannen nach Jerusalem wider den Jebusitern, die im Lande wohnten... Aber David erstürmte die Burg Zion, das ist die Davidstadt."*

Ob die Stadt von David gewaltsam eingenommen wurde, wie es aus diesen Versen zu vermuten ist, kann nicht bewiesen werden, denn bereits im 24. Kapitel (22-23) des 2. Buches Samuels wird berichtet, wie David auszog, um ein Stück Land vom König dieser Region zu kaufen. Das Land gehörte Arauna, dem König der Jebusiter. Arauna unterbreitete David laut Bibel folgendes Angebot:

> *„Mein Herr, der König wolle nehmen und opfern, was ihm beliebt. Hier sind die Rinder zum Brandopfer und die Dreschwagen und das Rindegeschirr zum Holz. Dies alles, oh König, schenkt Arauna dem König... Da sprach der König zu Arauna: ‚Nein! Ich will es von dir um Entgelt erwerben.'"*

Aus den Aufzeichnungen im Karnak-Tempel in Luxor über das Leben und die Taten des Pharaos Tuthmosis III. wissen wir, dass dieser diesen Ort zu einer Heiligen Stadt machte. Die Überlieferungen belegen, dass er sich über einen Zeitraum von sieben Monaten dort aufgehalten hat – *„in einer Festung im Osten dieser Stadt"* –, während seine Truppen die Feinde von Megiddo belagerten. Es finden sich aber keinerlei Hinweise in den Aufzeichnungen, die auf eventuelle Feinde in der Festung hinweisen.

Abb. 50: Der Karnak-Tempel in Oberägypten (12. Dyn. / 2137 bis 1781 v.Chr.); auch Karnak war in späterer Zeit ein möglicher Aufbewahrungsort der Bundeslade.

Im 2. Buch Samuel, Kapitel 6, Vers 14, wird berichtet, wie die Israeliten kurz nach Davids Ankunft die Lade aufstellen: „*Sie aber brachten die Lade des Herrn und stellten sie an ihren Platz, in dem Zelte, das David für sie aufgeschlagen hatte.*“ Der Begriff der „heiligen Lade des Herrn“ war den Israeliten vermutlich durch Moses überliefert worden, der „*...unterwiesen wurde in aller Weisheit der Ägypter und mächtig war in Worten und Werken*“, wie uns in der Apostelgeschichte (7, 22) berichtet wird.

Weiter heißt es, dass durch ***die Ankunft der Lade*** des Herrn in Jerusalem dieser Ort zum heiligen Zentrum für alle israelischen Volksstämme wurde.82

In den Aufzeichnungen über die Werke Tuthmosis III. im Karnak-Tempel heißt es: „*...erwacht (zum Leben) im Zelt des Lebens, des Wohlstandes und der Gesundheit, in der Stadt Arauna. Und sie zogen weiter gen Norden und folgten ihrer Majestät, und sie trugen meinen Vater Amen-RA, den Herrn des Thrones der beiden Länder (damit er uns den Weg wies).*“ Der Pharao führte also das Heiligtum des Neter (Gottes) Amen-RA mit sich, als er in den Krieg zog, und es blieb bei ihm in der Nähe der Festung.

Durch die Anwesenheit dieses Heiligtums wurde der Platz somit zu einem heiligen Ort. In den historischen Aufzeichnungen über Tuthmosis III. heißt es, dass er einen Ort auswählte, um dort einen Schrein für seinen Gott errichten zu lassen. Die Beziehung zwischen den beiden Königen Tuthmosis III. und Arauna wird in den Tell-el-Amarna-Briefen, die aus dem 14. Jahrhundert vor Christus stammen, eindeutig beschrieben. In einem dieser Briefe, der vom Herrscher Jerusalems an Akhenaton, den Sohn und Nachfolger von Amenophis III., gerichtet ist, heißt es: *„Und siehe, dieses Land Jerusalem wurde mir weder von meinem Vater noch von meiner Mutter vermacht. Die mächtige Hand (des Königs) übergab es mir.“*[83] Halten wir fest, dass der ägyptische Pharao Tuthmosis III. das Heiligtum seines Gottes Amen-RA mit sich führte und einen Ort auswählte, an dem er einen Schrein für seinen Gott errichten ließ. Wie wir sehen können, decken sich die historischen Taten von Tuthmosis III. mit der biblischen Erzählung über König David, der einen „Tragekasten“ für das Heiligtum des israelischen Volkes erbauen ließ.

Den Tempel für den heiligen Schrein ließ jedoch erst der Nachfolger König Davids (Tuthmosis III.) erbauen – König Salomon (Pharao Amenophis III. / 18. Dyn. 1408-1372 v.Chr.).

Heute sind viele Menschen gar nicht darüber informiert, dass es nicht nur eine Bundeslade gab – es gab sehr viele Laden in der antiken Welt. Die

Abb. 51 u. 52: Links der letzte verbliebene Obelisk in Heliopolis, dem einstmals mächtigsten Priesterzentrum des Altertums. Heliopolis war das biblische *ZION* und der Ort, an dem die Bundeslade vermutlich am längsten im Allerheiligsten aufbewahrt wurde. Rechts die al-Aqsa-Mosche auf dem Tempelberg, wo einstmals der salomonische Tempel gestanden haben soll.

Geschichte der Bundeslade, wie sie erst Jahrtausende später im Alten Testament auftauchte, ist im Grunde eine Kopie – ein Plagiat – viel älterer Überlieferungen über die heiligen Steine oder die Steine des Schicksals, wie sie vielfach genannt werden, und wie wir erfahren haben, führen alle Wege nach Ägypten, auch hinsichtlich der Bundeslade, und die Wege der Ägypter führen in die erste Zeit, welche die Ägypter Zep Tepi nannten, womit sehr wohl die atlantische Epoche gemeint sein kann, das Goldene Zeitalter. Womit sich auch der Kreis um die Bundeslade, die Templer und ihre Mission, die Bundeslade und den darin erhaltenden Wissensschatz zu finden, schließt...

Zep Tepi – die erste Zeit der atlantisch-ägyptischen Kultur

Die Überlieferungen der Alten Ägypter berichten uns von einem ***Goldenen Zeitalter*** der ersten Zeit, ***Zep Tepi***, als die Götter noch gemeinsam mit den Menschen auf Erden lebten.

Bekanntlich beziehen sich die Archäologen heute bei der Beweisführung rund um die Erbauung der Großen Pyramide überwiegend auf die Überlieferung des Historikers ***Herodot***. Bei der Zeitrechnung beziehungsweise den Regierungszeiten der dynastischen Pharaonen stützen sich die heutigen Gelehrten auf die Königslisten Manethos. Bezüglich der Aussagen Herodots gibt es einige Ungereimtheiten und letztlich Aussagen, so zum Beispiel die über die Regierungszeiten, die mit der heute anerkannten Lehrmeinung nicht übereinstimmen. Andere wichtige Fakten werden von den heutigen Gelehrten ignoriert und in das Reich der Mythen und Legenden verlegt, sodass alles passt und sich letztlich in ihr geschichtliches und zeitliches Muster einfügt. Herodot, der seine Informationen überwiegend von Priestern aus Theben und Heliopolis erhielt, unterscheidet in seinen Überlieferungen deutlich zwischen Realität und Erzählungen, zwischen Dingen, die er persönlich gesehen hat und wiederum solchen, die er nicht persönlich sah. Im zweiten Buch der *„Historien“* (Kap. 141, 142) gibt Herodot ein anschauliches Beispiel für das hohe Alter der ägyptischen Geschichte. Er berichtet, dass ihm die Priester in Theben 341 Statuen gezeigt hätten, von denen jede eine hohe priesterliche Generation belegt – seit 11.340 Jahren! Herodot berichtet in seinen *„Historien“*:

„Denn jeder Oberpriester stellt dort bereits zu Lebzeiten seine eigene Statue auf. Die Priester zählten und zeigten mir alle nacheinander zum Nachweis, dass immer der Sohn dem Vater folgte. So gingen sie von dem Bild des zuletzt Verstorbenen alle der Reihe nach bis zum Anfang durch... Sie zeigten, dass alle, deren Bilder dort standen, Menschen dieser Art waren, von den Göttern weit verschieden. Vor diesen Männern hätten allerdings die Götter in Ägypten gewohnt und bei den Menschen gewohnt... Das wollen die Ägypter ganz bestimmt wissen, weil sie beständig die Jahre berechneten und aufschrieben..."

Der griechische Geschichtsschreiber Diodor berichtet, dass die Alten Götter *„alleine in Ägypten viele Städte gegründet"* hätten. Von diesen Göttern seien Abkömmlinge hervorgegangen, von denen *„einige von ihnen Könige über Ägypten wurden"*. In jener fernen Zeit war der Vorläufer des Homo sapiens noch eine primitive Gestalt, *„erst die Götter haben den Menschen entwöhnt, sich gegenseitig aufzufressen"*.

Die Götter (die ersten Kulturbringer) lehrten die Menschen und unterwiesen sie in der Landwirtschaft, im Herstellen von Werkzeugen, im Bergbau und in den Künsten. Auch die Sprache und die Schrift stammen von den alten Kulturbringern aus der *„ersten Zeit"*, wie Diodor berichtet:

„Von diesem nämlich sei zuerst die allen verständliche Sprache gegliedert und ausgebildet worden und vieles mit Namen belegt, wofür man bis dahin noch keinen Ausdruck hatte, und auch die Erfindung der Schrift sei von ihm (Hermes – der ägyptische Thoth, der biblische Henoch) ausgegangen sowie die Anordnung der Götterverehrung und der Opfer. Auch sei er der Erste gewesen, der die Ordnung der Gestirne und die Harmonie der Natur der Töne durch Beobachtung ausfindig gemacht..."

Natürlich überliefert uns auch Diodor genaue Zeitangaben:

„Von Osiris und Isis bis zur Herrschaft Alexanders, der in Ägypten die nach ihm benannte Stadt (Alexandria; Anm. StE) *gegründet hat, seien* ***mehr als zehntausend Jahre*** *verflossen, sagen sie – wie einige aber schreiben, gar nur ein Geringes weniger als dreiundzwanzigtausend..."*

Im 24. Kapitel berichtet Diodor vom Kampf der olympischen Götter gegen die Giganten. Interessant ist dabei, dass Diodor an dieser Stelle die Griechen auf einen Fehler hinweist und sie geschichtlich korrigiert. Sie irren sich, wenn sie die Geburt des Herakles zeitlich nur eine Generation vor dem Trojanischen Krieg einordnen, denn dies wäre *„zur Zeit der ersten Entstehung des Menschen geschehen. Von dieser an nämlich würden bei den Ägyptern* ***mehr als zehntausend Jahre*** *gezählt, seit dem Trojanischen Krieg aber nicht einmal ganz eintausendzweihundert."*

Natürlich berichtet und unterstreicht der griechische Historiker die genannten Angaben mit denen, die er während seines eigenen Ägyptenaufenthaltes sammeln konnte:

> *„Über Ägypten haben Götter und Heroen geherrscht, und zwar nicht viel weniger als* ***achtzehntausend Jahre****, und der letzte göttliche König sei Horus, der Isis Sohn, gewesen. Von Menschenkönigen aber sei das Land regiert worden von Moeris an nicht viel weniger als fünftausend Jahre bis zur 180. Olympiade, in welcher ich selbst nach Ägypten gekommen bin..."*
> (Kap. 44)

Wie wir wissen, wird der Beginn der dynastischen Perioden heute auf etwa 3100 v.Chr. festgelegt. Die nachfolgenden Könige herrschten dann – wie wir wissen – 30 Dynastien, bis etwa 331 v.Chr. Die heutigen Archäologen sind im Allgemeinen der Ansicht, dass vor dieser Zeit im Niltal, etwa vergleichbar mit der europäischen Vorgeschichte, wenig zivilisierte Menschen lebten, periodisch also vergleichbar mit Alt-, Mittel- und Jungsteinzeit. Natürlich ist das aus rein historischer Sicht auch recht plausibel, denn Hinweise auf eine höhere Zivilisationsstufe sind bisher nicht wissenschaftlich belegt worden, so die allgemeine Auffassung vieler Gelehrter. Das steht aber offensichtlich im Widerspruch dazu, dass die Wurzeln der sumerischen Kultur etwa um 3800 v.Chr. zu finden sind. Vielleicht täten wir doch besser daran, in diesem schwierigen Punkt – insbesondere aus wissenschaftlicher Sicht – objektiver zu sein und hinter die ägyptische Vorgeschichte ein großes Fragezeichen zu setzen.

Die vielen Überlieferungen und Hinweise auf vorzeitliche Wohltäter und Kulturbringer, die gemeinsam mit den Menschen lebten, sind nicht von der Hand zu weisen. Die Priester aus den Wissenszentren in Theben und Heliopolis haben den alten Chronisten ja schließlich davon berichtet. Mit welchem Recht stellen wir das in Frage? Würden wir alles nehmen und sorgfältig aussieben, bliebe unter dem Strich ***eine Genesis vor der Genesis*** übrig.

Kommen wir zurück zu Manetho: Dieser hat uns interessanterweise berichtet, dass er sich in seinem Werk auf *„wesentlich ältere Dokumente oder Königslisten"* bezogen hat, zu denen er als gelehrter Priester Zugang hatte. Das behauptet Manetho ja auch bezüglich der geheimen Schriften des Thoth; die Informationen hierfür hatte Manetho, wie er selbst berichtete, direkt von Inschriften unterirdischer Tempel, die von Thoth persönlich in die Steine eingraviert wurden. Einige der Dokumente und Königslisten, auf die Manetho sich möglicherweise bezog, liegen uns heute verhältnismäßig gut erhalten vor. Zum einen ist es die Königsliste in Form des Palermosteins (zirka 5. Dynastie), zum anderen ist es das Turiner Papyrus aus der 19. Dynastie (zirka 13. Jh. v.Chr.). Weiterhin existieren heute noch die Königslisten aus Abydos.

Zusammengefasst bestätigen diese alten Quellen im Großen und Ganzen, was die alten Historiker und auch der Priester Manetho berichten. Demnach gab es vor der Zeit der dynastischen oder ***„weltlichen" Könige***, die Menes (zirka 3100 v.Chr.) einleitete, zwei vordynastische Zeitalter. Während des ersten Zeitalters wurde Ägypten von den ***Neteru (Neter oder Götter)*** regiert, bis zu dem ***Königtum des Horus***, des Sohnes von Isis und Osiris. Auf das Zeitalter der Neter folgte das der sogenannten Schemsu Hor (wörtlich: die dem Horus Folgenden). Die ***Schemsu Hor*** führten den göttlichen Stammbaum des Horus bis in das Zeitalter der dynastischen Könige weiter, der mit Menes als erstem Pharao von Unter- und Oberägypten begann. Den Begriff Atlantis gab es zu dieser Zeit verständlicherweise noch nicht, aber ist es naheliegend, dass es sich bei dieser ersten Zeit – Zep Tepi – um die atlantische Zivilisationsstufe gehandelt haben muss.

Die Heilige Stadt Jerusalem

Das heutige Jerusalem auf den Bergen Judäas ist, zumindest für einen Großteil der Menschheit, eine Heilige Stadt. Der Ursprung der drei Abrahamsreligionen mit ihren heute über drei Milliarden Gläubigen ist mit dieser Stadt mehr als verbunden. Ob für Mohammedaner, Juden oder Christen – Jerusalem ist heilig und wird natürlich unweigerlich mit dem Leidensweg Christi in Verbindung gebracht. So ist Jerusalem auch die Stadt des Friedens, wie bereits der alte akkadische Name für Jerusalem – ***„Urusalem“*** – erkennen lässt.

Die Wortkombination, bestehend aus ***„Uru“*** (abgeleitet von yarah, was für „zu finden“ oder „zu gründen/errichten“ steht) und ***„Salem“*** (Frieden), könnte man somit auch mit „Fundament/Grundlage des Friedens“ oder auch mit „Frieden errichten/herstellen“ übersetzen.

Wie viele Friedenszeiten hat es in den vergangenen 3.500 Jahren in und um Jerusalem wirklich gegeben? So scheint auch die aktuelle politische Gegenwart nur ein Spiegel der Vergangenheit zu sein – der vergangenen Jahrtausende! Jerusalem war, mehr als irgendeine andere Stadt der Erde, in den vergangenen Jahrtausenden eine Stadt der Unruhen und Kriege – leider! Auch die Prophezeiungen über die großen Unruhen, Katastrophen und Kriege, die mit dem Übergang in das neue Zeitalter einhergehen sollen, sagen Jerusalem keine rosige Zukunft voraus, wie uns auch das Lukasevangelium (21, 5-6) berichtet:

> *„Es werden Tage kommen, da von dem, was ihr hier seht, kein Stein mehr auf dem anderen bleibt, der nicht abgebrochen werden wird... Wenn ihr aber von Kriegen hört und Aufständen, so lasst euch nicht schrecken; denn dies muss zuvor eintreten; aber nicht gleich das Ende...“*

Vielleicht täte man gut daran, die Auslegungen bezüglich Jerusalem in einem größeren, kausalen Zusammenhang zu sehen beziehungsweise sie in einen zu setzen, der sich sicherlich nicht in einen Zeitrahmen von ein paar tausend Jahren eingrenzen lassen wird. Eine eigenartige Festung auf dem südöstlichen Hügel von Judäa, 56 Kilometer östlich des Mittelmeeres auf einer Höhe von 740 Metern, war das erste Bauwerk an dem Ort, an dem später die Stadt Jerusalem erbaut wurde. Der Pharao Tuthmosis III. war es, wie wir schon erfahren haben, der diesen Ort zu einer Heiligen Stadt machte. Aus den historischen Überlieferungen wissen wir, dass er sich über einen Zeitraum von sieben Monaten dort aufgehalten hat, während seine Truppen die Feinde von Megiddo belagerten.[84]

Die historischen Schilderungen über die Feldzüge des Pharaos sind an dieser Stelle sicherlich nicht in Frage zu stellen, im Gegensatz zu den vielen Ungereimtheiten vieler biblischer Erzählungen mit den zeitlichen Verschiebungen und Verwechselungen von Orten und Namen. Der Ort aber, an dem der Pharao während des Feldzuges sein Hauptquartier aufschlug, hieß weder zu diesem noch zu einem späteren Zeitpunkt Jerusalem. Lediglich von einer „Tochter" Jerusalems finden sich in alten Aufzeichnungen aus vorchristlicher Zeit einige Hinweise auf diese einstmalige Festung nahe dem Mittelmeer.[85]

Es lassen sich auch klare Hinweise in den Tell-el-Amarna-Briefen finden, die etwa 1.400 Jahre vor Christus in akkadischer Sprache verfasst wurden. In diesen alten Dokumenten wird eine Stadt mit dem Namen „mat Urusalim" genannt, was man mit „das Land Jerusalem" übersetzen kann. Die Briefe belegen eindeutig, dass sich Jerusalem damals unter ägyptischer Herrschaft befand und eine ägyptische Garnison beherbergte. Aus den umfangreichen Überlieferungen, die uns heute aus der Pharaonenzeit noch vorliegen, erscheint weder bei Tuthmosis III. noch bei einem seiner Nachfolger in den Auflistungen über die eroberten Städte der Name „Jerusalem". Der ägyptische Name für Jerusalem war Qadesh, welcher wiederum in den Auflistungen über asiatische Städte bei den meisten Pharaonen der damaligen Zeit Erwähnung fand. Sowohl in der Bibel als auch im Koran wird der Name Qadesh als Synonym für Jerusalem verwendet.[86]

Bereits zu der Zeit Tuthmosis III. gab es mehr als nur einen Ort mit dem Namen Qadesh. Bei näherer Betrachtung und unter Berücksichtigung der historischen Ereignisse lassen sich die verschiedenen Orte mit diesem Namen auch richtig zuordnen.

Bei dem einen Qadesh muss es sich demnach um eine bedeutende Stadt im Norden Syriens handeln, am Ufer des Flusses Orontes, des heutigen Tell Nabi Mind, südlich des Sees Homs.[87]

„*Das andere Qadesh...*", so schreibt Moustafa Gadalla,

„*...finden wir im oberen Galiläa, nördlich von Hazor, an einem strategisch unbedeutenden Ort. Der berühmte israelische Archäologe Yohanan Aharoni schreibt dazu: ‚Das raue, hügelige und reichlich unwirtliche Gebiet im oberen Galiläa war in der späteren Hälfte der Bronzezeit (1550-1200 v.Chr.) kaum bewohnt.' In Übereinstimmung mit dieser Aussage bestätigen die uns bisher vorliegenden archäologischen und historischen Beweise die Annahme, dass es sich bei diesem Ort zu jener Zeit um eine nur sehr kleine und unbefestigte Ansiedelung gehandelt haben muss. Da in den Aufzeichnungen über das Leben und die Taten von Tuthmosis III. zunächst Qadesh und gleich darauf Megiddo als die hauptsächlichen Ziele seines ersten Feldzuges genannt werden, müssen wir logischerweise ausschließen, dass es sich bei dem dort erwähnten Qadesh um jene unbedeutende und kaum bewohnte nordpalästinensische Stadt im oberen Galiläa gehandelt haben kann.*"[88] „*Es ist auch recht seltsam, dass sich noch niemand der Mühe unterzog, die auf die ‚Heilige Stadt Gottes' bezüglichen Bibelstellen eingehender zu prüfen. Man hätte gefunden, dass die in der Bibel genannte ‚Heilige Stadt Gottes mitten im Meere' (Hes. 28, 4, 27, 25), ‚an den vielen Wassern' (Off. Joh. 17, 1), ‚zwischen zwei Meeren' (Dan. 11, 45), ‚bei den vielen Inseln im Meere', ‚im Lustgarten Gottes', ‚mit den Brünnlein Gottes' (Hes. 47, Ps. 46, 5), ‚mit dem werten heiligen Berg Gottes zwischen zwei Meeren' (Dan. 11, 45), ‚mit den Grenzen im Meere' (Hes. 28, 2) usf. unmöglich das Jerusalem in Kanaan sein kann, denn dort fehlen Brünnlein, Lustgarten Gottes, Inseln, Wasser und Meer. Man hätte sofort sehen müssen, dass die Beschreibung des hohen ‚Heiligen Berges Gottes' ‚mitten im Meere und an den vielen Wassern' nicht auf den Berg Zion passt, vielmehr auf die atlantische Hauptstadt zutrifft...*[89] *...Welche Stadt aber mit der ‚Tochter Zions' gemeint ist und welche mit dem Ur-Sal-Heim, dem Jerusalem, steht noch dahin, wenn wir sie in Beziehung mit dem Opfertode des Ziu-Zion-Sohnes bringen. Es dürfte kein Zweifel sein, dass wir es hier, wie in den Psalmen, nicht mit dem geschichtlichen Jerusalem zu tun haben, sondern mit einem bildlich gemeinten himmlischen Jerusalem, einem himmlischen Ur-Sal-Heim; einer Ur-Heils-Stätte. Darauf haben längst viele Beziehungen und Umstände hingewiesen. Die Apokalypse, die Psalmen, alle Weissagungen sprechen von diesem himmlischen Jerusalem.*"[90]

Ist Jerusalem die Heilige Stadt der Juden oder der Moslems?

Diese Frage – der Besitzanspruch Jerusalems – ist seit mehr als drei Jahrtausenden von allergrößter Bedeutung. Doch die Beweislast für Salomon und den pompösen Tempel, wie er in den biblischen Schriften beschrieben wird, ist in allen wesentlichen Punkten widerlegt, wie wir erfahren konnten. Die Rettung wäre ein archäologischer Fund, der ein für allemal alle Stimmen der vielen Kritiker verstummen lassen würde. Im Jahre 2002 gab es so einen Fund und die große Hoffnung, endlich Klarheit zu haben.

Mitte Januar 2003 berichtete die israelische Zeitung Ha'aretz über einen sensationellen Fund rund um den Tempelberg. Hat die heilige Erde nach Jahrtausenden nun doch einen eindeutigen Beweis für den Tempel Salomons, das erste Gotteshaus des Judentums, freigegeben? Mittelpunkt der brisanten Angelegenheit ist der Fund einer Steintafel (27 mal 31 cm groß), die in althebräischer Schrift von Ausbesserungsarbeiten am Tempel berichtet, die der ***„König von Juda, Sohn des Ahaziah"*** einst durchführen ließ. Das würde sich mit den Erzählungen aus dem Alten Testament (2. Könige, 12) decken, das ebensolche Reparaturen am Tempel Salomons in ähnlichen Worten beschreibt. Als Auftraggeber wird in der Bibel der historisch unbekannte König Joasch genannt, der Juda am Ende des achten vorchristlichen Jahrhunderts regiert haben soll. Es handelt sich nicht nur historisch, sondern vor allem auch politisch um einen höchst brisanten und möglicherweise bedeutenden Fund, so er sich denn als echt erweisen sollte.

Dieser Fund würde Jahrtausende währenden Spekulationen endlich ein Ende setzen. Er würde die Ursprünge der jüdisch-christlichen Religion von der Legende in die geschichtliche Realität holen. Natürlich kochen nach so einem Fund die Emotionen gleichsam über, ohne die endgültigen Untersuchungsergebnisse abzuwarten. So sprach der Archäologe Gabriel Barkai von der Bar-Ilan-Universität von dem „bedeutendsten Fund in der Geschichte Israels". Doch ist wohl anzunehmen, dass das politische Interesse an der Echtheit eines solchen Fundes weit größer wäre, denn die Joasch-Tafel könnte dem Streit mit den Palästinensern um den Tempelberg eine bedeutende Wendung geben. Doch wie ist es nun um die Echtheit dieser Tafel wirklich bestellt?

Die israelischen Forscherkollegen Barkais sind mittlerweile geteilter Meinung. Die erste archäometrische Analyse gab Barkai zunächst Recht.

Fast ein Jahr lang wurde der Stein von Shimon Ilani und Amnon Rosenfeld vom staatlichen Geological Survey akribisch untersucht. Sie haben die Tafel mit dem Elektronenmikroskop abgetastet und ihre Zusammensetzung mit Röntgenstrahlen und einem Spektrometer analysiert. Ilani kam zu dem Ergebnis, dass es sich um ein authentisches Stück handeln müsste. Als die ersten Bilder der Tafel Mitte Januar 2003 durch die Presse gingen, hatten die Schriftkundler keine Möglichkeit einer Analyse. Noch bevor sie das Original in Augenschein nehmen konnten, widersprachen viele Epigrafiker (Inschriftenkundler) den Naturwissenschaftlern und sprachen von einer Fälschung.

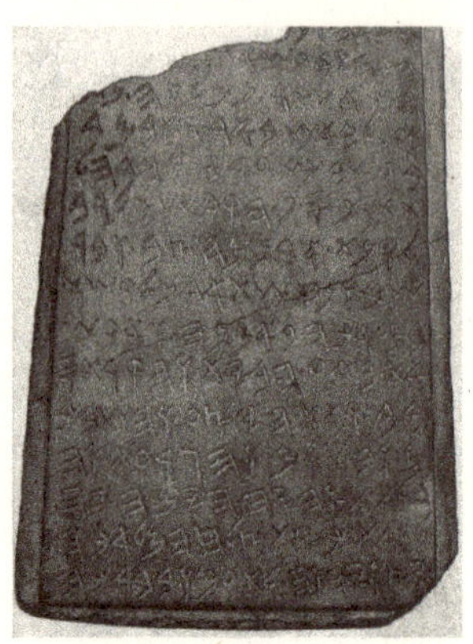

Abb. 53: Steintafel in althebräischer Schrift. Fundort: Jerusalem, 2002. Ihre Echtheit wird von Wissenschaftlern angezweifelt.

Kurzfristig kamen Wissenschaftler aus Deutschland, Israel und den USA zu einer Konferenz zusammen, um über den Fund detaillierter zu diskutieren. *„Einem königlichen Schreiber, der die Buchstaben derart schlampig gesetzt hätte, wären die Hände abgehackt worden."*, waren die Schriftexperten sich einig. Ein anderer Experte, Ernst Axel Knauf, Hebraist an der Universität Bern, bemerkte: *„Der Fälscher kann offenbar nur Althebräisch..."*90a

„Da wurden schlicht ein paar Bibelstellen kombiniert." Die Zeichenformen habe der Fälscher aus moabitischen und judäischen Vorbildern des siebten bis neunten Jahrhunderts zusammengemischt. Beim Abschreiben unterliefen ihm gleich mehrere Fehler. *„Ein Wort ist so entstellt, dass es gar keinen Zusammenhang ergibt."*, und ein anderes Wort sei in dieser Form erst Jahrhunderte später in Gebrauch gekommen, so Knauf.90b

Auch das Material unterstreicht die Vermutung der Experten, dass es sich um eine Fälschung handelt. So bemerkte der Tübinger Bibelarchäologe Siegfried Mittmann: *„Bauinschriften in Sandstein habe ich noch nie gesehen. Sie sind normalerweise aus Basalt oder Kalkstein."*90c

Auch Nadav Na'aman, Historiker an der Universität Tel Aviv und Spezialist für das Buch der Könige, äußerte sich sehr kritisch bezüglich der Echtheit der Tafel. Nach Na'aman soll das Buch erst Jahrhunderte nach den Ereignissen, die es beschreibt, entstanden sein. Die Urheber mussten sich auf Überlieferungen stützen. Das besagte zwölfte Kapitel müsste eine Inschrift des Königs Jaosch zum Vorbild gehabt haben, vermutet der Historiker schon länger. *„Die Tafel ähnelt keiner königlichen Inschrift, die ich kenne.“*, so Nadav Na'aman.90d

Bisher ist nicht einmal endgültig geklärt, wo die Tafel ans Tageslicht kam, was die Kritiker nur bestätigt und sicherlich aufgrund der großen politischen Brisanz zu allerlei Diskussionen führt. Gerüchten zufolge habe ein Jerusalemer Sammler, der bis heute im Hintergrund bleibt, die Tafel zuerst dem Israel-Museum angeboten. Seine Anwälte und die beteiligten Wissenschaftler weigern sich, den Fundort zu nennen. Wovor haben die Beteiligten Angst?

Die Tageszeitung Ha'aretz berief sich auf mysteriöse Quellen und schrieb, dass die Tafel bei muslimischen Grabungsarbeiten auf dem Tempelberg gefunden worden sei. Dort, am dritthöchsten Heiligtum des Islam, baut die Al-Aqsa-Stiftung an der größten Moschee des Vorderen Orient. Doch nur wenige Tage nach der ersten Meldung schrieb die Ha'aretz dann, dass die Tafel woanders her sei: vom muslimischen Friedhof vor dem goldenen Tor, einem inzwischen vermauerten Zugang zum Tempelbezirk. Der genaue Fundort wäre von großer Bedeutung, darüber sind sich alle Wissenschaftler einig. Warum wurde von Beginn an ein Geheimnis um den eigentlichen Fundort gemacht? Spielen hier politische Überzeugungen mal wieder die Hauptrolle? Schließlich geht es hier ja um entscheidende Beweise, die Legenden und Erzählungen der Bibel belegen würden. Dass diese Tafel ausgerechnet zum jetzigen Zeitpunkt auftaucht, unterstreicht einmal mehr die politische Brisanz dieses jahrtausendealten Konfliktes rund um Jerusalem und den Tempelbezirk. Die Palästinenser dahingegen fürchten nichts mehr als erneute israelische Ansprüche auf den Tempelberg. Vor etwa drei Jahren ließ die palästinensische Bauleitung hunderte von Lastwagenladungen Aushub vom Tempelberg in das nicht weit entfernte Kidron-Tal kippen, bevor er von Archäologen durchsucht werden konnte. Es ist also davon auszugehen, dass weitere Schriftfunde in naher Zukunft ans Tageslicht treten werden. Welcher der beiden Seiten sie helfen werden, bleibt abzuwarten.

Eine Frage sollte dennoch gestellt werden: Wären die Naturwissenschaftler auf der einen Seite hundertprozentig von der Echtheit der Tafel überzeugt, warum wurde dieser Fund in den vergangenen Monaten in den Medien nur zweitrangig behandelt? Zumindest für eine Seite der Gläubigen wäre es doch die Weltsensation – so die Tafel wirklich echt ist.

Zusammenfassend können wir festhalten: Aufgrund der bisherigen Ausführungen – insbesondere der Gegenüberstellung des biblischen Königs Salomon mit dem ägyptischen König Amenophis III. – erhalten wir neben verschiedenen Indizien handfeste Aussagen und somit beweiskräftige Angaben aus der ägyptischen Chronologie, die zwingend den Schluss nahelegen, dass es sich bei dem biblischen Salomon und dem ägyptischen Pharao Amenophis III. um ein und dieselbe Person handelt. Die Entdeckung der Steintafel in Jerusalem belegt einerseits das dringende Bedürfnis der endgültigen Klärung der Besitzansprüche rund um den Tempelberg und den Tempel Salomons, aber andererseits auch die Ohnmacht aufgrund nicht vorhandener beweiskräftiger Fakten – die Legenden und Erzählungen um Salomon bleiben Legenden und Erzählungen, nicht mehr und nicht weniger...90e

Heliopolis – Die Heilige Stadt

Das einstmalige Zentrum der Priesterschaft in Heliopolis dehnte sich auf einer Fläche von etwa 900.000 Quadratmetern aus und war von einer mächtigen Umfassungsmauer umgeben. Das Alter der Anlage ist heute nicht endgültig geklärt, ihre Wurzeln sind aber mindestens bis in die 3. Dynastie (2700 bis 2575 v.Chr.) zurückzuverfolgen. Heliopolis galt als die bedeutendste Universität der Welt. Etwa zur Zeit des Neuen Reiches (19. Dyn.) sollen dort zirka 13.000 Priester gewirkt haben. Etwa zweihundert Jahre zuvor wurde kein Geringerer als Moses in Heliopolis *„in all die Weisheit der Ägypter“* eingeweiht.

Nicht nur die Spuren Mose führen uns zurück in das Alte Ägypten, wie wir feststellen konnten. Gleiches gilt auch für Abraham, den angeblichen Stammvater des Christentums und der beiden anderen mosaischen Religionen. Auch die Spuren von Joseph, David und Salomon stehen in einem weitaus größeren Zusammenhang mit dem Land am Nil, den Pharaonen dem Priester- und Einweihungszentrum Heliopolis, als die Christenheit es bis heute zu glauben vermag und der Klerus offiziell zu bekennen gibt.

Heliopolis war sicherlich das bedeutendste Wissenszentrum der antiken Welt. Man denke auch an den Wissensschatz der Bibliothek von Alexandria und die große Tragödie, die durch die Vernichtung entstand und für die Nachwelt einen tiefen Sturz in jeglicher Hinsicht bedeutete. Der Tiefpunkt auf kultureller, sozialer, religiöser und wissenschaftlicher Ebene hatte zwischenzeitlich verschiedene Extreme zu verzeichnen, wie beispielsweise die vielen kirchlichen Kreuzzüge „im Namen Gottes"!

Heute wissen wir, welchen Gott diese „geistlichen" und gottabgewandten Massenmörder seinerzeit angebetet haben. Die weiteren geschichtlichen Ereignisse waren eine steile Talfahrt. Die Fahrt endete irgendwo im tiefsten Sumpf des Mittelalters: Pest, Kriege, die „heilige" Inquisition und das Ptolemäische Weltbild thronten über Europa. Wer dafür verantwortlich war, wissen wir alle.

Die Mysterien-Schulen in der Alten Zeit waren die Zentren der geheimen und okkulten Wissenschaften. Ihre Hohepriester waren die eingeweihten Priester, die in Demut, Bescheidenheit und weiser Vorausschau ihr Wissen weitergaben. Die Priesterschaft war für alle Lebensbelange zuständig. Nicht nur die geistliche und spirituelle Macht, sondern auch die politische Macht wurde maßgeblich durch die Priesterschaft beeinflusst und wurde durch den Pharao personifiziert. Religion und Staatswesen waren, wenn man so will, noch eine untrennbare Einheit.

Diese Einheit von Religion und Staatsführung, die von alters her der Tradition entsprach, ist heute noch in vielen Ländern des Ostens erkennbar. Wie auch im Falle der frühen Hochkultur des Zweistromlandes und der frühesten sumerischen Hochkultur, tritt dieses mystische und okkulte Wissen der Ägypter praktisch ohne erkennbare und bis heute nicht gefundene Übergangsstadien auf, die Jahrhunderte, wenn nicht sogar Jahrtausende hätten dauern müssen, wobei wir uns auch dann der Frage stellen müssen, wie die hohen Erkenntnisse in Mystik, Mathematik, Astronomie,

Astrologie (Astronomie und Astrologie waren ursprünglich *eine* Wissenschaft) und Architektur ihre Perfektion erreichen konnten. Den Skeptikern unter den Lesern und Naturwissenschaftlern sollte an dieser Stelle bewusst sein, dass die Wissenschaftler der Ägypter beispielsweise denen der heutigen Zeit in verschiedenen Bereichen voraus waren und Kenntnisse besaßen, die nach heutiger Lehrmeinung teilweise erst Jahrtausende später entdeckt wurden. Jenen Skeptikern empfehle ich, sich einmal mit den astronomischen und mathematischen Daten der Großen Pyramide von Gizeh und dem Phänomen der Präzession zu befassen, die beide ausführlich in meinem ersten Werk *„Den Göttern auf der Spur“* behandelt werden.

Von den Griechen und Römern trennen uns heute mehr als zwei Jahrtausende!

Als die Griechen und die Römer die Weltbühne betraten, da hatte sich bereits der Staub der Jahrhunderte und Jahrtausende über die Reste der ägyptischen Hochkultur gelegt. Das erkannten schon so große Männer der Geschichte wie beispielsweise Plato, als er einmal sagte:

„Wir Griechen sind in Wirklichkeit Kinder im Vergleich zu diesem Volk, dessen Überlieferungen um das Zehnfache älter sind (als die unsrigen). Und während nichts an kostbarer Erinnerung an die Vergangenheit in unserem Land länger aufbewahrt wird, hat Ägypten die Weisheit alter Zeiten auf ewig aufgezeichnet und aufbewahrt. Die Wände seiner Tempel sind bedeckt mit Inschriften, und die Priester haben dieses göttliche Erbe ständig vor Augen (...). Jede Generation übergibt der nächsten unverändert die heiligen Dinge, als da sind Lieder, Tänze, Rhythmen, Rituale, Musik, Malerei, die aus unvordenklichen Zeiten stammen, als die Götter zu Beginn aller staatlichen Ordnung noch auf Erden herrschten.“

Ähnlich äußerte sich auch einmal der römische Philosoph Lucius Apuleius im zweiten Jahrhundert nach Christus:

„Oh Ägypten, Ägypten! Von deinem Wissen werden nur Fabeln übrigbleiben, die späteren Geschlechtern unglaublich vorkommen.“

Abschließende Betrachtungen zu Jesus, Buddha und Horus

Viele biblische Personen sind historisch nicht bewiesen. In dem vergangenen Kapitel konnten wir feststellen, dass die biblischen Hauptdarsteller um Abraham, Moses, David, Salomon, Joseph allesamt tief in der ägyptischen Geschichte wurzeln, teilweise Pharaonen waren oder eben treue Diener der Pharaonen, wie beispielsweise Joseph. Alle Spuren führen ins Heilige Land der Pharaonen. Gleiches gilt auch hinsichtlich der Bundeslade auf dem Berg Zions. Die Bibelautoren haben ihre Geschichte geschrieben, aber sie haben sie größtenteils aus Ägypten entlehnt und gefälscht. Vermutlich geschah das im babylonischen Exil, wo sie beschlossen, ihre eigene große Geschichte zu verfassen. Gott sei Dank haben sie das sehr fehlerhaft gemacht.

Es könnte einiges dafür sprechen, dass auch Jesus einer dieser biblischen Hauptdarsteller war. Ich habe mich während meiner langen Forschungstätigkeit in Ägypten bereits vor 20 Jahren intensiv damit befasst und in *„Banken, Brot und Bomben, Band 1"* ausführlich darüber berichtet (für interessierte Leser ausführlich in **Anhang 3**). Gerade die Verbindung zwischen Atlantis, Ägypten und den Templern hat mich dazu veranlasst, die Thematik hier noch einmal neu zu beleben und auf meine alten Quellen zurückzugreifen.

Es gibt noch zahlreiche Ähnlichkeiten und Übereinstimmungen zwischen dem biblischen Jesus und Tutenchamun, sodass sehr viel dafür spricht, dass Jesus bereits viele Jahrhunderte früher gelebt hat und es sich bei dem biblischen Jesus und Tutenchamun um ein und dieselbe Person handeln könnte. Hier schließt sich auch der Kreis meiner Thesen, die zudem durch die Untersuchungen der Mumie Tutenchamuns durch den international bekannten Mumifizierungsexperten Dr. Iskander hätten bestätigt werden können.

Der Ägypter war nicht nur ein Experte auf seinem Gebiet, sondern verfügte auch über ein sehr fundamentiertes Wissen, besonders in Bezug auf die 18. und 19. Dynastie, den Zeitraum also, in dem sich insbesondere die wechselseitigen Beziehungen der Ägypter und Hebräer abspielten, die Einzug in die Genesis fanden und bis heute die Glaubensgrundlage des jüdischen Volkes bilden. Wie alle Ägyptologen, so war sich auch Iskander sicher, dass die Bedeutung der Israeliten – aus rein wissenschaftlicher Sicht –

im damals Heiligen Land Ägypten in keinster Weise so groß gewesen sein kann, wie das heute von den Hebräern angenommen wird. Außerdem spielte sich dieses ganze Szenarium in einer Zeit ab, in der Ägypten in jeder Hinsicht, also besonders politisch und militärisch, nahezu unantastbar war. So kann der Auszug der Hebräer aus Ägypten so, wie er in der Bibel beschrieben wird, niemals und schon gar nicht in der Größenordnung stattgefunden haben. Dass es einen Auszug gegeben haben mag, ließ Iskander als durchaus plausibel erscheinen, aber hier könne man nur von einer kleinen unbedeutenden Gruppe sprechen.

Der ägyptische Wissenschaftler hatte zum Ende seiner offiziellen Laufbahn ein besonderes Forschungsziel, und das stand im Zusammenhang mit der 18. Dynastie. Iskander versuchte, den Stammbaum und somit die Linie der königlichen Mumien der 18. Dynastie anhand von DNS-Untersuchungen wissenschaftlich zu untermauern. Im Februar 2001 hatte er einen Großteil der 18. Dynastie per DNS-Analyse bereits bestätigen können. Es fehlte abschließend nur noch die Untersuchung an der Mumie Tutenchamuns, die durch zweifelhafte Ungereimtheiten verhindert wurde.

Ich hatte Dr. Iskander seinerzeit persönlich in seinem Labor im Ägyptischen Museum in Kairo getroffen. Dr. Iskander hatte mir erklärt, dass man ihm von ägyptischer Instanz verboten hatte, eine DNS-Untersuchung an der Mumie Tutenchamuns vorzunehmen. Weil Wissenschaftler bereits 1968 festgestellt hatten, dass die Mumie Tutenchamuns semitische Gesichtszüge hat und es vermutlich in ägyptischen Kreisen weitere eindeutige Hinweise darauf gab, dass Tutenchamun wirklich Hebräer war oder zumindest nur Halb-Ägypter, stoppte man die Untersuchung Dr. Iskanders, um ein religionspolitisches Erdbeben noch zu verhindern.

Ob Jesus eine historische Person war oder nur eine mythische Vorstellung, ist bis heute ein sehr umstrittenes Thema unter Gelehrten und Forschern. Nicht nur die These, dass es sich bei Jesus in Wirklichkeit um einen ägyptischen Pharao gehandelt haben könnte, ist theoretisch in keinster Weise abwegig. Aber wir wissen auch seit vielen Jahrzehnten der Forschungsarbeit, dass nicht nur der Vergleich des biblischen Jesus mit Tutenchamun große Ähnlichkeiten aufweist, auch ein Vergleich mit Buddha weist ein sehr ähnliches Vergleichsmuster auf. Vergessen dürfen wir auch nicht den ägyptischen Gottessohn Horus.

„So haben Untersuchungen ergeben, dass sich in den mythischen und dramatischen Darstellungen der heiligen Schriften dieser Welt bei dreißig bis fünfzig frühen Göttern beziehungsweise Christusgestalten ‚parallele Zyklen' allegorischer ‚Ereignisse' finden lassen. Bekannt sind inzwischen die Entsprechungen zu Geburt und Leben von Krishna, dem Christus der Hindus. Der persische Gott Zoroaster (Zarathustra) wurde in Unschuld von einer Jungfrau und einem Strahl der göttlichen Vernunft (Logos) geboren. Am Ende wurde er an Holz beziehungsweise ‚vom Baum' aufgehängt – das spätere Kreuz beziehungsweise der Baum auf dem Kalvarienberg. Es gibt auch die Geschichte von Salivahana, dem göttlichen Kind einer Jungfrau auf Ceylon (Sri Lanka). Salivahana war der Sohn von Tarshaca, einem Zimmermann. Sein Leben wurde in früher Kindheit von einem Tyrannen bedroht, der später von ihm getötet wurde. Diese Geschichte weist eine derartige Nähe zu der von Jesus auf, dass man eine gemeinsame Quelle wohl kaum leugnen kann. Viele andere Einzelheiten ähneln mit leichten Abwandlungen denen von Krishna."[91]

So können wir sicher festhalten, dass die vergleichenden Religionswissenschaften herausgefunden haben, dass fast alle traditionellen Glaubensrichtungen auf der Geschichte vom Sohn eines himmlischen Königs, der sich in die dunkle untere Welt hinab begibt, leidet, stirbt und wieder aufersteht, bevor er in seine ursprüngliche obere Welt zurückkehrt, beruhen. Die Übereinstimmungen sind bemerkenswert:

„In einem bewegenden, vielschichtigen dramatischen Ritual wird erzählt, wie dieser König/Gott seine Feinde besiegt, triumphiert und in der Höhe seinen Thron einnimmt. Die vergleichenden Religionswissenschaften kennen dreißig bis fünfzig solcher Offenbarungen beziehungsweise Erlösergestalten, unter anderem Osiris, Horus, Krishna, Bacchus, Orpheus, Hermes, Baldur, Adonis, Herkules, Attis, Mithras, Tammuz in Syrien, Thor (Sohn von Odin), Beddru in Japan, Deva Tat in Siam und viele mehr. Kersey Graves zitiert in seinem Buch ‚The World's Sixteen Crucified Saviours' eine Prophezeiung der persischen Gottheit Zarathustra: ‚Eine Jungfrau wird einen Sohn empfangen und gebären, und ein Stern wird strahlend am Mittag erscheinen, um das Ereignis zu verkünden.' Zarathustra erklärte seinen Anhängern: ‚Wenn ihr des Sterns gewahr werdet, folgt ihm, wohin auch immer er euch führt. Betet das geheimnisvolle Kind

an und bringt ihm in tiefer Demut eure Gaben dar. Es ist wirklich das allmächtige Wort, das den Himmel erschuf. Es ist wirklich unser Herr und immerwährender König.'"[92]

Ein immer wiederkehrendes und gleiches Muster spielt der Sonnenkult. Wie wir wissen, hat selbst Konstantin noch den Mithras-Kult praktiziert, und bei genauerer Betrachtung und Analyse stoßen wir bis heute auf die Bedeutung des alten Sonnenkultes, der Grundlage der gefälschten und abgekupferten mosaischen Religionen war:

„Die verschiedenen Namen, die Christus in der ägyptischen Literatur trägt – Iusa oder Iusu (Jesus), Horus, Iu-em-hetep und Atum (hebräisch Adam) –, gehen stets mit Zusätzen einher, die so viel bedeuten wie ‚der kommende Eine' oder ‚der Kommende', denn er repräsentierte die zyklische Wiedergeburt des Sonnengottes. Er ist das ‚immer kommende Kind' der jungfräulichen Mutter, der großen Isis, sowie auch einer ganzen Reihe anderer Göttinnen... Einziges großes Thema und zentrale Lehre aller Religionen ist die Fleischwerdung des Göttlichen im Menschlichen. Da alles, was in unserem Sonnensystem existiert, auf die Sonne zurückgeht und wir alles, was wir sehen und wahrnehmen können, allein ihrem Licht verdanken, war die Sonne in der Antike das natürliche Symbol für ein höheres Wesen, für Gott. Im Mittelpunkt des Christusmythos stand somit die strahlende Gestalt des Sonnengottes, der sowohl das Göttliche verkörperte als auch die vergöttlichte Menschheit. In ihren Sonnengöttern, vom griechischen Herkules bis hin zum ägyptischen Horus oder Iusa (ägyptischer Name für Jesus; Anm. StE), *konnten die Menschen das Abbild ihrer eigenen Geschichte, ihres Schicksals und schließlich ihre Verwandlung in Engel des Lichts erkennen. Nichts anderes gilt für die Jesusgestalt der Evangelien...*[93] *Die angesehene archäologische Zeitschrift Bible Review brachte in ihrer Ausgabe vom Februar 2003 einen reich illustrierten Beitrag unter dem Titel ‚Faces of Jesus' (Gesichter Jesu), in dem ein berühmtes Deckenmosaik von Grab M unter der Peterskirche im Vatikan beschrieben wird. Es stammt aus dem 3. oder 4. Jahrhundert. Das Mosaik zeigt die Weinrebe des griechischen Sonnengottes Dionysos, die, zum Weinstock Jesu Christi uminterpretiert, ein großes Bild von Christus umrankt, auf dem er als Sonnengott in einem Sonnenwagen fährt, der von vier weißen Pferden über den Himmel gezogen wird. Mehrere Jahrhun-*

derte lang war Jesus somit für viele Mitglieder der Kirche noch buchstäblich die ‚Sonne der Rechtschaffenheit'. Auch der christliche Sabbat, der Sonntag, geht unmittelbar auf dieses Sonnenphänomen zurück. Der heidnische Name lautete ‚dies solis', Tag der Sonne. Im christlichen Gebet hieß es bis ins 6. Jahrhundert hinein: ‚Unser Herr, die Sonne'. Dieselben Worte wurden lange auch in der Liturgie gebraucht."[94]

Ein anderer bekannter Autor fasst es folgendermaßen zusammen:

„Empfangen wird der ‚Gottessohn' überall und von jeher von einer reinen Jungfrau durch den Heiligen Geist oder einen Gott. So wird der indische Krishna von der Jungfrau Maja durch den Heiligen Geist empfangen, wie Christus von der Jungfrau Maria durch den Heiligen Geist in Gestalt einer Taube. Auch Jupiter machte in Gestalt einer Taube die jungfräuliche Pythia zur Mutter. Plato galt bei den Griechen als der Sohn des Apollo, empfangen von einer irdischen Jungfrau, Bacchus und Mithra wurden auf gleiche Weise erzeugt, in China Fohi, in Korea Archer, in Mexiko Huitzliputzli; auch in Babylon, in Ägypten und nicht zuletzt im germanischen Mythos ist uns die jungfräuliche Göttin überliefert, die den Heiland gebiert. Nach einem nordischen Mythus nimmt Wotan irdische Gestalt an, wird von einer reinen Magd geboren und muss die Erde mit ihren Leiden durchkosten. Über die Sinndeuten aller dieser Mythen sind wir uns klar, auch darüber, dass es geradezu eine Lästerung des ‚Heiligen Geistes' ist, solche Behauptungen von ihm wörtlich zu nehmen. Ein Vergleich der beiden Erscheinungen, besser Bilder des Buddha und des Jesus von Nazareth, wie er mit aller Gründlichkeit schon aus den indischen und christlichen Überlieferungen herausgearbeitet wurde, zeigt, wie beide Gestalten einem Urgedanken entsprungen sind, nur mit dem Unterschiede, dass die Christusmythe aus der Buddhamythe, als der viel älteren, hervorging und die Buddhamythe selbst wieder auf ein kosmisches Urbild zurückgeht, das wir herauszuschälen in dieser Arbeit uns vorgenommen haben. Jesus wie Buddha entstammen dem Königsgeschlecht ihrer Völker, beide haben Jungfrauen zu Müttern, Jesus die Maria, Buddha die Maya, die von Engeln auf ihren Beruf als Gebärerinnen von Gottessöhnen vorbereitet werden. Sie empfangen beide die Frucht ihres Leibes vom ‚Heiligen Geiste'. Die Geburt wird von Engeln verkündigt. Könige, Götter und Priester erscheinen bei der Geburt des Buddha, wie bei der Geburt des Christus die

‚Weisen vom Morgenlande'. Sie schenken beiderseits Weihrauch und andere Kostbarkeiten, und die jungen Heilande werden beide von bösen Herrschern beargwöhnt, die durch Träume und Kundgebungen gewarnt, im ganzen Lande nach dem künftigen König forschen. Und wie diese Herodasse nicht begreifen konnten, dass das Reich dieser Könige nicht von dieser Welt sein würde, so hat es die christliche Menschheit unter der Führung ihrer Kirchen bis heute noch nicht begriffen. Buddha wird wie Jesus im Tempel dargebracht. Der jugendliche Buddha setzt die Schriftgelehrten durch seine Weisheit in Erstaunen. Vor seinem öffentlichen Auftreten geht er in die Wüste, fastet vier Wochen, weist den Versucher Mara ab, der ihm allen Reichtum der Welt zeigt. Er heilt Kranke, macht Blinde sehend, schreitet trockenen Fußes über das Wasser, speist seine Jünger auf wunderbare Weise, wird wie Jesus von einem seiner Jünger, Devadatta (buddhistischer Mönch zur Zeit des Buddha Siddharta Gautama; Anm. StE), *verraten und erscheint ihnen nach seinem Tode in lichter Verklärung.*"[95]

Der schon mehrfach erwähnte Sonnenkult verrät uns sehr augenscheinlich das Geheimnis um den mythischen und symbolischen Geburtstag Jesu:

„Die Geburt Christi, als Sohn des Weltenvaters, in der Nacht zum 25. Dezember von einem ‚irdischen Weibe', einer Jungfrau geboren, findet eine Fülle gleichlaufender Überlieferungen bei den alten Völkern. Agni in Indien, Mithras in Persien, Osiris in Ägypten, Adonis, Bacchus, Apollo in Syrien, Phönikien und Griechenland; Manu und auch Buddha und viele andere ‚Göttersöhne' sind in der Nacht zum 25. Dezember geboren. Alljährlich am 25. Dezember feierten in Rom die Priester und Bruderschaften des Bacchus, des Mithras, der Venus und der Isis die Geburt des jungen Sonnengottes. Überall in allen Provinzen des Reiches auch trug man die Wiege mit dem Neugeborenen in feierlicher Prozession herum, mit dem Jubelrufe ‚Evoe Bacchus!' Ceres, die glückliche Mutter des Bacchus wurde als die ‚Heilige Jungfrau' gepriesen. Auf einer alten Terrakottavase ist uns eine Darstellung dieses Vorganges erhalten. Die Priester des Horus trugen nach alter Übung die Tonsur, von denen sie die römische Kirche übernahm, eine Art, die Haare zu tragen, die dazu dient, dem kosmischen Willen leichteren Zutritt zu gestatten. Alle diese Göttersöhne heilten Krankheiten, erweckten Tote, taten Wunder und mussten schließlich ster-

ben nach der Forderung des uralten Mythos vom ewigen Wechsel des Lebens über Geburt und Tod, erlebt im Ablauf eines Rundganges der Sonne durch den Jahresring. Die Jungfrau Maria mit dem Jesuskind auf dem Arme ist keine jüngere Vorstellung, kein ‚christliches' Herkommen, sondern ein Erbteil der allgemein menschlichen Verehrung des Wunders der Mutterwerdung, der Mütterlichkeit der Erde überhaupt. Wir kennen die Juno mit dem Kinde auf dem Arme, die Artemis von Ephesus, die ‚unbefleckte Jungfrau', die Artemis von Chrysos, die Demeter, ‚Dea Mater', die Göttinmutter, zu Deutsch einfach ‚Die Mutter': de meter, das Sinnbild der Fruchtbarkeit. Das Sehnen der Menschen nach dem gottgeborenen, reinen Kinde, dem leuchtenden Himmelssohne, der das Licht und die Liebe und die Freude der Welt ist, ist keine Erfindung der jüngeren Vergangenheit, wie nur Anmaßung oder Torheit behaupten und vermeinen kann, sondern ein Allerbe, ein Allwunsch, ein Allsuchen nach dem reingezeugten, wurzelhaften, göttlichen Menschen. Der Kirchenvater Augustinus hatte von diesen Zusammenhängen noch Kenntnis, aber die Kirchen haben den Pfad der Erkenntnis ihrer Gründer verlassen und sind auf Irrwege geraten. Augustin bekundet: ‚Heute (am 24. Juni), wo die Tageslänge abzunehmen beginnt, ist Johannes ‚geboren', damit der Mensch erniedrigt werde; an jenem Tage (25. Dezember), an dem die Tageslänge zunimmt, ist Christus ‚geboren', damit Gott erhöht werde.' Das ist ein großes Geheimnis!"[96]

Abschließend möchte ich noch drei großen Wissenschaftlern und Forschern die Ehre geben: ***Godfrey Higgins*** (1771-1834), ***Gerald Massey*** (1828-1907) und ***Dr. Alvin Boyd Kuhn*** (1880-1963), denn sie haben einen außergewöhnlich wichtigen Teil der Bedeutung und Hintergründe hinsichtlich der biblischen Geschichte und dem Alten Ägypten – dem einstmals Heiligen Land – erarbeitet und publiziert.

Der Theologe, Forscher und Autor ***Tom Harpur*** hat in seinem außergewöhnlichen Werk, *„Der heidnische Heiland – Das Jesus-Plagiat enthüllt"* eindrucksvoll und auch wissenschaftlich nachvollziehbar niedergeschrieben, was schon Autoren wie Higgins, Massey und Kuhn überzeugend darlegten, dass das Christentum keineswegs einen Originalbeitrag zur Welt des religiösen Denkens geleistet hat, sondern in den ersten Jahrhunderten nichts anderes darstellte als die Nachahmung eines glanzvollen spirituellen Vorläufers. Er belegt eindrucksvoll,

„..., dass nachweislich alles, was der Jesus der Evangelien sagte oder tat – von der Bergpredigt bis hin zu den Wundern, von seiner Flucht vor Herodes bis zu seiner Wiederauferstehung – seinen Ursprung Jahrtausende zuvor hatte, nämlich in den ägyptischen Mysterienriten und anderen heiligen Liturgien wie dem ägyptischen Totenbuch. Alles: Vom Morgenstern bis zu Jesu Gang über das Wasser, von der Verkündung des Engels bis zum Abschlachten der unschuldigen Kinder durch Herodes, von der Versuchung in der Wüste bis zur Verwandlung von Wasser in Wein – all das gab es bereits in den ägyptischen Quellen. Schon weit bevor eine angeblich historisch verbürgte Maria einen angeblich historisch verbürgten Jesus in den Armen hielt, hatten die Ägypter jahrhundertelang vor dem Schrein der Madonna Isis mit ihrem Kind Horus gekniet.“[97]

Schon Gerald Massey schreibt:

„...nach dem alten Bibelverständnis, so Lazare, waren die Israeliten Mitte des zweiten Jahrtausends v.Chr. eine Gruppe von Nomaden, die ursprünglich aus Mesopotamien (dem heutigen Irak) stammten. Sie zogen zunächst nach Palästina und dann nach Ägypten; nach jahrelanger Sklaverei flüchteten sie sich unter Moses in die Wüste, überquerten irgendwann den Jordan und eroberten auf rücksichtslose Weise ein Gebiet, das das moderne Israel, die heute besetzten Gebiete und (zur Zeit Davids) noch weit mehr umfasste. Unverblümt meint Lazare, seine Recherchen sowie die Ergebnisse einer Befragung von Wissenschaftlern hätten ihn zu dem Schluss geführt, das alles sei vollkommener ‚Schwachsinn‘, die Archäologie könne seit einem Vierteljahrhundert belegen, dass ‚die etablierten Auffassungen darüber, wer die alten Israeliten waren und woher sie kamen, falsch‘ sind. Statt für eine Bande von Invasoren, die Kanaan erobert hätten, ‚hält man die Israeliten inzwischen für eine heimische Kultur, die sich um 1200 v.Chr. westlich des Jordans entwickelt hat‘. Die epischen Geschichten um Abraham, Isaak und die anderen Patriarchen ‚sind anscheinend ... aus verschiedenen lokalen Sagen zusammengestückelt worden‘. Die ganze Darstellung des Reiches Davids gelte inzwischen als ‚Erfindung in Jerusalem ansässiger Priester, die im 7. und 8. Jahrhundert vor unserer Zeitrechnung unbedingt ihre Nationalgeschichte aufmotzen wollten‘, schreibt Daniel Lazare.“[98]

Die bekannte und renommierte Zeitschrift Harpers stellte in einem Leitartikel der Märzausgabe 2002 unter der Überschrift „Falsches Testament“ die Behauptung auf, der Anspruch der Bibel, es handele sich um ein historisches Dokument, sei heute durch die Archäologie schon lange widerlegt. Diese Frage wird seit Jahrzehnten diskutiert, aber der Beitrag des Journalisten Daniel Lazare in Harpers hatte es in sich:

> *„Lazare verwies auf das jüngste Beweismaterial (beziehungsweise eher dessen Fehlen) und entzog damit fast allen tragenden Wänden im Gebäude unseres bisherigen historischen Verständnisses das Fundament – von der Existenz Abrahams und der anderen biblischen Patriarchen bis hin zum Auszug aus Ägypten, den angeblichen Ruhmestaten der Könige David und Salomon und sogar dem mutmaßlichen Einzug ins Gelobte Land (Kanaan). Für Millionen Juden, Christen und Muslime waren diese Enthüllungen ein ungeheurer Schock. In den USA berichteten Geistliche, der Glaube vieler Kirchenglieder sei durch diesen Beitrag schwer erschüttert worden.“*[99]

Auch für Daniel Lazare hat es den Exodus nie gegeben, und er begründet dies mit

> *„...einer Fülle von Material über altägyptische Grenzwehranlagen, Wüstenstätten, wo die Israeliten auf der Flucht angeblich gelagert hätten, und Ähnliches. Damit erweist sich auch die Schilderung der Eroberung Kanaans im Alten Testament als ‚erfunden‘. König David, in dem die Bibel einen mächtigen Potentaten und Reichsgründer sieht, ‚war vielmehr ein Freibeuter, der allenfalls so etwas wie ein kleines Herzogtum im südlichen Hochland um Jerusalem und Hebron errichtete‘. Aufgrund des Fehlens irgendwelcher konkreten Beweise für seine Existenz meinen einige Archäologen sogar, auch ihn habe es vielleicht nie gegeben. Der Name David taucht auf einer einzigen Inschrift auf einem Steinblock beziehungsweise einer Stele aus dem 9. Jahrhundert v.Chr. auf – das ist alles. Dazu Lazare: ‚Falls David und Salomon regional tatsächlich bedeutende Politgrößen gewesen wären, sollte man doch eigentlich erwarten, dass ihre Namen auf Denkmälern und in der diplomatischen Korrespondenz ihrer Zeit auftauchen. Aber einmal mehr hüllt sich die Geschichte in Schweigen.‘ Als in den Dreißigerjahren des letzten Jahrhunderts Beweise für den Fall der*

Mauer von Jericho auftauchten, den das Buch Josua beschrieb, freuten sich die Fundamentalisten. Doch Lazare erklärt seinen Lesern, die britische Archäologin Kathleen Kenyon habe in neuerer Zeit anhand von Tonscherben aus den Ruinen nachgewiesen, dass die Zerstörung spätestens im Jahr 1300 v.Chr. stattfand, also fast hundert Jahre vor einer möglichen Eroberung..."[100]

In den vergangenen Jahrzehnten haben viele Archäologen weltweit viele antike Stätten ausgegraben, denken wir nur an Heinrich Schliemann. Neue, unangenehme Ergebnisse traten ans Tageslicht. Auch daran können wir erkennen, dass die verschiedenen Bibelautoren ihrer biblischen Geschichte falsche mündliche Überlieferungen beigefügt haben, ganz bewusst gefälscht oder einfach „vergessen" haben, im politisch-religiösen Denken ihrer Zeit.

„Hätte das Alte Testament die reale Geschichte wiedergegeben, besonders in den detaillierten Schlachtberichten im Buch Josua, müsste es in Palästina und Judäa von antiken Kriegs- und Arbeitsgeräten aus hebräischer Herstellung und der eroberter Völker nur so wimmeln. Außerhalb der biblischen Geschichte finde sich aber absolut kein Beweis für die zahllosen Kämpfe und die schließliche Vernichtung der Feinde Jehovas in irgendwelchen großen Schlachten. Außerdem habe sich herausgestellt, dass das Land eines Volkes, das so reich war, dass König David bei all seiner Armut die Mittel zum Bau eines Tempels eintreiben konnte, keinerlei Kunstwerke, Skulpturen, Mosaiken, Bronzen, Keramiken oder Edelsteine aufweist. Weiter heißt es bei Lazare, König Salomon sei angeblich ein meisterhafter Architekt und ‚ein unersättlicher Sammler' von Luxusgegenständen gewesen. ‚Er trank aus goldenen Kelchen, rüstete seine Soldaten mit goldenen Schilden aus, unterhielt eine Flotte von Segelschiffen für die Suche nach exotischen Schätzen, hatte einen Harem mit tausend Frauen und wandte dreizehn Jahre für den Bau eines Palastes und eines reich geschmückten Tempels auf, in dem die Bundeslade untergebracht war.' Doch nicht ein Kelch oder auch nur ein Ziegel, die für eine derartige Herrschaft sprechen könnten, sind jemals gefunden worden! Es werde auch keine Beweise geben, meinte schon Massey, selbst wenn man ganz Palästina umpflügen würde. ***„Mythen und Allegorien lassen sich nun mal nicht ausgraben"***. (Hervorhebung StE)

Schon in der Einleitung zu seinem Werk „Who is This King of Glory?“ schreibt Alvin Boyd Kuhn, dass es inzwischen nachgewiesen sei, „...dass die gesamte christliche Bibel – von der Schöpfungslegende, der Allegorie der Arche und der Sintflut, der ‚Geschichte‘ der Israeliten vom Einzug in bis zum Auszug aus Ägypten, der hebräischen Prophetie und Poesie bis zur Bildersprache der Evangelien, der Episteln und der Offenbarung – aus alten ägyptischen Schriftrollen und Papyri stammt und dass spätere Generationen ihren wahren Ursprung und tiefen Sinn gar nicht mehr kannten... Lange nachdem die Stimme Ägyptens, die sich in Hieroglyphen Ausdruck verschaffte, zum Schweigen gebracht worden war, wurden die erhaltenen Relikte der hamitischen (ägyptischen) Weisheit, deren kryptische Botschaft völlig verloren gegangen war, der Welt ignoranter Fanatiker als neues Wahrheitssystem vorgestellt.“[102]

Es ist schon aufgrund der noch vorhandenen Quellen der Alten Ägypter und anderer alter Historiker offensichtlich, dass die mosaischen Religionen aus den älteren ägyptischen Traditionen – dem „Heidentum“ – geboren bzw. ausgefiltert wurden. Das hat schon der bekannte Ägyptenforscher John Anthony West auf den Punkt gebracht, als er feststellte, dass der Ursprung aller mosaischen Religionen in Ägypten zu finden ist. Eine Feststellung, die auch Sigmund Freud machte, der zu dem Ergebnis kam, dass die Bibel ein vollkommenes Plagiat der Sumerer und Ägypter sei. So führt auch die Spur um die Geheimnisse der Bundeslade nebst ihrem Inhalt in die Tiefen der ägyptischen Kulturepochen, bis hin zu ihren Anfängen in die altantische Hochkultur.

„In der kosmischen Weltordnung muss stets das Göttliche sein Leben für niedrigere Existenzstufen opfern. In allen Religionen gibt es die Vorstellung von einem Gott, der für den Menschen stirbt. Soweit wir wissen, ist in der gesamten Bibel kein Iota Geschichte enthalten!“

(Alvin Boyd Kuhn)

„Was man gegenwärtig die christliche Religion nennt, bestand schon bei den Alten und fehlte nicht in den Anfängen des Menschengeschlechts, bis Christus im Fleische erschien, von wo an die wahre Religion, die schon vorher vorhanden war, den Namen der christlichen erhielt.“

(Augustinus, „*Retractationes*“)

Abb. 54: Salomon, der König der Könige? Bei genauer Gegenüberstellung des biblischen Salomons und Amenophis III. muss man unweigerlich zu dem Ergebnis kommen, dass sich hinter Salomon in Wirklichkeit Amenophis III. verbirgt.

Kapitel 5
Sauters Heiltinkturen

„Die Wahrheit von heute ist oft der Irrtum von morgen."

(Sprichwort)

„Krankheit braucht Zeit, aber manchmal braucht sie auch Gelegenheit."

(Hippokrates)

„Wer nicht jeden Tag etwas Zeit für seine Gesundheit aufbringt, muss eines Tages mehr Zeit für die Krankheit opfern."

(Sebastian Kneipp)

Der Körper ist der Tempel der Seele

Der Körper ist der Tempel der Seele, heißt es so schön. Wie groß und bedeutsam diese Worte sind, kann wohl niemand besser erklären als ein Mensch, der nach langer Krankheit wieder gesund geworden ist oder ein Mensch, der jahrzehntelang kranken Menschen hilft, wieder gesund zu werden – wieder in einem gesunden Körper zu leben. Genau diese Erfahrungen, wie bedeutsam es ist, seinen Körper zu pflegen und ihn stets gesund zu halten, hat Ewald Sauter über Jahrzehnte bei seiner Arbeit nahezu täglich erfahren.

Allgemeine Fragen zu Volkskrankheiten

Einem jeden wird bei dem Stichwort *Volkskrankheiten* sofort die ein oder andere Krankheit einfallen, weil man entweder selbst an einer jener bekannten Volkskrankheiten erkrankt war, immer noch an ihr erkrankt ist oder ein Angehöriger an einer Volkskrankheit erkrankt ist. Zuerst fallen einem vermutlich Herz-Kreislauf-Erkrankungen ein, Arthrose, Diabetes oder Krebserkrankungen.

> *„Als Volkskrankheiten werden laut Duden Krankheiten ‚von dauernder starker Verbreitung und Auswirkung in der gesamten Bevölkerung' bezeichnet. Es ist, ebenso wie ‚Zivilisationskrankheiten' ein umgangssprachlicher und kein medizinischer Begriff. Der Begriff Volkskrankheit wurde*

1832 vom Medizinhistoriker Justus Friedrich Karl Hecker für mutmaßlich psychogene Epidemien des Mittelalters wie die Tanzwut verwendet. 1923 übersetzte der Würzburger Medizinhistoriker Georg Sticker den Hippokratischen Ausdruck Epidemien als ‚Volkskrankheiten'. Heute werden meistens solche Krankheiten als Volkskrankheit bezeichnet, die aufgrund ihrer hohen Verbreitung volkswirtschaftliche Auswirkungen haben (Behandlungskosten, Arbeitsunfähigkeit, Frühberentung) und sozial ins Gewicht fallen, aber typischerweise nicht die (besonders häufigen und wirtschaftlich teuren) Infektionskrankheiten. Typische Volkskrankheiten in den Industrienationen sind Bluthochdruck und andere Herz-Kreislauf- und Nieren-Erkrankungen, Übergewicht, Arthrose und Diabetes Typ 2 (als Folge von Überernährung) sowie Rheuma und Krebserkrankungen (als Folge der längeren Lebenserwartung)."[103]

Die große Bedeutung der Medizinmänner in den tropischen Regenwäldern, in Afrika, Asien oder Australien spielt auch für die Pharmakonzerne seit Jahrzehnten eine immer größer werdende wirtschaftliche Rolle, um Volkskrankheiten gewinnbringend zu vermarkten.

So schicken sie ihre Forscher überall dorthin, um traditionelle Heiler, Schamanen und Medizinmänner aufzusuchen und zu befragen, mit welchen Blättern, Blüten, Wurzeln oder Früchten sie verschiedene Krankheiten bekämpfen, um mit den unbekannten Wirkstoffen eine wirksamere Bekämpfung der Volkskrankheiten zu erzielen. Als Folge werden dann Pflanzen aus den Regenwäldern und anderen genannten Regionen exportiert und zu teuren Medikamenten verarbeitet, an denen die Pharmakonzerne sehr viel Geld verdienen. Der entscheidende Unterschied beim Herstellen und Verarbeiten dieser Wirkstoffe ist aber letztlich die chemische Zusammensetzung mit meist zusätzlichen Inhaltsstoffen, die die Wirkung einer Heilpflanze maßgeblich verändern können. Betrachtet man dazu die Beschreibung zur Herstellung von Heiltinkturen, wie Ewald Sauter sie im ersten Kapitel beschrieben hat, kann man das sehr gut nachvollziehen.

Hören wir, was er dazu zu sagen hat:

„Nur in einem gesunden Körper wohnt auch eine gesunde und glückliche Seele. Der Körper muss gesund sein, man muss das Gefäß seiner Seele sauber halten. Weit über 90% der Menschen, die zu mir in die Praxis

kommen, ernähren sich schlecht und schon gar nicht mehr bewusst. Hinzu kommt, dass unsere Nahrung vergiftet ist. Das Gift kommt von oben aus der Luft herab, die Bauern führen Gifte auf die Felder, und das Endprodukt essen wir. 99% der Menschen sind eigentlich krank. Sie haben keine Vitalstoffe mehr, essen viel Fast-Food, nehmen keine wirksamen Vitamine zu sich, und viele Ärzte empfehlen keine Vitamine, das höre ich leider von vielen Menschen, die zu mir kommen. Nimm das Beispiel Vitamin C, das ist die wichtigste Vitamingrundlage des menschlichen Körpers. Neben einer gesunden, vitalen Ernährung ist es insbesondere im Falle vom Vitamin C sehr wichtig, dieses einzunehmen, da der Mensch im Gegensatz zu Tieren Vitamin C nicht selbst ausreichend produzieren kann. Besonders auffällig ist, dass es viele übergewichtige Menschen gibt, was wie gesagt an der schlechten Ernährung liegt, aber auch an dem allgemeinen Bewegungsmangel. Ausreichende Bewegung an der frischen Luft in der Natur ist sehr wichtig, am besten im Wald. All das zusammen, gesunde und vitale Ernährung, genügend Vitamin C und andere Vitamine und Mineralien, dazu ausreichende Bewegung, das allein führt schon zu einer gesunden Lebensgrundlage. Und wenn der Mensch dann auch noch glücklich ist, dann kann er nicht krank werden. Im mediterranen Raum gibt es viel weniger Herz-Kreislauf-Erkrankungen, vermutlich weil die Menschen dort viel weniger Fleisch essen. Dort essen die Menschen auch mehr Obst und mehr Gemüse und nehmen in diesem Zusammenhang mehr Olivenöl zu sich.

Weniger Herzleiden in Frankreich und Spanien

Studien haben schon seit Langem belegt, dass z.B. in Frankreich und Spanien weniger Menschen an einem Herzleiden sterben als im EU-Durchschnitt, sie werden im Durchschnitt auch älter und seltener krank. Ein wesentlicher Grund dafür ist laut Studien die mediterrane Küche. Studien haben belegt, dass diese sich sehr positiv auf das Herz-Kreislauf-System auswirkt, denn auf der „Karte“ stehe viel Gemüse, Salat und Hülsenfrüchte. Dazu auch Obst und Vollkornprodukte und möglichst viel Olivenöl statt fetthaltiger Butter und Fisch statt rotem Fleisch.[104]

Und gerade in vielen mediterranen Ländern gibt es gutes Olivenöl. In unseren Breitengraden essen die Menschen ja teilweise jeden Tag Fleisch und dann auch noch schlechtes Fleisch aus den hiesigen Supermärkten. Wenn man nur einmal in der Woche Fleisch essen würde und dann auch ausgewähltes, gutes Fleisch, dann wäre das etwas anderes. Und denke bitte einmal darüber nach, welche Folgen das übermäßige Fleischessen für unser Weltklima hat, im Zusammenhang mit der Abholzung der Regenwälder. Den meisten Menschen – besonders den Vegetariern und Veganern, die bekanntermaßen ein großer Konsument von Sojaprodukten sind – ist gar nicht bekannt, welche Folgen die Sojaproduktion für den Regenwald hat und letztlich für die Klimaveränderung haben kann. ABER: Dabei wird ein Großteil des weltweit angebauten Sojas zur Tierfütterung verwendet, wo wir dann auch wieder bei dem übermäßigen Konsum von Fleisch wären. Ganz zu Schweigen von dem unsagbaren Verbrechen, wie man auf dieser Erde mit Tieren umgeht. Die Menschen essen viel zu fett, sie können die Kalorien ja gar nicht verbrennen, das ist unmöglich. Die Folgen sind dann absehbar, so sind sehr wahrscheinlich auch ***Adipositas (Fettleibigkeit)*** *und Diabetes mellitus die logische Folge, und wenn man erst einmal in diesem Kreislauf feststeckt, dann ist es schwer, da wieder rauszukommen.*

Abb. 55 u. 56: Ewald Sauter und Stefan Erdmann bei einem Treffen in Klagenfurt im Oktober 2022. Rechts: Seit 2020 ist Stefan Erdmann Ehrenritter des österreichischen Ordens der freien Templer.

Soja ist mittlerweile die Nutzpflanze, deren Anbaumenge weltweit am schnellsten wächst!

Und es ist davon auszugehen, dass die Produktion weiter zunehmen wird. Um Platz für den Anbau zu haben, wurden in Südamerika große Teile des Regenwaldes abgeholzt. Dabei gäbe es durchaus Alternativen. Tofu, Sojamilch und Sojasoße – das sind vermutlich die Produkte, die Verbrauchern beim Stichwort Soja als Erstes in den Sinn kommen. Die Pflanze wird vor allem in der vegetarischen und veganen Ernährung gern als proteinreiches Lebensmittel verwendet. Fleisch wird dagegen wohl nur den wenigsten einfallen, dabei wird ein Großteil des weltweit angebauten Sojas zur Tierfütterung verwendet. Die amerikanische Universität Illinois hat kürzlich in einer Studie für die US-Regierung ausgerechnet, dass lediglich zwei Prozent zu Lebensmitteln verarbeitet werden – 98 Prozent landen als Futtermittel in den Tiertrögen. Um den weltweiten Bedarf zu decken, werden insbesondere in Südamerika weite Teile des Regenwaldes gerodet, um auf den Flächen stattdessen Soja anzubauen. Die Folgen für die Umwelt sind gravierend. Der Hamburger Diplom-Biologe Tom Deutschle, Gründer der Initiative „Faszination Regenwald", hat es einmal so auf den Punkt gebracht: „Unsere Nutztiere fressen buchstäblich den Regenwald", sagte er. Nach Angaben der FAO, der Ernährungs- und Landwirtschaftsorganisation der Vereinten Nationen, wurde 2016 weltweit auf über 121 Millionen Hektar Land Soja angebaut. In Südamerika waren es 58 Millionen Hektar, davon allein in Brasilien 33 Millionen Hektar – eine Fläche fast so groß wie Deutschland. In Brasilien ist die Gesamtanbaufläche für Soja seit 2010 um zehn Millionen Hektar gewachsen, seit 2002 hat sie sich mehr als verdoppelt. Soja ist mittlerweile die Nutzpflanze, deren Anbaumenge weltweit am schnellsten wächst. Und es ist davon auszugehen, dass im Zuge weiterer wirtschaftlicher Entwicklung vor allem in Entwicklungs- und Schwellenländern und dem damit einhergehenden wachsenden Fleischkonsum die Sojaproduktion weiter zunehmen wird. Die Folgen? Große Teile des Regenwaldes wurden abgeholzt und lassen sich in dieser Form auch nicht wiederherstellen. Der Welt geht damit einer der wichtigsten CO_2*-Speicher verloren."*[105]

Bei Diabetes gibt es Typ 1 und 2. Bei Typ 2 kann man möglicherweise etwas tun, bei Typ 1 wohl nicht mehr. Man könnte vielleicht die Insulinmenge, die man am Tag einnimmt, ein wenig reduzieren, wenn man das

Richtige einnimmt. Ich rate dann meistens dazu, die Heiltinktur **Bittergurke** *kombiniert mit* **Ceylon Zimt** *nahrungsergänzend einzunehmen. Dann kann sich der Blutzuckerspiegel senken. Das reicht aber nicht ohne mehr Bewegung, und es ist meiner Ansicht nach auch wichtig, keine Kohlenhydrate zu sich zu nehmen, auf jeden Fall deutlich weniger als bisher. Du siehst: All das, was Gesundheit ausmacht, ist immer ganzheitlich. Bei der* **Hypertonie** *gibt es auch verschiedene Arten von hohem Blutdruck: z.B. den arteriell- und den stressbedingten Bluthochdruck. Schau, eine Arterie hat innen eine flache Muskulatur. Diese Muskulatur hat Zellen, und diese Zellen werden von den meisten Menschen schlecht ernährt. Was passiert dann mit der Zelle? Sie schrumpft, und bei diesem Zusammenziehen entsteht quasi eine zellfreie Zone, woraus theoretisch ein* **Aneurysma** (als Aneurysma bezeichnet man eine lokale Aussackung eines Blutgefäßes, die sich aufgrund einer Schwächung oder Schädigung der Gefäßwand entwickelt; Anm. StE) *entstehen könnte, wenn nicht das Gehirn sofort reagieren würde und das mit Cholesterin verschließen würde, in der Hoffnung, dass der Mensch die Zellen wieder richtig aufffüttern wird. Das tut aber kaum einer, und dann wird der Engpass durch die Cholesterine höchstwahrscheinlich immer enger, was wiederum bedeutet, dass sich der Blutdruck erhöhen wird. Auch bei Osteoporose ist die Ursache vermutlich in den meisten Fällen vermutlich eine lange Mangelerscheinung durch schlechte Ernährung, zu wenig Bewegung und Sauerstoff.*

Cholesterin ist ein unentbehrlicher Rohstoff für den menschlichen Körper: Es wird zum Beispiel zur Bildung bestimmter Hormone benötigt und ist ein wesentlicher Baustein der Zellmembran. Zu viel Cholesterin im Blut kann jedoch das Risiko für Herz-Kreislauf-Erkrankungen erhöhen.106

Denke bitte nur daran, dass die überwiegende Mehrheit der Menschen im Zusammenhang mit der schlechten Ernährung auch zu wenig Mineralien und Spurenelemente zu sich nimmt, allein schon durch raffiniertes Salz, das statt 84 Antagonisten nur noch zwei in sich trägt. Bei 99% der Krankheiten und eben auch der sogenannten Volkskrankheiten ist das meiner Ansicht nach so. ***Salz*** *ist neben dem* ***Wasser*** *das wichtigste* ***Lebens-Mittel*** *(leben vermitteln;* Anm. StE). *Die meisten Menschen denken, dass sie ja Salz im Küchenschrank stehen haben (Kochsalz oder Tafelsalz) und das ja* *brav und regelmäßig ihrem Körper zuführen. Dem ist aber nicht so, denn es ist chemisch-analytisch nur* ***Natriumchlorit****, auch wenn prozentual betrachtet beide Stoffe den größten Bestandteil im Salz darstellen. Dieses ‚Salz' hat nur noch zwei der 84 Elemente, die in einem echten Salz enthalten sind, und ist es nicht so, dass auch der menschliche Körper maßgeblich aus diesen 84 Elementen besteht? Grundsätzlich empfehle ich das Himalayasalz, das halte ich für das beste Salz, mit dem die Menschen ihr Essen salzen sollten, um Mangelerscheinungen zu vermeiden. Wenn ein menschlicher Körper die Salze und Mineralien und Spurenelemente nicht von außen zugeführt bekommt, hat das langfristig sehr wahrscheinlich auch Auswirkungen auf die Knochen. Dann könnte z.B. Osteoporose entstehen, und Arthritis könnte dann eine weitere Folgeerscheinung in den Gelenken sein. Letztlich hängt alles mit einer gesunden, vitalen Ernährung, viel Bewegung und Sauerstoff zusammen."*

Etwa bis zum 30. Lebensjahr baut der Körper Knochenmasse auf, danach verringert sie sich. Osteoporose (Knochenschwund) ist eine Erkrankung, bei der die Knochen porös werden und leicht brechen. Die Krankheit ist weit verbreitet. In Deutschland leben mindestens sechs Millionen Menschen mit der Diagnose. Osteoporose tritt vor allem bei älteren Menschen auf.[107]

Verloren gegangenes Wissen

Bekanntermaßen ist insbesondere im Laufe der letzten 70 Jahre, nach Beginn der Industrialisierung, viel Wissen verloren gegangen. Aber nicht nur das, denn die mächtigen Pharmariesen dieser Welt haben kein Interesse an gesunden Menschen, was in den vergangenen Jahrzehnten zunehmend auch bei den Schulmedizinern immer offensichtlicher wurde. Krankheit bedeutet nicht nur Milliardengewinne für die Pharmaindustrie, es bedeutet auch, dass die Menschen im wahrsten Sinne ihre Freiheit verlieren und sich gar nicht mehr mit den wirklich wichtigen und spirituellen Dingen befassen können, die ein Leben wirklich ausmachen. So bricht auch der Wille, der Mut, die Kraft, gegen Dinge anzugehen, bei denen man sofort weiß, dass sie Unrecht sind. Das Ergebnis sind die gekauften Regierungen, die gemeinsam mit den Kartellmedien in der Zeit der heutigen Agenda-Politik die Menschen zu politischen Dummköpfen erziehen und immer noch mehr zur Kasse bitten und entmündigen. Die Corona-Politik ist wohl ein gutes Beispiel dafür.

So sind im Laufe der letzten Jahrzehnte auch viele bekannte und wirksame Heilmittel von der Pharmaindustrie bekämpft worden. Umso wichtiger ist es, sich viel mehr mit diesen Dingen zu befassen, um wieder selbständiger und unabhängiger von Schulmedizin, Industrie und Pharma zu werden. Gerade aus diesem Grund sind Menschen wie Ewald Sauter, seine Arbeit und seine Heil-Apotheke ein großartiger Beitrag dazu. Gerade in diesem Moment finden meine Gedanken Helga Hoffmann-Schmidt, die genau diesen Beitrag, diesen Dienst am Menschen auch so lange gelebt hat und vielen Menschen helfen konnte. Gott hab sie selig.

So habe ich Ewald zum Beispiel zu **Kolloidalem Silber** und **MMS** nach seiner Meinung und seiner Erfahrung befragt. Vorab ein paar allgemeine Informationen zu Kolloidalem Silber und MMS.

Zu Kolloidalem Silber wie auch zu MMS gibt es im Internet Positives wie auch Negatives zu lesen. Letztlich kommt man aber irgendwann zu dem Ergebnis, dass Silberkolloid aufgrund nicht vorhandener wissenschaftlicher Datenmengen nicht genauer in seiner Wirksamkeit bewertet werden kann – aus Sicht der Pharmaindustrie natürlich eine schlüssige Antwort.

„*Kolloidales Silber* (lateinisch: argentum colloidale; von griech.: „kolla", „leimartig") ist eine Verwendungsform von Silber. **Es wurde medizinisch bis in die erste Hälfte des 20. Jahrhunderts zur Infektionsbekämpfung eingesetzt, als wirksamere Mittel wie Antibiotika und Antiseptika noch nicht zur Verfügung standen.** (Hervorhebung StE) Später trat es aber wegen damals zu hoher Herstellungskosten und Problemen bei der Herstellungsqualität in den Hintergrund. Eine medizinische Wirksamkeit oder ein gesundheitlicher Nutzen ist bei innerer Anwendung für keine der beanspruchten Anwendungen nachgewiesen. Bei Kolloidalem Silber handelt es sich um ultrafeine Partikel elementaren Silbers (Nanosilber) oder auch schwerlöslicher Silberverbindungen bzw. deren flüssige Dispersionen. Für Letztere werden synonym die Begriffe Silbersol und Silberwasser benutzt. Silberkolloiddispersionen bzw. Silbersole sind von Lösungen löslicher Silbersalze zu unterscheiden. Die Kolloidteilchen sind zwischen 1 und 100 nm groß und weder mit dem Auge noch mit einem Lichtmikroskop erkennbar. In den einzelnen Teilchen sind etwa 1.000 bis 1 Milliarde Silberatome oder Moleküle der entsprechenden Silberverbindung enthalten. Im Gegensatz zu den Salzlösungen streuen Kolloide seitlich einfallendes Licht (Tyndall-Effekt) zum Beobachter.108

Ewald äußert sich dazu folgendermaßen:

„Kolloidales Silber hat ja eine lange Vergangenheit. Vor Jahrhunderten schon wussten die Ärzte und Heiler um die positive Wirkung von Silber. Denke zum Beispiel daran, dass es in den früheren Königshäusern und bei den ganz reichen Familien nur Geschirr und Becher aus Silber gab. Warum? Der Grund dafür war sicherlich nicht, dass man das nur symbolisch tat, um seinen Reichtum darzustellen, denn wenn man mal einen Silberlöffel in den Mund nimmt, dann ist der Geschmack schon etwas gewöhnungsbedürftig. Man wusste natürlich um die hohe Wirksamkeit des Silbers, und heute weiß man ja auch, dass Metalle und Nahrung im feinstofflichen Bereich Verbindungen herstellen, die der Mensch dann mit der Nahrung in sich aufnimmt. In diesem Fall ist es natürlich sehr wenig. Das ist wie mit der Qualität – der Vitalität – einer Nahrung, man kann Fast-Food zu sich nehmen oder hochwertige Nahrung, und zwischen beiden besteht ein großer Unterschied. Das eine ***Lebens-Mittel*** *vermittelt kein Leben, das andere sehr viel.* ***Kolloidales Silber*** *ist meiner Ansicht nach eines der besten „Antibiotika“, die es gibt auf der Erde und wirkt vermutlich gegen weit über 500 Viren und ebenso viele Bakterien. Es ist auch schon lange bekannt, aber kaum jemand wendet es an. Wie bei vielen Medikamenten ist auch hier die Dosis besonders zu beachten. Wenn man Kolloidales Silber mit einer sehr hohen Konzentration von mehr als 50 ppm über sehr lange Zeiträume einnimmt, dann kann man angeblich durch die Ablagerungen eine andere Hautfarbe bekommen, daher sollte man darauf achten, dass es maximal 50 ppm sind, optimal sind meiner Meinung nach 15-40 ppm. Man muss diese Mittel richtig anwenden, genauso wie ein pharmazeutisches Antibiotikum, das ja letztlich auch Nebenwirkungen auslösen könnte, wenn man es über einen sehr langen Zeitraum anwenden würde. So sollte man nach meinem Ermessen Silber einnehmen wie ein Antibiotikum, das man ja in der Regel 10-14 Tage einnimmt. Auch bei der Herstellung gibt es entscheidende Unterschiede, so sind viele Silberprodukte, die auf dem Markt heute angeboten werden,*

kaum wirksam. Um gutes Kolloidales Silber zu erhalten, sollte man dieses selbst mit einem speziellen Gerät – einem ***IONIC Pulser*** *– herstellen und dabei reine* ***Silberelektronen*** *(99,99% Silber) verwenden und unbedingt darauf achten, ausschließlich absolut entmineralisiertes (destilliertes) Wasser zu benutzen. Das ist sehr wichtig! Die Herstellung ist einfach und kann sehr gut im Internet nachgelesen werden.* ***MMS*** *(Chlordioxid) wirkt meiner Ansicht nach mindestens genauso gut wie Silberkolloid. Ein Unterschied zu Kolloidalem Silber ist sicherlich, dass es viel angenehmer ist, Silber flüssig zu sich zu nehmen. Bei MMS ist das für viele Menschen nach ein paar Einnahmen sehr unangenehm. MMS kann vermutlich wie Silber viele Bakterien und Viren abtöten. Ich weiß, dass es verschiedene Naturmediziner und auch Ärzte gibt, die MMS sogar auch in der Krebstherapie anwenden."* (Lesen Sie dazu bei mehr Interesse das Interview mit dem Arzt Dr. Helmut Ehleiter in **Anhang 8**; Anm. StE.)

Frequenztherapie und Plasmagenerator

Die Frequenztherapie ist eine sehr alte und nicht unbekannte Heilmethode, die unter Insidern, sowohl in der Naturmedizin als auch bei immer mehr Ärzten zur Anwendung kommt. Diese Therapie steht im unmittelbaren Zusammenhang mit dem Erfinder und Forscher Dr. Raymond Royal Rife (1888-1971).

Dr. Raymond Royal Rif und John Crane

„Ihm ist es gelungen, die Anwendung und den Einsatz von Frequenzimpulsen von den ersten zufälligen Ergebnissen bis zur Vollendung zu entwickeln. Er hat sorgfältig und in Übereinstimmung mit den üblichen wissenschaftlichen Methoden gearbeitet. Er hat Zehntausende von wissenschaftlichen Versuchen durchgeführt, die von seinen Mitarbeitern sorgfältig protokolliert wurden, und Beweise für die Wirkungsweise der Frequenzen an Tausenden von Versuchstieren demonstriert. Und die Ergebnisse waren geradezu unglaublich! Unter medizinischer Aufsicht hat er mit seinem Generator Menschen behandelt, die von der Medizin bereits als unheilbar aufgegeben worden waren. All diese Leute wiesen bereits nach drei Monaten keinerlei Symptome mehr auf, und eine medizinische Kommission erklärte sie für geheilt. Alles wurde ordnungsgemäß in allen Einzelheiten protokolliert. Aber trotz alldem geschah nicht das, was man hätte erwarten können. Royal Raymond Rife war ein

prominenter Wissenschaftler und Mikrobiologe. Er hat ein optisches Mikroskop entwickelt, dessen Vergrößerung und Auflösung bis heute unübertroffen sind. Mit Hilfe einer speziellen Quarzoptik und einer Heterodyntechnik konnte man damit eine extrem hohe Auflösung erzielen. Seine Mikroskope übertrafen die theoretischen Grenzen der Sichtbarkeit in der damaligen und heutigen Mikroskopie. All seine Mikroskope sowie Aufzeichnungen wurden bei späteren Razzias vernichtet. Durch Zufall hatte Rife eine Technik entdeckt, mit der man mit Hilfe von Resonanzgeneratoren die Krankheitserreger wirksam abtöten kann. Während er unter seinem einzigartigen Mikroskop lebendige Bakterien und Viren beobachtete, entdeckte er, dass die einzelnen Arten von Mikroben auf ein elektrisches Frequenzfeld reagieren und von ihm innerhalb kürzester Zeit sogar abgetötet werden. Mit dieser Entdeckung begann seine lebenslange Forschungsarbeit, die jedoch nicht zu dem erhofften Ergebnis führte – eine billige Heilmethode für todkranke Menschen. Aber während seiner Forscherlaufbahn wies Rife die Richtigkeit vieler revolutionärer Theorien nach – zum Beispiel die Existenz eines Krebsvirus' (er war davon überzeugt, dass Krebs von Viren verursacht wird und dass eine Umgebung vorhanden sein muss, in der diese Viren überleben können). Er gab diesen Viren die Bezeichnung ‚BX' und entdeckte unter dem Mikroskop, dass sie nach der Brechung des monochromatischen Strahls eine tiefrote Farbe ausstrahlen. Später entdeckte er, dass jede Art von Mikroorganismus unter seinem Mikroskop ein einzigartiges helles Farbspektrum ausstrahlte. Zwischen 1920 und 1922 untersuchte Rife ein interessantes Phänomen: Als er krankheitserregende Mikroorganismen ihren eigenen Frequenzen aussetzte, die durch einen Plasmagenerator verstärkt wurden, explodierten sie nach einer kurzen Zeit. Fortan beschäftigte sich Rife bis zu seinem Tod mit diesem Phänomen. Royal Raymond Rife entdeckte eine vollkommen neue Methode der Heilung von Krankheiten, die in der Medizin geradezu eine Revolution darstellen würde. Leider kam es niemals dazu.“[109]

Der bekannte Medizinjournalist, Barry Lynes, hat über Rifes und Cranes Forschung das Buch, *Die verbotenen Krebs-Heilungen* (Jim Humble Verlag), geschrieben, das sich wie ein Krimi liest.

„Barry Lynes ist einer der wichtigsten Medizinjournalisten in unserem Land. Mit Unterstützung von John Crane, einem langjährigen Freund und Assistenten von Roy Rife, hat Barry ein Meisterwerk geschaffen ... Die Ursache für

Krebs und die Möglichkeit der Heilung waren bereits in den dreißiger Jahren bekannt. Dieses Geschenk an die Menschheit wurde all diese Jahre von den Mächtigen innerhalb der Medizin und der Pharmaindustrie unterdrückt. Wir sollten Barry dabei helfen Rifes großartige Arbeit wieder in Erinnerung zu rufen.“

(Dr. med. Roy Kupsinel, Herausgeber der Zeitschrift Health Consciousness Journal)

„Ein faszinierender Bericht über ein engagiertes wissenschaftliches Genie, das eine Ursache und eine Heilung für den Krebs gefunden hat - und die Geschichte der mächtigen Männer, die versuchten, den Menschen und seine Arbeit zu vernichten.“

(Dr. med. Alan Cantwell, Autor des Buches "The Cancer Microbe")

Auch hier hat Ewald Sauter als Naturmediziner und Heiler bereits Erfahrungen sammeln können:

„Ich habe vor einigen Jahren über die Forschungsarbeit von Dr. Royal Rife gelesen und war positiv überrascht, da ich vorher schon des Öfteren von der Frequenzmedizin gehört habe, mich das sehr interessierte und ich davon überzeugt war, dass man mit bestimmten Frequenzen wahrscheinlich auch heilen kann. Dr. Royal Rife hat das offensichtlich geschafft. Ich habe einmal gehört, dass eine seiner Inspirationen ein Sänger gewesen sein soll, der mit seiner Stimme Gläser zerspringen lassen konnte. Rife hat so lange daran gearbeitet, bis er offensichtlich für bestimmte Krankheiten die richtigen Frequenzen gefunden hatte. Wenn man diese Frequenzen gefunden hat, dann bin ich davon überzeugt, dass man damit wahrscheinlich Krankheiten heilen kann, da man vermutlich damit in den molekularen Bereich eindringt und die mutierten Zellen zerstört werden. Außerdem wird diese Methode vermutlich nicht diese massiven Nebenwirkungen haben wie beispielsweise eine Chemotherapie. Ich habe dieses Gerät natürlich, und es wirkt meiner Ansicht nach wunderbar. Auf diesem Gerät befinden sich ca. einhundert Frequenzen gegen Viren und Bakterien, und es wird sicherlich auch an neuen Frequenzen geforscht. Ich kann mir auch vorstellen, dass man mit der richtigen Frequenz Krebs heilen könnte. Wie ich gerade schon gesagt habe, denke ich, dass dabei möglicherweise viel weniger Nebenwirkungen auftreten werden wie bei einer schulmedizinischen Chemotherapie, wenn überhaupt. Schau, Krebs sind letztlich, ganz

unwissenschaftlich ausgedrückt, mutierte oder veränderte Zellen. Das Allerwichtigste ist meiner Ansicht nach, bei einem Krebspatienten nach einer Chemotherapie, das Immunsystem wieder aufzubauen und natürlich auch die Leber. Das ist aber bei allen Krankheiten das A und O, also vor allem die Leber und den Darm zu reinigen. Es gibt selbstverständlich Tinkturen, die nahrungsergänzend bei einer Krebserkrankung sehr gut helfen können, beispielsweise Katzenkralle, Curcuma oder Graviola. Der Graviolabaum ist eine Pflanze aus dem südamerikanischen Tropenwald. Aus der Graviolafrucht werden sogar sehr gesunde und gut schmeckende Säfte hergestellt. Die Blätter vom Graviolabaum sind meiner Ansicht nach unterstützend sehr wirksam. Dies wird verglichen mit einer ‚Chemotherapie', greift aber meiner Ansicht nach nur die kranken Zellen an und nicht die gesunden. Die Krebsbehandlung ist besonders für Naturmediziner ein heikles Thema, weil man da sehr schnell mit der Pharmaindustrie und Schulmedizinern in Konflikt geraten kann. Deswegen rate ich den Menschen immer, sich abschließend auch den Rat eines Mediziners einzuholen. Aus meiner Sicht hilft die Chemotherapie nicht wirklich, aber sie kann im Erfolgsfall natürlich das Leben verlängern, deshalb werde ich nie davon abraten. Sicherlich gibt es Behandlungserfolge, aber man darf nicht die Nebenwirkungen vergessen. Auch hier sind wir wieder beim Immunsystem, denn die Wahrscheinlichkeit, dass ein Krebspatient eine Chemotherapie überlebt, ist meiner Ansicht nach abhängig von einem guten Immunsystem. Die Chemo- und auch die Strahlentherapie können dazu führen, dass das Immunsystem deutlich geschwächt wird. Zu diesem Thema will ich aber gar nicht mehr sagen, obwohl ich das könnte. Ich würde jedem Krebspatienten empfehlen, sich alternativ zur Schulmedizin auch von einem guten Naturmediziner beraten zu lassen. Es gibt da sicherlich gute Leute, und viele von diesen Naturmedizinern haben ja auch eine schulmedizinische Ausbildung, aber sie haben sich mit der Zeit eben ein breiteres Wissensspektrum angeeignet, und das ist doch überall in der Wissenschaft so. Wie heißt es so schön: ‚Die Wahrheit von heute ist der Irrtum von morgen.' Es gibt bekanntlich uraltes Heilwissen der Indianer. Nimm z.B. den Graviolabaum oder die Katzenkralle. Die Indianer trinken dort, wo die Katzenkralle vorkommt, jeden Tag einen Katzenkrallen-Tee aus der Rinde der Wurzel. Das baut das Immunsystem enorm auf. Als Naturmediziner bin ich davon überzeugt, dass Heilpflanzen wie ***Katzenkral-***

le, ***Curcuma****,* ***Graviola*** *und auch* ***Murdannia Loriformis*** *bei Krebserkrankungen nahrungsergänzend sehr wirksam und auf jeden Fall eine positive Wirkung auf den Patienten haben können. Es spricht hier aus meiner Sicht auch nichts gegen eine unterstützende Einnahme dieser Heiltinkturen-Therapie bei einer parallelen schulmedizinischen Behandlung, da diese Tinkturen meiner Ansicht nach keine Nebenwirkungen haben. Es ist aber leider so, dass vermutlich auch heute noch verschiedene Ärzte ihre Patienten vor der Einnahme von Vitaminen und Mineralstoffen warnen."*

Abb. 57 u. 58: Das Buch zur Frequenztherapie. Rechts: Der Plasmagenerator RPZ 15. Dieses Gerät verfügt über ca. 100 Frequenzen gegen Bakterien und Viren und kann auch in Österreich erworben werden.

Chemotherapie

Die Chemoradiatio, wie die Kombination aus Chemo- und Strahlentherapie auch genannt wird, verlängerte die mittlere Überlebenszeit der Patienten von 9,7 auf 12,6 Monate.

Die absolute Überlebensrate der Krebspatienten nach 5 Jahren liegt bei 80%, es leben also noch 80 von 100 Patienten. In der Vergleichsgruppe leben von 100 Personen in der allgemeinen Bevölkerung nach 5 Jahren noch (geschätzt) 95 Personen.

Nach einer Chemotherapie können ebenfalls Langzeitfolgen auftreten: Kardiotoxizität (das Herz betreffende schädliche Wirkungen von Substan-

zen, die in Chemotherapien enthalten sind), Lungentoxizität, Neurotoxizität, Transplantat-gegen-Wirt-Reaktion oder Unfruchtbarkeit.
Besonders häufig können Krebsüberlebende unter Erschöpfung, Schmerzen, Schlafstörungen, Ängsten, Bewegungseinschränkungen, Sorgen und Polyneuropathie leiden. Man unterscheidet zwischen Langzeitfolgen und Spätfolgen. Langzeitfolgen sind Probleme, die auch fünf Jahre nach der aktiven Behandlung noch bestehen, wie z.B. Fatigue, verfrühte Menopause und Ängste. Spätfolgen dagegen treten nach der Genesung auf, nach drei bis fünf Jahren oder auch nach zehn bis zwanzig Jahren; dazu gehören Herzkrankheiten, Zweitmalignome und strahlenbedingte Knochenbrüche. Als Spätkomplikationen nach Strahlentherapien können Herz-Kreislauf-Erkrankungen, Erkrankungen des Magen-Darm-Traktes, Hauttumoren, Aufweichung und Zerstörung eines Kieferknochens, Migräne und Krämpfe sowie kognitive Einschränkungen, z.B. ein sogenanntes „Chemobrain“ auftreten.[110]

Mikronährstoffe und Strahlentherapie – wichtig zu wissen

Viele Krebsärzte warnen ihre Patienten immer noch vor der Einnahme von Vitaminen und anderen Mikronährstoffen. Dies rührt vor allem von veralteten Vorstellungen über die Wirkmechanismen der Strahlentherapie her. Lange Zeit glaubte man, eine Strahlentherapie wirke hauptsächlich über die vermehrte Produktion von (aggressiven) freien Radikalen. Da ja bekanntlich Mikronährstoffe auch freie Radikale bekämpfen, wäre die gleichzeitige Gabe wenig sinnvoll.

Heute wissen wir aber sehr genau, dass beide Annahmen falsch sind:

1. Die Hauptmechanismen, mit denen eine Bestrahlung die Tumorzellen bekämpft, haben nur wenig mit der Bildung von freien Radikalen zu tun.

2. Es gibt deutliche Hinweise aus zahlreichen großangelegten Studien, dass zusätzliche Mikronährstoffe während der Strahlentherapie für die Patienten erhebliche Vorteile bringen und nicht die Wirkung der Bestrahlung abschwächen.[111]

So weit Ewald Sauters Ausführungen zu dieser Thematik – womit wir uns so langsam dem Ende dieses Buches nähern und gleich noch erfahren werden, wie Ewald heute arbeitet und wie man ihn kontaktieren oder an seine Heiltinkturen kommen kann.

Wie arbeitest du heute? Wie erreicht man dich?

Immer wenn ich Ewald im Zusammenhang mit dem vorliegenden Buch besucht und Stunden bei ihm verbracht habe, konnte ich feststellen, dass sein Telefon selten einmal eine Stunde lang nicht klingelt, weil immer wieder jemand anruft, der nach seiner Hilfe fragt oder direkt bei ihm neue Tinkturen bestellt. Wo gibt es das heute noch? Einen Anrufbeantworter gibt es bei Ewald nicht... Ich habe diese Erfahrung in den vergangenen Jahren des Öfteren selbst machen können. Wann immer man Ewald anruft, hilft er gerne und auch sehr kurzfristig, es sei denn er ist gerade in einem Termin oder hat anderweitig zu tun. Dann nennt er dem Anrufer aber eine Zeit, wann er zurückrufen kann.

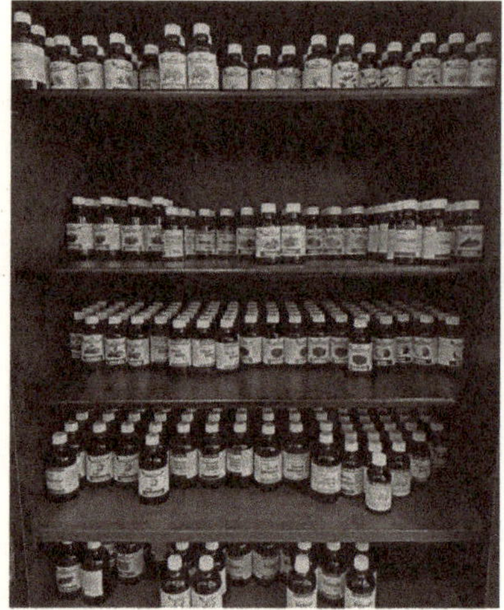

Abb. 59 u. 60: Ewald Sauter in seiner Praxis in Klagenfurt. Rechts: Die wichtigsten Heiltinkturen sind in der Praxis immer vorrätig.

In der Regel kann man Ewald Sauter direkt kontaktieren, indem man ihn anruft und mit ihm einen Termin in seiner Praxis vereinbart. Wenn das aber nicht möglich ist, da man zum Beispiel aus Deutschland anruft oder einem anderen weiter entfernten Ort auf der Welt, ist auch das kein Problem. Dann erhält man bei dem ersten Anruf kurzfristig einen Telefontermin, bei dem der Klient dann von ihm komplett durchgecheckt und beraten wird. Im Anschluss verordnet Ewald dann eine Behandlung mit den notwendigen Heiltinkturen, die dann innerhalb von 24 Stunden versendet werden:

„Jeder Mensch ist anders. Man kann selbstverständlich nicht jedem Menschen die gleiche Dosis geben. Es ist zum Beispiel immer auch das Gewicht eines Menschen entscheidend. Ich kann das alles genauestens austesten und dahingehend die richtige Dosierung herausfinden, und das auch telefonisch. Natürlich ist ein Termin in meiner Praxis immer besser, da es schön ist, den Menschen auch kennenzulernen und ihm gegenüberzusitzen. Aber das Durchchecken und die Behandlungstherapie mit den jeweiligen Heiltinkturen kann ich immer in einem Telefongespräch mit dem Klienten durchführen. Das ist auch kein Hexenwerk und keinesfalls Zufall. Nein. Was ich mache, ist eigentlich ganz einfach. Ich stelle mit dem Bio-Tensor Indifferenzen, zum Beispiel im Allgemeinzustand, oder z.B. der Galle oder der Nieren usw. fest. Dann kann ich das natürlich noch genauer bestimmen bzw. erkennen, zum Beispiel den Grad des Krankheitszustandes eines Organes usw. Wenn man diese Methode der Diagnostik beherrscht, dann ist sie meiner Ansicht nach zu 100% zuverlässig. Bei ‚normalen' Krankheiten oder Beschwerden ist der Behandlungszeitraum natürlich ein anderer als bei schwereren Erkrankungen, wie z.B. Krebs oder schweren Darmerkrankungen wie Colitis ulcerosa oder Morbus Crohn. Bei sogenannten chronischen Krankheiten, wie Colitis ulcerosa oder auch anderen schweren Erkrankungen ist natürlich immer die Frage, ob eine komplette Gesundung überhaupt möglich ist. In der Naturmedizin gilt aber immer, dass es keine chronischen und unheilbaren Krankheiten gibt. So habe ich das gelernt. ABER – und das möchte ich an dieser Stelle noch einmal ausdrücklich betonen – es gibt natürlich Krankheitsfälle, wo Heilung nur noch sehr schwer möglich ist, aber auch dann geben die meisten betroffenen Menschen ja nicht auf und haben den festen Glauben daran, wieder gesund zu werden. Vermutlich gibt es genau aus diesem Grund so

viele Fälle und Beispiele, wo ‚unheilbare' Menschen wieder gesund wurden, weil ihr Glaube und die richtige Medizin Berge versetzen können."

Außerdem nennt er dem den Zeitraum der Behandlung. Nach Ablauf der Behandlungszeit ruft die Person dann wieder an, um erneut komplett durchgecheckt zu werden, um zu sehen, wie die Therapie angeschlagen hat. Grundsätzlich gilt aber immer, dass es jedem freisteht, nach der ersten Behandlung und Beratung die Tinkturen nicht zu erwerben, und dann fallen auch keine Kosten an. Jeder Mensch weiß, dass ein persönliches Gespräch, bei dem man sich kennenlernt, in so einem sensiblen Fall immer die beste Wahl ist, aber oftmals ist es Menschen eben nicht möglich, sofort zu ihm zu kommen.

Abb. 61 u. 62: Ewald gemeinsam mit seinem Sohn Gerald in der Klagenfurter Praxis. Rechts ein Bild, das Ewald 1983 gemalt hat: Einen Alchemisten…

Ich habe eingangs geschrieben, dass es mir sehr wichtig ist, dieses Buch zu schreiben, damit dieses besondere Wissen um die Heiltinkturen, deren Herstellung und die besondere Behandlungsmethode von Ewald Sauter nicht verloren gehen. Ebenso wichtig ist es, dass es einen Nachfolger gibt, der in dieses Wissen eingeweiht wird, den man schult – dem man es übergibt. Ewald hat genau damit schon vor Jahren begonnen und seinen Sohn, Gerald Sauter, bereits in all sein Wissen rund um die Herstellung der Heiltinkturen, der Diagnostik und Behandlung eingeweiht und geschult.

Gerald hat seinen Vater schon seit Jahren bei der komplizierten und aufwendigen Herstellung der Heiltinkturen unterstützt. Das Gleiche gilt auch für Ewalds Frau Anne-Marie. Seit vielen Jahren ist sie eine große Hilfe bei der Herstellung der Heiltinkturen.

Seit einiger Zeit praktiziert auch Gerald schon, wird von vielen Klienten angerufen und auch persönlich aufgesucht. Da die Nachfrage so groß ist, planen Ewald und Gerald, eine weitere Praxis im Norden von Österreich zu eröffnen, die Gerald dann führen wird. Ewald arbeitet weiterhin in seiner Praxis in Klagenfurt. Es gibt eine Internetseite, wo die Heiltinkturen auch online bestellt werden können.

Kontakt: Ewald Sauter, Geyerschütt 1, 9020 Klagenfurt, Österreich
Mob.: 0043 (0) 676 79 37 719 (www.der-alchemist.at)

Rechtlicher Hinweis für Kapitel 5 und alle Heiltinkturen
Es wird empfohlen, alle Heiltinkturen nur nahrungsergänzend und unterstützend anzuwenden.
Aufgrund der rechtlichen Lage in Deutschland und Österreich dürfen zu Nahrungsmitteln keine „Heilversprechen" gegeben werden. Laut rechtlicher Definition sind Heilversprechen z.B. Aussagen zur Wirkung eines Mittels. Das liegt einzig und allein daran, dass der Gesetzgeber nur der Pharmaindustrie – die z.B. durch eigene „Studien" die Wirksamkeit ihrer Medikamente „beweist" – das Zepter über die Gesundheit der Menschen überlässt.

<table>
<tr>
<td>
</td>
<td>Heiltinktur: Katzenkralle

Herkunft: Südamerika, Regenwald

Familie: Rötegewächse, Liane bis zu 30 Meter hoch, verwendet wird die Rinde der Wurzel

Anwendung: zuständig auch für den rheumatischen Formenkreis, kann nahrungsergänzend auch in der Krebsbehandlung angewendet werden</td>
</tr>
<tr>
<td>
</td>
<td>Heiltinktur: Schwarzkümmel

Herkunft: Afrika, Wüste Sahara

Familie: Hahnenfußgewächse, Grasgewächs mit Blüte

Anwendung: Lungenkrankheiten allgemein, besonders anwendbar bei COPD und Tuberkulose</td>
</tr>
</table>

 	Heiltinktur: **Haronga** Herkunft: Madagaskar Familie: Johanniskrautgewächse, Strauchgewächs, verwendet wird die Rinde Anwendung: Galle
 	Heiltinktur: **Mariendistel** Herkunft: südliche Länder, früher auch in Österreich heimisch Familie: Korbblütler, Grasgewächs Anwendung: Leberreinigung, Leber allgemein

	Heiltinktur: **Neem** Herkunft: Afrika Familie: Mahagonigewächse, Baum, verwendet werden die Blätter Anwendung: verschiedene Anwendungsmöglichkeiten, vornehmlich Haut und Lunge, Menschen in Afrika verwenden Neem bei fast allen Krankheiten, indem sie von den Blättern einen Tee kochen und trinken
	Heiltinktur: **Andrographis** Herkunft: Thailand Familie: Akanthusgewächse, Krautgewächs Anwendung: speziell bei Entzündungen in der Lunge, wird aber auch entzündungshemmend bei anderen Krankheiten angewendet

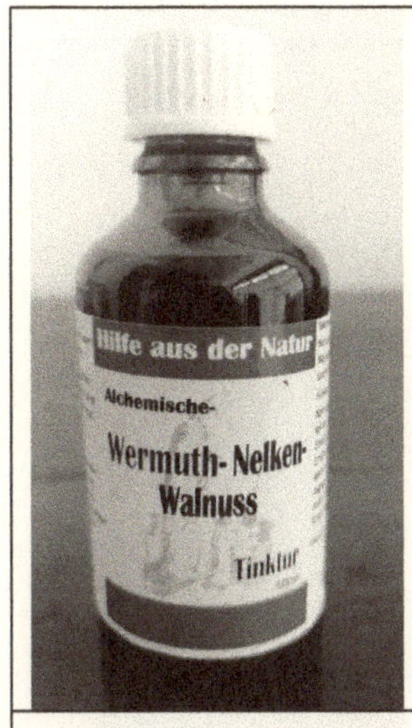	Heiltinktur: **Wermuth-Nelken-Walnuss** Herkunft: Österreich Familie: Asteroideae (Wermuth, Kraut), Nelkengewächse (Nelke, Kraut), Walnussgewächse (Walnuss, Baum) Anwendung: nahrungsergänzend antifungizierend (bekämpft Pilze oder ihre Sporen oder ihr Wachstum), wird auch bei Verdauungsstörungen angewendet
	Heiltinktur: **Passionsblume** Herkunft: Südamerika, Tropenwald, heimisch auch in Österreich Familie: Passionsblumengewächse, Krautgewächs, verwendet wird der obere Strauch mit den Blüten Anwendung: Nerven, beruhigend, holt die Spitzen der Nerven herunter

	Heiltinktur: **Cassia Siamea** Herkunft: Thailand Familie: Johanniskrautgewächse, Strauchgewächs, Wurzel Anwendung: Anwendung bei Ängsten, sehr beruhigend
	Heiltinktur: **Curcuma** Herkunft: Thailand Familie: Ingwergewächse, Krautgewächs Anwendung: Leber, bindet freie Radikale, wird nahrungsergänzend auch bei der Krebsbehandlung angewendet

<table>
<tr>
<td>
</td>
<td>Heiltinktur: Olivenblätter

Herkunft: Istrien

Familie: Ölbaumgewächse, verwendet werden die Blätter

Anwendung: ganzheitliche Anwendung, auch Leberreinigung bei hohem Cholesterinspiegel, hohe Blutfette</td>
</tr>
<tr>
<td>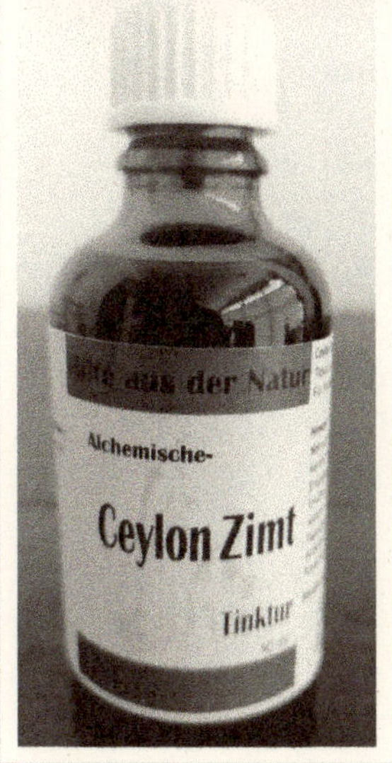
</td>
<td>Heiltinktur: Ceylon Zimt

Herkunft: Sri Lanka (früher Ceylon)

Familie: Lorbeergewächse, Baum, verwendet wird die Rinde

Anwendung: bei Diabetes zur Reduziert des Zuckerspiegels im Blut</td>
</tr>
</table>

	Heiltinktur: **Bittergurke** Herkunft: Indien Familie: Bittermelonen, Krautgewächs Anwendung: sensibilisiert den menschlichen Körper so, dass z.B. fremdes Insulin (bei Diabetes) weniger starke Nebenwirkungen haben könnte, regulierend auch bei der Bauchspeicheldrüse
	Heiltinktur: **Orthosyphon** Herkunft: Indien Familie: Lippenblütler, Krautgewächs Anwendung: bei Nierenerkankungen (auch Schrumpfnieren) und Harngries in den Nieren

<table>
<tr>
<td>
</td>
<td>Heiltinktur: Weihrauch (Boswellia serrata)

Herkunft: Indien

Familie: Weihrauchzeder, Strauchgewächs

Anwendung: Boswellia gilt als natürliches, entzündungshemmendes Mittel und wird zur Behandlung verschiedener Gesundheitsprobleme angewendet, „natürliches „Cortison“</td>
</tr>
<tr>
<td>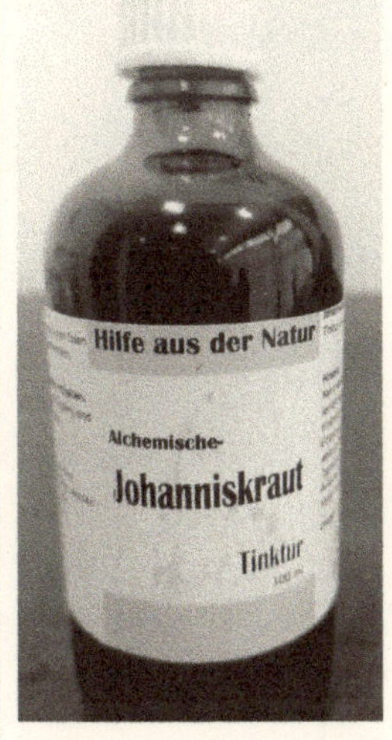
</td>
<td>Heiltinktur: Johanniskraut

Herkunft: Österreich

Familie: Johanniskrautgewächse, Grasgewächs

Anwendung: Gemüt, hellt das Gemüt auf, Einnahme bei starkem Sonnenschein kann zu einem Sonnenbrand führen</td>
</tr>
</table>

	Heiltinktur: **Graviola** Herkunft: Südamerika Familie: Annonengewächse, Bäume, Sträucher, Lianen, verwendet werden die Blätter Anwendung: nahrungsergänzend bei „chemotherapeutischer“ Anwendung von Krebserkrankungen
	Heiltinktur: **Thumbergia Laurifolia** Herkunft: Thailand Familie: Rötegewächse, Strauchgewächs Anwendung: bei Suchtverhalten, Leber, Leberreinigung

	Heiltinktur: **Gelber Enzian** Herkunft: Österreich Familie: Enziangewächse, Krautgewächs Anwendung: stärkster Bitterstoff, den es gibt, ist in jedem Aperitif, gut für das Verdauungssystem
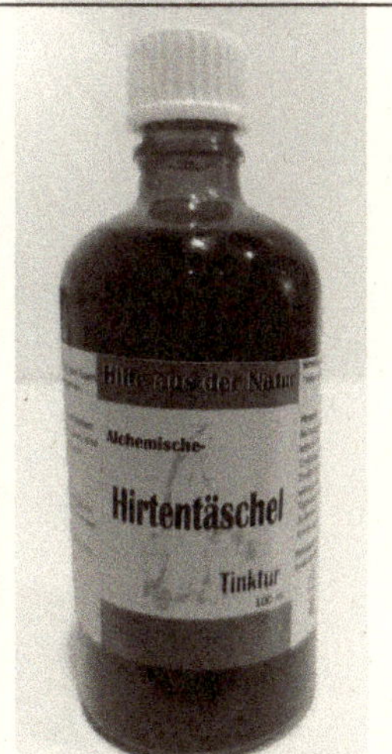	Heiltinktur: **Hirtentäschel** Herkunft: Österreich Familie: Kreuzblütler, Krautgewächs Anwendung: bei Frauenleiden bei verstärkter Regelblutung, hilft unterstützend die Blutung zu stillen, erstes Getreide, das von Menschen kultiviert und angebaut wurde

	Heiltinktur: **Rotes Weinlaub** Herkunft: Österreich Familie: Weinrebengewächse, Sträucher oder Lianen Anwendung: bei Venen und Arterien, Anwendung auch bei Krampfadern und angeschwollenen Füßen
	Heiltinktur: **Kürbis** Herkunft: Österreich Familie: Kürbisgewächse, verwendet werden die Blätter, der Fruchtsaft und auch der Kern; der Kern verliert, wenn er trocken ist, eine durchsichtige Haut, in der wirksame Bestandteile sind; im Kern sind keine Wirkstoffe mehr Anwendung: bei Prostataerkrankungen

<table>
<tr>
<td>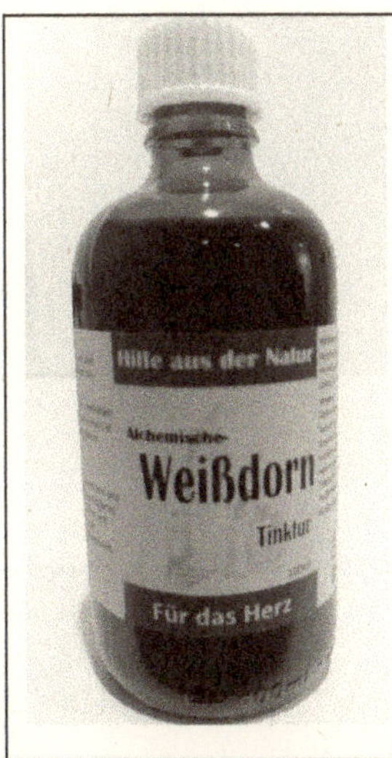
</td>
<td>Heiltinktur: Weißdorn

Herkunft: Österreich

Familie: Rosengewächse, Strauchgewächs, verwendet werden die Blüten und Blätter

Anwendung: bei Herzschwäche</td>
</tr>
<tr>
<td>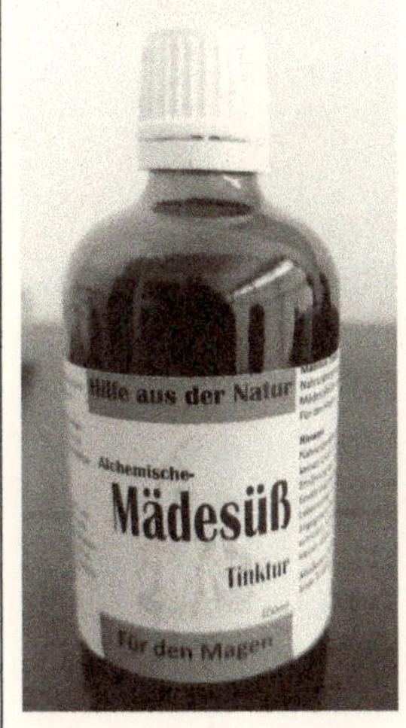
</td>
<td>Heiltinktur: Mädesüß

Herkunft: Österreich

Familie: Rosengewächse, Strauchgewächs

Anwendung: hat Salicysäure, die entzündungshemmende sowie hornhautauflösende Eigenschaften aufweisen, auch blutverdünnend, ähnlich dem Aspirin, unterstützend auch schmerzstillend und beruhigend für den Magen</td>
</tr>
</table>

	Heiltinktur: **Ginseng** Herkunft: China, Asien Familie: Araliengewächse, Krautgewächs, verwendet wird die Wurzel Anwendung: stärkt nahrunsergänzend das Immunsystem. Ginseng zählt zu den ältesten und wirksamsten Heilpflanzen der Welt (und Aloe Vera)
	Heiltinktur: **Pueraria Mirifica** Herkunft: Thailand Familie: Hülsenfrüchtler, Baum mit Kürbiswurzel (weiß) Anwendung: wird bei Frauen angewendet, die Pflanze hat viele weibliche, östrogenähnliche Substanzen, auch bei Osteoporose, für Haut und Haare

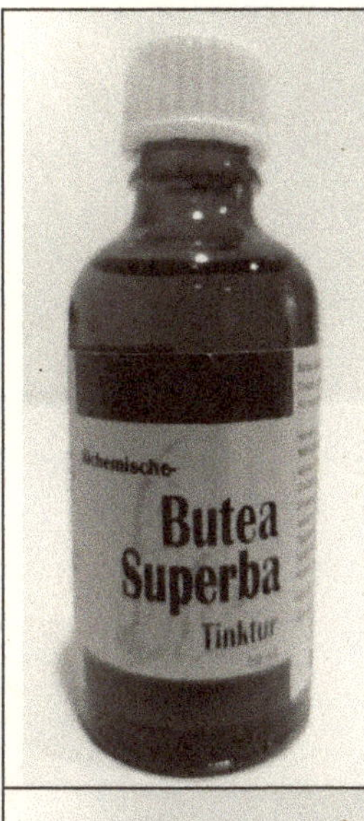	Heiltinktur: **Butea Superba** Herkunft: Thailand Familie: Hülsenfrüchtler, Baum, Kürbiswurzel (rot) Anwendung: wird bei Männern angewendet, die Pflanze hat viele männliche, testosteronähnliche Substanzen, Anwendung auch bei Problemen mit der Prostata, Anwendung auch für das gesamte Immunsystem und Herz
	Heiltinktur: **Artemisia Annua** Herkunft: Österreich Familie: Korbblütler, Strauchgewächs Anwendung: nahrungsergänzend bei Virenerkrankungen

	Heiltinktur: **Ginko** Herkunft: Indien Familie: Ginkogewächse, Baum, verwendet werden die Blätter Anwendung: führt dem Gehirn mehr Sauerstoff zu, Anwendung auch zur Stärkung des Immunsystems
	Heiltinktur: **Frauenmantel** Herkunft: Österreich Familie: Rosengewächse, Strauchgewächs Anwendung: bei Frauen, regenerierend bei Unterleibsbeschwerden

	Heiltinktur: **Haarwasser** (aus Birke und Brennnessel) Herkunft: Österreich Familie: Birkengewächse (Birke/Baum), Brennnesselgewächse (Krautgewächs) Anwendung: bei Haarwuchs, verstärkt das Wachstum noch vorhandener Wurzeln
	Heiltinktur: **Murdannia loriformis** Herkunft: Thailand Familie: Commelinagewächse, Krautgewächs Anwendung: Anwendung nahrungsergänzend bei Krebserkrankungen, wird auch als *Engelsgras* bezeichnet

	Heiltinktur: **Kiefernadeln** Herkunft: Österreich Familie: Kieferngewächse, Baum, verwendet werden die Nadeln Anwendung: nahrungsergänzend zur Ausleitung von belastenden chemischen Stoffen nach Impfungen, hierzu werden unterstützend Vitamin C, Magnesium und andere Vitamine empfohlen
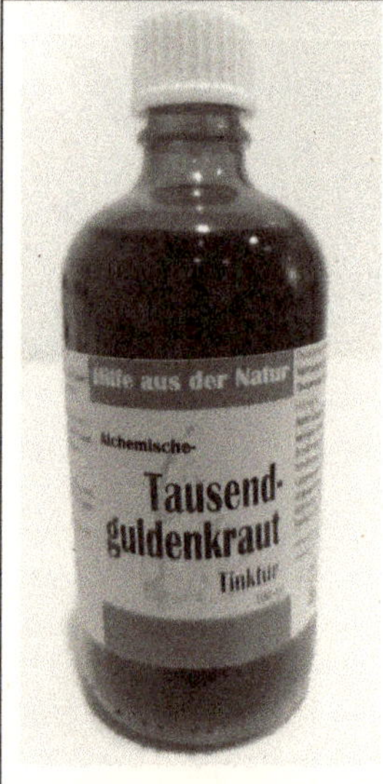	Heiltinktur: **Tausendguldenkraut** Herkunft: Österreich Familie: Enziangewächse, Krautgewächs, verwendet werden die Blätter Anwendung: ist dem Enzian sehr ähnlich, hat sehr viele Bitterstoffe und wird bei Verdauungsstörungen angewendet, auch für die Leberreinigung und bei Gicht

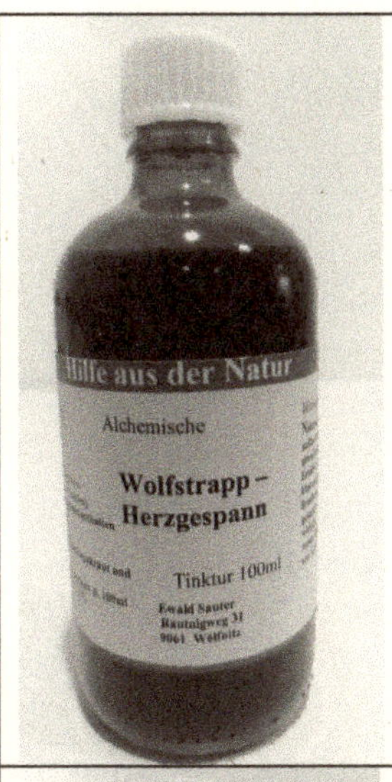 	Heiltinktur: **Wolfstrapp-Herzgespann** Herkunft: Österreich Familie: Lippenblütler, Krautgewächse Anwendung: bei Schilddrüsenerkrankungen, Überfunktion der Schilddrüse, beruhigt in diesem Zusammenhang auch das Herz
 	Heiltinktur: **Chanca Piedra** Herkunft: Südamerika, Regenwald Familie: Wolfsmilchgewächse, Krautgewächs Anwendung: bei Entkalkung des menschlichen Körpers

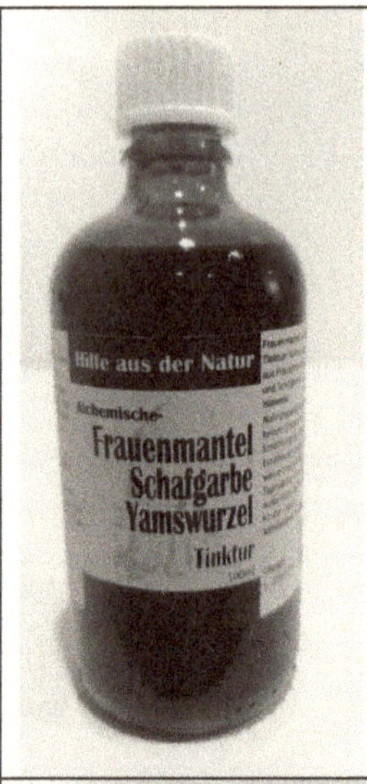	Heiltinktur: **Frauenmantel, Schafgarbe, Yamswurzel** Herkunft: Österreich, Yamswurzel aus Asien Familie: Rosengewächse, Strauchgewächs Anwendung: bei Frauen in Wechseljahren, die Tinktur enthält Progesteron (natürlich im Körper vorkommendes Hormon), mindert die Beschwerden ähnlich wie Pueraria Mirifica
	Heiltinktur: **Mistel** Herkunft: Österreich, verwendet werden die Zweige nur von der Eiche und dem Apfelbaum Familie: Sandelholzgewächse, Strauchgewächs Anwendung: nahrungsergänzend bei Krebsleiden, auch blutdruckausgleichend (in Verbindung mit Weißdorn)

Soweit die Vorstellung von achtunddreißig der wichtigsten und gebräuchlichsten Heiltinkturen von Ewald Sauter. Insgesamt verfügt seine Heiltinkturen-Apotheke über ca. 200 solcher Tinkturen.

Die Dosierung, Anwendungsempfehlung und der empfohlene Anwendungszeitraum sind nach Austestung und Beratung der jeweiligen Person immer unterschiedlich und auch abhängig vom Körpergewicht und dem aktuellen Erkrankungszustand. Bei schwereren Erkrankungen kann die Therapie entsprechend länger dauern.

„Kümmere dich um deinen Körper. Es ist der einzige Ort, den du zum Leben hast.“

(Jim Rohn)

Nachwort

Die Frage nach der Existenz von Atlantis, dem Auftrag und Wirken der Templer, dem Geheimnis der Bundeslade und letztlich auch die große Bedeutung der Pyramiden sind in den Augen vieler Menschen nichts weiter als Mythen und Legenden, die eine gewisse Sehnsucht und Romantik auslösen. Für andere sind sie von allergrößter Bedeutung, da die Geheimnisse, die damit in Verbindung stehen, Teil unserer Gegenwart sind und die rasante technische Entwicklung Anfang des vergangenen Jahrhunderts erst ausgelöst haben. Leider sind es die Mächtigen und deren Schergen, die auch im Besitz dieses besonderen Wissens gelangt sind und ein menschenverachtendes Ziel verfolgen.

Die Suche nach Atlantis ist eine unendliche Geschichte. Es ist unglaublich, dass Atlantis, trotz so umfassender und nachvollziehbarer Rückschlüsse, immer noch in das Reich der Mythen und Legenden verlegt wird. Es gibt keinen anderen Bericht aus dem Altertum, in dem so oft und so nachdrücklich der Wahrheitscharakter seiner Aussagen betont wird. Auch gibt es in der Weltliteratur kaum ein zweites nicht religiöses Thema, das über lange Zeiten hinweg so ein starkes Interesse auf sich gezogen und derart nachhaltige literarische Niederschläge hinterlassen hat.

Es ist kaum verwunderlich, dass selbst die kollektive Erinnerung verschiedener Völker an einen sagenumwobenen Kontinent Atlantis für die orthodoxe Wissenschaft natürlich kein endgültiger Beweis ist, doch legt es den Schluss sehr nahe, dass es Atlantis wirklich gegeben hat. Die Existenz von Atlantis als Insel im Atlantik ist bis heute urkundlich nicht zu beweisen, aber die Wahrscheinlichkeit ihrer Existenz geht aus einer Vielzahl von indirekten Beweisen sehr deutlich hervor.

Platos Angaben und Beschreibungen sind ganz und gar keine Phantasiegebilde, wie es gerne von Kritikern behauptet wird. Warum sollte Platon die Antillen und Amerika beschreiben? Schließlich weiß man aus seinen anderen Schriften, dass er weder Amerika noch die Antillen kannte, und letztlich wusste auch Kritias nicht mehr als Plato. Auch Solon dürfte nicht mehr gewusst haben. Sie wiederholten nur die Worte des Priesters von Sais, der sein Wissen den Archiven des Tempels entnahm. Diese Archive haben in geographischer Hinsicht recht mit den Antillen und Amerika; warum sollen sie also im Fall von Atlantis falsch gewesen sein?

Das ist nur einer von sehr vielen indirekten Beweisen, wie wir im zweiten Kapitel erfahren konnten. Der entscheidende Punkt für die Mythen- und Legendenbildung rund um die atlantische Hochkultur ist aber ein anderer. Die Existenz von Atlantis stellt den Wahrheitsgehalt des Buches der Genesis und seine Datierung in Frage. Atlantis wäre quasi eine *Genesis vor der Genesis*, und das hieße, die Heilige Schrift zu bezweifeln. So war und ist es für die christlichen Kirchen von größter Bedeutung, dass die Geschichte vor dem Christentum auf die Ankunft Christi hin ausgerichtet bleibt, und zwar mit Hilfe der hebräischen Schriften, deren Zeitrechnung zum Beweis von der Erschaffung der Welt und Adams ausging. Somit darf Atlantis nichts anderes sein als Mythos und Legende, Fabel und Lüge.

Nun wissen wir aber schon lange, dass die Lehre der katholischen Kirche auf einer Lüge aufgebaut ist, man könnte auch sagen auf einer Jesus-Lüge. Ähnlich vernichtend wie im Falle von Atlantis ist die Kirche auch mit den Templern umgegangen.

Für viele Fachleute und Historiker ist es unzweifelhaft, dass es von Beginn an die Mission der Templer war, die Bundeslade zu bergen und nach Frankreich zu bringen und nicht, die Pilgerwege nach Jerusalem zu schützen. Die Templer fanden die Bundeslade auch und brachten sie nach Frankreich, wo sie begannen, die Inhalte der Lade (Schriften und Gerätschaften) zu entschlüsseln. Die Lade samt Inhalt wird bis heute von den Nachfahren der Templer an einem sicheren Ort aufbewahrt. Der Schlüssel zur Bundeslade ist gleichzeitig auch der Schlüssel zu Atlantis, unserer Ur-Kultur. Auch dieses Wissen erfuhren die Templer aus den Unterlagen der Bundeslade.

Das wiederum war auch der Schlüssel für das plötzliche Erblühen der Gotik, in der wir auch die Geheimnisse des Pyramidenbaus wiederfinden. Wegen dem immer größer werdenden Reichtum und politischen Einfluss des Templerordens war es nur logisch, dass Papst und König den Templerorden niedermetzelten und so ihrer Besitztümer habhaft wurden – nicht aber ihres Templerschatzes und der Bundeslade, da die Templer rechtzeitig gewarnt wurden. So konnte eine große Flotte der Templer rechtzeitig mit diesen Dingen die Flucht ergreifen und untertauchen. Wohin ihr Weg führte, ist nicht genau bekannt. Hinweise deuten auf Südamerika, aber auch nach Frankreich und Schottland verschlug es viele geflohene Templer.

Ein wohl nicht weniger bedeutendes Geheimnis verbirgt sich hinter dem Leben und Wirken Jesu. Es spricht wohl sehr viel dafür, dass Jesus das Kreuz überlebt hat. Dank der Hilfe von Josef von Arimathäa floh Jesus mit seiner Frau und seinen Kindern nach Südfrankreich. Nachdem seine Frau Maria Magdalena gestorben war, hat Jesus noch viele Jahre in Indien verbracht, bevor er nach Frankreich zurückkehrte und im Alter von 85 Jahren eines natürlichen Todes starb.

Ähnlich wie auch im Falle der Bundeslade wurde die Blutlinie Jesu in den Jahrhunderten nach seinem natürlichen Ableben wie ein Geheimnis bis in die Gegenwart bewahrt. So führte diese Linie auch bis in die Templerkreise des 12. Jahrhunderts, wodurch sich auch die Mission des Templerordens erklären lässt. Das betrifft auch die Verehrung Jesus und seiner waren Lehre, die durch die katholische Kirche seit Beginn ihrer Geschichte aus rein machtpolitischen Gründen gezielt verfälscht wurde. Die wahre Lehre Jesu hat sicherlich nichts mit jener der Katholischen Kirche zu tun, was leider die meisten Gläubigen bis heute immer noch nicht begriffen haben.

Doch nicht genug der Lügen und Verbrechen, denn eine wichtiges Puzzleteil in dem ganzen Lügenmeer der Kirche sind die erfundenen und gefälschten Geschichten und Heldentaten der biblischen Hauptdarsteller. Es ist davon auszugehen, dass viele der biblischen Hauptdarsteller – Joseph, Moses, David, Salomon u.a. – mit großer Wahrscheinlichkeit Ägypter waren oder zumindest einen Großteil ihres Lebens im „Heiligen Land“ der Pharaonen gelebt und den dort herrschenden Pharaonen gedient haben. Die Geschichte um die Bundeslade und die Zehn Gebote, die Moses höchstpersönlich von seinem *hebräischen Gott* erhielt, ist bei genauerer Betrachtung genauso verfälscht und passend gemacht worden wie so viele andere Geschichten rund um das „Heilige Jerusalem“. Die Lade war stets ein Relikt der ägyptischen Hochkultur, die ihrerseits aus der letzten atlantischen Hochblüte hervorging.

Ist es Zufall, dass gerade Atlantis und die Pyramiden bis heute die Themen aus dem Altertum sind, die nahezu alle Menschen, die sich damit einmal beschäftigen, emotional überaus stark berühren? Es scheint wie eine Ur-Erinnerung zu sein, die in den Menschen dann aktiviert wird. Das wiederum hängt schlichtweg mit der Erkenntnis der Unterlagen zusammen. Erst als die Templer die Geschichte der Atlanter, die auf der Grundlage mündlicher Überlieferungen in den Unterlagen der Bundeslade niedergeschrieben worden war, gelesen hatten, begriffen sie, dass sie den Heiligen Gral wiedergefunden hatten. Neben den schriftlichen Artefakten kamen sie auch in den Besitz von Modellen und Gegenständen aus der damaligen Zeit. Durch die Unterlagen erfuhren sie, welche geheimnisvollen Kräfte in der geometrischen Form der Pyramide durch bestimmte gesetzmäßige Bewegungsabläufe existieren. Sie begriffen, dass alles Sein im Kosmos allein IN und DURCH die Form der Teilchen des „Kosmischen Geistfeldes" bewirkt wird. Die geometrische Form der Pyramide ist, wenn bestimmte Kriterien berücksichtigt werden, durch die gesetzmäßigen Bewegungsabläufe ein Kommunikationszentrum, in dem derjenige, der sich innerhalb der Pyramide befindet, auf geistiger Ebene mittels der Gedankenkraft senden und empfangen kann. Um das näher zu verstehen, sollte man sich einmal näher mit dem Montauk-Projekt und der Area 51 befassen.

Die wissenschaftlichen Grundlagen für die rasante Entwicklung Anfang des vergangenen Jahrhunderts kamen meines Erachtens genau aus diesen alten Geheimarchiven der Templer beziehungsweise der Zisterzienser.

Einerseits ist sicherlich davon auszugehen, dass der Templerschatz und der Inhalt der Bundeslade über die Jahrhunderte hinweg bis heute gehütet werden. Andererseits gab es im Laufe der Jahrhunderte viele Spaltungen verschiedener Geheimgesellschaften (Freimaurer, Rosenkreuzer, Golden Dawn usw.), möglicherweise auch bei in den Untergrund abgetauchten Templern. Nur so ist es für mich erklärbar, dass das Wissen aus der Bundeslade in die Hände der heutigen Elite-Familien geraten konnte, die mit ihrer kranken Agenda-Politik die Menschheit endgültig versklaven wollen. Teilweise mag ihnen das gelingen und gelingt es ihnen ja schon, wie man sehen kann. Aber sie werden am Ende die Verlierer sein, weil sie das Kosmische Geistfeld – die Weltformel – missbrauchen. Das betrifft alle kranken und mutierten, auf einer Lüge aufgebauten Ideologien und somit sicherlich auch die katholische Kirche – ganz einfach, weil sie keine Existenzberechtigung haben. Das ist vergleichbar mit einem bösartigen Virus, der den Körper befällt und großen Schaden anrichten kann. Mit dem richtigen Heilmittel wird er genauso schnell wieder gehen, wie er gekommen ist.

Ich habe schon anfangs geschrieben, dass die katholische Kirche, wenn man nur allein die Geschichte um die Auflösung und Morde im Zusammenhang mit dem Templerorden in Betracht zieht, weltweit sofort enteignet und aufgelöst werden müsste. Bedenkt man auch noch die vielen anderen Gräueltaten, Kreuzzüge im Namen *ihres* Gottes, Folter, Mord, Hexenverbrennung, Missbrauch an Kindern u. v. m. durch die katholische Kirche, dann muss dem wohl nichts mehr hinzugefügt werden. Dass auch viele Menschen bewusster in dieser Thematik werden, zeigen die seit Jahren hohen Austrittszahlen der Kirchen. Zigtausende Katholiken und auch Protestanten kehren der Kirche seit Jahren den Rücken und das nicht, weil sie mehr auf ihre Ausgaben achten müssen. Nein! All die o. g. Hintergründe können nur Grund dafür sein, dass so viele Menschen endlich konsequent handeln. Allein die offensichtlich nie endende Missbrauchsthematik wird dazu geführt haben, dass viele Menschen endlich konsequent und verantwortungsvoll handeln.

> *„Seit Konstantin wurden Heuchelei und Gewalt zum Kennzeichen der Kirchengeschichte, wurde der Massenmord zur Praxis einer Religion. Einen zu töten war strikt verboten, Tausende umzubringen ein gottgefälliges Werk. Das Ganze nennt man nicht Geisteskrankheit, das Ganze heißt Christentum.“*
>
> (Karlheinz Deschner)

Es sollte hier allerdings erwähnt werden, dass viele Kirchengemeinden weltweit heute viele gute Dinge tun und für viele Menschen ein großer Halt, ein Anker sind, ganz unabhängig von der großen Unwissenheit der heutigen Glaubensvertreter in Hinblick auf die falsche Lehre der Kirche, die sie bis heute verkünden. Das betrifft auch die protestantische Kirche. Dennoch sind sehr viele Gemeinden wunderbare Orte der Gemeinschaft, auch für unsere Kinder, und das gilt es auch weiterhin zu schützen.

Wir leben gegenwärtig in einer sehr angespannten Zeit. Die Schlagwörter, mit denen uns die Kartellmedien tagtäglich zumüllen sind: Klimawandel, Erderwärmung, Corona-Pandemie, Energiekrise, Blackout und viele andere mehr. Wir werden in den Medien mit Nachrichten überflutet, die davon berichten, dass die Menschen in ein diktatorisches Zeitalter geführt werden sollen – totale Kontrolle und Überwachung, Enteignung, endgültige Zerschlagung des Familienbundes, Impfzwang schon im Mutterleib, Armut, Hunger, absolute digitale Kontrolle usw. Zusammengefasst heißt das: AGENDA 2030.

Und wissen Sie, wer diesen Wahnsinn vorantreibt und ein gehorsamer Diener dieser menschenverachtenden Politik ist? Die von uns gewählten Politiker, die sich wegen rein machtpolitischen und vermutlich auch wirtschaftlichen Vorteilen in den verschiedensten, teilweise mächtigen „Geheimgesellschaften" tummeln oder bei den Young Global Leaders Mitglied sind und Typen wie Schwab, der auch nur ein kleiner Handlanger der wenigen Hundert weltweit operierenden Elite-Familien sein wird, die Füße küssen und den Gutmenschen spielen.

Wir sind mittendrin in diesem teuflischen Szenario der Agenda-Politik, denn es reicht den mächtigen Elite-Familien inklusive ihrer Handlanger nicht mehr, den Menschen durch die kontrollierte Digitalisierung per Computer, Smartphones, Gesundheits-Apps usw. zu kontrollieren, denn eines ihrer finalen Ziele ist die Geburtenkontrolle und die drastische Reduzierung der Menschheit. Der Gedanke, dass in den nächsten 15-20 Jahren statt der mittlerweile ca. 8 Milliarden Menschen dann 10 Milliarden Menschen auf der Erde leben, ist für diese kranken Köpfe ein Alptraum. Genau deshalb ist der sogenannte Transhumanismus in keinster Weise das, wofür er von den vielen naiven und verantwortungslosen Gutmenschen gehalten wird. In Wirklichkeit steht dahinter der Plan, den Großteil der Menschen – der vielen nutzlosen Esser – abzuschaffen und den übriggebliebenen Rest zu unterdrücken und zu kontrollieren. Das ist keine Science-Fiction, das ist Gegenwart. Und es war nie ein Geheimnis. Es ist genau das, was Orwell, Huxley, Wells und andere schon vor vielen Jahrzehnten genauestens in ihren Romanen geschrieben haben. Wenn Sie in diesen Werken nachschlagen, lesen Sie die Blaupause unserer Gegenwart. Wells beispielsweise schrieb eine Reihe von Werken, die unzweifelhaft auf einen Umsturz der bestehenden Nationalstaaten und auf die Schaffung einer einzigen Weltregierung hinwiesen. In diesen Werken wird die offene Weltverschwörung beschrieben: *„Die offene Verschwörung: Blaupausen für eine Weltrevolution"* (1928), *„Die Neue Weltordnung"* (1940) und *„Die Dinge, die da kommen werden: Die letzte Revolution"* (1933).

Die naiven, systemintelligenten und durch die Kartellmedien gesteuerten Menschen haben immer noch nicht begriffen, dass sie schon lange von Washington und Brüssel aus regiert werden und nicht durch ihre Marionetten-Regierungen, und das gilt für die gesamte EU. Die Entstaatlichung der alten europäischen Nationalstaaten wurde schon lange umgesetzt, und keiner hat es bemerkt. *Rechtstaatlichkeit* ist das beliebteste Schlagwort, dass ohnmächtige und verantwortungslose Politiker dann gerne in den Mund nehmen, wenn es z.B. um die offensichtlich massive Bedrohung durch die unkontrollierte Masseneinwanderung in europäische Staaten geht, denn letztlich entscheidet die oberste europäische Führungsebene in Brüssel, was die ehemaligen europäischen Nationalstaaten und deren Regierungsvertreter zu tun und zu lassen haben. Ist das nicht unfassbar? Ohne die totale Kontrolle der EU wäre eine Weltregierung nie möglich gewesen. Das hat schon Winston Churchill erkannt, als er einmal im Zusammenhang mit einem *„Vereinigten Europa"* (mit der Abschaffung der europäischen Nationalstaaten; Anm. StE) sagte:

> *„Ohne ein Vereinigtes Europa gibt es keine sichere Aussicht auf eine Weltregierung. Die Vereinigung Europas ist ein dringender und unverzichtbarer erster Schritt zur Verwirklichung dieses Zieles."*

Wenn ich mit Menschen über diese Themen rede, dann höre ich sie oft sagen, dass es ihnen gar nicht hilft, all das zu wissen, sie sich damit gar nicht näher befassen wollen, weil es nur Angst macht, und dass man sowieso nichts ändern könne. Genau das kann aber auch ein Weg sein, denn Wissen ist Macht.

Grundsätzlich geht es darum, zu wissen und zu verstehen, was der Plan der Agenda-Schergen ist. Erst dann kann man letztlich auch die völlig absurden politischen Maßnahmen der Politiker verstehen, und durch dieses Wissen kann man dann besser vorbereitet sein und Vorkehrungen für einen freieren, glücklichen und friedvollen Lebensweg treffen. Das bedeutet nicht, dass man sich permanent mit diesen Themen befassen muss. Bei all den düsteren Aussichten gibt es genauso viel Hoffnung, denn es liegt in unserer eigenen Verantwortung, mit den vielen dunklen politischen und religiösen Machenschaften umzugehen – sie zu *umgehen*.

Auch wenn diese kranken und menschenverachtenden Machtstrukturen der Elite-Familien und unserer überwiegend völlig gestörten Politiker nicht von heute auf morgen aufzulösen sind, so gibt es für jeden einzelnen Menschen in dieser schwierigen Zeit immer einen Ausweg – einen Plan: das Glück zu finden und in Liebe zu leben, weil nur das gleichzeitig die höchste göttliche Bewusstseinsstufe ist. Das ist die Botschaft Jesu, das ist *sein* Patent, *sein* Erbe, das wir alle in uns tragen, weil wir alle, die wir uns diesem Bewusstsein öffnen, in Gott sind und auf all unseren Wegen geschützt sind. Vertrauen wir dieser inneren Kraft! So spielt es auch überhaupt keine Rolle, ob der biblische Jesus tatsächlich zu dieser Zeit gelebt hat oder Teil einer älteren Kultur aus Ägypten, Indien oder sonst wo ist.

Das Jesus- oder Christus-Bewusstsein ist ein Zustand der reinen Liebe, der selbstlosen Liebe. Genau das hat er uns durch sein Leben – und vor allem durch seine Art zu leben – lehren wollen. Besonders in seinen Lehren im Neuen Testament unterstreicht uns dieser großartige Mensch Jesus ganz deutlich, dass der Gott, von dem er zeitlebens predigte und den Menschen erzählte, nicht der gleiche ist wie der, von dem wir im Alten Testament erfahren. Wer auch immer der Gott oder besser gesagt die Götter oder Götterwesen des Alten Testaments waren, sie haben meiner Meinung nach nichts mit dem Gott gemeinsam, von dem Jesus sprach. Dieses höchste Christus-Bewusstsein ist der höchste Schwingungszustand, der in der materiellen Ebene in der dritten Dimension erreicht werden kann. Somit kann er von jedem Menschen hervorgerufen werden, egal welche Hautfarbe ein Mensch hat, ganz gleich, ob er Christ, Atheist, Buddhist oder Moslem ist.

Wenn es nur ein paar Menschen gibt, die wir aus tiefstem Herzen lieben, dann ist das ein unvorstellbar großer Schatz, den wir besitzen. Selbst wenn es nur ein oder zwei Menschen sind, dann ist auch das schon ein größerer Schatz als Salomon je besessen hat. Ich habe dieses Buch unter anderem auch den Kindern dieser Welt gewidmet, weil unsere Kinder unsere größte Liebe sind und sie die Zukunft unseres wunderschönen Planeten sind. Vergessen wir nicht, wie wichtig die Kinder schon für Jesus waren. Hierin liegt unsere größte Verantwortung, unseren Kindern eine glückliche, lebens- und liebenswerte Zukunft zu ebnen und so lange wie möglich gemeinsam mit ihnen zu leben. Wenn sie dann darüber hinaus noch einen Menschen an ihrer Seite haben, den sie lieben und der auch sie liebt, dann sind sie überaus gesegnet.

So möchte ich abschließend auch noch ein paar Zeilen zu Ewald Sauter, seiner Arbeit und seiner Botschaft als Großmeister schreiben. Besonders sein Dienst am Menschen ist eine wundervolle und sehr wichtige Arbeit. Was kann es Schöneres geben als seine Berufung gefunden zu haben UND: einen Menschen, der seinen Wissensschatz und seine Arbeit schon jetzt unterstützend weiterführt. Ich hoffe, dass seine Botschaft und seine Arbeit, die in diesem Buch ausführlich beschrieben wurden, auch weiterhin vielen Menschen eine Hilfe sein werden, dann hat dieses Buch seinen Zweck erfüllt.

> *„Du musst deine persönliche Einstellung, deine persönlichen Neigungen und Gefühle vollkommen aufgeben: so lieben können, wie Gott selbst liebt, alles lieben, ohne Unterschied lieben! Mit allem in der Einheit des ewigen Seins verbunden lieben. So wie die Sonne mit vollkommener Gleichgültigkeit auf das Schöne und das Hässliche, auf das Gute und das Böse, das Wahre und das Falsche scheint – sie liebt –, so musst du das Schöne und das Hässliche, das Gute und das Böse, das Wahre und das Falsche ohne Unterschied, mit vollkommener Gleichgültigkeit lieben. Die allerhöchste, göttliche Liebe ist die vollkommen gleichgültige Liebe! Es muss dir vollkommen gleichgültig sein, ob etwas oder jemand schön oder hässlich, gut oder böse, wahr oder falsch ist, du musst alle mit der gleichen Liebe lieben. Du musst lernen, dass das Schöne ohne das Hässliche auch nicht da wäre. Du musst lernen, dass das Gute ohne das Böse auch nicht da wäre. Du musst lernen, dass das Wahre ohne das Falsche auch nicht da wäre. Und so musst du alle gleich lieben. Du musst erkennen, dass das Schöne und das Hässliche, das Gute und das Böse, das Wahre und das Falsche nur einander ergänzende Spiegelbilder des Unaussprechlichen*

sind, das wir – nur um ein Wort zu haben – GOTT nennen.“ (Elisabeth Haich)

Bleiben wir in Gott verbunden. Ich werde in nur wenigen Monaten mit einem neuen Buch zurück sein.

Erst die Liebe gibt allen Dingen in unserem Leben einen noch größeren Sinn...

Mit allen guten Wünschen

Ihr *Stefan Erdmann*

Anhänge

1. Interview mit einem hochrangigen Logenvertreter
2. Interview mit Dr. Harry Lamers und Morpheus
3. Jesus und Tutenchamun
4. Autorenbeschreibung: Godfrey Higgins, Gerald Massey und Dr. Alvin Boyd Kuhn
5. Heilpflanzen im Altertum
6. Die Zerstörung von Atlantis
7. Lothar Göring: Die Übergabe der Unterlagen in Frankreich
8. Interview mit Dr. Helmut Ehleiter – Krebsbehandlung mit MMS

Anhang 1

Interview mit einem hochrangigen Logenvertreter

In Verbindung mit der vorliegenden Thematik, den Hintergründen und Zusammenhängen zwischen Zisterziensern und Templern, führte ich Ende 2004 ein Gespräch mit einem hochrangigen Logenvertreter in Berlin. Nähere Hinweise zur Person werden auf seine Bitte hin hier weggelassen.

War wirklich der Schatz der Grund für die Kreuzzüge?

Ja, das kann man so sagen. Sie müssen bedenken, dass verschiedene Personen das alte Wissen stets gehütet haben und nur auserwählten Personen anvertrauten bzw. weitergaben; das ist Tradition. Es ging nie um die Bundeslade als einen Schrein als solches, sondern nur um Wissen – um einen Wissensschatz, der wiederentdeckt werden musste. Natürlich standen nicht nur spirituelle Gründe im Vordergrund. Wissen, Politik, Macht und territoriales Anspruchsdenken hatten damals ebenso großes Gewicht, als man sich entschloss, gegen Jerusalem zu ziehen.

Befand sich unter dem Schatz also auch ein Schrein oder *DER* Schrein?

Ja, man fand auch einen alten Schrein. Dieser war für die Templer aber nicht von großer Bedeutung. Es ist außerdem davon auszugehen, dass dieser Schrein nicht der „Schrein“ oder sagen wir die „Bundeslade“ war, die mit Moses in Verbindung gebracht wird. Es ist möglich, dass dieser Schrein einmal eine bedeutende Rolle spielte und in ihm wichtige Dinge transportiert wurden. Wie zweifelhaft und falsch die biblische Geschichte in diesem Zusammenhang aber ist, haben Sie ja in Ihren Büchern bestens erklärt. Vieles wurde abgeschrieben und Jahrhunderte später übertragen und umgeschrieben, davon ist auszugehen. So ist es auch mit der Geschichte von Moses und den Zehn Geboten. Die Tradition der alten Schreine ist viele Jahrhunderte älter und führt, wie Sie richtig erklärt haben, nach Ägypten. Der Schrein, den die Templer damals fanden, befindet sich noch heute in Äthiopien. Allein die Tatsache, dass er in Äthiopien ist, erklärt schon, wie unwichtig er schon damals für die Templer gewesen sein musste. Wie gesagt, es ging nicht um den Schrein, sondern um Dokumente und Gerätschaften – um einen uralten Wissensschatz.

Stimmen Sie mit den hier getroffenen Aussagen überein, insbesondere mit der, dass die Templer auf höherem Wege den Auftrag erhielten, den Schatz nach Südfrankreich zu bringen und eine Pyramide zu errichten?

Ja, das denke ich schon, zumindest wird es bis heute in den Traditionen verschiedener Logengemeinschaften, die in diesen historischen Punkten miteinander verbunden sind, so erklärt. Es entspricht in jedem Fall den historischen Tatsachen, dass die Templer den Auftrag erhielten, den Schatz nach Frankreich zu bringen und dort eine Pyramide zu bauen. Diese Pyramide ist ja heute auch noch zu besichtigen. Was nur wenige Menschen wissen, ist die Tatsache, dass die Templer noch eine weitere Pyramide in Frankreich bauten. Sie befindet sich in der Nähe von Seborga, dem Gründungsstaat der Templer. Bernhard von Clairvaux und andere Großmeister hatten ihren Sitz auf Seborga und sind dort inthronisiert worden. Bis heute spielt dieser Ort eine sehr bedeutende Rolle.

Was haben die Templer unter den Mauern des salomonischen Tempels wirklich gefunden?

Wie bereits erwähnt, war der Auftrag der Templer nicht der, einen Schrein – also die Bundeslade – zu finden, sondern einen Wissensschatz. Dieser bestand, wie Sie das schon richtig beschrieben haben, aus uralten

Schriften und verschiedenen Gerätschaften, die größtenteils aus dem atlantischen Erbe stammten.

Gibt es eine Verbindung zwischen dem Schatzfund von Jerusalem und dem sagenumwobenen Gral? Wenn ja, was war der Gral?

Darüber ist in den vergangenen Jahrhunderten ja bekanntlich viel diskutiert und geschrieben worden. War es ein Kelch, ein Stein oder geht es hier symbolisch um eine Tradition – eine Blutlinie –, die mit Jesus und seinem Familienstammbaum in Verbindung steht? Letzteres ist wohl von besonderer Bedeutung.

Was war oder ist der Baphomet?

Man kann den Baphomet symbolisch als das höchste Wesen in der Dualität beschreiben. Es ist zirka 1,50 Meter hoch und besteht aus purem Gold. Der Kopf ist zweigeteilt und zeigt ein männliches und ein weibliches Gesicht. Vom Kopf des weiblichen Gesichtes windet sich ein Zopf hinunter und umschlingt den Körper der Figur. Die Bodenplatte ist achteckig und enthält acht Edelsteine. Die Zahl Acht spielt ja bekanntlich in der Templer-Symbolik eine besondere Rolle. Wir finden sie unter anderem auch im Tatzenkreuz wieder. Es gab in allen großen Komtureien einen Baphomet. Es ist im Übrigen ein großer Irrtum, wenn heute geschrieben wird, dass die Templer nicht mit weisen Frauen zusammengearbeitet haben. Das haben sie sehr wohl, und zwar auf einer sehr hohen spirituellen Ebene. Sie wussten, dass in der Dualität die weibliche Energie ein elementarer Gegenpol zur männlichen Energie darstellt. Denken sie an die zwei Köpfe des Baphomet! Ein bekanntes Ritual, das die Templer beispielsweise zusammen mit weisen Frauen abgehalten haben, fand im zwölften Jahrhundert in Wien statt.

Haben Sie schon einmal mit einem Baphomet gearbeitet?

Ja.

Ist der Baphomet heute nur noch ein antiquarischer Kultgegenstand oder wird heute noch mit ihm „gearbeitet"?

Natürlich gibt es heute nur noch wenige originale Exemplare, aber gehen Sie davon aus, dass auch heute noch in den geheimsten Zirkeln damit gearbeitet wird.

Was können Sie mir über Ihre Verbindung zu dem Orden der Zisterzienser sagen, und bestehen noch Verbindungen zu anderen Ordensgemeinschaften?

Nur so viel, dass es natürlich verschiedene Verbindungen zu anderen Logen gibt. Natürlich bin ich auch sehr in das geheime Wissen der Templer eingeweiht.

Wurden die Templer auch von den Zisterziensern geopfert, und wenn ja, warum?

Ja und nein. Grundsätzlich ist ihr Gedankengang richtig. König und Papst spielten seinerzeit bekanntlich eine entscheidende Rolle. Gehen Sie aber einmal davon aus, dass es seinerzeit auch einflussreiche Zisterzienser gab, die vor dem Urteil eingeweiht wurden, dieses Urteil aber nicht verhinderten, obwohl sie es vielleicht gekonnt hätten.

Was können Sie mir über das Kloster Heiligenkreuz sagen?

Heiligenkreuz zählt heute zu den schönsten und ältesten Zisterzienserklöstern. Aber ich denke, hinter ihrer Frage verbirgt sich noch mehr.

Ja! Werden in dem alten Kloster auch uralte Schriften aufbewahrt, die aus dem Schatz von Jerusalem stammen?

Ja, hier befanden sich über viele Jahre hinweg Originale und Kopien der alten Schriften. Vor einiger Zeit fand aber eine Auslagerung statt. Den Grund dafür darf ich Ihnen aber nicht verraten. Alle alten Schriften sind schon vor geraumer Zeit aus Sicherheitsgründen kopiert worden.

Wie groß ist der Einfluss der Zisterzienser heute?

Dazu nur so viel: der Einfluss der Zisterzienser wird bis heute sehr unterschätzt. Ist es nicht auch interessant, dass dieser Orden eigentlich immer im Hintergrund stand? Heute wird doch fast ausschließlich über die Templer gesprochen und geschrieben. Dokumentationen und Spielfilme werden über sie ausgestrahlt, doch der eigentliche Kopf – die Zisterzienser – werden immer nur am Rande erwähnt, wenn überhaupt. Warum ist das wohl so?

In welche Kanäle flossen das Geld und der umfangreiche Besitz der Ordensgemeinschaft der Templer?

Es wurde sehr wenig Geld in den „Schatzkammern“ der Templer gefunden. Schließlich wurden die Oberen rechtzeitig gewarnt. Viel ist rechtzeitig nach Schottland gebracht worden. Der Westgotenschatz, den die Templer beispielsweise besaßen, befindet sich noch heute an einem sicheren Ort in Frankreich.

Stimmen Sie mit der These Lothar Görings überein, dass, wie in den Unterlagen behauptet wird, die Atlanter aus dem Sirius-System stammen und die Pyramiden-Kultur quasi mit zur Erde brachten?

Ja. Ob Lothar Göring Originalschriften ausgehändigt wurden oder nur Kopien, kann ich nicht genau sagen, aber das ist auch gar nicht von Bedeutung. Ihm wurden aber auch wichtige Gerätschaften übergeben. Es ist sehr wohl richtig, dass das Pyramidenkonzept von den Atlantern stammt und dass die Atlanter einst aus dem Weltraum kamen.

Dass das Jesusbild von dem der heutigen Kirche abweicht ist bekannt. Gibt es dennoch weitere Erkenntnisse, was die Person Jesus betrifft, die Sie mir nennen können?

Diese Frage habe ich von Ihnen erwartet. Sie können sich wohl denken, dass ich mich in dieser Thematik recht gut auskenne, denn die Person Jesus spielt bis heute in den Logen, und natürlich in der Kirche, eine entscheidende Rolle. Natürlich kenne ich auch den Inhalt Ihrer letzten beiden Bücher. Die historische Person Jesus gab es, so viel vorab; aber das haben Sie ja auch nicht bestritten. Auch dass sein Weg nach Indien führte, ist kein Geheimnis. Dort soll er bekanntlich noch einmal nach Maria Magdalena geheiratet haben. Über diese zweite Frau ist aber auch in unseren Kreisen nur sehr wenig bekannt. Traditionellen Überlieferungen zufolge soll er aber nach Frankreich zurückgekehrt und dort neben Maria Magdalena begraben worden sein. Es ist auch kein Geheimnis, dass die Templer in den Ruinen Karthagos Teile der unverfälschten Evangelien des Johannes und des Matthäus sowie eine von Marcion angefertigte Übersetzung der altorientalischen Ilu-Lehre gefunden haben. Beide Fundstücke berichten im Kern vom Reich Gottes und dessen Volk – ein Aspekt, der in der offiziellen biblischen Version verfälscht und anders dargestellt wurde. Auch die Lehre Jesu soll im Kern eine andere gewesen sein als die heute bekannte Version des Neuen Testaments. Danach ist nicht Baal oder Baphomet der Teufel, sondern Jahwe, der mosaische Gott des Alten Testaments. Dennoch muss ich eines zugeben: Je mehr ich über Ihre Jesus-These nachdenke, desto mehr scheint sie mir plausibel und nachvollziehbar. Fest steht, dass alles, was die katholische Kirche später daraus gemacht hat, in keinster Weise den historischen Tatsachen entspricht.

Gibt es heute noch die sogenannte Artusrunde; und wenn ja, was können Sie mir darüber verraten?

Natürlich gibt es heute noch eine Artusrunde, nur ist die nicht mehr mit jener legendären Artusrunde vergleichbar, die wir aus der Geschichte kennen und die im Übrigen sehr viel älter war als die Zisterzienser- und Templerorden. Die Mitglieder dieser Runde sind Großmeister der verschiedensten und bekanntesten Ordens- und Logengemeinschaften. Sie sind aber nicht nur hohe Würdenträger verschiedener Ordensgemeinschaften, sondern größtenteils Wissenschaftler, die nebenbei bemerkt auch über einen gewissen politischen Einfluss verfügen.

Es wird behauptet, dass viele hochgradige Logen- oder Ordensmeister gleichzeitig auch in anderen Logen beziehungsweise Orden hochrangig vertreten sind, dies aber nur den obersten Graden bekannt ist. Ist das richtig?

Ja, das stimmt. Das ergibt sich ja schon aus dem althergebrachten Aufbau einer Loge, die ja bekanntlich pyramidal aufgebaut ist.

Was können Sie mir über den Schwarzen Papst sagen?

Die meisten Menschen werden nicht wissen, dass es einen Schwarzen Papst überhaupt gibt, geschweige denn, worin seine genaue Aufgabe besteht und welchen Einfluss er hat. Nur so viel: Es gibt einen Schwarzen Papst. Er steht über dem Papst in Rom und ist positiv, was man ja zumindest gemäß der Tradition vieler Ordensgemeinschaften von dem Papst in Rom und seiner Mission hier auf Erden nicht behauptet. Seine Person, also die des Schwarzen Papstes und seine Mission, ist im Zusammenhang mit der jahrtausendealten Tradition der Schwarzen Sonnen zu sehen. Mehr kann ich Ihnen dazu nicht verraten; und glauben Sie mir, weitere Einzelheiten über den Schwarzen Papst würden Ihre Leser nicht einmal ansatzweise glauben.

Können Sie mir etwas mehr zu der Erbengemeinschaft der Templer sagen, bei denen es sich um die direkten Nachfahren der Templer von 1307 handeln soll?

Es wird viel geschrieben. Es ist von Spaltungen die Rede, von Neugründungen und so weiter. Ob das alles so richtig ist, kann doch nur ein Eingeweihter schlüssig beantworten, oder? Es gab einen Grund für eine Neugründung – zumindest nach außen hin. Befassen Sie sich einmal mit der Geschichte um das Kloster Heiligenkreuz und bestimmter Personen, die dort wirkten, dann werden Sie mehr Antworten finden.

Was wissen Sie über den Geheimorden „Die Herren vom Schwarzen Stein" (DHvSS), die 1221 aus der marcionischen Templergemeinschaft hervorgegangen sein sollen?

Auch das steht in einem sehr engen Zusammenhang mit der Tradition der Schwarzen Sonne und den Legenden um den Untersberg. Das soll an dieser Stelle genügen.

Haben Sie Informationen darüber, ob Geheimwissen aus den Händen der Templer oder Archiven der Templer beziehungsweise der Zisterzienser in die Hände der Thule-Gesellschaft gelangte?

Wie Sie ja schon selbst geschrieben haben, kann Wissen nicht einfach vom Himmel fallen. Und ich habe Ihnen ja schon angedeutet, dass insbesondere Heiligenkreuz und bestimmte Personen, die dort einmal gewirkt haben, dabei eine entscheidende Rolle spielten. Auch die Thule-Gesellschaft konnte sicherlich nicht zaubern, sondern musste von irgendwoher ihr Wissen bezogen haben. Ich möchte hier keine Namen nennen. Andererseits sind die Namen bzw. die Schlüsselpersonen eigentlich kein Geheimnis. Nur wissen Sie selbst, dass bestimmte Namen heute besonders in Deutschland in diesem Zusammenhang besser nicht genannt werden sollten.

Warum wird den Menschen dieses ganze Wissen vorenthalten?

Schauen Sie sich doch einmal unter Ihren Mitmenschen um. Glauben Sie denn, dass die Menschen heute wirklich ernsthaftes Interesse an den jahrtausendealten Erkenntnissen haben? Die Menschheit, insbesondere die Machthaber, die momentan ihr Unwesen auf unserer Erde treiben, würden dieses Wissen doch missbrauchen. Das hohe Wissen, das ja zweifellos schon vorhanden ist, wird doch auch nicht zum Wohle der Menschheit eingesetzt, sondern um diese zu steuern und zu unterdrücken. Zu viel altes Wissen – wenn auch nicht alles – befindet sich ja bereits in den Händen kranker und machthungriger Menschen und wird von ihnen missbraucht, um die Menschen zu versklaven. Der Zeitpunkt für Erkenntnis und Wahrheit muss immer stimmen. Es wird immer von Frieden geredet, von einem tausendjährigen Friedensreich auf Erden. Das ist in meinen Augen alles völliger Unsinn; und überlegen Sie einmal, welche religiöse Gruppierung diese fixe Idee von einem Friedensreich in Umlauf gebracht hat. Jesus hat davon bestimmt niemals geredet, da bin ich sicher. Er war bestimmt viel zu klug, um so etwas Utopisches zu behaupten. Die Erde ist im Verlauf von Jahrtausenden, wahrscheinlich sogar Jahrhunderttausenden immer wieder von außerirdischen Gruppierungen besucht und beeinflusst worden, und das Ergebnis sieht man heute. Seit vielen Jahrhunderten kämpfen insbesondere zwei Linien um die Vorherrschaft unseres Planeten, und dieser Kampf geht langsam, aber sicher in seine Endphase. Ich kann mir beim besten Willen nicht vorstellen, dass auf diesem Planeten einmal eine Zeit anbrechen wird, in der alle Menschen nur in Frieden miteinander leben. Das ist doch schon bei der unterschiedlichen Veranlagung und Bewusstseinsebene der Menschen völlig absurd. Es wird immer Menschen geben, die anführen, die Macht an sich ziehen und herrschen; und andere wiederum, die geführt und gesteuert werden „wollen". So verhält es sich im Tierreich und auch bei den Menschen, und schließlich ist der Homo sapiens ja auch nichts anderes als eine Kreuzung. Macht beruht auf Vernunft, darin liegt das eigentliche Geheimnis und letztlich ein Funken Hoffnung für eine bessere Zukunft.

Vielen Dank für das Interview!

Anhang 2

Interview mit Dr. Harry Lamers und Morpheus

Von Lothar Göring erfahren wir, dass er – gemeinsam mit hunderten von Wissenschaftlern – an der Erforschung der Schriften und der darin enthaltenen Grundlagen arbeitete. Zwei Wissenschaftler, die zum engeren Kreis zählten, waren der Mediziner Dr. H. J. Lamers und der Wissenschaftler Morpheus (der richtige Name wird auf Morpheus' Wunsch hin nicht genannt), der Autor des Bestsellers „*Matrix Code*". Mit beiden führte ich das nachfolgende Interview.

Herr Dr. Lamers, Sie gehören zu jenen Forschern, die Lothar Göring sehr gut kannten. Wann haben Sie sich kennengelernt, und wann begann Ihre gemeinsame Erforschung der Unterlagen?

Dr. Lamers: 1966 habe ich Dr. Joachim Varro, Chirurg und Krebsforscher in Düsseldorf, kennengelernt. Mit ihm forschte ich bis zu seinem Tode 1996. Er brachte mich in Verbindung mit Dr. nat. rer. Dr. med. Paul Gerhard Seeger, dem großen Krebsforscher, welcher den Nobelpreis hätte bekommen sollen. 1974 begann ich mit einer selbständigen Forschung des Phänomens der Wirkung der Neuraltherapie nach Huneke. 1975 begegnete ich dann Lothar Göring, der eine eigene Krebsforschung in seiner Heilpraktiker-Praxis in Haan bei Wuppertal angefangen hatte. Unsere gemeinsame Forschung wurde die Neuraltherapie mit Procain und speziell die Wirkung in der internen aeroben Zellatmung an das Cytochrom a/a3. Er war begeistert von meinen wissenschaftlichen Gedanken zum Redoxpotenzial des Cytochroms a/a3 und des Procains. Ich war ebenfalls begeistert wegen seinen Forschungen über die Ionisation, speziell die des Sauerstoffs (O) und des Wasserstoffs (H). Er sprach mit mir über seinen esoterischen Weg, die Unterlagen der Bundeslade, die Atlantisforschung, die Pyramiden-Experimente und seine Vorstellungen von einem neuen Atommodell. Der Mensch als Einheit von Körper, Seele und Geist wurde das Hauptziel unserer wissenschaftlichen und religiösen Forschung. Es dauerte noch ungefähr bis 1980, bevor wir beide ein festes Team wurden.

Was war damals Ihre genaue Aufgabe?

Dr. Lamers: Erst galt es, zusammen mit dem Kollegen Göring eine kombinierte biochemische und biophysikalische Atmungskette zusammenzustellen, um das heutige medizinische Denkmodell der physiologischen Regulation zu erweitern. Die Neuraltherapie stand hierbei als Modell für andere unorthodoxe Regulationstherapien, um die Grundlage der Regulationsmedizin zu bringen.
Seit 1980 habe ich diese wissenschaftlichen Einsichten jährlich auf den Kongressen in Freudenstadt, Baden-Baden, Bad Nauheim und anderen in Form von Referaten und Vorträgen immer tiefer behandelt. Dies gelang von Anfang an speziell auch durch meine persönliche Verbindung und Freundschaft mit Dr. J. Varro aus Düsseldorf, Dr. Dr. P. G. Seeger aus Ost-Berlin, Dr. P. Dosch aus Schwendt in Tirol und Dr. G. Ohlenschläger aus Königstein-Frankfurt. An zweiter Stelle stand für mich die Erforschung von Seele und Geist, die bei Göring damals meistens an erster Stelle stand. Von Anfang an stellten wir uns die Aufgabe, die Verbindung von Geist, Seele und Körper mit Hilfe unseres Denkmodells der kubischen Pyramide durchschaubar und begreifbar zu machen.

Morpheus, wann stießen Sie dazu, und was war Ihre vornehmliche Aufgabe in Bezug auf die Unterlagen?

Morpheus: Indirekt kam ich bereits 1982 mit Lothar in Berührung. Wie sich sehr viel später herausstellte, übermittelte mir Lothar Göring über einen seiner Mitarbeiter ein kleines elektromagnetisches Therapiegerät, mit dem Auftrag, einen reproduzierbaren Effekt des Gerätes zu finden. Zu dieser Zeit leitete ich ein eigenes kleines Forschungs- und Entwicklungslabor und war auf jeden Auftrag sehr angewiesen. Tatsächlich leitete die Forschung an dem Auftragsgerät von Lothar Göring eine völlig neue medizinische Technologie ein. So entdeckte ich durch die „Schwachstelle" des vorliegenden Gerätes etwas, was zwei Jahre später zum Europapatent angemeldet wurde, welches in weiterer Folge auch erteilt wurde. Als ich nun fünfzehn Jahre später ein Buch mit dem Titel *„Das Phänomen Leben"* zugeschickt bekam, verspürte ich nach dem Lesen der ersten Seiten bereits einen unwiderstehlichen Drang, mich mit dem Autor in Verbindung zu setzen. Hiermit fing für mich eine Zeit an, von der ich selbst heute, nach so vielen Jahren, immer noch nicht ganz genau weiß, was tatsächlich damals geschah. Irgendwie war es mir möglich, die Telefonnummer von Dr. H. J. Lamers ausfindig zu machen. Über ein sehr herzlich geführtes Telefonat mit Dr. Lamers erhielt ich ein paar Tage später von ihm die Anschrift von Lothar Göring mit der Post. Mein erster Telefonkontakt mit Lothar Göring war von einer solch merkwürdigen Spannung begleitet, dass es mir heute noch unmöglich erscheint, eine nähere Beschreibung vorzunehmen. Auf jeden Fall verabredeten wir uns in seinem Haus in Velden am Wörthersee. Unsere erste persönliche Begegnung verlief ähnlich emotional und merkwürdig wie unser Telefonat. Mit einem durchdringenden Blick teilte er mir mit, dass ich der „gesuchte Letzte" sei. Was ich darunter zu verstehen hatte, ist mir im Grunde niemals wirklich klar geworden. Lothar stellte mir nach einem näheren Kennenlernen ein Ultimatum. Innerhalb von drei Wochen sollte ich mich entscheiden, sein „wissenschaftliches Erbe" mitzutragen. Es ging ihm offenbar um eine neuzeitliche Aufbereitung seiner „alten Unterlagen". Hierzu waren meine universitären Verbindungen und, wie er sagte, mein „hegolitisches Altwissen" eine Grundlage. Allerdings, so betonte er immer wieder, sei ich aus genau diesem Grunde gegenwärtig inkarniert.

Dr. Lamers, haben Sie auch experimentell mit der Pyramide gearbeitet, um die in den Unterlagen aufgestellten Thesen bestätigt zu wissen, und wenn ja, was waren Ihre Ergebnisse?

Dr. Lamers: Ich habe selbst eigentlich keine Pyramiden-Experimente durchgeführt. Aber Lothars Pyramiden-Versuche und auch Bücher und Erkenntnisse von anderen Pyramidenforschern gaben mir Einsicht in das kosmische Spiel von Kraft- und Informationsübertragung. So wurde ich auch eingeweiht in die Funktion der Pyramiden in Ägypten und von anderen Kulturen.

Morpheus, haben Sie durch Versuche die in den Unterlagen beschriebenen Phänomene innerhalb der Pyramide nachweisen können, oder haben Sie noch andere Ergebnisse in diesem Zusammenhang erforscht?

Morpheus: Mir waren die allgemeinen und einige spezielle Versuchsreihen mit Pyramiden bekannt, hatte ich doch vor etlichen Jahren selbst Pyramiden-Versuche durchgeführt. Das, was Lothar mir in diesem Zusammenhang zusätzlich anvertraute, waren die psychischen, also geistigen Interaktionen zwischen Pyramiden und Menschen. In späteren Jahren fanden diese Informationen ihre Bewahrheitung durch meine neueren Versuchsreihen.

Welche Auswirkungen hatte die Zusammenarbeit mit Lothar Göring und anderen Wissenschaftlern auf Ihre spätere wissenschaftliche Arbeit?

Morpheus: Weniger durch technisches Know-how als durch spirituelles und geistig geführtes Wissen, welches Lothar mir vermittelte, gelang mir eine Erhebung in neuere wissenschaftliche Dimensionen. Das wahre Verständnis der tatsächlichen Interaktionen zwischen Geist und Materie ist der „Schlüssel zur Macht“. Ich hüte diesen „Schlüssel“ und setze ihn, wenn überhaupt, sehr verantwortungsvoll ein, um beispielsweise keine Polarisation zu erzeugen.

Dr. Lamers, Sie zählen heute zu den Kapazitäten in der Krebsforschung. Welchen wissenschaftlichen Einfluss hatte die gemeinsame Forschungszeit mit Lothar Göring, Morpheus und anderen wissenschaftlichen Experten auf Ihre heutige Arbeit?

Dr. Lamers: Ich zähle mich selbst nicht zu den Kapazitäten der Krebsforschung. Es ist wohl so, dass die Arbeit von Dr. Dr. G. Seeger früher und die biophysikalische Erweiterung von Göring und die wissenschaftliche Bestätigung dieser Erkenntnisse durch Morpheus und mich auch heutzutage meines Erachtens als sehr wichtig zu betrachten sind. Eigentlich erreichten wir in den frühen Jahren unserer Arbeit nur selten einen Wissenschaftler, der mehr Interesse dafür aufbrachte. In den letzten Jahren, seit dem Tod von Lothar Göring, habe ich als Vorsitzender und Vorstandsmitglied Sitzungen in einigen wichtigen wissenschaftlichen und medizinischen Forschungsinstituten, unter anderem in der Deutschen Arbeitsgemeinschaft für Herdforschung und Regulationstherapie, wo Prof. Pischinger und sein Wiener Team Anfang der sechziger Jahre ihre Erkenntnisse über die Funktion des extrazellulären Bindegewebes bekanntgaben, und in der Matrixgesellschaft, wo Prof. Heine und Prof. Rimpler noch immer aktiv beteiligt sind. Hierdurch hoffe und sehe ich, dass wir unsere Forschung und unser therapeutisches Handeln weitergeben können an andere wissenschaftliche Experten und an die Ärzte in ihren Praxen. Dr. Bodo Kohler aus Freiburg, der Pionier und Vorsitzende der B.I.T., hilft mir dabei während der letzten Jahre.

Können Sie uns kurz erklären, nach welcher Methode Sie arbeiten?

Dr. Lamers: Bei mir steht eine eigene erweiterte neuraltherapeutische Herd-, Störfeld- und integrale Regulationstherapie im Mittelpunkt. Dabei kombiniere ich verschiedene andere Regulationstherapien. Ich selbst habe eine medizinische Praxis, die in den letzten zwei Jahrzehnten hauptsächlich für chronische- und therapieresistente Patienten offenstand. Ich möchte hier nochmals betonen, dass in der Medizin stets reguläre- und complementäre, alternative Medizin (CAM) zusammen eingesetzt werden sollten. Das gilt sicher in einer Praxis für chronische Patienten bis hin zu Krebspatienten. Dabei will ich auch betonen, dass Medizin ohne Erkenntnisse über Seele und Geist heutzutage nicht mehr in Theorie und Praxis gelehrt werden sollte.

Ist Krebs, vorausgesetzt man diagnostiziert ihn rechtzeitig, grundsätzlich auch auf Naturheilbasis heilbar, also ohne Chemotherapie und andere pharmazeutische Mittel?

Dr. Lamers: So kann man die Frage meines Erachtens nicht stellen. Krebs ist die komplexe Endphase der Disregulation in unserem Leib. Aber auch dann sind meistens immer noch Regulationsmöglichkeiten vorhanden, die man einsetzen kann. Die Erfolge können oft erstaunen. Meines Erachtens müssen reguläre medizinische Therapien mit Pharmaka, Strahl und Operation zusammen mit moderner CAM-Regulationstherapie eingesetzt werden. Das ist für jeden Patienten immer eine individuelle Sache und ein persönlicher Weg. Die neuen Erkenntnisse der Biophysik sollten an unseren Universitäten weiter erforscht und gelehrt werden. In den Niederlanden haben wir hiermit vor zwanzig Jahren einen Anfang gemacht, und ein offizielles Lehrbuch und eine Fachzeitschrift für integrale Medizin bestehen seit Langem. Auf diese Weise kann man nicht nur die älteren Methoden der Erfahrungsmedizin aufs Neue studieren und neu bewerten, sondern auch lernen, neuere Erfahrungsmethoden anzuwenden.

Sie haben in dem Buch „*Das Phänomen Leben*", das Sie gemeinsam mit Lothar Göring und P. G. Seeger verfasst haben, ausführlich über die Entstehung des Lebens berichtet, gemäß der in den Unterlagen aus der Bundeslade enthaltenen Informationen. Welche Resonanz kam aus den wissenschaftlichen Lagern?

Dr. Lamers: Das war unterschiedlich. Ich habe das Buch „*Das Phänomen Leben*" 1992 im Eigenverlag herausgegeben. Von vielen Kollegen, Wissenschaftlern und interessierten Menschen kam eine sehr gute Resonanz. Hierzu gehört auch der große Wissenschaftler Morpheus, der unter diesem Pseudonym das Buch „*Matrix-Code*" geschrieben hat. Seit ich ihn 1994 oder 1995 kennenlernte, habe ich seine Person und seine Wissenschaft immer hochgeachtet. Wir waren öfters zusammen bei Lothar in Velden. Und noch einige Jahre nach dem Tode von Lothar habe ich Kontakt mit ihm gehalten. Ich hoffe, dass wir in Zukunft zusammen auf den medizinischen Kongressen über seine und unsere neuen biophysikalischen körperlichen, seelischen und geistigen Grundlagen referieren werden. Bis jetzt ist es anders gelaufen. Nun beschrieb ich im Allgemeinen die Resonanz für den wissenschaftlichen und medizinischen Teil des Buches. Aber in unserem Buch wurde viel mehr beschrieben! Unsere Auffassungen über Geist, Seele, Religion und Christentum nach dem Wort Gottes waren wichtige Themen im Buch. Nun ist es so, dass ich dem Buch immer ein extra Blatt beigelegt habe. Bei der zweiten Auflage am 16.6.1997 habe ich dieses Blatt mitdrucken lassen, womit ich im Zusammenhang mit meinem christlichen Glauben ein Zeugnis ablegte. Das war sehr wichtig für mich, um über die Entstehung des Lebens und auch über den leiblichen Tod und das, was danach geschieht, zu berichten. Als das Buch 1992 herauskam, wurde ich „bibelfester" durch das Studieren der Bibel und Bibelstudien, herausgegeben vom „Konkordant Verlag". Aus dem Buch „*Das Geheimnis der Auferstehung*" von A. E. Knoch möchte ich ein wichtiges Thema beifügen: „*Was ist der Mensch? Der menschliche Körper? Was ist die Schöpfung?*"

Morpheus, Sie haben bis heute in vielen wissenschaftlichen Bereichen geforscht, sich unter anderem auch mit der Montauk-Forschung auseinandergesetzt. Wie weit ist man im Bereich der Zeit-Raum-Forschung (Zeitreisen, Teleportation usw.) nach Ihrem Kenntnisstand?

Morpheus: Da stellen Sie mir eine sehr unbequeme Frage. Eine Maxime von mir ist, mich aus allen polarisierenden Meinungen herauszuhalten, sofern dieses naturgemäß überhaupt möglich ist. So möchte ich auf diese Frage betont sachlich antworten. Das allgemeine Verständnis von dem, was die Naturwissenschaftler „Zeit" nennen, beschreibt lediglich einen kleinen Anteil von dem, was „Zeit" tatsächlich ist. Tatsächlich ist unsere Raum-Zeit in einen zwölfdimensionalen Raum eingebettet. Wer sich näher mit den Arbeiten von Burkhard Heim auseinandersetzt, wird erkennen, was ich meine. Die Zeit-Experimente von Professor Zeilinger beispielsweise dürfte es eigentlich gar nicht geben. „Hinter den Kulissen" sieht das Ganze etwas anders aus. Hier behandelt man diese Forschung mit einer völligen Normalität und Routine.

Gibt es Ihrer Meinung nach in diesem komplexen Forschungsfeld Verbindungen oder Anhaltspunkte, die den Schluss zulassen, dass die Grundlagen der Projekte wie beispielsweise des Philadelphia-Experiments und die Montauk-Forschung aus Deutschland kamen?

Morpheus: Nach den Angaben von Herrn Göring durchaus. Vergessen wir nicht, aus welcher „Etage" dieser Mann stammte. Lothar Göring war sozusagen „zu Hause" in der „Thule-Welt", was bedeutet, dass er über weitreichende Informationen verfügte – Informationen, die sehr wohl und gut begründet hinter verschlossener Tür bleiben mussten.

Können Sie das vielleicht an ein oder zwei Beispielen näher erörtern?

Morpheus: Lothar Göring war aktiv an Versuchen dieser Art beteiligt. Er berichtete mir von seinen Experimenten in Alma Ata und in Neuschwabenland. Seinen Angaben zufolge sind dort sowohl Zeit- als auch Manifestationsexperimente durchgeführt worden. Wenn ich diesen Mann im Nachhinein betrachte..., so kann ich davon ausgehen, dass er bei diesen Experimenten erfolgreich war. Warum nun ein Wissender aus

Deutschland für diese Forschungen herangezogen wurde, könnte eine Antwort auf Ihre Frage sein.

Gibt es Ihrer Meinung nach Verbindungen zur Thule-Gesellschaft, und halten Sie es weiterhin für wahrscheinlich, dass die Thule-Gesellschaft ihr Wissen aus geheimen Archiven der Templer oder Zisterzienser bezog?

Morpheus: Den ersten Teil Ihrer Frage habe ich ja bereits beantwortet, jedenfalls so umfangreich ich es nur vertreten kann. Auf den zweiten Teil Ihrer Frage, *„...halten Sie es weiterhin für wahrscheinlich, dass die Thule-Gesellschaft ihr Wissen aus geheimen Archiven der Templer oder Zisterzienser bezog?*“, möchte ich mit JA antworten. Diesbezüglich waren Lothars Äußerungen sehr klar und eindeutig. Für mich offensichtlich war Herr Göring ein bedeutsamer Vertreter der letzten Templer dieser Linie. Als „einer von fünf“ verwaltete er den wissenschaftlichen Teil eines alten Vermächtnisses. Mir ist bewusst, dass diese Behauptung auf sehr viel Skepsis und Misstrauen stößt. Ich selbst habe lange gezögert, es als Tatsache zu akzeptieren.

Was können sie uns über den Verbleib der Unterlagen und Modelle sagen, die Lothar Göring übergeben wurden?

Morpheus: Sie sind an einem sicheren Ort aufbewahrt. Das ist sicher. Die tatsächliche Verantwortung der Verwaltung solcher Dinge ist von unvorstellbarer Bedeutung.

Es gibt Hinweise darauf, dass es in Frankreich noch eine umfangreiche Bibliothek geben soll. Was können Sie uns darüber sagen?

Morpheus: In der Tat, diese Bibliothek existiert. Zur Örtlichkeit möchte ich jedoch nichts Genaueres sagen. Auf der anderen Seite sind diese Unterlagen antiquiert und überholt. Etwa neunzig Prozent dieser Bücher würden keinem wahrhaft Suchenden wirklich etwas Neues geben. Was „den Rest“ betrifft, möchte ich sagen, dass diese Informationen durchaus als „besonders vertraulich“ eingestuft werden sollten, was sie natürlich auch sind. Mir ist natürlich klar, dass Ihre Leser gern etwas mehr hierüber erfahren möchten. Im Grunde genommen sind diese Informationen nicht mehr wirklich neu für uns. Der entscheidende Punkt ist jedoch, dass diese schriftlichen Informationen als ein Beweismittel für die Existenz einer „anderen Historie" gesehen werden können. Diese Historie weicht so sehr von der ab, die uns als authentisch vermittelt wurde, dass die tatsächliche Geschichte neu geschrieben werden müsste. Die „neuartigen Technologien", die sich aus diesen Unterlagen ableiten lassen würden, sind nicht mehr der wesentlichste Punkt. Das zumindest hat sich seit dem physischen Tod von Lothar Göring geändert...

In den Unterlagen wird behauptet, dass es nur fünf Templer gibt, die das geheime Wissen über die Jahrhunderte hinweg behüten und rechtzeitig vor ihrem Ableben an eine bestimmte Person weitergeben. Können Sie das bestätigen?

Morpheus: Es ist genau das, was Lothar Göring mir immer wieder sagte.

Sie haben Lothar Göring im Verlauf der Jahre auch privat näher kennengelernt. Wie würden Sie ihn mit wenigen Worten beschreiben?

Morpheus: Als einen äußerst außergewöhnlichen Menschen. Lothar war zweifellos ein Magier, er war ein Wissender. Sein ausgeprägter Sinn für seine Familie war herausragend liebevoll. Dem gegenüber wirkte eine herrscherliche Strenge gegenüber allen, mit denen Lothar in direkten Kontakt trat. Diese „Strenge" wurde durch sein außergewöhnliches Wissen getragen, woraus eine dominierende Autorität abgeleitet werden konnte, ohne Frage. Ich kenne niemanden, der seine Energie, die Lothar während eines Gesprächs aufbaute, hätte erwidern oder halten können. Gleichgültig, wie umfangreich sich jemand auf diese Begegnung vorbereitet hatte, Lothar war der Meister. Er vermochte sich während einer Diskussion in jemanden zu verwandeln, der scheinbar über ein unvorstellbares Wissen verfügte. Seine Stimme veränderte sich ebenso wie seine Sitzhaltung. Aus Gründen, die mir bis zu seinem physischen Ableben unverständlich waren, behandelte mich Lothar mit großem Respekt. In der Nacht seines Todes waren wir etwa 2.000 Kilometer voneinander getrennt – zumindest physikalisch. In dieser Nacht hatte ich eine ganz besondere Begegnung mit ihm. Diese Begegnung war so außergewöhnlich, dass ich nach so vielen Jahren immer noch „Augenzeugen“ brauche, um mir die Außerordentlichkeit dieser Nacht „beweisbar“ und glaubhaft zu machen. Was diese Beweisführung betrifft, bezieht sich diese natürlich nur auf Äußerlichkeiten. So wachte ich beispielsweise genau zu der Todeszeit von Lothar aus einem „heftigen Traum“ auf und sagte zu meinen Freunden im Hause: *„Mein Bruder... mein Bruder ist gegangen.“* Die zeitliche Synchronizität und die Beschreibung stimmten auf das genaueste mit den tatsächlichen Ereignissen (Uhrzeit und Fakt) überein. In dem Moment, in dem ich die telefonische Bestätigung erfuhr, schaltete mein physischer Körper in einen Fieberzustand um. Zwischen vierzig und einundvierzig Grad Körpertemperatur bewirkten bei mir halluzinatorisch stark ausgeprägte Träume. In diesen Träumen ging es um Begegnungen zwischen Lothar und mir, nur dass unsere Umgebung völlig anders aussah als alles, was ich bisher kannte. Offenbar spielten diese Sequenzen in einer vergangenen Zeit. Irgendwie erkannte ich, wo sich dies alles ereignete. Ebenso klar und deutlich erkannte ich unseren Status. Wir waren Glaubensbrüder mit einem priesterlichen Status. Hier vereinbarten wir beide genau das, was wir in unserer gegenwärtigen Inkarnation zu tun hatten. Plötzlich war mir die wahre Bedeutung dieser Vereinbarung vollkommen bewusst. Mein hohes Fieber verschwand ebenso plötzlich, wie es gekommen war, nämlich genau während der Initiation seines Begräbnisses, also nach genau drei Tagen.

Herr Dr. Lamers, auch Sie kannten Lothar Göring privat. Wie würden Sie ihn beschreiben?

Dr. Lamers: Privat habe ich Lothar Göring sehr gut gekannt. 1980 kamen wir zusammen als biologische Forscher, als Forscher der tiefen Lebensfragen und als Menschen, die mit komplementärer, alternativer Medizin therapierten – er als Heilpraktiker und ich als Allgemeinmediziner. Von 1990 bis 1995 wohnte er bei mir in Roermond. Ich war sozusagen in all den Jahren sein „Leibarzt“. Ab 1995 wohnte und arbeitete er noch einige Jahre in Velden, wo er dann zuletzt starb. Seine Beerdigung wurde von einem befreundeten evangelischen Pastor geleitet, und auf dem Kreuz seines Grabes steht geschrieben: *„Hier liegt Lothar Göring. Er starb, glaubend an die Auferstehung in Christus Jesus.“* Nun meine

Antwort zu meiner privaten Beziehung zu Lothar: Er war ein ganz besonderer Mensch! Schon anfangs, als wir uns kennenlernten, sprach er von seinen Kenntnissen, die ihm im meditativen Zustand von Wesenheiten aus dem Jenseits übertragen wurden. Er erzählte von wichtigen Unterlagen, die mit der Bundeslade zu tun hatten. Hiermit entwickelte er neue wissenschaftliche Einsichten und neue medizinische biophysikalische Technologien, die nicht nur den Körper heilend beeinflussen konnten, sondern auch die Seele und den Geist. Ich war mehrmals anwesend und Zeuge dieser extraterrestrischen Kontakte und Übermittlungen. Schweigen war das Gebot während dieser Kontakte! Und wenn ich dies nicht tat, war er immer böse. Anderseits kann ich sagen, dass er mir auch immer Gelegenheit bot, um während eines durch ihn geführten Gespräches eigene Gedanken einzubringen. Aber nochmals kann ich sagen, dass es während der Dauer eines Gespräches mit dem „Kumpel“ aus dem Jenseits für mich völlig unmöglich war, Bemerkungen zu machen oder etwas hinzuzufügen. Wir waren und blieben Freunde in all diesen Jahren. Während eines Gesprächs oder einer Begegnung mit einem Geist aus dem Jenseits oder mehreren veränderte sich meistens seine Persönlichkeit. Für ihn war die Information, die er von den Wesenheiten bekam, immer die Wahrheit. Wenn ich manchmal daran zweifelte und diese Wesenheiten als mögliche „gefallene Engel“ betrachtete, hatte er keine Einwände einzubringen. Zusammen mit Morpheus war ich in den letzten Jahren von Lothars Leben mehrmals zu Besuch in Velden. Ich hoffte, von Morpheus einerseits endlich etwas mehr über die neuen medizinischen Technologien und Erkenntnisse zu erfahren und andererseits über die geistigen Kontakte, die Lothars Seele und Geist beeinflussten. Aber eigentlich bestätigte er meine Auffassungen als übereinstimmend mit seinen.

Herr Dr. Lamers, möchten Sie uns noch etwas Persönliches über den biblischen Glauben im Allgemeinen und über die Auferstehung Jesus Christus sagen.

Dr. Lamers: Ja, das möchte ich sehr gerne. Nochmals: Ich war von Anfang an begeistert von unserem wissenschaftlichen Forschungsweg der medizinischen Methode der Neuraltherapie und von unserem neuen Denkmodell der Regulationsmedizin. Aber eine wissenschaftliche Erforschung des Themas Leben konnte unseres Erachtens nicht ohne eine Erforschung der Religion erfolgen. So wurde Lothar Göring mein Gesell und Kumpel letztendlich zum christlichen Glaubensweg. Und die Frage war und ist heute noch immer: „*Was ist denn eigentlich der christliche Glaube?*“ Die Antwort hierauf wird in der Zukunft meine Lebensaufgabe sein.

Vielen Dank für das Gespräch und weiterhin alles Gute für Ihre Arbeit.

Anhang 3

Jesus und Tutenchamun

Zum Abschluss unserer Untersuchung fehlt natürlich ein Puzzleteil, welches das schiefe Bild über den Ursprung der Abrahamsreligionen – besonders in Bezug auf Zusammenhang und Verkettung mit der ägyptischen Chronologie – noch mehr erklären würde. Es ist die Person Jesus – zweifellos eine Lichtgestalt der Geschichte, wenn man einmal von all den kontroversen Streitpunkten um sein Leben und Wirken absieht und einfach nur seine Lehre von Frieden und Liebe betrachtet! Wir wollen an dieser Stelle aber auch die Spuren der historischen Gestalt Jesus suchen und aufzeigen, was in Bezug auf sein Leben und Wirken bis heute umstritten ist, was gegenwärtig entgegen der Auffassung vieler Gläubiger Christen gar nicht bewiesen ist und wie seine Entwicklung im Zusammenhang mit Ägypten zu bewerten ist, denn das steht fest: „*War Moses Ägypter?*", heißt es auf der einen Seite. „*War Tutenchamun Hebräer?*", hieße es auf der anderen Seite.

Daher ist die Frage, die uns beschäftigen wird, die, ob die historische Figur, die sich hinter Jesus verbirgt, nicht in Wahrheit der ägyptische Pharao Tutenchamun ist? Eine äußerst delikate und hochexplosive These, die zu sehr kontroversen Diskussionen führen wird – mit einem hoffentlich für alle Seiten konstruktiven Ergebnis!

Die verschiedenen Grundlagen, durch die diese These gestützt wird und die hier gleich aufgeführt werden, sollten zunächst sachlich betrachtet werden. Die Grundlagen für die kontroverse These lieferte unter anderem der unabhängige Ägyptologe Moustafa Gadalla, in Zusammenarbeit mit der Tehuti Research Foundation, einer internationalen Forschungsgesellschaft.

Vorauszuschicken seien an dieser Stelle die wissenschaftlichen Erkenntnisse in Bezug auf das Leben und Wirken Jesu, denn es gibt bis heute keinen einzigen unumstößlichen wissenschaftlichen Beweis für das Leben und Wirken der Person Jesus!

Die Geschichte der Bibel kennt beinahe jedes Kind. Niedergeschrieben in den Evangelien Matthäus, Markus, Lukas und Johannes, wird vom Kommen des Messias, von der Geburt, dem weiteren Leben, Wirken und der Kreuzigung Jesu berichtet. Hier finden wir auch zeitliche Hinweise, wonach Jesus zur Zeit des Herodes dem Großen (37-4 v.Chr.) in Judäa geboren wurde. Über den Zeitpunkt der Kreuzigung erfahren wir, dass diese sich ereignete, als Judäa bereits zur römischen Provinz unter Pontius Pilatus geworden war, also in dem Zeitraum zwischen 26 und 36 nach Christus. Vielen Lesern wird im Zusammenhang mit den Evangelien bereits bekannt sein, dass keiner der oben genannten Herren, die über sein Leben und Wirken berichtet und dies niedergeschrieben haben, Zeitzeuge war und Jesus persönlich kannte. Alle möglichen Zeitzeugen und engen Vertrauten dahingegen, haben nie etwas über ihn und sein charismatisches Wirken niedergeschrieben – leider! Das soll nicht heißen, dass das nicht vielleicht doch geschah und noch auf seine Entdeckung wartet. Es ist aber nun einmal der wissenschaftliche Kenntnisstand der Gegenwart, der von der oftmals allzu leichtgläubigen theologischen Fakultät ungern erörtert wird. Glauben ist nicht Wissen, und das Motto sollte auch hier besser lauten: *„Wissenschaft ist das beste Mittel gegen Aberglauben!"*

In guter Erinnerung ist uns auch noch die gezielte Zensierung verschiedener Schriften, die nicht in den Kanon der Bibel aufgenommen wurden (ca. 120 Schriften). So wurde auch eine Vielzahl christlicher Evangelien nicht zugelassen. Durch den Rat von Trient im Jahre 1546 wurden nur Matthäus, Markus, Lukas und Johannes zugelassen.

Es wird vermutet, dass Markus in der Apostelgeschichte des Neuen Testamentes und auch bei allen vier Evangelisten als Gefährte von Petrus und Paulus bezeichnet wird, da er der Verfasser des ältesten Teils der vier Evangelien war. Damit bot er vermutlich auch die Grundlage für die Schriften der drei anderen Evangelisten Matthäus, Lukas und Johannes, die ihre Schriften erst später verfassten. Bezüglich der Niederschrift des Markus-Evangeliums vermuten Fachwissenschaftler heute die Zeit zwischen 70 und 80 nach Christus.

Aber auch Markus war, wie bereits erwähnt, leider kein Zeitzeuge der Ereignisse, über die er berichtete. Es ist jedoch denkbar, dass er sich, im Gegensatz zu den drei anderen Autoren, auf Informationen aus zweiter Hand durch Petrus und Paulus berief. So wahrscheinlich das Leben und Wirken Jesu uns allen – zumindest aus tiefstem Herzen – auch erscheinen mag und trotz der Evangelien des Neuen Testamentes, die allesamt nicht von Zeitzeugen stammen: Die wissenschaftlichen Beweise für den historischen Jesus sind Fehlanzeige, so viel steht fest!

Die späteren Niederschriften der Evangelien beweisen das, denn sie zeigen eindeutig auf, dass es bereits nur zwei Generationen nach der biblischen Kreuzigung schon keine chronologisch-historische Grundlage in Bezug auf den bedeutendsten Menschen seiner Zeit gab. Wenn schon die frühchristliche Gemeinde nicht mehr über solche Daten verfügte, lässt das die Zweifel an der Authentizität der gesamten Jesus-Geschichte nur noch größer werden. Dass Geschichten um Jesus sich über die Jahrhunderte eigentlich verwandelt haben und von vielen Christen in aller Welt als Tatsache angesehen werden, lässt sich auf vielerlei Gründe zurückführen. Einer davon ist sicherlich das ständige Wiederholen und nicht zuletzt sicherlich auch das planvolle Vorgehen der politisch orientierten Kirchenoberen auf den ersten Konzilien.

Die bekannten Historiker, die in der Zeitspanne gelebt haben, in der Jesu Leben und Wirken stattgefunden haben soll, erwähnen den Messias überraschenderweise mit keinem Wort! Wie lässt sich das erklären?

Einer von ihnen war der schon erwähnte Flavius Josephus. Er stammte aus einer Priesterfamilie und wurde im Jahre 37 nach Christus geboren. Josephus war der Verfasser eines zwanzigbändigen Werkes über die Geschichte der Juden („*Jüdische Altertümer*"). Zur Zeit des Aufstandes der Juden gegen die Römer in Galiläa im Jahre 66 hatte Josephus das Kommando.

Er berichtete in seinen Werken auch über das Leben und die Hinrichtung von Johannes dem Täufer. Und obwohl in der Bibel recht umfangreich von der Begegnung zwischen Johannes und Jesus berichtet wird, finden wir diese bedeutende Begegnung gar nicht erwähnt – Josephus erwähnt Jesus an keiner einzigen Stelle!

Auch bei den anderen bekannten Autoren Philo Judaeus und Justus von Tiberias wird Jesus nicht erwähnt! Das Gleiche gilt auch für Autoren wie Tacitus (ca. 55-120), Plinius (ca. 61-114) oder Sueton (ca. 65-135). Sie alle erwähnen nichts von Jesus, dem großen Verkünder, von seinen großen Taten und Wunderheilungen. Alle letztgenannten Autoren erwähnen lediglich eine „abergläubische Sekte" (vermutlich die Essener) der Christen.

Der schon genannte jüdische Schriftsteller Justus von Tiberias war ein Zeitgenosse des Josephus und lebte in Tiberias, nahe bei Kapernaum, wo sich Jesus öfters aufgehalten haben soll. Er verfasste eine umfangreiche Chronik, die sich aus der Zeit Mose bis in seine Tage erstreckte, doch auch er erwähnt Jesus mit keiner Silbe! Ein anderer Zeitgenosse Jesus war der große jüdische Gelehrte Philon von Alexandrien. Von ihm existieren heute noch etwa fünfzig Schriften. Als Spezialist für biblische Schriften und jüdische Sekten berichtet auch er an keiner Stelle über Jesus.

Irgendetwas stimmt nicht mit der biblischen Jesus-Geschichte! War es etwa sein wesentlich geringerer Stellenwert, der die meisten bekannten Historiker veranlasste, ihn gar nicht zu erwähnen? Wurde er von der Kirche später auf einen Thron gesetzt, der ihm gar nicht gebührte und den er gar nicht wollte? Wurde er somit Opfer und gleichzeitig Phantom einer dogmatischen Religion mit den heute ältesten und frommsten Märchen von Jungfrauengeburt, Auferstehung und Himmelfahrt?

Wie lässt es sich erklären, dass eine so bekannte Person, wie Jesus zweifellos eine darstellt, bei jedem dieser bekannten Historiker nicht ein einziges Mal Erwähnung fand?

Natürlich muss auch die Kirche, welche Jesu Geschichte ihrer Glaubensschar allzu gern als Tatsachenbericht präsentiert, diese höchst schwierige und gleichermaßen berechtigte Frage beantworten. Dass Not bekanntermaßen erfinderisch macht, wird hier von der Kirche deutlich unter Beweis gestellt. So sei das Fehlen des biblischen Jesu in den historischen Schriften damit erklärt, dass es sich bei ihm eben nicht um eine große Persönlichkeit, sondern um einen einfachen Mann gehandelt habe, dem somit gar keine Beachtung oder gar kein Platz in den historischen Berichten eingeräumt wurde. Schlechter kann ein verzweifelter Erklärungsversuch wohl nicht ausfallen, denn die Bibel selbst liefert für diesen notgedrungenen Erklärungsversuch genügend und eindeutige Gegenbeweise.

Beispiel Herodes

Der König von Judäa wusste von der Existenz Jesu, was durch das Matthäus-Evangelium gleich zweimal bestätigt wird: *„...da kamen die Weisen vom Morgenland gen Jerusalem und sprachen: Wo ist der neugeborene König der Juden?“* (Matt. 2, 1-2). Im gleichen Kapitel unter Vers 6 wurde Herodes prophezeit, dass Jesus in Bethlehem zur Welt kommen würde: *„...denn aus dir (Bethlehem) soll kommen der Herzog, der über mein Volk Israel Herr sei.“*

Schon am Beispiel von König Herodes wird deutlich, welchen Stellenwert Jesus bereits bei seiner Geburt hatte und welche Angst er zudem auslöste. Der weitere Ablauf ist vielen Lesern sicherlich bekannt. Jesu Eltern flohen aus Angst vor Herodes mit ihrem Kindlein und gingen nach Ägypten! (Matt. 2, 13)

Herodes hingegen erließ den Befehl, alle Kinder zu Bethlehem und an allen Grenzen töten zu lassen. (Matt. 2, 16) In vielen weiteren Bibelversen steht Jesu Leben und Wirken im Mittelpunkt. Hier wird berichtet, dass er geboren wurde, um zu regieren oder um König zu werden oder um zu herrschen. (Matt. 2, 1-6)

Vergessen wir nicht, dass Jesus vor seinem Tode mindestens zwei Jahre lang öffentlich aufgetreten sein muss und Menschen aus allen Teilen des Landes zu ihm pilgerten. Schon hier ist zu erkennen, wie bekannt und wie groß die Bedeutung war, die Jesus bereits vor und nach seiner Geburt und auch bis zu seinem Tode zukam.

Vergessen wir nicht, dass die Historiker selbst über das Leben und Wirken Johannes des Täufers berichtet haben. Zwischen dem Täufer und Jesus gab es – laut Bibel – eine bedeutende Zusammenkunft. Das betraf, wie die Bibel berichtet, insbesondere auch die jeweiligen Anhängerschaften der beiden großen Männer und vor allem die Tatsache, dass Jesus von Johannes die Taufe erhielt!

Die Historiker hätten von Jesu Leben und Wirken unter allen Umständen berichten müssen, davon ist auszugehen – aber sie taten es eben nicht! Dass Jesus nicht erwähnt wurde, muss einen Grund gehabt haben. Dass sein Weg nach Ägypten führte, wird in der Bibel berichtet und fügt sich in das Bild unserer Gesamtuntersuchung nahtlos ein, denn auch das Leben und Wirken der meisten anderen Hauptdarsteller der biblischen Erzählungen spielte sich in Ägypten ab. Wir haben bei allen anderen biblischen Personen klare Parallelen zu ägyptischen Pharaonen festgestellt, die unter anderem auch belegt haben, dass die Zeiträume der ohnehin nicht bewiesenen biblischen Erzählungen weiter zurückliegen müssen. Das wiederum legt die Vermutung nahe, dass der Grund dafür, dass Jesu Leben und Wirken bei den Historikern kein einziges Mal erwähnt wurde und es zudem bis heute auch keinen einzigen wissenschaftlichen Beweis für sein Leben gibt, darin liegt, dass Jesus bereits einige Jahrhunderte früher gelebt haben muss.

Zugegeben, das ist eine hochbrisante Behauptung, die viele Gläubige – die irrigerweise glauben, die biblischen Berichte über Jesu Leben und Wirken seien bewiesen – wie ein Schlag treffen wird.

Dem Autor geht es hier nicht um die Herabsetzung der Persönlichkeit Jesus oder um eine Provokation. Dass dieser gelebt hat – obwohl es nun einmal bis heute keinerlei Beweise dafür gibt –, davon ist in jedem Fall auszugehen. Auch seine einzigartige Lehre über Liebe und Frieden zeigt seine große historische Bedeutung und misst ihm zu Recht bis heute eine gewisse Einzigartigkeit zu – so viel steht fest!

Davon einmal abgesehen wollen wir aber nun einen Versuch unternehmen, seine Spuren aufzunehmen, die sicherlich nach Ägypten führen. Selbst wenn er Jahrhunderte früher gelebt hätte, würde das seine Bedeutung und seine Lehre mit keinem Deut geringer erscheinen lassen. Viele Forscher haben eine große Übereinstimmung der Stammväter der Bibel und der ägyptischen Chronologie festgestellt. Das betrifft insbesondere auch das Leben und Wirken des biblischen Jesu, das sehr auffällige Übereinstimmungen mit dem Leben Tutenchamuns aufweist, wie wir gleich sehen werden.

Spurensuche in Ägypten

Unsere Spurensuche wird also im einstmals Heiligen Land der Pharaonen weitergehen. Dass der Weg Jesu, wie auch der der meisten anderen Hauptdarsteller der Bibel, nach Ägypten führte, ist hinlänglich bekannt. Dazu gibt es in der Bibel bekanntlich mehr als einen Hinweis, so wird auch noch in Matthäus, Kapitel 2, 15 berichtet: *„...Aus Ägypten habe ich meinen Sohn gerufen.“*

Im Talmud wird in diesem Zusammenhang berichtet: *„…Jesus von Nazareth, der in Ägypten Zauberei betrieb.“* (Sanh., 107b)

Der Historiker Philo Judaeus wurde im Jahre 15 vor Christus geboren und starb etwa zwanzig Jahre nach der in der Bibel beschriebenen Kreuzigung. Sein Bruder war Mitglied der jüdischen Gemeinde von Alexandria, und sein Sohn war mit der Enkelin von König Herodes verheiratet. Wenn Jesus zu der Zeit wirklich gelebt hätte, hätte Judaeus schon aufgrund seiner familiären Beziehungen zum König eine so charismatische Persönlichkeit wie Jesus erwähnt. Auch die Rabbis stellen keine Verbindung zwischen Jesus und der Zeit von König Herodes und Pontius Pilatus her. Sie behaupten stattdessen, dass ihn ein Priester namens Pinhas ermordet hätte. Das wiederum würde ein Leben Jesu zu einem weitaus früheren Zeitpunkt unterstreichen, denn bei jenem Pinhas handelt es sich um einen Zeitgenossen Mose.

Die Geburt

Die Berichte über die Geburt beider Personen – Tutenchamun und Jesus – weisen eindeutige Parallelen auf. In beiden Fällen handelt es sich um königliche Thronfolger. Bei Tutenchamun wurde der Zeitpunkt wissenschaftlich bewiesen – durch die Untersuchung von einem Leinenhemd aus seinem Grab beispielsweise. Er gehörte zur königlichen Familie, die von Tuthmosis Seite abstammte und in der König Tuthmosis III. (König David) vier Generationen zuvor das Land regiert hatte.

Auch über Jesu Geburt erfahren wir im Evangelium Lukas, Kapitel 1, 32 bis 33, von der königlichen Abstammung: *„Der wird groß sein und ein Sohn des Höchsten genannt werden; und Gott der Herr wird ihm den Stuhl seines Vaters David geben. Und er wird ein König sein über das Haus Jakob ewiglich, und seines Königreichs wird kein Ende sein.“*

Beide – Tutenchamun und Jesus – wurden gewissermaßen als Sohn des Höchsten geboren und haben somit den Anspruch, ihrem Vater (in Jesu Fall Vorfahren) auf den Thron zu folgen. Bei beiden spielt auch die Geburt durch die heilige Jungfrau eine zentrale Rolle. Die große Bedeutung der jungfräulichen Geburt des Königs wurde durch die Inschriften in den Tempeln bestätigt und war somit Jahrhunderte vor der Niederschrift der Bibel bekannt.

Bei Jesus war es die Jungfrau Maria, wie uns bekannt ist. Dass im Falle der Jungfrau Maria viele Aspekte eher dem Wunschdenken der Kirchenoberen zuzuordnen sind, ist hinlänglich bekannt. Auf den nachchristlichen Konzilien wurden die Grundlagen für ihre politischen und dogmatisierten Ziele geschaffen, die ausschließlich eigenen machtpolitischen Interessen galten.

Es ging darum, die bereits in anderen Religionen existierenden Muttergöttinnen zu neutralisieren und gleichzeitig eine Muttergöttin in der jungen christlichen Religion zu etablieren. Deshalb wurden nach dem Konzil-Beschluss auch sogleich den Artemis-Statuen in Ephesus Heiligenscheine angepasst und ihre Namen in „Gottesmutter“ und „Gebärerin Gottes“ abgeändert.

Da man in vielen anderen Religionen, die zudem älter waren als das Christentum, bereits eine „Muttergöttin“ kannte, die selbstverständlich nicht auf natürliche Weise empfangen hatte, war die Jungfrauengeburt Marias unabdingbar. Auch in dem bis heute der Öffentlichkeit nur begrenzt zugänglichen Teil der Schriftrollen vom Toten Meer wird eine jungfräuliche Mutter kein einziges Mal erwähnt.

Die drei Weisen aus dem Morgenland

Die berühmte Geschichte von den drei Weisen, die aus dem Morgenland kommen, um dem neugeborenen Jesus ihre Hochachtung zu erweisen, zählt zu den bekanntesten Erzählungen in Verbindung mit der Geburt Jesu. Auch hier gibt es klare Übereinstimmungen zwischen dem ägyptischen Pharao Tutenchamun und dem biblischen Jesus, denn diese Erzählung stammt ursprünglich aus Ägypten. Das belegen Darstellungen aus dem Tal der Könige. Dort fand man ein Kästchen mit mehreren kleinen, goldenen Tafeln, mit den Namen von Tutenchamun und Aye. Auf einer dieser Tafeln befindet sich auf der einen Seite das königliche Zeichen für Aye und auf der gegenüberliegenden Seite eine Darstellung von drei Fremden, die ihre Hände in Ehrfurcht vor dem Namen des Königs erheben.

Der erste dieser Männer ähnelt einem typischen Syrer von der Mittelmeerküste. Bei dem zweiten handelt es sich um einen Mann aus dem Sudan, und der dritte dieser drei Männer gehört einer weißen Volksgruppe aus dem Norden an und könnte somit ein Libyer sein oder von einer der Inseln im Mittelmeer stammen. So findet sich also eine Darstellung der drei in der Bibel genannten Volksgruppen Shem, Ham und Japhet – die ursprüngliche Verkörperung der drei Weisen als Vertreter der damals bekannten Völker der Alten Welt. Auch die biblische Geschichte der drei Weisen aus dem Morgenland wurde offensichtlich aus dem Alten Ägypten entlehnt.

Die verschiedenen Namen

Die hohe Bedeutung – auch im Übersinnlichen –, die ein Pharao (großes Haus) und auch der Name „Pharao“ in Ägypten hatte, ist für uns heute sehr schwer vorstellbar. Da es die Thematik nicht dringend erfordert, gehen wir an dieser Stelle nicht auf die tiefen okkulten Hintergründe ein. In meinem Buch *„Banken, Brot und Bomben – Band 1“* habe ich das Thema näher behandelt.

Die Götter kannten die Vorzüge des Königs schon bevor er geboren wurde. RA hat ihn schon im Ei zum Thronfolger ernannt. Er hat ihn erschaffen, damit er den Thron besteigt. Der König ist sein leiblicher Sohn (der Sohn des Ra/Re), den er gezeugt hat.

Der ägyptische König wurde vor dem 1. Jahrtausend vor Christus nicht so tituliert, also zu einem Zeitpunkt als Ägypten seine Blütezeit schon hinter sich hatte und dem Volk eigentlich keine Herrscher von Format, wie in der Zeit seiner Größe, mehr bieten konnte. Der Verlust des okkulten Wissens und Handelns des Pharaos in dieser Zeit lässt sich vor allem damit erklären, dass es einen Riss zwischen dem Repräsentanten des Volkes – dem Pharao – und der eingeweihten, okkulten Priesterschaft gab. Die Könige wurden mehr und mehr weltliche Herrscher, ohne durch die Priesterschaft in die tiefen okkulten Mysterien eingeweiht zu sein. Das war zugleich auch eine zentrale Ursache für den Niedergang der großen Hochkultur.

Dem jungen König Tut-ench-amun gab man bei seiner Geburt zunächst den Namen Tut-anch-aton. Wie wir bereits wissen, entspricht das ägyptische Wort „Aten“ dem hebräischen Namen für den Herrn – „Adon“. Der Name, den er bei seiner Geburt erhielt, bedeutet somit übersetzt: „das lebende Abbild des Herrn“. Der König – in diesem Fall Tut-anch-aton – war, wie weiter oben erklärt, der leibliche Sohn Atens (des Herrn) im Himmel. Insbesondere die verschiedenen Namen, die dem biblischen Jesus zukamen, sind sehr aufschlussreich. Am bekanntesten sind die Namen Messias und Christus. Das Wort „Christ“ (Christus) wurde von dem griechischen Wort „Kristos“ abgeleitet, dieses wiederum von dem hebräischen und aramäischen „Mesheh“ (Messias), was „salben“ bedeutet oder einfach „der Gesalbte“. Das Wort „Mesheh“ ist von dem ägyptischen „Meseh“ abgeleitet worden. Das bedeutet, dass das Wort „Christ“ (Christus) für „den Gesalbten“ steht, also für „den König“. Ebenso war es ursprünglich ein ägyptischer und kein hebräischer Brauch, Könige zu salben. Essa ist der arabische Name für Jesus und der einzige Name, der im Koran für ihn verwendet wird. Essa war gleichzeitig ein Name, der Jesus von den ersten Christen im ersten Jahrhundert gegeben wurde.

Der Name der jüdischen Glaubensrichtung der „Essener" bedeutet, dass sie diejenigen sind, die Jesus folgen. Damals lebte Philo Judaeus, der um das Jahr 30 herum die ersten Aufzeichnungen über diese Sekte niederschrieb. Das Wort „Essener" wurde von dem griechischen Wort „Essaios" abgeleitet, obwohl Judaeus behauptete, dass es nicht griechischen Ursprungs war. Zur Zeit von Judaeus gehörten die Essener zu den jüdischen Glaubensrichtungen. Dennoch nannte er sie bei dem Namen, der auch heute noch geläufig ist. Es muss damals bereits bekannt gewesen sein, dass das Wort „Essene" semitischen Ursprungs war und von „Essa" abgeleitet wurde. „Essaioi" bedeutet nämlich dort in der direkten Übersetzung „derjenige, der Essa folgt". Die Essener wurden von den Historikern der damaligen Zeit – neben den Pharisäern und den Sadduzäern – zu den Gemeinschaften eingestuft, die einige tausend Mitglieder zählten. Sie werden heute auch vielfach mit der Gemeinschaft von Qumran in Verbindung gebracht. Der Autor Gadalla merkt hierzu an, dass *„...es die Essener, also diejenigen, die Essa (Jesus) folgen, schon vor der römischen Epoche gab, in die Jesus eingeordnet wird."*

Der Name Joshua (im Hebräischen: „Ye-ho-shua") hat die gleiche Bedeutung wie der Name Jesus („Ye-shua"), nämlich „Yahweh (der Herr) ist die Erlösung". In den griechischen Bibeltexten verwendete man „Jesus" für beide Versionen des Namens. Auch in der „King James Bibel" und bei zahlreichen frühen Kirchengelehrten des zweiten und dritten Jahrhunderts heißt es, dass es sich bei „Joshua" und „Jesus" um ein und dieselbe Person handelt.

Im Talmud kam Jesus wenig Beachtung zu, so spricht man von Jesus als „von einer bestimmten Person", die jedoch nicht namentlich erwähnt wird. In einigen Abschnitten wird er allerdings als „Ben Pandira" (der Sohn Pandiras) bezeichnet.

Die Juden sahen in Jesus nicht den Sohn Gottes. Sie nahmen an, Pandira wäre der Geliebte von Maria, nicht aber ihr Ehemann gewesen. Das Wort „Pandira" wiederum ist die hebräische Version eines königlichen Titels aus der Zeit des Alten Ägypten, wie Moustafa Gadalla schreibt: *„Im Hebräischen lautet der Name Pa-ndi-ra in der ursprünglichen Fassung jedoch Pantr-ra, was als Pa-neter-ra ausgesprochen wird. Seit dem Jahr 3000 vor Christus trugen alle ägyptischen Könige den Titel Pa-neter-ra, was man als ‚Sohn des Ra' übersetzen kann. Damit identifiziert der Name ‚Ben Pandira' Jesus* *eindeutig als ägyptischen König. Den Titel ‚Sohn des Ra' finden wir zum Beispiel eingraviert in Tutenchamuns Stele, die man im Jahre 1905 in der Tempelanlage von Karnak entdeckt hat.“*

Der letzte Name, den wir im Zusammenhang mit Jesus betrachten müssen, ist der Name Immanuel. Im Buch des Propheten Jesaja finden wir insgesamt drei Hinweise auf Immanuel. So wird zum Beispiel in Kapitel 7, Vers 14, berichtet: *„Darum wird euch der Herr selbst ein Zeichen geben: Die Jungfrau wird schwanger und einen Sohn zur Welt bringen und ihn Immanuel benennen.“*

Viele Gelehrte sind der Auffassung, dass die Worte Jesajas klar zum Ausdruck bringen, dass diese Geburt zum Zeitpunkt der Aufzeichnungen bereits stattgefunden hatte, dass also der Messias bereits vor der Niederschrift der Verse des Propheten Jesajas geboren und gestorben war. Das wiederum würde bedeuten, dass sich das Leben und Wirken des biblischen Jesu nicht in der römischen Epoche zugetragen haben kann, sondern bereits viele Jahrhunderte früher.

Einen weiteren Hinweis auf Immanuel finden wir bei dem Evangelist Matthäus. Gleich zu Beginn des ersten Buches des Neuen Testamentes wird von der Geburt Jesu durch die Jungfrau Maria berichtet: *„Sie wird einen Sohn bekommen, den du sollst Jesus nennen. Denn er wird sein Volk von aller Schuld befreien. Dies geschah, damit in Erfüllung ging, was der Herr durch den Propheten vorausgesagt hatte: ‚Die Jungfrau wird schwanger werden und einen Sohn zur Welt bringen, den wird man Immanuel nennen', das heißt verdolmetscht: Gott mit uns.“* (Matt. 1, 21-23)

Gadalla merkt hierzu an: *„Der Name Immanuel könnte auf zwei verschiedene Arten übersetzt werden, wenn man das Wort in seine beiden Hauptbestandteile trennt:*

1. ‚Imma-nu' (mit uns) und ‚El' (Elohim, Gott), also ‚Gott mit uns'.

2. ‚Imman-u' (sein Amun) und ‚El', also ‚Sein Amun ist Gott'.“

Gadalla weiter: *„Das hebräische ‚ayain', der Anfangsbuchstabe des Namens Immanuel, entspricht dem ägyptischen ‚aleph', dem Anfangsbuchstaben des Namens Amun. Die unterschiedlichen Namen Amen/Amon/Amun stehen alle für den gleichen Namen. Die erste der oben genannten Übersetzungen des Namens Immanuel wurde absichtlich besonders hervorgehoben, um die Tatsache zu verbergen, dass ursprünglich die zweite der oben genannten Überset-*

zungen benutzt worden war, also ‚Sein Amun ist Gott'. Diese letzte Erklärung des Namens spiegelt sich auch in der Namensänderung des Königs von Tut-Anch-Aton in Tut-Ench-Amun wider, die er vier Jahre nach der Thronbesteigung durchführte. Sein neuer Name sollte bekanntlich seine Treue und Untergebenheit Amen/Amun gegenüber symbolisieren."

Die Frauen

Bei den Frauen Tutenchamuns und Jesu lassen sich viele Ähnlichkeiten feststellen. Im Grab des ägyptischen Königs wurden Behälter aus Alabaster gefunden, die man zum Salben benutzte. Auf der Rückseite seines Thrones finden wir eine Darstellung, wie seine Frau ihn mit Duftölen salbt. Diese Darstellung über Tutenchamun und seine Frau entspricht genau der Beschreibung der Evangelisten der Bibel, wie Maria Magdalena Jesus gesalbt haben soll. Beiden Frauen wird eine tiefe und harmonische Beziehung nachgesagt, die sie zu ihrem jeweiligen Mann gehabt haben sollen. Die verschiedenen Szenen von Tutenchamun und seiner Frau spiegeln immer eine harmonische und tiefe Verbundenheit wider.

Das Gleiche wird uns auch über Maria Magdalena und Jesus berichtet. Tutenchamuns Frau und Königin war zudem die einzige Person, die bei den Begräbniszeremonien für ihn und bei der Verkündigung seiner Auferstehung durch die Priester anwesend sein durfte und die anschließend seinen Jüngern die frohe Botschaft überbringen konnte. Auch hier finden wir genaue Übereinstimmungen zu Maria Magdalena in der Bibel. Bis heute gibt es bekanntlich sehr kontroverse Ansichten der verschiedenen Glaubensgemeinschaften in Bezug auf Jesus und seine Verbindung zu Maria Magdalena. Durch die Ähnlichkeiten mit Tutenchamun und seiner Frau, die unübersehbar zu sein scheinen, bekommen die kontroversen Ansichten natürlich zusätzliche Brisanz.

In verschiedenen Quellen wird berichtet, dass der Name „Magdalena" auf die Stadt Magdala hinweist, einen unbekannten Ort an der Westküste des Galiläischen Meeres. Das hebräische Wort „migdol" dahingegen steht für einen „Turm". An der berühmten Horus-Straße, die von Ägypten nach Gaza führt, gab es eine Stadt namens Migdol. Im Buch des Propheten Hesekiel lesen wir in Kapitel 29, Vers 10: *„...von Migdol (dem Turm) bis gen Syene (im östlichen Nil-Delta) und bis an die Grenze des Mohrenlands (Äthiopien)."*

Die enge emotionale Beziehung zwischen Maria Magdalena und Jesus kommt in der Bibel wiederholt zum Ausdruck: „*...da kam ein Weib, die hatte ein Glas mit unverfälschtem und köstlichem Nardenwasser, und sie zerbrach das Glas und goss es auf sein Haupt.*“ (Mk. 14, 3) Im Evangelium des Lukas lesen wir über eine andere Begegnung, bei welcher der Ausdruck tiefer Verbundenheit zu erkennen ist: „*...brachte sie ein Gefäß aus Alabaster voll mit Salböl mit, ließ sich hinter ihm zu seinen Füßen nieder und weinte. Dann fing sie an, mit ihren Tränen seine Füße zu benetzen, trocknete sie mit den Haaren ihres Hauptes ab, küsste seine Füße und salbte sie mit dem Salböl.*“ (Lukas 7, 37-38)

Maria Magdalena wurde seit ihrer ersten Begegnung mit Jesus seine ständige Begleiterin und wohl auch seine engste Vertraute. Auch eine starke emotionale Beziehung zu Jesus ist nicht von der Hand zu weisen.

Viele Gelehrte gehen bis heute davon aus, dass es sich bei Maria Magdalena um seine Geliebte handelte. Andere Meinungen gehen sogar davon aus, dass es sich bei ihr sogar um seine Frau gehandelt haben muss. Diese Vermutung ist sehr realistisch, denn Jesus wurde Rabbi genannt, und Rabbiner heirateten im Allgemeinen. Auch nach der biblischen Kreuzigung wich Maria Magdalena nicht von der Seite Jesu. Sie hielt Wache an dem Ort, an dem man ihn nach der Kreuzigung aufbewahrte. Sie war es auch, der Jesus das erste Mal nach seiner Auferstehung erschien. „*Jesus sprach zu ihr: ‚Maria!‘ Da wandte sie sich um und sprach zu ihm: ‚Rabboni!‘* (Das heißt Meister; Anm. StE) *Doch Jesus sprach zu ihr: ‚Halte mich nicht fest: noch bin ich nicht zum Vater aufgefahren. Geh aber hin zu meinen Brüdern und sage ihnen: Ich fahre auf zu meinem Vater und zu eurem Vater, zu meinem Gott und zu eurem Gott.‘*“ (Joh. 20, 16-17)

Der Tod

Vergleichen wir die Umstände des Todes von Tutenchamun und dem biblischen Jesus, treffen wir auch in diesem letzten Punkt auf Übereinstimmungen zwischen diesen beiden Personen. Im Falle der ägyptischen Königsmumie liegen uns natürlich wissenschaftliche Fakten vor, im Falle Jesu haben wir nur die verschiedenen Überlieferungen in der Hand. Heute wird es als erwiesen angesehen, dass der junge Pharao eines gewaltsamen Todes gestorben ist. Das wurde bei verschiedenen umfassenden Untersuchungen festgestellt. Zahlreiche Knochen und Gelenke waren demzufolge gebrochen. Das Gewebe des Gesichtes hatte sich zusammengezogen, die Zähne hatte der Tote fest zusammengebissen. Für eine Todesursache durch Krankheit wurden keine Anzeichen gefunden. Es deutet also alles auf einen gewaltsamen Tod hin. Dass der König im Augenblick seines Todes große Angst und Schmerzen hatte, wird durch den Ausdruck seiner Augen auf der Totenmaske deutlich. Doch was war der Grund für einen möglicherweise gewaltsamen Tod? Am naheliegendsten sind zweifellos politische Motive, wie heute von der Mehrheit der Forscher angenommen wird. Tutenchamun war schließlich der erste Herrscher nach der Amarna-Zeit und der Aton-Verehrung. Als unter Horemheb (ca. 1341-1314 v.Chr./18. Dynastie) der Feldzug gegen die Amarna-Zeit begann, alle Bauten und Tempel Echnatons in Karnak abgerissen wurden und die Stadt Achet-Aton fortan nur noch als Steinbruch diente, machte man auch nicht vor dem Andenken Tutenchamuns halt.

Dass man auch auf das Andenken Tutenchamuns keinen besonderen Wert legte, belegt, dass unter seiner Regentschaft der Aton-Glaube wohl noch eine Rolle gespielt haben muss. Wäre dem nicht so und Tutenchamun hätte sich eindeutig gegen Aton entschieden, hätte er eigentlich als Held in die ägyptische Geschichte eingehen müssen. Ein Mordkomplott könnte in Anbetracht der genannten Thesen also doch einen Sinn ergeben. Howard Carter, der am 4. November 1922 das berühmte Königsgrab entdeckte, berichtete später über zahlreiche Gegenstände, die eine klare Verbindung *„zu späteren Objekten, Aussagen und Praktiken des christlichen Glaubens“* herstellen.

1. Ein Zepter, das im Zusammenhang mit Zeremonien zur Verteilung von Gaben verwendet wurde. Darauf steht geschrieben: *„Der wunderbare Gott, der von allen geliebt wird, dessen Gesicht so hell erstrahlt wie Aten und uns blendet... Tutenchamun.“* Dieser Text ähnelt der Beschreibung in der Bibel, in der beschrieben wird, wie sich das Gesicht Jesu vor seinem Tod veränderte: *„...sein Gesicht hell erstrahlte.“*

2. Es wurden Früchte und Samen des heiligen Dornbusches, dem Hagedorn, gefunden, einer baumähnlichen Pflanze, die im Alten Ägypten beheimatet war und die man für pharmazeutische Zwecke nutzte, die aber auch eine religiöse Bedeutung hatte. In der biblischen Be-

schreibung über seinen Gang zum Kreuz wird berichtet, dass man Jesus eine Dornenkrone aufsetzte, nachzulesen im Evangelium Johannes, Kapitel 19, Vers 2: *„Und die Soldaten flochten eine Krone aus Dornen und setzten sie ihm auf das Haupt...“*

3. Im Grab im Tal der Könige wurden außerdem zwei feierliche Gewänder gefunden. Bei den Gewändern handelte es sich um zeremonielle Kleidungsstücke, wie sie auch von christlichen Diakonen und Bischöfen getragen wurden. Die verschiedenen Pflanzen, die im Grab des ägyptischen Königs gefunden wurden, ließen die Wissenschaftler im Übrigen zu dem Ergebnis kommen, dass Tutenchamun aller Wahrscheinlichkeit nach im April gestorben ist, zur gleichen Zeit also, zu der auch Jesus gestorben sein soll.

Was erfahren wir aus den Überlieferungen darüber, wie Jesus gestorben ist?

Auch wenn es viele Leser vielleicht nicht vermuten werden, aber auch bezüglich dieser brisanten Frage gibt es durch die verschiedenen Widersprüchlichkeiten in den Überlieferungen allerlei Ungereimtheiten. Im Hinblick auf die Tatsache, dass es bis heute nicht einen einzigen Beweis gibt, der zunächst einmal bestätigen würde, dass Jesus überhaupt gelebt hat, spaltet vielmehr sein Tod und die Frage „Auferstehung oder keine Auferstehung?“ seit zweitausend Jahren die Abrahamsreligionen in drei verschiedene Lager, insbesondere mit religiöser und zugleich politischer Brisanz rund um die Stadt Jerusalem und den Tempelberg.

Ist Jesus aber nun wirklich gekreuzigt worden? Die vier Evangelien stimmen in diesem Punkt überein und sprechen eindeutig von einer Kreuzigung Jesu: *„Da sie ihn aber gekreuzigt hatten...“* (Matt. 27, 35) Auch im Evangelium Markus (15, 24), bei Lukas (23, 33), im Evangelium Johannes (19, 23) und in der Apostelgeschichte (2, 36) wird von einer Kreuzigung berichtet. Die Todesstrafe der Kreuzigung stellte aber eine römische und keine israelische Hinrichtungsmethode dar. Nur wenn Jesus vor ein römisches Gericht gestellt und zum Tode verurteilt worden wäre, hätte man eine solche Art der Hinrichtung gewählt. Die Israeliten dahingegen erhängten die zum Tode verurteilten an einem Baum: *„Liegt auf jemand eine Schuld, ein todeswürdiges Verbrechen, und wird er hingerichtet und hängst du ihn an einen Baum.“* (Deut. 21, 16) Wie in der Bibel wird im Talmud zwar einerseits berichtet, dass Jesus gekreuzigt wurde, aber an einer anderen Stelle heißt es auch, er sei gehängt worden.

„Anscheinend wurde der König (Jesus) gekreuzigt.“ (T. Sanh., 9.7)

„Jesus wurde gehängt.“ (Sanh., 106b) oder

„Sie hängten ihn am Abend des Passahfestes.“ (b. Sanh., 43 a)

Selbst im Neuen Testament lassen sich noch Hinweise darauf finden, dass Jesus gehängt und nicht – wie allgemein angenommen – gekreuzigt wurde: *„...Wir sind von all dem Zeugen, was er im jüdischen Land und zu Jerusalem getan hat. Man hat ihn zwar getötet, indem man ihn ans Holz gehängt hat...“* (Apg. 10, 39) oder *„...nahm man ihn vom Holze ab und legte ihn ins Grab“*. (Apg. 13, 29) Die Begriffe Kreuzigung und Erhängen besaßen offensichtlich die gleiche Bedeutung. Die Kreuzigung wurde aus Gründen der großen symbolischen Bedeutung im Laufe der Jahrhunderte jedoch dogmatisiert. Der Hinweis, dass die Kreuzigung keine israelische, sondern eine römische Hinrichtungsmethode war, unterstreicht deutlich die Vermutung, dass eine Hinrichtung durch Erhängen wahrscheinlicher sein müsste.

Im Zusammenhang mit der Verurteilung werden im Neuen Testament die israelischen Priester als die Verantwortlichen genannt: *„Seht, wir ziehen nach Jerusalem hinauf. Der Menschensohn wird den Hohepriestern und den Schriftgelehrten überliefert werden: Sie werden ihn zum Tode verdammen...“*

Auch durch Petrus wurden die israelischen Hohepriester angeklagt: *„...welchen ihr erwürgt habt und an das Holz gehängt.“ (Apg. 5, 30)* Das Gleiche lesen wir auch bei Paulus: *„Sie haben sogar den Herrn Jesus und die Propheten getötet und uns verfolgt.“* (1 Tessalonicher 2, 14-15) Den möglicherweise interessantesten Hinweis finden wir jedoch im Talmud. Hier wird der Verantwortliche für den Tod Jesu sogar beim Namen genannt: Pinhas (b. Sanh., 106b). Dieser Pinhas (Phinehas) war israelischer Priester, lebte aber im 14. Jahrhundert vor Christus und war ein Zeitgenosse von Moses!

Er betrachtete die Lehren Jesu, der verkündete, dass alle Religionen friedlich nebeneinander leben und sich gegenseitig respektieren sollten, als Gotteslästerung. Diese politische Intervention Jesu, welche sich gegen die einflussreiche Gruppierung der Tempelpriester richtete (vergleiche Johannes 8, 44) und Grund für seine Ermordung war, stellt im Übrigen eine klare Parallele zum Leben, politischen Wirken und zur wahrscheinlichen Ermordung Tutenchamuns dar, der aller Wahrscheinlichkeit nach die Aton-Verehrung seines Vaters Echnaton nicht ganz verbannte. Am Abend des Passahfestes ermordete Pinhas Jesus im Tabernakel am Fuße des Berges Sinai. Aye (Ephraim), der zweitälteste Sohn von Joseph, dem Patriarchen, welcher der Nachfolger von Tutenchamun wurde, ließ zur Strafe für den Tod von Jesus tausende von Israeliten töten – unter ihnen auch Pinhas.

Schlussfolgerung

Es gibt noch zahlreiche weitere Ähnlichkeiten und Übereinstimmungen zwischen dem biblischen Jesus und Tutenchamun. Bereits durch die Beleuchtung der zentralen Fragen konnte verdeutlicht werden, dass sehr viel dafür spricht, dass Jesus bereits viele Jahrhunderte früher gelebt hat und es sich bei dem biblischen Jesus und Tutenchamun um ein und dieselbe Person handelt.

Hier schließt sich auch der Kreis unserer Thesen, die zudem durch die zweifelhaften Ungereimtheiten um die Untersuchungen der Mumie Tutenchamuns durch Dr. Iskander bestätigt werden. Die bisherigen Ausführungen lassen den zwingenden Schluss zu, dass Tutenchamun die historische Figur ist, die sich in Wahrheit hinter dem biblischen Jesus verbirgt. Es ist schlüssig, dass Tutenchamun (Jesus) Hebräer war oder zumindest nur Halb-Ägypter, denn sein Vater war Echnaton (Moses) und dessen Mutter war Teye, die ihrerseits Yuyas (der biblische Joseph) Tochter und somit ebenfalls nur Halb-Ägypterin war. Umso verständlicher ist, dass es verschiedenen Gruppen ein wichtiges Anliegen ist, die Wahrheit um die biblischen Hauptdarsteller Abraham, Joseph, David, Salomon, Moses und Jesus auch weiterhin zu verbergen.

Aufgrund meiner Untersuchungen in Ägypten erscheint es sogar sehr naheliegend, dass eindeutige Beweise, also beweiskräftige Fakten (vermutlich alte Schriften), für die genannten Schlussfolgerungen in höchsten ägyptischen Regierungskreisen vorliegen. *„Die religiösen Gelehrten – egal, ob es sich dabei um Christen, Juden oder Moslems handelt – weigern sich mit aller Macht zuzugeben, dass eine wesentliche Quelle ihrer jeweiligen Glaubenslehre in Ägypten zu finden ist.“* (John A. West)

Es bleiben viele offene Fragen:

- War Tutenchamun semitischer Abstammung?
- Wie wurde Jesus ermordet?
- Wurde die Wahrheit über Jesus bewusst verschwiegen und seine Geschichte aus einer viel früheren Zeit entlehnt?
- Warum wurde die DNS-Untersuchung an der Mumie Tutenchamuns verboten?
- Wird einer DNS-Untersuchung an der Mumie Yuyas stattgegeben?

Fragen über Fragen, die gegenwärtig noch nicht endgültig beantwortet werden können. Die letzte Frage jedoch hat einen besonderen Hintergrund, wie man sich nach den letzten Ausführungen denken kann: **Wer hat Angst vor den Ergebnissen einer DNS-Untersuchung an der Mumie von Tutenchamun?**

Dass die Ägyptologen über die Annahme, der Pharao könnte in Wahrheit Hebräer gewesen sein, nicht sonderlich erfreut sein würden, steht wohl außer Frage. Das würde das ägyptische Weltbild sicherlich gründlich auf den Kopf stellen. Aber sicherlich nicht weniger als die Tatsache, dass es sich bei Moses in Wahrheit um keinen Geringeren als den ägyptischen Pharao Echnaton gehandelt haben könnte. Es wäre aber auf der anderen Seite zugleich ein zusätzlicher Hinweis dafür, dass es sich bei dem biblischen Jesus und Tutenchamun wirklich um ein und dieselbe Person gehandelt haben könnte!

Die Maßnahme, die endgültige Untersuchung der Mumie zu verhindern – durch Anweisung auf höchster Ebene –, zeigt eindeutig, dass es in Kairo konkrete Hinweise dafür geben muss, dass Tutenchamun wirklich semitischer Abstammung war. Dass es sich hier womöglich um das am besten gehütete Geheimnis in Kairo handeln könnte, verdeutlicht eine andere Tatsache. Im Jahre 1968 wurden umfangreiche Untersuchungen an der Mumie durchgeführt, wie bereits erwähnt wurde. Bereits da stellten die Wissenschaftler bei Tutenchamun semitische Gesichtszüge fest!

Welche politische Brisanz diese Thematik und die Jesus-Kontroverse in sich trägt, wird erst bei einem Blick auf die politische Weltkarte deutlich – Schwerpunkt: Mittlerer Osten! Die Abrahamsreligionen und ihre mehr als 3,5 Milliarden Anhänger sind in drei verschiedene Lager gespalten. Mord,

Terror, Verfolgung, Unterdrückung und Folter sind an der Tagesordnung. Ein zunehmender militärischer Weltenbrand scheint bei genauerer Analyse langfristig nicht mehr zu verhindern zu sein. Diplomatie scheint nicht mehr gefragt zu sein, sondern nur noch politische Medizin, um die Menschen nicht weltweit in Panik zu treiben. Die zunehmenden militärischen Aktivitäten weltweit und vorzugsweise im Mittleren Osten werden einen Weltenbrand entfachen, wenn nicht ein Wunder geschieht. Auch der 11. September 2001 steht in einem direkten Zusammenhang mit der Thematik. Kann man da von Zufall sprechen, dass die Vereinigten Staaten hunderte von Milliarden Dollar in den Militärhaushalt stecken? Das geschieht ganz bewusst!

Der Militärhaushalt der USA ist nach Schätzungen größer als der Militärhaushalt der fünfzehn größten Industrienationen zusammen![112]

Anhang 4

Autorenbeschreibung: Godfrey Higgins, Gerald Massey und Dr. Alvin Boyd Kuhn

Godfrey Higgins (1771-1834) besuchte die Trinity Hall in Cambridge. Er hatte Grundkenntnisse in Griechisch und Latein und setzte sich schon in jungen Jahren mit Euklid, John Lockes Versuch über den menschlichen Verstand und den Schriften von Varro, Macrobius und Cicero auseinander. Den Philosophen Epiktet zog Higgins den griechischen Dichtern vor, und er machte sich auch mit zahlreichen anderen Klassikern vertraut. Früh widmete er sich den Beweisen, auf denen unsere Religion beruht, und was er entdeckte, schockierte und faszinierte ihn zugleich. Dann weitete er seine Forschungen auf den Ursprung aller Religionen, Nationen und Sprachen aus. (Tom Harpur, „*Der Heidnische Heiland*", München, 2005)

Gerald Massey (1828-1907)
Über Masseys Werdegang ist relativ wenig bekannt. Im Mai 1828 wurde er in ärmlichen Verhältnissen in der englischen Grafschaft Hertfordshire geboren. Seine Eltern waren Analphabeten, und seine Ausbildung war bescheiden. Vom achten Lebensjahr an arbeitete er täglich zwölf Stunden, zuerst in einer Seidenfabrik. Aber Massey ergriff jede Gelegenheit, sein Leben zu verbessern, und las in seiner Freizeit alles, was ihm in die Finger kam. Da Bücher jedoch rar waren, lernte er ganze Bibelkapitel auswendig.

Zunehmend interessierte sich Massey für Ägyptologie und verfasste nach langen Studien eine Reihe großartiger Werke über Religion und Mythologie des Alten Ägypten. 1881 erschien „*A Book of the Beginnings*" in zwei Bänden, 1883 folgte „*The Natural Genesis*", und 1907 kam schließlich das zweibändige Werk „*Ancient Egypt: The Light of the World*" heraus.

Dr. Alvin Boyd Kuhn verdankte Gerald Massey zahlreiche Anregungen. In „*A Rebirth for Christianity*" wies Kuhn insbesondere auf die ungeheure Bedeutung hin, die Masseys Forschungen über den Ursprung des Christentums für ihn hatten:

„Mit genialer Gelehrsamkeit und großartigem Verständnis durchdrang er das rätselhafte Schrifttum Ägyptens und belegte die literarische Herkunft

des Alten und Neuen Testaments aus entlegenen ägyptischen Quellen. Er zwang uns geradezu die Frage auf, wieso es sich bei den vier Evangelien des christlichen Kanons eigentlich um die Biographie irgendeiner messianischen Persönlichkeit aus dem ersten Jahrhundert unserer Zeitrechnung handeln sollte, konnte er die Texte doch bis auf ägyptische Dokumente zurückverfolgen, die bereits 3500 v.Chr. höchst ehrwürdig gewesen sein mussten." (Tom Harpur, „*Der Heidnische Heiland*", München, 2005)

Dr. Alvin Boyd Kuhn (1880-1963)
Kuhn wurde am 22. September 1880 auf einer Farm im Franklin County in Pennsylvania geboren. Auf der High School lernte der spätere vergleichende Religionswissenschaftler zwei Jahre lang Altgriechisch – für sein „*wahres Lebenswerk*", wie er später bekannte, von größter Bedeutung. Seinem Vordenker Gerald Massey glich Kuhn insofern, als auch er aus eigenem Antrieb ungeheuer viel las und forschte. Nach zwei Jahren als Grundschullehrer machte er mit 23 seinen B. A. Anschließend war er ein Vierteljahrhundert lang als Dozent tätig und forschte gleichzeitig intensiv nach den Ursprüngen religiöser Symbole und ihrer Bedeutung.

Kuhns zweites Buch, „*The Lost Light*", das 1940 erschien, erklärt in wunderbarer Ausführlichkeit die Allegorien, Parabeln und Persönlichkeiten des biblischen Christentums, zugleich auch die Grundlagen aller anderen Religionen. (Tom Harpur, „*Der Heidnische Heiland*", München, 2005)

Anhang 5
Allgemeine Infos zum Thema Heilpflanzen

Jahrtausendealte Tradition

„Eine Heilpflanze ist eine Nutzpflanze, die zu Heilzwecken oder als Arzneipflanze zur Linderung von Krankheiten innerlich oder äußerlich verwendet wird. Sie kann als Rohstoff für Phytopharmaka in unterschiedlichen Formen, aber auch für Teezubereitungen, Badezusätze und Kosmetika verwendet werden. Insbesondere bei krautigen Heilpflanzen ist auch die Bezeichnung Heilkraut üblich. Viele Heilpflanzen sind zugleich Giftpflanzen, je nach Konzentration der Wirkstoffe in der Pflanze. Vor allem Pflanzen mit kräftigem Geruch und bitterem Geschmack wurden seit frühester Zeit als wirksame Heilpflanzen angesehen.“[113]

Nach offiziellen Veröffentlichungen werden derzeit schätzungsweise über 50.000 verschiedene Pflanzen weltweit für medizinische Zwecke genutzt – sei es für die traditionelle oder die moderne Medizin. Wir wissen, dass Heilpflanzen schon im Altertum einen hohen Stellenwert bei den Ärzten und Heilern hatten.

„Die Menschen haben seit jeher Heilpflanzen genutzt, um sich Linderung bei Krankheiten und Verletzungen zu schaffen. Ihre Erfahrungen gaben sie zunächst durch mündliche Überlieferung an die nächste Generation weiter. Später, als Papyrusrollen die Voraussetzungen dafür schufen, hielten sie ihre Erkenntnisse im Umgang mit Heilpflanzen auch schriftlich fest. Das bekannteste Zeugnis dieser ältesten Aufzeichnungen medizinischer Bemühungen mit zahlreichen Beispielen für Heilpflanzen und deren Anwendung ist das Papyrus Ebers, das wahrscheinlich im sechzehnten Jahrhundert vor Christus verfasst wurde. Auch die etwa 5.300 Jahre alte Gletschermumie Ötzi trug wahrscheinlich ein pflanzliches Heilmittel bei sich. Zumindest fanden Wissenschaftler Reste von Birkenporlingen bei dem mumifizierten Mann. Der Birkenporling ist ein Pilz, der Birken befällt. Er wurde früher wegen seiner entzündungshemmenden Inhaltsstoffe als Heilmittel benutzt, indem die Menschen den in dünne Streifen geschnittenen Fruchtkörper als Bandage zur Wundheilung verwendeten. Über unzählige Generationen überliefertes Wissen zur Heilpflanzenkunde gibt es bei allen bekannten

Volksstämmen der Erde. Je nach Region nutzten die Menschen dabei unterschiedliche Pflanzen und Wirkstoffe. Studien zeigten, dass die Ureinwohner Nordamerikas etwa 2.500 der 20.000 dort heimischen Pflanzenarten medizinisch nutzten. Erst viele Jahre später konnten Wissenschaftler nachweisen, dass die Heilpflanzen der amerikanischen Ureinwohner tatsächlich zu jenen Pflanzenfamilien gehörten, die die meisten bioaktiven Substanzen beinhalten. Auch die traditionelle chinesische Medizin und die ayurvedische Medizin aus Indien arbeiten unter anderem mit der Kraft der Heilpflanzen.“[114]

Ursprünge der Pflanzenheilkunde

Da die medizinische Wirkung von Pflanzen auch von Tieren, wie z.B. Menschenaffen, Schafen, Blaumeisen und Monarchfaltern instinktiv benutzt wird, dürften Heilpflanzen schon bei den frühen Vertretern der Gattung Homo Anwendung gefunden haben. Der Mann vom Tisenjoch, allgemein bekannt als Ötzi, eine etwa 5.300 Jahre alte Gletschermumie aus der ausgehenden Jungsteinzeit (Neolithikum) bzw. der Kupferzeit (Eneolithikum, Chalkolithikum), führte Birkenporlinge vermutlich als Heilmittel mit sich. Alle in den letzten 200 Jahren aufgefundenen und erforschten oder wenigstens beschriebenen Stämme von Jägern und Sammlern wenden bei medizinischen Problemen auch Pflanzen zur Heilung an.[115]

Im Altertum

Die Nutzung von Pflanzen mit der Absicht der Heilung lässt sich bereits in frühesten Schichten babylonischer, altägyptischer, indischer (Hymnen des Rig Veda) oder chinesischer Texte nachweisen, aber auch der ausdrückliche Anbau von Heilkräutern. Das bekannteste Zeugnis dieser ältesten Aufzeichnungen medizinischer Bemühungen mit zahlreichen Beispielen für Heilpflanzen und deren Anwendung ist der Papyrus Ebers, der im 16. Jahrhundert v.Chr. in Ägypten verfasst wurde.

Aristoteles und Theophrast beschrieben medizinische Pflanzenanwendungen und auch die Hippokratiker führten therapeutische Eigenschaften von Pflanzen auf. Der Grieche Dioskurides beschrieb im 1. Jahrhundert zahlreiche (etwa 600) Heilpflanzen und deren Anwendungen sowie einen der ältesten zusammenhängenden Texte zum Einsammeln und Aufbewahren von Heilpflanzen. So sollen (wie noch heute gültig) Wurzeln und Rhizome im Herbst (nach Abschluss aller Wachstumsprozesse), Blätter und Zweigspitzen, bevor Frucht und Samen zu reifen beginnen (wenn die Photosyntheserate ihr Optimum erreicht hat), Blüten kurz vor oder zur Zeit der Bestäubung, Früchte kurz vor oder nach dem Reifungsprozess und Samen, wenn er ausgereift ist, aber noch nicht ausfällt, geerntet werden. Zuvor verfassten Diokles von Karystos (im 4. Jahrhundert v.Chr.) und Krateuas (im 1. Jahrhundert v.Chr.) vergleichbare Werke (Kräuterbücher). Im Gegensatz zu den eher (natur)philosophisch geprägten Betrachtungen etwa des Aristoteles stellte Dioskurides in seiner um das Jahr 60 entstandenen *Materia medica* den Nutzen und die genaue Beschreibung unter anderem der Pflanzen in den Vordergrund und ist mit einem etwa 512 verfassten Manuskript die erste noch erhaltene abendländische Abhandlung über Heilpflanzen. Die 77 n.Chr. entstandene *Naturgeschichte* des Plinius zählt etwa 1.000 Heilpflanzen auf, Galenos 473 pflanzliche Heilmittel.[116]

Mittelalter und Neuzeit

Während des Mittelalters erfolgte der Anbau (vgl. die Landgüterverordnung Karls des Großen), die Beschreibung und Anwendung von Heilpflanzen vor allem durch Klostermönche (siehe Klostermedizin). Der Zusammenhang zwischen Nahrung und Arznei wurde insbesondere in der orientalischen Heilkunst schon früh erkannt, und dementsprechend finden sich zahlreiche Hinweise in den Medizinbüchern des Orients, etwa bei Ibn Sina (Avicenna) um 1000 n.Chr. Der spanisch-arabische Arzt und Botaniker Abu Muhammad ibn al-Baitar beschrieb um 1230 im Kitab al-gami über 1.400 pflanzliche Heilmittel und ihre Rezepturen. Paracelsus (1493-1541) erkannte: *„Alle Dinge sind Gift und nichts ohne; allein die Dosis macht, dass ein Ding kein Gift ist.“* Leonhard Fuchs veröffentlichte 1543 eines der wichtigsten Kräuterbücher in deutscher Sprache, das zahlreiche Arzneipflanzen abbildet und ihre Wirkung beschreibt. Zu den Wegbereitern der modernen Phytotherapie gehören auch die Bücher des Schweizer „Kräuterpfarrers“ Johann Künzle (1857-1945). Als Begründer der wissenschaftlichen Pflanzenheilkunde gilt Rudolf Fritz Weiss (1895-1991).[117]

Gegenwart

Heute werden Heilpflanzen im Rahmen der Phytotherapie verwendet, in manchen europäischen Ländern sowie den USA spielen sie durch das Aufkommen von chemisch synthetisierten und definierten Wirkstoffen nur eine geringe Rolle. Andererseits ist die pharmazeutische Industrie und die Pharmakologie zu der Erkenntnis gelangt, dass die Vielfalt der sekundären Pflanzenstoffe ein enormes Reservoir für neue, hochpotente Medikamente darstellt. Gerade die kaum erforschte und katalogisierte Flora der tropischen Urwälder und die in der traditionellen chinesischen Medizin (TCM) sowie der indischen Medizin Ayurveda verwendeten Pflanzen bergen in dieser Hinsicht ein sehr großes Potenzial. Während das Sammeln von Heilkräutern in früheren Zeiten Grundbestandteil einer Subsistenzwirtschaft war, wird weltweit bis heute insbesondere in wirtschaftlich schlechter Lage auf die Verwendung von Heilpflanzen als Arzneimittel zurückgegriffen. Auch die Bewegung des biologischen Landbaus hat Heilkräuter wieder populär gemacht.

Heilpflanzen für den pharmazeutischen Bedarf in Apotheken werden unter möglichst kontrollierten Bedingungen angebaut. Sie werden aber auch wild wachsend gesammelt oder im Hausgarten angepflanzt, um als Hausmittel vorbeugend oder bei Krankheiten zur Verfügung zu stehen. Die gebräuchlichste Verwendungsform ist wohl der Heiltee.118

Heilpflanzen in Deutschland

Auch Heilpflanzen werden zu den nachwachsenden Rohstoffen gezählt, da ihre Verwendung außerhalb des Nahrungs- und Futtermittelbereichs stattfindet. Zusammen mit Färberpflanzen beträgt die Anbaufläche in Deutschland rund 12.000 ha (ca. 0,5% der Gesamtanbaufläche für nachwachsende Rohstoffe). Etwa 90% der in Deutschland verwendeten Heilpflanzen werden importiert. Heilpflanzen stammen allerdings nur zu 30% aus Anbau und zu etwa 70% aus Wildsammlungen. Von den etwa 440 heimischen Heilpflanzen werden in Deutschland ca. 75 Arten angebaut, wobei allein 24 Arten 92% des Angebots ausmachen. Hauptanbaugebiete in Deutschland sind Thüringen (Erfurter Becken), Bayern (Oberbayern, Erdinger Moos, Mittelfranken), Sachsen (Lößgebiete Mittelsachsens), Sachsen-Anhalt und Ostfriesland.119

Die in Deutschland am meisten angebauten Heilpflanzen sind Augentrost, Baldrian, Brennnessel, Frauenmantel, Johanniskraut, Kamille, Löwenzahn und Ringelblume.

Heilpflanzen in Österreich

In der alpinen Natur Österreichs finden wir etwa 400 Wildkräuter. Diese sorgen mit ihren wertvollen Essenzen in Tinkturen, Tees oder Salben für Wohlbefinden, ganz zu schweigen von jenen, die mit ihren Eigenschaften die heimische Küche verfeinern und ihr eine ganz neue Note geben. Die traditionelle österreichische Volksmedizin mit ihren vielen Heilkräutern hat eine jahrhundertealte Tradition: Weitab vom Trubel der großen Kulturstädte Wien, Salzburg, Linz, Graz oder Innsbruck gibt es ein anderes Österreich, geprägt von ländlicher Idylle, Bergwiesen und Natur. In teils unzugänglichen Dörfern in den Bergen leben noch heute viele alte Traditionen. Hier haben sich die Menschen, abgeschnitten von der Außenwelt, oft selbst helfen müssen. Und sie hatten in ihrem oft kargen Leben doch stets alles vor ihrer Haustür, was sie zum Leben brauchten. Auch die traditionelle Volksmedizin mit ihren vielen Heilkräutern, die in den österreichischen Bergen zu finden sind, lebt bis heute und ist von den Pionieren ihrer Zeit weiterentwickelt worden. Gute Heilpflanzen aus Österreich sind heute in aller Welt bekannt: Ob als Tee, Salbe oder in Form des berühmten Heubads, österreichische Heilkräuter werden allerorts wegen ihrer besonders reinen, wohltuenden Wirkung geschätzt. Lesen Sie im Folgenden über die Kraft des bitteren, aber gesunden Enzians, über das unscheinbare Edelweiß, von dem man glaubte, dass es unsterblich mache, und andere österreichische Heilpflanzen, die die Menschen in den Bergen seit Urzeiten zur Heilung alltäglicher Leiden und zur Besserung der Befindlichkeit verwenden.[120]

Die berühmte 124er-Tinktur vom „Kräuterpfarrer" Hermann-Joseph Weidinger

Das „124er", eine Tinktur bestehend aus 124 verschiedenen, guten Heilpflanzen aus Österreich, entwickelte der als „Kräuterpfarrer" bekannt gewordene Priester Hermann-Joseph Weidinger. Seine Medizin beruhte auf dem Wissen jahrhundertealter Volksweisheiten, die der Pfarrer in mühevoller, ambitionierter Arbeit zusammentrug und weiterentwickelte. Diese Liste enthält viele der österreichischen Heilkräuter, die noch heute im von Pfarrer Weidinger selbst angelegten Garten in Karlstein an der Thaya zu finden sind und sich in ihrer medizinischen Wirkung bewährt haben. Dazu zählen der Enzian, die Kamille, die Königskerze, das Edelweiß, der Frauenmantel, der Wiesenknöterich, der Borretsch, die Ringelblume, die Schafgarbe, das Johanniskraut, der Wiesenkümmel, der (wilde) Thymian, die Arnika, der Baldrian, der Hopfen, der Wermut, der Spitzwegerich, der Ackerschachtelhalm, die Brennnessel, das Hirtentäschel, der Lavendel, die Pfefferminze, die Schlüsselblume, das Veilchen und der Augentrost.121

Im Flascherlzug zum Höllerhansl

Gegen jedes Leiden ist ein Kraut gewachsen. Um die Jahrhundertwende vom 19. zum 20. Jahrhundert fuhr ein Zug von Graz nach Steinz, in dem viele der Fahrgäste ein kleines Fläschchen mit sich führten. Doch handelte es sich mitnichten um einen kühlen Erfrischungstrunk für unterwegs: Die Damen und Herren aus der Stadt waren unterwegs zum „Höllerhansl". Dieser weit über die Grenzen Österreichs hinaus bekannte Heiler stellte anhand von Urinproben Krankheiten fest. Seine Therapien und Heilmittel, die sich zum größten Teil aus den Heilpflanzen seiner österreichischen Heimat zusammensetzten, beruhten auf langen Eigenstudien und altem Wissen. Johann Reinbacher, geboren 1866 in Rachling in der Steiermark, gehörte zu vielen sogenannten „Bauerndoktoren". Diese Heiler hatten keine Universität besucht, sondern das alte Volkswissen um die österreichischen Heilpflanzen gesammelt. Besonders für die armen Dorfbewohner, die sich einen teuren Arzt nicht hätten leisten können, waren Menschen wie der Höllerhansl ein Geschenk des Himmels.122

Heilpflanzen aus dem Regenwald

In der Medizin werden heute insgesamt etwa 70.000 Pflanzenarten aus dem Regenwald genutzt. So kommen viele Wirkstoffe in der heutigen Medizin – in Tabletten, Salben und Tinkturen – ursprünglich aus der Natur. So enthält jedes vierte Medikament Stoffe, die aus Waldpflanzen entwickelt wurden. Der Regenwald ist eine riesige Naturapotheke, die noch viele unerforschte Heilmittel bereithält.123

Vergessen dürfen wir nicht, wie viele Menschen heute noch im Regenwald leben. Hier kann man nur von Schätzungen ausgehen. Und diese belaufen sich auf ungefähr 50-60 Millionen Ureinwohner im Regenwald, die auch als Indigene oder Naturvölker bezeichnet werden. Eine beeindruckende Zahl, die auch zeigt, wie groß der Regenwald ist und wie unerforscht er ist. Da kommen einem natürlich auch die Gedanken, wie bedeutsam es wäre, gerade von diesen Menschen zu lernen, ihr Wissen zu teilen, damit die Naturmedizin dieser Naturvölker und ihre Rezepte der Menschheit erhalten bleiben. Die größte Gefahr für die Menschen ist der Mensch selbst. Der große Schatz der Rohstoffe in den Regenwäldern ist der Grund für die jahrzehntelangen mafiösen Methoden, mit denen die Pharmaindustrie und ihre Schergen den Regenwald brutal abholzen. Neben Bauxit, Eisen, Zinn, Nickel, Kupfer, Gold und Tantalerz kommen auch Diamanten in tropischen Regenwaldgebieten vor.

Indianische Heilpflanzen

Wenn man über nordamerikanische Heilpflanzen spricht, denkt man unweigerlich an indianische Heilpflanzen. Viele dieser Pflanzen – die als Nahrungs- und Arzneipflanzen, aber auch als heilige Pflanzen für Zeremonien und Rituale dienen – sind auch uns bekannt. Da sich die Indianer Nordamerikas in vielen Stämmen über den halben Kontinent (mit sehr unterschiedlichen Klimazonen) verteilen, sind ihre Lebensgewohnheiten genauso unterschiedlich wie die Vegetation, in der sie leben. Deshalb hat nicht jeder Stamm die gleichen Nahrungs- und Heilpflanzen. Es sind Pflanzen wie Salbei oder Löwenzahn, aber auch verschiedene Gehölze wie die Birke. Im Gegensatz zu den Kräutern Mittel- und Südamerikas gedeihen viele Pflanzen der nordamerikanischen Ureinwohner auch in unseren Breitengraden, die Klimazonen der nördlichen Hemisphäre sind teilweise gleich. Zu den nordamerikanischen Heilpflanzen zählen u.a. Amerikanische Bergminze, Anis-Ysop, Goldmelisse, Purpur-Sonnenhut, Vanillegras bzw. /Heiliges Gras, Prärielilie/Präriekerze, Goldrute, Steppenbeifuß, Indianischer Räuchersalbei.124

Anhang 6

Die Zerstörung von Atlantis

In den Unterlagen werden auch genauere Aussagen über den Zeitpunkt gemacht und die Gründe für den Untergang von Atlantis erklärt. Dabei wird man an die Aussagen verschiedener Seher, wie zum Beispiel Edgar Cayce, erinnert oder auch an die Überlieferungen der Hopi-Indianer. Über den Zeitpunkt erfahren wir, dass sich der Untergang zirka 12.600 Jahre vor unserer Zeitrechnung zugetragen hat. Nach vielen Jahrhunderten der Herrschaft wurde die hohe technische Entwicklung, welche die Atlanter bis zu diesem Zeitpunkt erreicht hatten, zu ihrem eigenen Verhängnis. Der Geheimbund der Hegoliter – die im Untergrund lebten und von den Atlantern zu niedrigen Diensten degradiert wurden – hatte den Plan entwickelt, die Regierung von Atlantis zu stürzen, um den wahren Glauben in die Welt zurückzutragen und die damalige Menschheit auf eine höhere Bewusstseinsstufe zu führen.

„In Eire, dem heutigen Irland, wohin damals eine Gruppe von Hegolitern verbannt worden war, die Beziehungen zu der Bevölkerung aufgenommen hatten, entwickelte sich eine Untergrundbewegung, die folgenden Plan entwarf: Um die neue Religion Gottes für die Gemeinschaft der Weltbürger aufzubauen und um die Technologie nutzbringend für alle Menschen einzusetzen, sollte Atlantis zerstört beziehungsweise die Regierung machtlos gemacht werden. Dies war nur dann möglich, wenn die Hauptschaltstelle, die sich in der Regierungshauptstadt Orason befand, zerstört wurde, denn von dieser Hauptschaltstelle aus wurde der Einsatz der Strahlungs-Pyramiden gesteuert. Der Plan war der, den Energiestrahl, den die Atlanter im Bereich Eire und in einem Teil des Kontinents einsetzten, mittels eines großen Spiegels an den Ausgangsort der Pyramide zurückzusenden. Auf diesem Wege konnte man mit der Kraft des Energiestrahls nicht nur die Pyramide zerstören, die sich in der Nähe der Hauptschaltstelle in Orason befand, sondern man hoffte, dass diese gewaltige Explosion, die bei der Zerstörung entsteht, die ganze Stadt durch Erderschütterung in Schutt und Asche legen würde. Presato, ein Einheimischer von Eire, der sich mit den Gesetzen der Physik befasste, entwickelte nunmehr gemeinsam mit den Hegolitern folgenden Plan. Eine große Talsenke, die nur einen Taleinschnitt hatte, sollte so vorbereitet werden, dass sie

kurzfristig wie ein Stauweiher mit Wasser gefüllt werden konnte. Heimlich wurden mehrere Flüsse umgeleitet, um die Talsenke über Nacht für kurze Zeit mit Wasser zu füllen. Nachdem alle Vorbereitungen getroffen waren, wurde einer der in den Plan Eingeweihten zu dem Postrator, dem Regierungschef von Eire, gesandt, um ihm mitzuteilen, dass in dem Gebiet, in dem die Talsenke war, eine Gruppe von Hegolitern gemeinsam mit der Bevölkerung einen Aufstand plane. Als diese Nachricht die Regierung in Orason erreichte, wurde von dort der Befehl erteilt, den Strahl so stark einzustellen, dass alles, was in dem Bereich existierte, in den diese Energie einstrahlte, verbrennen musste. Da die Aufständischen jedoch, wie geplant, die gesamte Talsenke mit Wasser gefüllt hatten, traf der Strahl auf diese große Wasserfläche, die wie ein Spiegel wirkte. Die gesamte Energie wurde zurück an den Himmelsspiegel und von da aus in die abstrahlende Pyramide eingestrahlt. Dieser Strahl zerstörte jedoch nicht, wie angenommen, nur die Pyramide und erzeugte im näheren Umkreis ein Erdbeben, sondern die freigesetzte Energie war so groß, dass ein riesiges Erdbeben mit riesengroßen Flutwellen entstand. Das Stück der Erdplatte des Kontinents, auf dem sich das Land Atlantis befand, brach ab und versank im Meer. Durch diesen Vorgang veränderte sich der damals existierende Gesamtkontinent, und es entstanden die Kontinente, die man heute als Europa und Amerika bezeichnet. Durch das Abbrechen der Erdplatte entstanden überall auf der Erde große Erdbeben, einhergehend mit riesigen Flutwellen, durch die fast alle Länder zerstört wurden. Eine dadurch bewirkte Polverschiebung veränderte das Klima so weitgehend, dass große Eismassen schmolzen und der Meeresspiegel um fast einhundert Meter stieg. Die freiwerdenden Wassermassen überschwemmten viele Gebiete. In der Bibel wird dieser Vorgang als ‚Sintflut' beschrieben.“[125]

Anhang 7

Lothar Göring: Die Übergabe der Unterlagen in Frankreich

Die Auszüge sind aus dem Buch „*Das Vermächtnis der Atlanter – Das Legat der Hegoliter*“:

„Bevor ich, ein einfacher simpler Erdenmensch, der bis 1967 so lebte, wie die Masse der Menschen nach der Vorstellung der Gesellschaft das Leben zu leben hat, die Botschaft AHSRAMS sinngemäß in Teilbereichen niederschreibe, möchte ich kurz den Ablauf erklären, wie und auf welchem Weg die Übermittlung der Botschaft zustande kam.

Seit 1965 beschäftigte ich mich mit Entspannungstechniken wie Autogenem Training, Yoga und Meditation.

Am Anfang war der Beweggrund für die Betätigung auf diesen Gebieten mehr eine Neugier, aus einer gesunden Skepsis heraus. Eine Person, die forschungsmäßig im medizinischen Bereich tätig war, hatte mir gegenüber behauptet, dass speziell die Meditationsübung, gleich welche Technik angewendet wird, ein Mittel sei, das die Heilung bei Krankheiten jeder Art einschließlich Krebs positiv beeinflusst. Da ich selbst an Darmkrebs erkrankt war, erfuhr ich am eigenen Körper, dass diese Behauptung, die in jenen Jahren und leider in überwiegender Weise auch heute noch als schwachsinnig bezeichnet wird, stimmt.

Nach ca. 6 Monaten, bei täglich 30 Minuten Meditation, hatte sich das Krebsgeschwulst so weit zurückgebildet, dass keinerlei Beschwerden mehr vorhanden waren. Von diesem Zeitpunkt an beschäftigte ich mich intensiv mit den Techniken der Meditation.

Ich entwickelte eine Meditationstechnik, die jede Person, die die Technik erlernt, nach kurzer Zeit in die Lage versetzt, in jeder Situation in sich sofort einen Ruhezustand zu erzeugen, der es der betreffenden Person ermöglicht, die Problematik der Situation wie ein Außenstehender zu analysieren und eine Lösung zu finden, denn in jedem Problem liegt auch die Lösung verborgen. Im Januar 1967, ca. 3 Monate vor dem ersten Kontakt mit AHSRAM, erfuhr ich von einem Forschungsteam, das an einer Universität eines Ostblockstaates seit kurzer Zeit Meditationsübungen durchführte, die in einer Pyramide abgehalten wurden. Da bis zu diesem Zeitpunkt noch

keinerlei Ergebnisse bekannt waren, fing ich selbst an, mit Pyramiden zu experimentieren.
Die ersten Meditations-Experimente, die in einer selbst entwickelten aus Baumwollstoff bestehenden Pyramide vorgenommen wurden, zeigten Erfolge im Bereich der Meditationstiefe und in der Schnelligkeit, die Meditationstiefe zu erreichen, die weit über das Normale hinausgingen. Es kam zu Sensibilitäts-Steigerungen, die für unseren damaligen Wissensstand unvorstellbar waren. Weitergehende Experimente in einer nur aus Baumwollfäden gespannten Pyramide zeigten die gleichen Ergebnisse.
Zur Herstellung einer solchen Pyramide wurden innerhalb eines Raumes 4 Fäden zentralisiert an einem Punkt der Decke angebracht und so am Boden befestigt, dass sie die verkleinerten Maße der Cheops-Pyramide aufwiesen. Die Seitenflächen wurden gleich den polaren Richtungen der Cheops-Pyramide ausgerichtet.

Etwa 14 Tage vor der ersten Kontaktaufnahme mit AHSRAM war das Experiment so weit fortgeschritten, dass zum ersten Mal der Versuch gestartet wurde, die Meditation in einer nur gedachten Pyramide einer bestimmten vorher festgelegten Größenordnung durchzuführen. Die bildhafte Vorstellung hinsichtlich des Materials der gedachten Pyramide war als kristallklares Glas festgelegt. Um die Phänomene, die bei den Meditations-Experimenten aufgetreten waren, näher kennenzulernen beziehungsweise um festzustellen, was es mit diesen Phänomenen auf sich hat, wurde ein Experiment im Bereich der ‚Gedankenübertragung' angesetzt. Die Vorgabe für dieses Experiment durch ‚Hypnogene Gedankenbilder', das ich mit einer weiteren Person, die ca. 500 km entfernt wohnte, durchführte, war folgende: Zu einem bestimmten Zeitpunkt (die Uhrzeit wurde genau festgelegt, ist aber nach den heutigen Erkenntnissen unwichtig) wird in der Meditation, die im Endeffekt nichts weiter ist als die Konzentration auf einen Punkt (gleich, was dieser Punkt darstellt), von der einen Person ein Gegenstand gedacht, den die andere Person durch Gedankenübertragung erkennen muss.

Das Experiment war sofort ein Erfolg. Nach ca. 30 Experimentabläufen innerhalb einer Woche konnte diese Experimentreihe ‚Gedankenübertragung durch Meditation in einer Pyramide' abgeschlossen werden.

Es war klar bewiesen, dass ganze Gedankenbilder, zum Beispiel die Vorstellung eines Raumes, auf diesem Wege übermittelt werden konnten. Durch die vielen vorangegangenen Experimente war klar geworden, dass mit der entwickelten Technik nichts unmöglich war. Doch war dies nicht die Fragestellung der Experimente. Die Frage, die gelöst werden sollte, war: ‚WIE läuft dieser Vorgang ab?' Ein Vorgang, der heute leider immer noch von den meisten Wissenschaftlern als absurd bezeichnet wird.

Am 23.4.1967, um ca. 22.30 Uhr, begann ich mit einer normalen Meditationsübung. Es war keine Meditation, die ein Experiment beinhaltete. Bezweckt war nur eine Meditation, die den durch den Alltagsstress geschädigten Geist und den physischen Körper wieder in die Ordnung bringen sollte. An diesem Abend – es lag ein harter Arbeitstag hinter mir; meine Frau war vor etwa einer halben Stunde zu Bett gegangen, und ich hatte mir noch die Tagesschau im Fernsehen angesehen – setzte ich mich gemütlich in einen Sessel, um zu meditieren. Ich war zu müde, um eine zusätzliche Haltungstechnik anzuwenden, die ich sonst meistens für meine Meditation benutzte. Ich schloss die Augen, atmete mehrere Male tief und gleichmäßig ein und aus und begab mich – das Beobachten der Atemzüge war schon zur festen Gewohnheit geworden – sofort in mein erstes hypnogenes Gedankenbild.

An diesem Tag – ich war gerade gedanklich aus der Pyramide herausgegangen – hörte ich hinter mir einen Klang, einen Ton, den man mit Worten nicht beschreiben kann. Ich drehte mich um und sah mich selbst in meiner gedachten kristallenen Pyramide sitzen. Das, was in meinen Gedankenbildern anders ablief als sonst, war, dass sich meiner Pyramide gegenüber noch eine zweite Kristall-Pyramide befand. Beide Pyramiden strahlten in einer unbeschreiblichen Leuchtkraft. Innerhalb der anderen Pyramide sah ich eine männliche Person, die ein mir fremdartiges Gewand trug.
Der weitere Ablauf, der blitzschnell ablief, ist schwer zu beschreiben. Einmal fühlte ich mich sitzend in der Pyramide und sah mich trotzdem draußen stehen. Ich hörte eine Stimme, das heißt, es war, als wenn mir eine Melodie Worte übermittelt.
Heute weiß ich, dass es keine Stimme war, sondern nichts weiter als die Tonfolge, das heißt die Töne der Frequenz, in der mir die Botschaft gedanklich übertragen und als Matrize eingeprägt wurde. Für diese Schilderung werde ich es einfach als Stimme bezeichnen. (…)

An dem Tag, an dem ich zum ersten Mal mit der vergeistigten Wesenheit, die sich AHSRAM nannte, konfrontiert wurde, war ich zwar etwas verunsichert, aber, wenn ich ehrlich sein soll, habe ich zu diesem Zeitpunkt diese Begebenheit in das Reich der Phantasie abgeschoben beziehungsweise als Spinnerei abgetan.

Warum ich weiter auf diesem Wege in die Meditation gegangen bin, war im Grunde genommen am Anfang nur Neugier. Sie zu ignorieren, einfach zur Seite zu schieben und nicht mehr daran zu denken, war zwar mein Wunsch, aber geschafft habe ich es nicht. 13-mal innerhalb von 4 Wochen, jeweils ca. 3 Stunden lang, erhielt ich in der Meditation von AHSRAM Erkenntnisse aus allen 5 Bereichen des Seins als Botschaft übermittelt. Ich wurde gedanklich in Fachbereichen an Wissen und Zusammenhänge herangeführt, von denen mir bis zu diesem Zeitpunkt noch nicht einmal der Name des Teilbereiches bekannt war.

Nach der letzten der Meditationen, in denen ich in die Zusammenhänge aller 5 Seinsbereiche eingeweiht wurde, verschwand AHSRAM wieder genauso aus meinem Leben, wie er gekommen war. Alle Versuche, erneut Kontakt aufzunehmen, waren vergebens.
Von diesen Tagen an lebte ich in einem Zwiespalt, den man mit Worten nicht beschreiben kann. Alle meine Träume und Vorstellungen hinsichtlich meines Lebens waren für mich nicht mehr relevant. Entscheidungen zu treffen hinsichtlich dessen, wie ich in der Zukunft leben wollte, war einfach nicht mehr möglich. Der Inhalt der Botschaft war für mich unvorstellbar und jagte mir eine Angst ein, die ich heute gar nicht mehr beschreiben kann. Inhaltlich war die Botschaft in meinem Gehirn wie eingemeißelt. Vom Wissen her verstand ich nur Bruchstücke. Was ich mit der Botschaft anfangen sollte, wusste ich auch nicht, da ich dahingehend keinen Auftrag erhalten hatte.

Das, was mich am meisten fertigmachte, war der Teil der Botschaft, der den Sinn und Zweck des Lebens der Erdenmenschen hier auf Erden beinhaltete und der mich erschreckt erkennen ließ, ***dass wir Menschen genau entgegengesetzt leben und auch noch durch unsere Gesellschaft von Kindheit an dazu erzogen werden.***

Gott, Religion, ‚Liebe Deinen Nächsten so, wie Du geliebt werden möchtest' und alles, was die Botschaft sonst noch beinhaltet, waren Begriffe, über die ich mir nie große Gedanken gemacht hatte.
Meine Einstellung zur Religion war die gleiche wie die der meisten Menschen. Ich habe meine Kirchensteuer bezahlt, und wenn mich jemand gefragt hat: ‚Glaubst Du an Gott?', dann habe ich vorsichtshalber ‚Ja!' gesagt, denn so ganz sicher, dass es Gott nicht gibt, war ich mir nicht. Ich dachte, wenn es Gott wirklich gibt, dann ist es schon besser, wenn man ihn nicht direkt von vorneherein ablehnt – man weiß ja nicht, was kommt.
Am Anfang, nachdem ich die Botschaft erhalten hatte, war es noch einfach, Entschuldigungen zu finden, wenn ich im geschäftlichen Bereich meine Cleverness einsetzte, das heißt, den Nachteil eines anderen zu meinem Vorteil nutzte. Aber es wurde von Tag zu Tag schwerer, Entschuldigungen dafür zu finden.

Da ich etwa 90 Prozent der Botschaft zwar begriffen hatte, aber vom Wissen her nur Teilwissen besaß, sah ich keinen anderen Weg – beziehungsweise es war etwas in mir, das mich dazu zwang –, als mir das Wissen anzueignen, damit ich den Inhalt der Botschaft fachlich begriff und erkennen konnte. Da die Botschaft das ganze Sein der Erdenmenschen beinhaltet, blieb mir nichts weiter übrig, als mir das gesamte derzeit gültige Grundlagenwissen der 5 Bereiche Wirtschaft, Religion, Politik, Gesellschaft und Wissenschaft, die unser Sein bestimmen, anzueignen und es auf dem neuesten Stand zu halten.
Die Frage, die sich für mich stellte, war: ‚Wie komme ich, ohne Zeit zu verlieren, an das Wissen, das zurzeit Stand der Wissenschaften ist?'
Es gab nur einen Weg. Ich musste versuchen, Kontakt mit den Menschen aufzunehmen, die in den 5 Seinsbereichen das Wissen besaßen, das als letzter Wissensstand bekannt war.
Um diesen Weg zu gehen und um an diese Menschen, die auf der ganzen Welt verstreut lebten, heranzukommen, musste ich erst einmal finanziell unabhängig werden.
Diese finanzielle Unabhängigkeit wurde mir auf eine Art ermöglicht, die mich klar erkennen ließ, dass die Botschaft keine Phantasie, sondern absolute Realität war. (…)

In der Botschaft habe ich Antworten und Zusammenhänge erfahren, aber ich kannte die Fragen nicht, da mein Wissen in den meisten Fachbereichen kaum über ein mittelmäßiges Allgemeinwissen hinausging.
Als ich von AHSRAM erfahren hatte, dass die Botschaft mein Weg ist, erklärte ich ihm, dass ich nicht glaubte, diesen Weg – vom Wissen hergesehen – schaffen zu können. Außerdem hätte ich Angst, anderen Menschen zu sagen, dass unser Schöpfer nicht Gott ist, sondern wir von den Söhnen Gottes erschaffen wurden. AHSRAMs Antwort darauf war:

‚Gehe den Weg und erkenne die Botschaft! Alles, was Du für den Weg benötigst, wird Dir zum richtigen Zeitpunkt zufallen.
Bleibst Du, gleich was Dir der Verstand sagt, auf dem Weg, so wird Dir immer die Hilfe zur Seite gestellt, die Du brauchst, um zu erkennen.
Du wirst auf dem Weg die Angst verlieren, und Dein Glaube wird alles bewirken, denn der Weg ist vorbereitet und für Dich karmabedingt. Das gilt für alle 5 Bereiche des Seins.
Damit Du als Erdenmensch Deinen Glauben festigen kannst und da Du durch Deinen Zweifel ein Zeichen verlangst, damit der Verstand die Botschaft als Realität erkennt, werden Dir die Zeichen gegeben werden.‘

Beim vorletzten Kontakt wurde mir von AHSRAM Folgendes mitgeteilt:
‚Alles, was Du an Materiellem brauchst, um den Weg zu gehen, wirst Du auf eine Art erhalten, die Dein menschlicher Verstand nicht begreifen wird.
Auf dem Weg zum Erkennen werden Dich 4 Menschen begleiten, die Dir das Wissen der ersten 4 Seinsbereiche übermitteln und die Dich führen. Du wirst ihnen dann begegnen, wenn Du auf dem Weg bist und Du das Wissen brauchst.
Zu einem späteren Zeitpunkt werden Dir außerdem Unterlagen übergeben werden, in denen alles Wissen und alle Erkenntnisse, die die Hegoliter besaßen, übermittelt sind.

Den Schlüssel zum Verstehen und Erkennen hast Du bereits durch diese Botschaft erhalten. Außerdem werden Dir die Namen von 60 Adepten übermittelt, die Teilbereiche der Botschaft erhalten haben und die, wenn Du ihnen die Botschaft mitteilst, erkennen werden, dass sie den gleichen Weg gehen wie Du. Sie sind diejenigen, die die Botschaft weitertragen.‘
Fünf weitere Zeichen, die mir mitgeteilt wurden, möchte ich zum jetzigen Zeitpunkt nicht nennen, da sie die Zukunft beschreiben.

So, wie es mir von AHSRAM vorhergesagt wurde, ist es eingetreten. Am 23.6.1988 wurde – nach über 20 Jahren – der Kontakt von AHSRAM wieder aufgenommen und mir der Auftrag erteilt, den gesamten Inhalt der Botschaft niederzuschreiben und ihn sowie das Wissen und die Erkenntnisse aus den Unterlagen, die ich inzwischen erhalten hatte, weiterzugeben.
Der Weg, auf dem mir diese Unterlagen zur Verfügung gestellt wurden, war für mich ein weiterer Beweis für den Wahrheitsgehalt all dessen, was mir AHSRAM übermittelt hatte. Aus diesem Grund möchte ich diesen Weg kurz schildern.

Wie schon oft in den Jahren nach Erhalt der Botschaft AHSRAMs befand ich mich in Südfrankreich auf einer Urlaubsreise. Was mich immer wieder dorthin zog, erkannte ich erst viele Jahre später, als ich erfuhr, dass die Templer am Mont Chauve in der Nähe von Nizza eine Pyramide gebaut hatten, die heute noch, wenn auch fast nur noch als Ruine, existiert.
An einem dieser Urlaubstage verspürte ich plötzlich den Impuls, von Cannes, wo ich wohnte, nach Nizza zu fahren. In Nizza angekommen, wurde mir bewusst, dass mich dort nichts zum Bleiben reizte. Also machte ich mich wieder auf den Weg zurück nach Cannes. Auf der Rückfahrt kam ich an einem Strandcafe vorbei und entschloss mich, dort einzukehren.
Von meinem Platz auf der Terrasse dieses Strandcafes aus beobachtete ich – aus welcher Motivation heraus, weiß ich nicht – einen alten Herrn, der circa 50 m von dem Cafe entfernt auf einem Stein am Strand saß. Er saß vollständig regungslos. Sein schneeweißes Haar wurde vom Wind leicht angehoben und fiel immer wieder auf den Kopf zurück.
All die Geräusche, die um ihn waren, sei es das Klatschen der Meereswellen an den Strand oder das Kindergeschrei, seien es die vorbeifahrenden Züge und Kraftfahrzeuge oder die lauten Geräusche der startenden und landenden Flugzeuge am Flughafen Nizza, schien er gar nicht wahrzunehmen. Fast unbeweglich saß er auf dem Stein und sah auf das Meer hinaus, ohne den Kopf zu bewegen.
Irgendetwas Unerklärliches ließ mich, nachdem ich bezahlt hatte, meinen Platz verlassen und auf diesen Mann zuschreiten.
Als ich kurz hinter ihm war, drehte er mir sein Gesicht zu, begrüßte mich mit meinem Namen und sagte: ‚Ich habe auf Sie gewartet, um Ihnen einen Auftrag zu überbringen.'

Erst im Nachhinein, nachdem wir uns wieder getrennt hatten, erkannte ich, dass meine Reaktion auf die Einleitung dieses Gespräches nicht natürlich war. In dem Moment, wo ich in seine Augen gesehen hatte, war das, was er mir zur Begrüßung sagte, so selbstverständlich, als habe ich darauf gewartet. Er erklärte mir im Nachfolgenden, dass er mir Einblick in jahrtausendealte Unterlagen gewähren und mir Unterlagen sowie Modelle aushändigen solle. Ohne mir die Möglichkeit zu geben, eine Frage zu stellen, fuhr er fort zu reden und vereinbarte mit mir für den nächsten Tag einen Termin. Er nannte mir den Namen einer Stadt in der Nähe von Paris, besser gesagt, zwischen Paris und Rouen, und bat mich, mit einem Lastwagen dorthin zu kommen.

Als mir an diesem Ort die Unterlagen und Modelle übergeben worden waren (der Lastwagen, den ich angemietet hatte, war zu mehr als 2/3 gefüllt) und ich mich gerade von diesem Mann verabschieden wollte, um in Richtung französisch-deutsche Grenze zu fahren, fielen mir plötzlich die Zollformalitäten ein, die zu dieser Zeit noch unerlässlich waren. Ehe ich diesen Gedanken beziehungsweise meine Frage überhaupt aussprechen konnte, sagte er lächelnd: ‚Das ist alles geregelt. Fahren Sie nur einfach über die Grenze nach Hause.'
Trotzdem hatte ich, als ich mich der Grenze näherte, Herzklopfen und ein mulmiges Gefühl in der Magengegend. Doch als ich mit meinem LKW am Zollgebäude ankam, gab mir ein Zollbeamter, freundlich lächelnd, das Zeichen zum Durchfahren."[126]

Anhang 8

Interview mit Dr. Helmut Ehleiter – Krebsbehandlung mit MMS
(Erschienen in der *ZeitenSchrift* – siehe Quellenangabe am Ende des Interviews)

„Die MMS-Therapie ist gut verträglich"
Regelmäßige *ZeitenSchrift*-Leser wissen, wie vielseitig die Substanz MMS bei gesundheitlichen Beschwerden eingesetzt werden kann. Vermehrt hört und liest man aus aller Welt sogar von sensationellen Krebsheilungen dank MMS. Wir wollten es genau wissen und sprachen mit einem Arzt, der seit Jahren Krebskranke mit MMS behandelt. Der deutsche Allgemeinmediziner Dr. med. Helmut Ehleiter kann auf ein Vierteljahrhundert Erfahrung als Arzt zurückblicken. Zuvor hatte er schon als Psychotherapeut gearbeitet, denn er besitzt auch ein Diplom für Psychologie und Sozialarbeit. Deshalb weiß er sehr wohl um die Zusammenhänge zwischen seelischem Leiden und physischer Krankheit. So war er an verschiedenen internistischen und psychosomatischen Kliniken tätig, bevor er nach etlichen Wanderjahren zu Beginn des Jahres 1996 seine eigene Privatpraxis eröffnete, die er heute noch in der Nähe von Stuttgart führt. Schon sehr früh in seiner medizinischen Laufbahn lernte er die schulmedizinischen Krebsbehandlungsmethoden aus nächster Nähe kennen. Heute erinnert er sich, dass ihm bereits als junger Assistenzarzt in der onkologischen Abteilung einer Uniklinik aufgefallen war, *„wie wenig wissenschaftlich begründet der Einsatz herkömmlicher Krebstherapien ist"*. Deshalb ist er einer der wenigen Ärzte, die heute lieber auf alternative Krebsbehandlungen setzen, welche den Körper stärken, anstatt ihn noch mehr zu schwächen. Wir haben ihn zu seinen langjährigen Erfahrungen mit MMS als Krebstherapie befragt:

Herr Dr. Ehleiter, stimmt es, dass die Chemotherapie auf Senfgas, einen im Ersten Weltkrieg eingesetzten chemischen Kampfstoff, zurückgeht?

Dr. med. Helmut Ehleiter: Das ist richtig. Die Substanzen, welche man in der Chemotherapie verwendet, sind hochaggressive zelltötende Substanzen, die nicht zwischen gesunden und kranken Zellen unterscheiden können und sich deshalb auf sämtliche Zellen des Körpers auswirken. Das gilt übrigens genauso für die Bestrahlungstherapie, auch wenn man

heute gezielt bestrahlen kann und nicht so große Areale von gesundem Gewebe zerstört werden wie früher.
(In Dr. Ehleiters Praxis misst man der Krebs-Diagnostik einen außergewöhnlich hohen Stellenwert bei. Dank einem speziellen Verfahren ist der Mediziner in der Lage, nicht nur die Zahl aller vorhandenen Krebszellen in einem Patienten zu ermitteln, sondern auch, wie aktiv diese überhaupt noch sind. Er sieht beispielsweise, ob die Tumorzellen bereits in den Zustand der Apoptose übergegangen sind, also das biologische Programm für den eigenen Zelltod aktiviert haben. Eine Information, die für die Beurteilung eines Therapieerfolges nicht unwichtig ist.)

Setzt man diese Methode demnach auch bei jeder konventionellen Krebsbehandlung ein?

Ehleiter: Im medizinischen 3E-Zentrum, wo ich beratend tätig bin, habe ich in den letzten Jahren hunderte von Krebspatienten gesehen. Trotzdem ist es nie vorgekommen, dass auch nur bei einem Patienten zuvor je ein solcher Test gemacht worden wäre.

Bedauerlich – wenn man beispielsweise erkennt, dass die gefundenen Krebszellen bereits am Absterben sind, müsste man den Krebs ja gar nicht mehr behandeln.

Genau. Ich hatte kürzlich den Fall von einem malignen Melanom. Der betroffene Mann war natürlich anfangs sehr beunruhigt, weil wir in seinem Körper zirka fünf Millionen dieser Krebszellen gemessen hatten. Aber durch diesen Zusatztest konnten wir feststellen, dass sich alle Krebszellen bereits in Apoptose befanden und abstarben. Es kam also gleich wieder die Entwarnung. Normalerweise erkennt eine gesunde Zelle, wenn sie fehlkonstruiert ist und löst dieses Apoptose-Programm von selbst aus. Wenn sie das nicht tut, kommt die zweite Welle der Abwehr: Bestimmte Zellen unseres Immunsystems sind nämlich in der Lage, diesen Apoptose-Mechanismus in Krebszellen auszulösen. Das passiert alles, bevor wir überhaupt etwas merken und von außen eingreifen müssten. Manchmal ist dies trotz allem nötig.

In solchen Fällen schlagen Sie den Weg alternativer Krebsbehandlung ein und setzen statt Chemo, Stahl und Strahl auf die Substanz Chlordioxid, besser bekannt unter dem Namen MMS. Warum?

Ich lese sehr viel und glaube, dass ich auf der Höhe der aktuellen medizinischen Literatur bin. So bin ich auch auf MMS gestoßen und auf jene vergleichbare Substanz aus den USA, das Dioxychlor. Beide Stoffe wirken identisch und besitzen die chemische Formel ClO_2. Dioxychlor findet bei Infusionslösungen Verwendung, während man MMS vor allem oral einnimmt. Ich wende diese Therapie seit ungefähr fünf Jahren in meiner Praxis an.

Wie viele Patienten haben Sie in dieser Zeit mit MMS therapiert?

Gegen achtzig Personen. Ich arbeite jedoch nicht ausschließlich mit Dioxychlor und MMS – auch aus rechtlichen Gründen, weil man mit einem solchen Mittel doch sehr schnell der Kritik der Ärztekammer ausgesetzt ist. Mit anderen Worten: Die Patienten treten mit dem Wunsch an mich heran, eine Krebsbehandlung mit MMS zu beginnen. Ich begrüße eine solche Entscheidung, weil ich das für eine gute Alternative zur Chemo- und Strahlentherapie halte.

Wie sind Ihre Erfolge mit MMS?

Sämtliche Krebspatienten, die ich mit MMS behandelt habe, hatten zuvor das schulmedizinische Schema mit Chemotherapie, Bestrahlung und Chirurgie durchlaufen. Erst wenn diese Möglichkeiten vollständig ausgeschöpft sind oder die Therapie aufgrund massivster Nebenwirkungen abgebrochen werden muss, besinnen sich die Betroffenen auf alternative Verfahren.

Sie haben also nur Krebspatienten, die in den Augen der Schulmedizin bereits als austherapiert gelten und entsprechend krank sind?

Leider ja. Meistens sagen die Schulmediziner den Betroffenen nicht, dass man sie faktisch aufgegeben hat. Stattdessen spricht man dann von einer palliativen Behandlung. Die meisten Patienten sind sich nicht bewusst, was das Wort „palliativ“ tatsächlich bedeutet. Auf gut Schwäbisch nennt man dies ein Zeitschinden, mehr ist es nicht. Die Möglichkeit der Genesung haben die Ärzte längst aufgegeben. Ich wundere mich, dass Krebspatienten, die sich informieren, überhaupt zu einer Chemotherapie bereit sind. Laut medizinischen Studien wird damit in der Regel bloß eine Lebensverlängerung von durchschnittlich drei Monaten erreicht. Diese Menschen machen sich gar nicht bewusst, dass sie über ein Vierteljahr bis zu einem ganzen Jahr – solange die Chemotherapie eben dauert – auf elementarste Lebensqualität verzichten, um vielleicht einen Zeitgewinn von drei Monaten zu haben.

Provokativ gesagt, ihr Leiden um drei Monate zu verlängern.

Verschlimmern sogar. Denn kaum einem Patienten geht es ja während der Chemotherapie gut. Unter meinen Patienten habe ich mit MMS keine Wunderheilungen zu verzeichnen. Die Arbeit mit austherapierten Menschen hat mich Bescheidenheit gelehrt. Wenn Menschen mit einer Lebensprognose von wenigen Wochen in meine Praxis kommen, und ich erreiche, dass sie zwei bis drei Jahre in Würde und mit Lebensqualität weiterleben können, dann ist das ein Erfolg. Anfangs hatte ich damit meine Mühe, weil ich es als Niederlage empfunden habe, wenn keine endgültige Heilung eintritt. Die MMS-Therapie ist absolut gut verträglich. Noch nie hat ein Patient sie wegen Nebenwirkungen abgebrochen. Natürlich kenne ich aus der Literatur viele Fälle, wo MMS den Krebs zu besiegen half. Diese Hoffnung habe ich immer, wenn ich eine MMS-Therapie beginne.

Sind Sie der Ansicht, MMS habe Ihren Patienten langfristig nicht das Leben retten können, weil diese Menschen erst zu Ihnen kamen, als sie von der Schulmedizin bereits aufgegeben und entsprechend krank waren?

Ja. Andere Patienten habe ich bisher gar nicht behandeln können.

Wie schätzen Sie die Heilungschancen ein, wenn man in einem früheren Krebsstadium mit MMS zu arbeiten beginnt?

Gut, denn man kann die Wirkweise von MMS bis in die Biochemie hinein erklären. Die medizinischen Begründungen, weshalb MMS zytotoxisch, also krebszellenabtötend wirkt, sind plausibel. Deshalb bin ich gerne bereit, einen Krebskranken von Anfang an auf diesem alternativen Behandlungsweg zu begleiten. Doch es braucht Mut, sich als Patient gegen die Aussagen der Schulmedizin zu entscheiden.

Weshalb wirkt MMS gegen Krebszellen?

MMS ist in der Lage, die Krebszelle so zu übersäuern, dass sie an sich selbst zugrunde geht. Wenn man über Säure-Basen-Therapien in Zusammenhang mit Krebs spricht, wird gerne etwas verwechselt: Die Krebszelle an sich ist in ihrem Inneren nämlich basisch. Sie schützt sich aber dadurch, dass sie ein saures Milieu um sich herum aufbaut. MMS wird gerade deshalb auch in der Malaria-Therapie erfolgreich genutzt, weil man es in die Zelle hineinbekommt. Über diese intrazelluläre Ansäuerung gelingt es nun, eine Krebszelle zum Absterben zu bringen.

Gilt das für gesunde Körperzellen ebenso?

Nein, die gesunden Zellen haben einen anderen Stoffwechsel als Krebszellen.

Dann ist MMS jene Wunderwaffe, die sich die Schulmedizin mit der Chemotherapie wünschen würde: ein Liquidator, der ganz gezielt nur kranke Zellen eliminiert?

Eindeutig ja. Da findet eine Auswahl statt. Sämtliche alternativen Therapieprinzipien beruhen auf einer selektiven Schädigung von Krebszellen. Dieses universal schädigende Prinzip wie in der Chemo- oder Strahlentherapie gibt es meines Wissens in der Naturheilmedizin gar nicht. Die herkömmlichen Krebsmodelle greifen nicht, weil der Mechanismus, wie Krebszellen mit ihrem bestimmten Stoffwechsel entstehen, ein anderer ist. Doch diese Tatsache verleugnet oder ignoriert die Schulmedizin bis heute.[127]

Anmerkungen und Quellenverzeichnis

(1) van Helsing, Jan, Hände weg von diesem Buch, Amadeus Verlag, Fichtenau 2004, S. 41ff)
(2) van Helsing, Jan, Hände weg von diesem Buch, Amadeus Verlag, Fichtenau 2004, S. 64)
(3) 4, S. 148ff
(4) https://complemeda.de/heiltechniken/neue-homoeopathie-nach-erich-koerbler-ein-faszinierender-quantenradierer/)
(5) Wikipedia: Stichwort: Kalzinierung
(6) Wikipedia: Stichwort: Veraschen
(7) Wikipedia: Stichwort: Bovis-Einheiten
(8) Wikipedia: Stichwort: Tachyonen
(9) 6, S. 26ff)
(10) 2, S. 326
(11) 14, S. 37
(12) 16, S. 19
(13) 16, S. 19ff
(14) 16, S. 19ff
(15) 16, S. 77
(16) 16, S. 77
(17) 16, S. 78
(18) 16, S. 78ff
(19) 16, S. 79
(20) 16, S. 80
(21) 6, S. 277ff
(22) 5, S. 33ff
(23) 5, S. 33ff
(24) 15, S. 10ff
(25) 4, S. 230ff
(26) 3, S. 247ff
(27) 4, S. 161ff
(28) 24, S. 175
(29) 24, S. 175
(30) 24, S. 234
(31) 3, S. 243ff
(32) 27, S. 79ff
(33) 26, S. 42, 67f
(34) 25, S. 381
(35) 25, S. 380, siehe auch 2, S. 238ff
(36) Wikipedia, Stichwort: Stewart
(37) 29, S. 38

(38) 29, S. 38ff, siehe auch Fritz Springmeier, The Top 13 Illuminati Bloodlines, Lincoln 1995, S. 140
(39) 29, S. 38ff, siehe auch Fritz Springmeier, The Top 13 Illuminati Bloodlines, Lincoln 1995, S. 140ff
(40) 29, S. 38ff, siehe auch Fritz Springmeier, The Top 13 Illuminati Bloodlines, Lincoln 1995, S. 140ff
(41) Wikipedia; Stichwort: Marcion
(42) 31, S. 15f
(43) 2, S. 208
(43a) www.huffingtonpost.de/jonathan-dilas/jesus-heiratete-maria-und_b_9463392.html
(43b) www.welt.de/geschichte/article126843300/Das-Evangelium-von-Jesu-Frau-ist-echt.html
(44) Wikipedia: Schwarze Madonna
(45) 5, S. 108f
(46) 2, S. 220)
(47) www.spiegel.de/spiegel/print/d-62781297.html)
(48) Wikipedia: Stichwort: Abraham
(49) 32, S. 27ff)
(50) Der Spiegel, Nr. 52 vom 21.12.2002, Die Erfindung Gottes, S. 136f
(51) Der Spiegel, Nr. 52 vom 21.12.2002, Die Erfindung Gottes, S. 137
(52) Wikipedia: Stichwort: Jerusalemer Tempel
(53) Der Spiegel, Nr. 52 vom 21.12.2002, Die Erfindung Gottes, S. 137
(54) Der Spiegel, Nr. 52 vom 21.12.2002, Die Erfindung Gottes, S. 137
(55) Der Spiegel, Nr. 52 vom 21.12.2002, Die Erfindung Gottes, S. 137
(56) 33, S. 80
(57) 2, S. 123
(58) 28, S. 88f
(59) GEOEPOCHE: Autor: Ralf-Peter Märtin; www.geo.de/magazine/geo-epoche/10726-rtkl-moses-held-der-bibel-befreier-israels
(60) https://de.sci.theologie.narkive.com/PVdOzY84/das-gefaelschte-evangelium
(61) 39, S. 63
(62) 39, S. 63f
(63) 2, S. 179
(64) 33, S. 104f
(65) 33, S. 105
(66) 33, S. 110f
(67) 33, S. 124f
(68) 28, S. 48ff
(69) ---
(70) 33, S. 44ff
(71) 33, S. 44

(72) 33, S. 44f
(73) 33, S. 46
(74) 33, S. 49f
(75) 33, S. 50f
(76) 33, S. 51
(77) 33, S. 51f
(78) 33, S. 52
(79) 33, S. 53
(80) 33, S. 54f
(81) 33, S. 53
(82) 33, S. 61
(83) 33, S. 61
(84) 33, S. 59
(85) Magazin 2000 plus/ Kosmos Erde Mensch, Januar/Februar 2003/2, S. 64
(86) 33, S. 66
(87) 33, S. 66
(88) 33, S. 67
(89) 27, S. 62
(90) 27, S. 454
(90a) Die Zeit, Nr. 5 vom 23.1.2003
(90b) Die Zeit, Nr. 5 vom 23.1.2003
(90c) Die Zeit, Nr. 5 vom 23.1.2003
(90d) Die Zeit, Nr. 5 vom 23.1.2003
(90e) 2, S.174f
(91) 22, S. 51ff
(92) 22, S. 55ff
(93) 22, S. 35ff
(94) 22, S. 61ff
(95) 27, S. 222ff
(96) 27, S. 222ff
(97) 22, S. 23ff
(98) 22, S. 245ff
(99) 22, S. 145 ff
(100) 22, S.147ff
(101) 22, S.149ff
(102) 22, S. 25ff
(103) Wikipedia: Volkskrankheit
(104) www.sueddeutsche.de/gesundheit/eu-statistik-gesunde-herzen-am-mittelmeer-1.1616617 / Kardiologe Helmut Gohlke
(105) Jan Philip Häfner (https://magazin-forum.de/de/node/11074)
(106) google: Cholesterin
(107) google: Osteoporose

(108) Wikipedia: Kolloidales Silber
(109) Rife, Dr. Raymond Royal u. Clark, Dr. Hulda, Frequenz-Therapie, Roermond, 2014, S. 15f
(110) www.shg-halle.de/aktuelles/beitraege-2016/138-langzeitueberleben-nach-krebs-wie-lange-ist-ein-krebspatient-ein-krebspatient
(111) https://naturheilkompass.de/das-koennen-sie-waehrend-und-nach-einer-strahlentherapie-selbst-fuer-sich-tun/?utm_source=google&utm_medium=cpc&utm_campaign=nhk_bestrahlung&gclid=CjwKCAjw2OiaBhBSEiwAh2ZSP wMZR-tCwGUzmPY61- RcuUJzcQf4PG5l9P0 NYiTBC4fA3PE2H3kZpxoCkssQAvD_BwE
(112) *„Die Jahrtausendlüge“*, Amadeus Verlag, 2006)
(113) www.pflanzenforschung.de/de/pflanzenwissen/journal/pflanzenvielfalt-wirkt-heilpflanzen-und-ihre-bedeutung-10103
(114) Wikipedia: Heilpflanzen
(115) https://de.wikipedia.org/wiki/Heilpflanze#Altertum
(116) https://de.wikipedia.org/wiki/Heilpflanze#Altertum
(117) https://de.wikipedia.org/wiki/Heilpflanze#Altertum
(118) https://de.wikipedia.org/wiki/Heilpflanze#Altertum
(119) https://de.wikipedia.org/wiki/Heilpflanze#Altertum
(120) www.heilkraeuterpflanzen.com/heilkr%C3%A4uter-pflanzen-aus-aller-welt/%C3%B6sterreichische-heilkr%C3%A4uter-und-heilpflanzen-aus-%C3%B6sterreich/
(121) www.heilkraeuterpflanzen.com/heilkr%C3%A4uter-pflanzen-aus-aller-welt/%C3%B6sterreichische-heilkr%C3%A4uter-und-heilpflanzen-aus-%C3%B6sterreich/
(122) www.heilkraeuterpflanzen.com/heilkr%C3%A4uter-pflanzen-aus-aller-welt/%C3%B6sterreichische-heilkr%C3%A4uter-und-heilpflanzen-aus-%C3%B6sterreich/
(123) www.vetline.de/medikamente-aus-dem-regenwald
(124) www.marialaach.de/klosterbetriebe/klostergaertnerei/service/indianische-heilpflanzen.html
(125) Helga Hoffmann-Schmidt, *„Das Vermächtnis von Atlantis – Das Legat der Hegoliter“, Rosegg 2000, S. 44ff*
(126) Helga Hoffmann-Schmidt, *„Das Vermächtnis von Atlantis – Das Legat der Hegoliter“, Rosegg 2000, S. 44ff*
(127) www.zeitenschrift.com/magazin/67-Helmut-Ehleiter-MMS-Therapie-ist-gut-vertraeglich.ihtml
(128) https://erdmann-forschung.de/buecher-media/cheops-vortag-in-burgau/

Literaturverzeichnis

(1) Erdmann, Stefan: Den Göttern auf der Spur, Fichtenau 2001
(2) - Banken, Brot und Bomben, Bd. 1, Fichtenau 2003
(3) - Die Jahrtausendlüge, Fichtenau 2004 (mit Jan van Helsing)
(4) - Geheimakte Bundeslade, Fichtenau 2006
(5) Charpentier, Louis: Macht und Geheimnis der Templer, Walter-Verlag, Ölten 1978
(6) - Die Riesen und der Ursprung der Natur, Stuttgart 1972
(7) Hauf, Monika: Der Mythos der Templer, Zürich; Düsseldorf 1998
(8) - Wege zum Heiligen Gral, München 2003
(9) Ritter, Thomas: Spuren ins Dunkel, Schleusingen 2001
(10) - Die Katharer, Groß Gerau 2003
(11) Ritter, Annett u. Thomas: Rennes-Le-Chateau – Das Geheimnis der Pyramiden, Suhl 1999
(12) Tollmann, Edith u. Alex.: Und die Sintflut gab es doch, München 1995
(13) Childress/Shaver: Versunkene Kontinente, Peiting 2001
(14) Muck, Otto: Alles über Atlantis, Düsseldorf 1976
(15) Spanuth, Jürgen: Atlantis, Tübingen 1965
(16) Berlitz, Charles: Der 8. Kontinent, HH/Wien 1984
(17) - Das Atlantis Rätsel, HH/Wien 1976
(18) - Weltuntergang 1999, HH/Wien 1981
(19) Cayce, Edgar Evans: Das Atlantis-Geheimnis, München 1991
(20) Bauval, R./Gilbert, A.: Das Geheimnis des Orion, München 1994
(21) Zangger, Eberhard: Atlantis, München 1992
(22) Harpur, Tom: Der Heidnische Heiland, München 2005
(23) Göring, Lothar: Apokalypse der Seele, Velden am Wörthersee 1997
(24) Risi, Armin: Machtwechsel auf der Erde, Neuhausen 1999
(25) Baigent, M./Leigh, R.: Der Heilige Gral und seine Erben, Bergisch Gladbach 1984
(26) - Der Tempel und die Loge, Bergisch Gladbach 1990
(27) Gorsleben, Rudolf John: Die Hoch-Zeit der Menschheit, Dinkelsbühl 1922
(28) Deschner, Karlheinz: Abermals krähte der Hahn, Eine kritische Kirchengeschichte, München 1996
(29) de Ruiter, Robin: Die 13 satanischen Blutlinien, Verlag Anton A. Schmidt
(30) Springmeier, Fritz: The Top 13 Illuminati Bloodlines, Lincoln 1995
(31) Hoffmann-Schmidt, Helga: Das Vermächtnis der Atlanter, Rosegg 2000
(32) Deschner, Karlheinz: Der gefälschte Glaube, München 1988
(33) Gadalla, Moustafa: Der Betrug mit der Geschichte – Die unveröffentlichte Geschichte des Alten Ägypten, Greensboro, NC, USA 2001
(34) - Tut-Ankh-Amen, The living Image of the Lord, Bastet Publishing, Publishing, Erie, Pa., USA 1997
(35) - Egypt – A Practical Guide, Greensboro, NC, USA 1998
(36) - Pyramid Illusions, A Journey to the Truth, Bastet Publishing,

Erie, Pa., USA/Cairo/Egypt 1996
(37) - Egyptian Cosmology, The Absolute Harmony, Bastet Publishing, Erie, Pa., USA/Cairo/Egypt 1997
(38) - Egyptian Divinities, The All who are the One, Greensboro, NC, USA 2001
(39) Kersten, Holger, Jesus lebte in Indien, München 1998

Bildquellen

Ich habe mich bemüht, alle Rechtsinhaber der gezeigten Bilder zu ermitteln. Sollte mir hier dennoch ein Fehler unterlaufen oder jemand nicht berücksichtigt worden sein, bitte ich um Verständnis.

Kapitel 1
Bild 1: Archiv Ewald Sauter
Bild 2a: Archiv Stefan Erdmann
Bild 2b: Archiv Gerald Sauter
Bild 2c: Archiv Gerald Sauter

Kapitel 2
Bild 3: google: Bilder/Platon
Bild 4: google: Bilder/Platon
Bild 5: Spanuth, Jürgen, Atlantis, Tübingen 1965, S. 320
Bild 6: Seborga und die Bedeutung der Templer, google: Seborga/Bilder
Bild 7: Archiv Stefan Erdmann
Bild 8: Archiv Stefan Erdmann
Bild 9: Archiv Stefan Erdmann
Bild 10: Archiv Stefan Erdmann
Bild 11: Lothar Göhring, 23
Bild 12: Archiv Stefan Erdmann
Bild 13: Archiv Stefan Erdmann
Bild 14: Archiv Stefan Erdmann
Bild 15: Archiv Stefan Erdmann
Bild 16: Archiv Stefan Erdmann
Bild 17: Archiv Gerald Sauter
Bild 18: Archiv Gerald Sauter
Bild 19: Archiv Gerald Sauter
Bild 20: Archiv Stefan Erdmann
Bild 21: Archiv Stefan Erdmann
Bild 22: Archiv Stefan Erdmann
Bild 23: Archiv Stefan Erdmann
Bild 24: Archiv Stefan Erdmann
Bild 25: Archiv Stefan Erdmann
Bild 26: Archiv Stefan Erdmann
Bild 27: Archiv Stefan Erdmann
Bild 28: Archiv Stefan Erdmann

Kapitel 3

Bild 29: Das letzte Abendmahl vor der Kreuzigung Jesu mit Maria Magdalena; google: Maria Magdalena/Bilder
Bild 29a: Archiv Ewald Sauter
Bild 30: Ravenscroft, Trevor, Die heilige Lanze, Universitas-Verlag, S. 38
Bild 31: Archiv Stefan Erdmann
Bild 32: Archiv Stefan Erdmann
Bild 33: Archiv Stefan Erdmann
Bild 34: google: Jesus am Kreuz
Bild 35: Archiv Stefan Erdmann
Bild 36: Archiv Stefan Erdmann

Kapitel 4

Bild 37: www.teleboy.ch/it/guida-tv/bildtv/23694021/ancient-aliens-neue-erkenntnisse-die-macht-der-bundeslade
Bild 38: www.wikipedia.org
Bild 39: Archiv Stefan Erdmann
Bild 40: www.google.de/url?sa=i&url=https%3A%2F%2Frp-online.de%2Fkultur%2Fkardienstag-jesus-streitet-mit-den-schriftgelehrten_aid-49932541&psig=AOvVaw0qGgR6xgWaetr8UzJ8dxN9&ust=1665732038787000&souce=images&cd=vfe&ved=2ahUKEwiXvfzE1dz6AhUWtaQKHQUFCyAQr4kDegUIARC2AQ
Bild 41: www.google.de/url?sa=i&url=https%3A%2F%2Fwww.heiligenlexikon.de%2FBiographienA%2FAbraham.htm&psig=AOvVaw1KnH4IdgUBQHqyoou95i&ust=1665732609023000&source=images&cd=vfe&ved=2ahUKEwi39fDU19z6AhVKtqQKHRiDCQoQr4kDegUIARC1AQ
Bild 42: Moses aus der Sicht des Malers Rembrandt
Bild 43: Yuya und Frau
Bild 44: Die Bibel, Haus und Familienbibel, Druck und Verlag vom Biografischen Institut 1831, S. 117
Bild 45: Archiv Stefan Erdmann
Bild 46: www.wikipedia.org
Bild 47: Archiv Stefan Erdmann
Bild 48: Archiv Stefan Erdmann
Bild 49: 34, S. 89
Bild 50: Archiv Stefan Erdmann
Bild 51: Archiv Stefan Erdmann
Bild 52: www.wikipedia.org
Bild 53: Die Zeit, Ausgabe Nr. 5, 23.1.2003
Bild 54: Archiv Stefan Erdmann

Kapitel 5
Bild 55: Archiv Stefan Erdmann
Bild 56: Archiv Stefan Erdmann
Bild 57: Archiv Stefan Erdmann
Bild 58: Archiv Stefan Erdmann
Bild 59: Archiv Stefan Erdmann
Bild 60: Archiv Stefan Erdmann
Bild 61: Archiv Gerald Sauter
Bild 62: Archiv Gerald Sauter

Danksagung

Zum Entstehen und Gelingen dieses Buches haben neben meiner Familie, viele Menschen beigetragen.

So möchte ich den Forschern und Wissenschaftlern meinen Dank aussprechen, aus deren Werken ich mir erlaubt habe zu zitieren und deren Sachkenntnisse sehr hilfreich und lehrreich für mich waren.

Des Weiteren möchte ich mich bei Amadeus Holey für die Gestaltung des Buch-Covers bedanken, weiterhin bei Anya Stössel für das Lektorat. Mein besonderer Dank gilt auch Gerald Sauter für die Bildquellen sowie auch Anne-Marie Sauter für die immer vorzügliche 5-Sterne-Bewirtung im wunderschönen Klagenfurt. Natürlich gilt mein ganz besonderer Dank Ewald Sauter für die vielen schönen gemeinsamen Stunden, in denen er mir aus seinem Leben und von seiner Arbeit berichtet hat.

Zu guter Letzt gilt mein besonderer Dank meinem Freund Jan van Helsing für seine Mithilfe und Unterstützung bei meiner ersten Veröffentlichung in meinem eigenen Verlag, besonders aber auch für seine mittlerweile jahrzehntelange unermüdliche Aufklärungsarbeit, die nicht hoch genug zu bewerten ist. Danke dafür!

Über den Autor

Stefan Erdmann in Ägypten im Jahre 2014

Der Pyramiden-Experte, Forscher und Sachbuch-Autor Stefan Erdmann (geb. 1966) begann Ende der 1980er Jahre mit seiner Forschung in Form umfassender Recherchen und Expeditionen auf der Suche nach den Ursprüngen und der Geschichte des Pyramiden-Phänomens, den Spuren einer von ihm vermuteten, weltweiten Pyramidenbauer-Kultur der Vorzeit sowie nach Belegen für interkontinentalen, insbesondere panatlantischen Kulturaustausch in ferner Vergangenheit. Die zentrale Rolle bei dieser Spurensuche in der Alten und Neuen Welt sowie im Rahmen seiner Tätigkeit als Autor stellten für ihn von Anfang an Ägypten und der dortige Pyramidenbau dar.

Es dürfte weltweit wohl wenige freie Forscher der jüngeren Vergangenheit und Gegenwart geben, die Ägypten derart intensiv bereist und so viele

Stunden auf dem Plateau von Gizeh und an anderen wichtigen Stätten des Landes verbracht haben, wie Stefan Erdmann. Auch wenn der eher naturwissenschaftliche Schwerpunkt seiner Forschungsarbeit in Ägypten – und auch schon in seinem ersten Buch *„Den Göttern auf der Spur"* – kaum zu übersehen ist, vertritt er als Autodidakt und Generalist letztlich einen poly- und transdisziplinären Forschungsansatz, der sehr unterschiedliche Herangehens- und Betrachtungsweisen sowie Methoden vieler Disziplinen aus Geistes- und Naturwissenschaften vereint.

Schon früh gelangte Erdmann zu der Auffassung, dass die herkömmlichen Theorien über den Bau, den Sinn und den Zweck der Pyramiden (speziell jener in Ägypten) keineswegs logisch und evident sind. Es erschien ihm, wie auch vielen anderen Wissenschaftlern und Forschern abseits des fachwissenschaftlichen Mainstreams, alles andere als plausibel, dass die dortigen Pyramiden als Begräbnisstätten errichtet worden sein sollen. Stefan Erdmann war der erste Forscher, der recht früh zwischen zwei unterschiedlichen Bauepochen und Systemen unterschied, und zwar zwischen dem ***Großpyramiden-System*** mit den Gizeh-Pyramiden, Abu Roach, Dahschur-Pyramiden, den Meidum-Pyramiden und dem ***Kleinpyramiden-System***, jenen Pyramiden der 5. und 6. Dynastie, in denen auch erstmals schriftliche Relikte auftauchen und die den Großpyramiden bautechnisch bei Weitem unterlegen waren. Diese Kleinpyramiden stehen für Erdmann in einem historischen Zusammenhang mit dem antiken Priesterzentrum Heliopolis. Dort befand sich das älteste antike Wissenszentrum mit über geschätzt 10.000 Priester-Gelehrten. Für Erdmann stellen diese Pyramiden reine Kult-Bauwerke dar, welche durchaus in den von der heutigen Mainstream-Ägyptologie vorgegebenen zeitlichen Rahmen passen; im Gegensatz zu den Großpyramiden, in denen – abgesehen von den umstrittenen roten Graffiti in der sogenannten Cheops-Pyramide – keinerlei schriftlichen Hinterlassenschaften entdeckt wurden.

Im Verlauf seiner langjährigen Forschung und Spurensuche kam Stefan Erdmann immer mehr zu der Ansicht, dass es sich bei der Großen Pyramide von Gizeh und den anderen Großpyramiden vormals um technische Anlagen gehandelt hat. Ab 2005 befasste er sich intensiv mit der Theorie des österreichischen Privatforschers Hermann Waldhauser, der in den 1970er Jahren plausibel darlegen konnte, dass die Große Pyramide als Wasserhebeanlage errichtet wurde. Erdmann war höchst angetan von dieser Theorie und widmete sich fortan auch der Aufgabe, sie genauer zu untersuchen. Durch seine Feldforschung, die mit Laboranalysen von Schlammproben beim Institut Fresenius in Dresden einherging, konnte er schließlich im Jahr 2007 den naturwissenschaftlichen Nachweis erbringen, dass über lange Zeiträume Wasser durch die Große Pyramide – in jedem Fall durch den Schacht in der unteren Felsenkammer – geflossen sein muss. Damit stand für ihn fest, dass es den von Herodot an mehreren Stellen seiner *„Historien"* ausführlich beschriebenen Kanal, der laut dem antiken griechischen Historiker direkt vom Nil in die unterirdische Kammer geleitet wurde, wirklich gibt.

Ein weiterer wissenschaftlicher Meilenstein in Erdmanns Forschungsarbeit war der Nachweis von Nilschlamm in den Entlastungskammern im selben Jahr. Auch diese bahnbrechende Entdeckung stützt massiv und nachhaltig seine Theorie einer technischen Funktion der Großen Pyramide im Zusammenhang mit Wasser. Bei den Untersuchungen, die der Forscher von 2005 bis 2007 durchgeführt hat, sind ihm zudem an der Decke der Königskammer regelmäßige dunkle, von den Fachwissenschaftlern ignorierte Verfärbungen aufgefallen, die einen zusätzlichen, besonders interessanten Hinweis auf krypto-technologische Aktivitäten in der Großen Pyramide darzustellen scheinen. Ihre Untersuchung und die Auswertung der dabei gewonnenen Daten stellen einen wesentlichen Aspekt des „Cheops Projekts" dar, das Stefan Erdmann gemeinsam mit dem Chemnitzer Experimental-Archäologen Dr. Dominique Görlitz entwickelt hat.

Im Laufe der vielen Jahre, in denen Stefan Erdmann immer wieder in Ägypten forschte, durfte er zahlreiche namhafte Forscher und Wissenschaftler persönlich kennen lernen, darunter Zahi Hawass, John Anthony West, James J. Hurtak, Stephen Mehler, Dr. Iskander, Abd'El Hakim Awyan (1926-2008) und viele andere. Insbesondere die Begegnung mit Abd'El Hakim Awyan – von seinen Freunden und Schülern kurz „Hakim" genannt – war für Stefan Erdmann wegweisend. Die beiden verband bis zu Hakims Tod im Jahr 2008 eine enge Freundschaft.

Hakim gehörte zu einer kleinen Gruppe eingeweihter Persönlichkeiten der arabischen Welt, welche das überlieferte Wissen um die ansonsten vergessene khemitische Kultur Altägyptens bis in die Gegenwart hinein gepflegt und bewahrt haben. Abd'El Hakim Awyan hatte neben seiner traditionellen Schulung auch eine fundierte Universitätsausbildung in Kairo in der Fachrichtung „Archäologie Ägyptens" absolviert und später an der Universität Leiden in den Niederlanden gelehrt. Er war, so Erdmann, eine herausragende Persönlichkeit seiner Zeit und eine Ausnahmeerscheinung in der ägyptischen Wissenschaftsgemeinde, denn er verstand es wie kaum ein anderer in seinem Heimatland, Religion und Mythologie mit moderner Naturwissenschaft zu vereinen. Auch Hakim vertrat die Auffassung, dass die großen Pyramiden Ägyptens einst als technische Anlagen errichtet wurden und das Vermächtnis einer viel älteren Kultur darstellen.

Wie Erdmann betont, beeindruckte es ihn besonders, dass der große Denker Abd'El Hakim Awyan bei aller Spiritualität völlig frei von religiösen Dogmen war und auch wissenschaftlichen Paradigmen nicht allzu viel Bedeutung beimaß. Dass dies und eine strikte Orientierung an Fakten und Evidenzen in der „Welt der Wissenschaft" – gerade was Ägypten betrifft – keineswegs selbstverständlich ist, musste Stefan Erdmann im Laufe seiner Forschungstätigkeit und Autorenschaft immer wieder erfahren. Insbesondere wenn es um mythische Überlieferungen und Mysterien geht, reagiert die orthodoxe Wissenschaft reflexartig mit dem Einsatz weltanschaulicher „Scheuklappen" – und so etwas ist dem Erkenntnisprozess noch nie förderlich gewesen.

Für Erdmann stellen Altägypten und die vielen unbeantworteten Fragen rund um den Pyramidenbau diesbezüglich ein Paradebeispiel dar, und er weist in diesem Zusammenhang auf den Wissenschaftstheoretiker Thomas S. Kuhn hin. Kuhn konstatierte einen Konservativismus universitärer Wissenschaft u.a. aufgrund der Tatsache, dass ihre etablierten Vertreter dazu neigen, sich nachhaltig auf Paradigmen – also Systeme kollektiv akzeptierter Erkenntnisse – festzulegen und folglich alles rigoros ablehnen, was sich einer entsprechenden Einordnung entzieht. In diesem Zusammenhang sprechen Richard L. Thompson und Michael A. Cremo auch von einem sogenannten „Erkenntnisfilter", mit dem Vorstellungen, die nicht mit den herrschenden Paradigmen konform gehen, umgehend verworfen werden. In der Konsequenz werden alle Ideen, die nicht die gängigen Theorien stützen, entweder lächerlich gemacht oder totgeschwiegen. Letztlich verhält es sich so auch in Hinsicht auf Erdmanns außenseiterische Pyramiden-

Thesen und die Pumpentheorie von Hermann Waldhauser, die Kraftwerk-Theorie von Christopher Dunn u.a., die derzeit noch einer – bei Licht betrachtet – völlig unwissenschaftlichen Erkenntnisfilterung seitens der institutionalisierten „scientific community" ausgesetzt sind.

„Wissenschaft", hebt Erdmann ganz zu Recht hervor, *„sollte eigentlich frei sein von ideologischem, religiösem und politischem Eifer. Leider ist genau dies in Ägypten bzw. unter den Ägyptologen in Kairo sehr schwierig, denn schließlich ist in der ägyptischen Gesellschaft der Koran nach wie vor das Maß aller Dinge – und das wirkt nicht zuletzt auch in den Bereich der Ur- und Frühgeschichtsbetrachtung hinein. Natürlich betrifft dies keineswegs nur den Islam und die islamische Welt, sondern gleichfalls auch die beiden anderen mosaischen Religionen, sprich Judentum und Christentum."*

In seinem zweibändigen Werk *„Banken, Brot und Bomben"* hat Erdmann beispielsweise eindrucksvoll aufgezeigt, dass es einen Auszug der Hebräer aus Ägypten niemals in der Form gegeben haben kann, wie es die biblischen Autoren berichtet haben. Auch gab es nach Erdmanns Ansicht – und der vieler anderer Experten – die Königreiche Davids und Salomons, so wie die Bibel sie beschreibt, überhaupt nicht. Bei den beiden hebräischen Königen David und Salomon handelt es sich sehr wahrscheinlich um die ägyptischen Pharaonen Tuthmosis III. und Amenophis III., und bei dem biblischen Moses vermutlich um keinen Geringeren als den ägyptischen Pharao Echnaton. Selbst wenn es um den „historischen Jesus von Nazareth" geht, stellt Erdmann einen sehr interessanten Zusammenhang zum Alten Ägypten und dem Pharao Tutenchamun her. Sicher scheint für den Autor aber zu sein, dass die spätere Personifizierung Jesu mit dem ägyptischen Horus-Mythos zu tun hat und letztlich auch aus dem Alten Ägypten entlehnt wurde, wie so vieles aus dem Alten Testament, das in den meisten zentralen und bedeutenden historischen Punkten schlichtweg ein Plagiat vergangener Hochzivilisationen ist.

Es sei offensichtlich, so Erdmann, dass die mosaischen Religionen aus den alten ägyptischen Traditionen geboren bzw. ausgefiltert wurden. Das hat schon sein Forscherkollege John Anthony West auf den Punkt gebracht, als er feststellte: *„Die religiösen Gelehrten – egal, ob es sich dabei um Christen, Juden oder Moslems handelt – weigern sich mit aller Macht zuzugeben, dass eine wesentliche Quelle ihrer jeweiligen Glaubenslehre in Ägypten zu finden ist."*

Stefan Erdmann ist bemüht, in all seinen Theorien möglichst offen für Alternativen zu bleiben, auch hinsichtlich des Alters der Pyramiden und was die Frage nach ihren Erbauern betrifft. Es geht ihm vor allem darum, auf polydisziplinärer Grundlage weiter entwickelbare Lösungsansätze zu erarbeiten, wobei er wohl nicht zu Unrecht auch einen Zusammenhang zwischen Ägypten und einer anzunehmenden, früheren Zivilisation vermutet, mithin eines „Goldenen Zeitalters" menschlicher Kultur, lange vor der dynastischen Epoche des eigentlichen Pharaonenreichs. Ob man diese primhistorische Kultur der westlichen Hemisphäre nun Atlantis nennen mag oder eine andere Bezeichnung vorzieht, ist aus seiner Sicht eine zweitrangige Frage.

Das fast spurlose Verschwinden solcher (nicht nur) von ihm vermuteten, älteren Menschheitskulturen sieht Erdmann als Katastrophist im Zusammenhang mit Impaktereignissen – welche es mit einiger Sicherheit in den vergangenen 15.000 Jahren zwei- oder sogar dreimal gegeben hat –, die gewaltige Erdbeben und riesige Flutwellen mit teilweise globalem Ausmaß ausgelöst haben müssen. Derartige kataklysmische Ereignisse stellen für Erdmann einen plausiblen Erklärungsansatz dar, warum es heute so schwierig ist, weltweit, aber gerade auch in Bezug auf eine Jahrtausende ältere Vorgänger-Kultur Ägyptens, noch beweiskräftige materielle Relikte zu finden: *„Sie sind schlichtweg von den tobenden Elementen – man denke nur an den Folgevulkanismus, Flächenbrände und die Wasserberge der weit ins Landesinnere vordringenden Riesen-Tsunamis – zertrümmert, verbrannt und weggespült worden. Die spärlichen Überreste fielen dann zumeist der Erosion, also dem sprichwörtlichen ‚Zahn der Zeit' zum Opfer, oder befinden sich, für Forscher fast unzugänglich, im heutigen Meeresboden oder unter erstarrten Lavamassen."*

All diese Zusammenhänge und Überlegungen hat Stefan Erdmann in den Mittelpunkt eines neuen Buches gerückt, das 2017 erscheinen sollte. Dieses Buch ist im Manuskript bereits fast fertiggestellt, wurde von ihm aber nach seiner Interpolverhaftung in Kroatien im Jahre 2017 und einer schwierigen sechsmonatigen rechtlichen Zäsur mit drei Prozessinstanzen in Kroatien zurückgestellt. Wann dies erscheinen wird, steht zeitlich noch nicht genau fest.

Neben Rudolf Gantenbrink hat Stefan Erdmann mit seinen Forschungsarbeiten 2006/2007 und jener gemeinsam mit dem Experimentalarchäologen Dr. Dominique Görlitz 2014 sicherlich die beiden bedeutendsten Entdeckungen rund um die Cheops-Pyramide in den letzten Jahrzehnten gemacht.

Auch wenn diese Entdeckungen in den Kreisen der klassischen Ägyptologie – zumindest offiziell – für wenig Aufsehen gesorgt haben, so haben insbesondere die Brisanz seiner Forschungsergebnisse spätestens 2014 und die spätere Interpol-Verhaftung für weltweites Aufsehen gesorgt, denn Erdmann und auch Görlitz erhielten von vielen bekannten Archäologen und Ägyptologen aus aller Welt großen Zuspruch, was großen Unmut bei der ägyptischen Antikenverwaltung ausgelöst hatte, die Erdmann sämtliche Genehmigungen ausgestellt hatte. Die Vorwürfe der Antikenverwaltung, Erdmann und Görlitz hätten die Cheops-Kartusche in den Entlastungskammer beschädigt, hatten die beiden Forscher, auch Dank der der Unterstützung von Robert Bauval und Prof. Robert Schoch, schon frühzeitig (2015) beweiskräftig widerlegt.

In der Pyramidenforschung, insbesondere der Erforschung der Cheops-Pyramide, gehört Stefan Erdmann mittlerweile zu den weltweit bekanntesten Forschern und Autoren.

Bisher hat er neun Bücher veröffentlicht. Acht davon als Autor sowie in Co-Autorenschaft mit Jan van Helsing im Amadeus Verlag. *Das Cheops Projekt*, gemeinsam mit Dr. Dominique Görlitz, ist 2015 im Kopp Verlag erschienen.

Des Weiteren ist seine Forschungsarbeit in Ägypten 2007 verfilmt worden (*„Die Cheops Lüge“, Amadeus Verlag*). Im Jahre 2015 wurde auch die gemeinsame Forschungsarbeit mit Dr. Dominique Görlitz verfilmt (*„Das Cheops Projekt“*).

Im Jahre 2019 hat Stefan Erdmann einen eigenen Verlag gegründet – den AnuRa Verlag (www.anuraverlag.de). In diesem Verlag werden vornehmlich eigene Bücher verlegt, aber auch Bücher von Gastautoren.

Ein weiteres Buch wird demnächst veröffentlicht. Inhaltlich geht es in diesem Werk um den Vatikan und dessen Vernetzung mit den Elite-Familien und die gegenwärtige weltpolitische Lage bis zum Jahre 2030.

BANKEN, BROT UND BOMBEN – Band 1

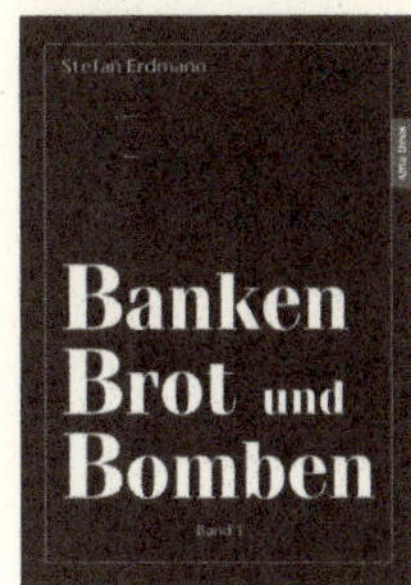

Stefan Erdmann

Band 1

Die historischen Hintergründe...

„Es ist egal, ob George W. Bush oder Al Gore Präsident wird – Alan Greenspan ist der Chef der Notenbank...“, las man vor der letzten US-Präsidentschaftswahl in der Süddeutschen Zeitung.
Sicherlich sind die meisten Personen, die heute die Welt steuern, aus dem Wirtschafts- und Finanzbereich. Doch der wahre Grund, warum sie so mächtig sind und die Geschicke der Welt über unsichtbare Fäden lenken, liegt mitunter in ihrer Mitgliedschaft in Geheimlogen. Wer das ist und was diese Kreise vorhaben, präsentiert hier Stefan Erdmann in seinem Zweiteiler ***Banken, Brot und Bomben***.

ISBN 978-3-9807106-1-9 • 19,70 Euro

BANKEN, BROT UND BOMBEN – Band 2

Stefan Erdmann

Band 2

Mit den historischen Hintergründen aus Band 1 gewappnet, nimmt Sie Stefan Erdmann im Folgeband auf eine nicht weniger spannende Reise durch ein Netzwerk von Freimaurerlogen (Bilderbergern, Komitee der 300, CFR...), Medien- und Pharmamogulen, Energielobbyisten bis hin zur Hochfinanz mit und zeigt deren Machtstrukturen bis in die Jetztzeit auf. Dabei beleuchtet er unter anderem auch die Hintergrundpolitik der russischen Revolution und des Ersten Weltkrieges und erläutert dabei auch schlüssig, wieso aus den Ergebnissen, die auf der Versailler „Friedenskonferenz“ mit dem Versailler Vertrag beschlossen wurden, die Grundlage für einen neuen Weltkrieg geschaffen wurde.
Stefan Erdmann zeigt dabei auch schonungslos die Rolle der Massenmedien auf, verdeutlicht anhand von Beispielen, wie diese den heutigen Konsummenschen bewusst manipulieren, erläutert die Mechanismen der psychologischen Kriegsführung und die gezielte Verblödung unserer Kinder durch das gegenwärtige Erziehungssystem und eine bewusste Verrohung durch den Fernseher. Bei all diesen Betrachtungen lässt er auch die Hintergründe des inszenierten Anschlags auf das World Trade Center nicht außer Acht, erklärt die wahren Absichten der amerikanischen Regierung für den Krieg im Irak und damit den Beginn des Dritten Weltkriegs sowie die juristische Situation Deutschlands beziehungsweise des Deutschen Reiches nach dem Ende des Zweiten Weltkriegs.

ISBN 978-3-9807106-0-2 • 19,70 Euro

GEHEIMAKTE BUNDESLADE

Stefan Erdmann

Was wissen Sie über die Bundeslade? War Ihnen bekannt, dass es sich hierbei um den bedeutendsten Kultgegenstand der Juden und Christen handelt? Doch was verbirgt sich in ihr, was genau ist sie? Waren die zehn Gebote darin aufbewahrt? War es eine technische Apparatur oder gar ein Gerät zur Kommunikation mit den Göttern? Offiziell ist sie nie gefunden worden. Einige Quellen behaupten, sie sei spurlos verschwunden. Stefan Erdmann enthüllt in diesem Buch erstmals Details über einen geheimnisvollen Fund der Tempelritter im Jahre 1118, den diese aus Jerusalem nach Frankreich brachten und der die Grundlage für ihren unermesslichen Reichtum wurde. Auf seiner Spurensuche traf er sich unter anderem auch mit Vertretern verschiedener Logengemeinschaften und fand erstmals Verbindungen zwischen den Templern, den Freimaurern, den Zisterziensern und der Thule-Gesellschaft. Diese Verknüpfungen waren die Grundlage für geheime militärische wie auch wissenschaftliche Operationen, und es wurde offenbar, dass das Grundlagenwissen für den Bau deutscher Flugscheiben während des Zweiten Weltkriegs wie auch für das US-amerikanische Philadelphia Experiment im Jahre 1943, zum Teil aus Geheimarchiven der Zisterzienser stammte.

ISBN 978-3-9807106-2-6 • 21,00 Euro

DIE JAHRTAUSENDLÜGE

Jan van Helsing & Stefan Erdmann

Seit Jahrtausenden sind die Menschen von den ägyptischen Pyramiden fasziniert, dem letzten der sieben Weltwunder der Antike. Sie strahlen etwas Mystisches, etwas Magisches und Geheimnisvolles aus, und viele haben sich – so wie Stefan und Jan – in der Großen Pyramide aufgehalten, dort gar die eine oder andere Nacht verbracht und können von eigenartigen Erlebnissen, Visionen oder ganz besonderen Eindrücken berichten. Wie passt das zur gängigen Theorie, dass die Große Pyramide von Gizeh ein Grabmal gewesen sein soll? Oder war sie eine Einweihungsstätte, wie manch Esoteriker es annimmt? Was ist denn an solchen Behauptungen dran, was davon ist bewiesen? Oder war die Große Pyramide etwas ganz anderes?

Durch ein geheimes Zusammentreffen mit einem hochrangigen ägyptischen Diplomaten erfuhren Stefan und Jan von neuen, geheimen Grabungen und einer Entdeckung, welche den Sinn und Zweck der Erbauung der Großen Pyramide in ein ganz neues und gänzlich unerwartetes Licht rückt.

ISBN 978-3-938656-30-3 • 19,70 Euro

DEN GÖTTERN AUF DER SPUR

Stefan Erdmann

Waren wir bisher der Meinung, dass die Frage nach der Entstehung des Menschen längst geklärt sei? Wenn ja, werden wir durch dieses Werk eines Besseren belehrt. Stefan Erdmann hat auf seinen Expeditionen durch sechs Kontinente – schwerpunktmäßig jedoch durch den afrikanischen – Entdeckungen gemacht, die sehr überzeugend darlegen, dass die ersten Kulturbringer der Menschheit einst von den Sternen kamen und genetisch in die Entwicklung auf der Erde eingegriffen hatten. Wie ein roter Faden ziehen sich Berichte über diese „Besucher" durch die Geschichte der Menschheit, und wir werden dabei unweigerlich mit der Frage konfrontiert, ob der Mensch wirklich die Krone der Schöpfung ist, wie es das Alte Testament lehrt, oder nur ein evolutionärer Fremdling, der sein Auftauchen der Laune einer Gruppe von „Göttern" zu verdanken hat?

ISBN 978-3-9807106-6-4 • 20,30 Euro

HITLER ÜBERLEBTE IN ARGENTINIEN

Jan van Helsing, Stefan Erdmann & Abel Basti

Augenzeugen kontra Geschichtsbücher

„So ein Unsinn", werden Sie über den Titel denken. *„Hitler ist im Berliner Bunker gestorben. Man hat die verkohlten Leichen von ihm und Eva Braun gefunden, und das dort aufgefundene Gebiss wurde als das von Hitler identifiziert."*

Nun ja, diese Darstellung des Ablebens von Adolf Hitler ist zwar offiziell anerkannt und wurde kürzlich auch recht aufwendig verfilmt, ist aber selbst unter Historikern umstritten – nicht zuletzt deshalb, weil das angebliche Schädelfragment Hitlers im Jahre 2010 untersucht wurde und sich nach einem DNS-Test als das einer Frau herausstellte. Und wieso berichten die größten Tageszeitungen Paraguays im Jahre 2010, dass Hitler lange in Südamerika gelebt hat und auch dort gestorben ist? Nun stellen Sie sich bestimmt die Frage: *„Ja und, was soll's? Jetzt ist er aber bestimmt tot! Was soll ich mich damit noch beschäftigen?"* Richtig, genau das sollte man meinen. Allerdings werden in diesem Buch Personen präsentiert – die namentlich genannt werden –, die nicht nur behaupten, Adolf Hitler persönlich in Südamerika angetroffen zu haben und das über einen längeren Zeitraum hinweg – bis ins Jahr 1964 –, sondern auch, dass er die letzten zwanzig Jahre seines Lebens nicht untätig war – ganz im Gegenteil!

ISBN 978-3-938656-20-4 • 26,00 Euro